STOPP! DIES IST DIE LETZTE SEITE!

I'M STANDING ON A MILLION LIVES ist ein Manga, und einen japanischen Comic liest man von hinten nach vorne. Auch die Lesereihenfolge der Bilder und Sprechblasen auf den Seiten ist anders als gewohnt: von rechts oben nach links unten.

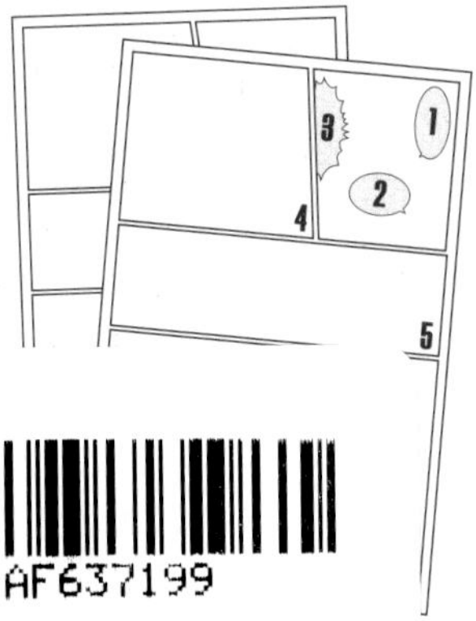

I'M STANDING ON A MILLION LIVES 01

von
Naoki Yamakawa & Akinari Nao

1. Auflage, 2021
Deutsche Ausgabe/German Edition

Aus dem Japanischen von Nana Umino

Programmleitung: Michael Schuster & Alexandra Grimsehl
Redaktion: Sarah Elstner
Lektorat: Katrin Aust
Textbearbeitung: Beatrice Tavares
Layout und Lettering: Manga Cult, Datagrafix GSP GmbH, Berlin
Druck: GGP Media GmbH, Poessneck

Print-ISBN: 978-3-96433-463-3

www.manga-cult.de | Mai 2021

manga 漫画 cult

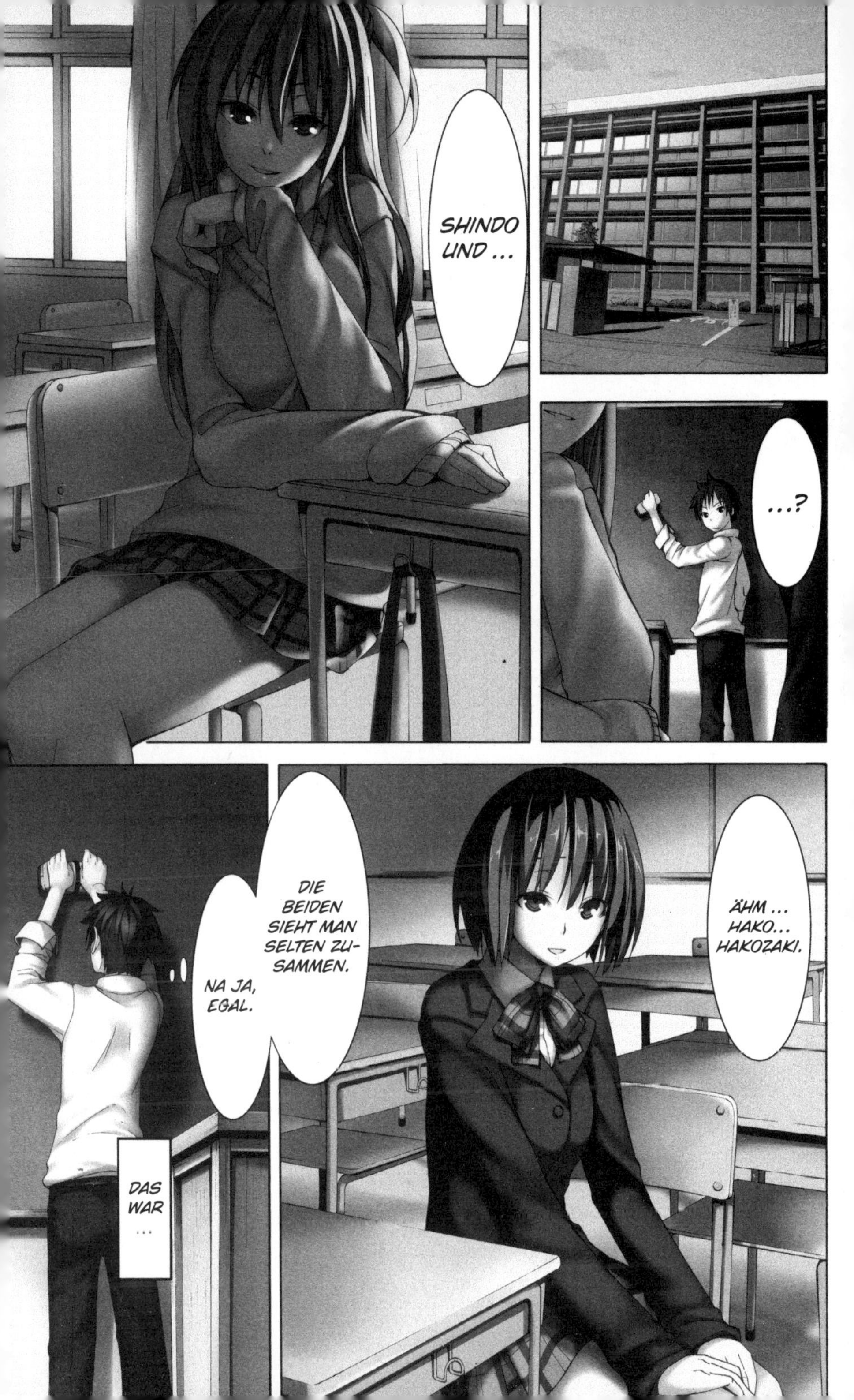
...?
SHINDO UND ...
ÄHM ... HAKO... HAKOZAKI.
DIE BEIDEN SIEHT MAN SELTEN ZUSAMMEN.
NA JA, EGAL.
DAS WAR ...

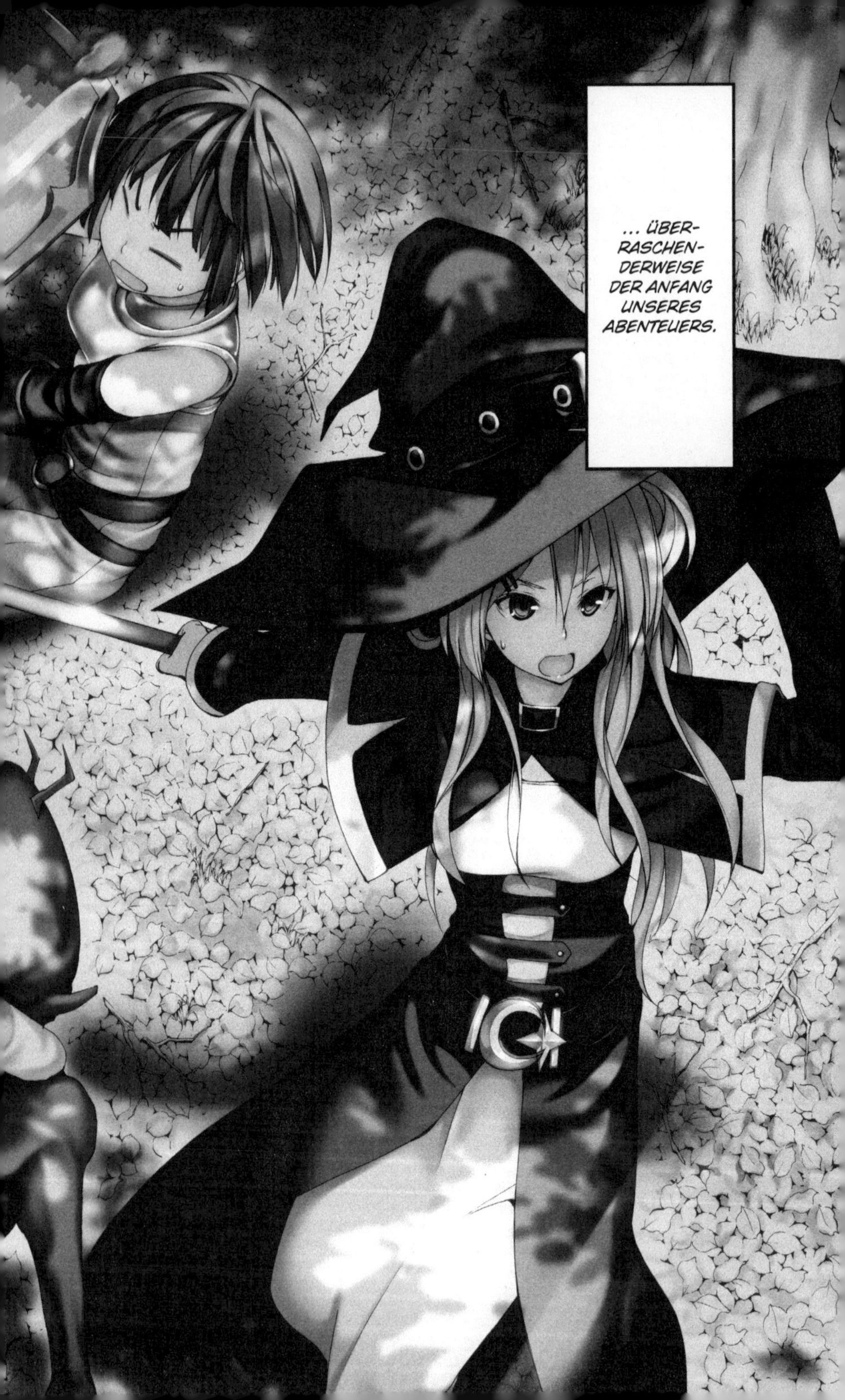
... ÜBER-
RASCHEN-
DERWEISE
DER ANFANG
UNSERES
ABENTEUERS.

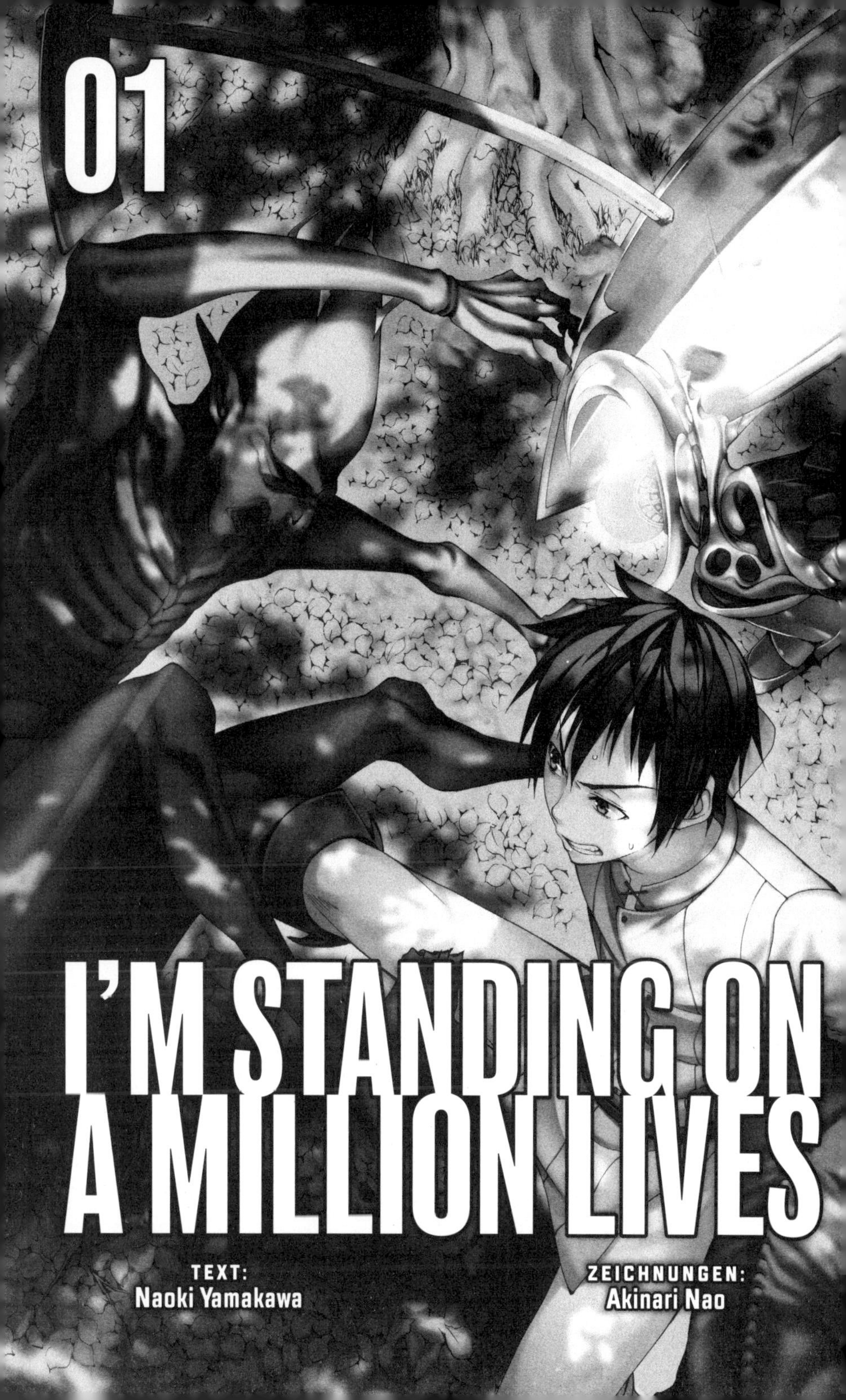

01

I'M STANDING ON A MILLION LIVES

TEXT:
Naoki Yamakawa

ZEICHNUNGEN:
Akinari Nao

INHALT

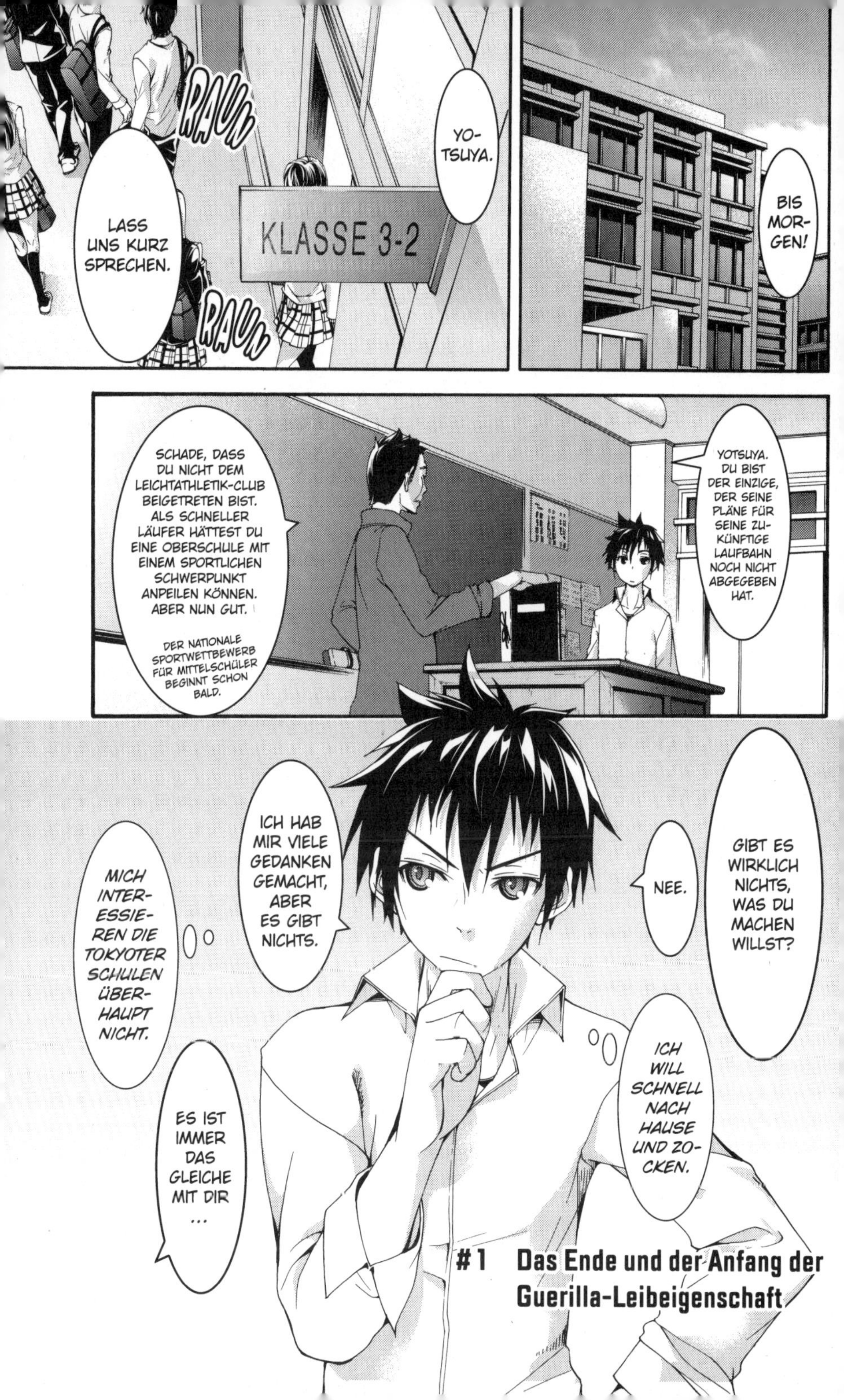

#1 Das Ende und der Anfang der Guerilla-Leibeigenschaft

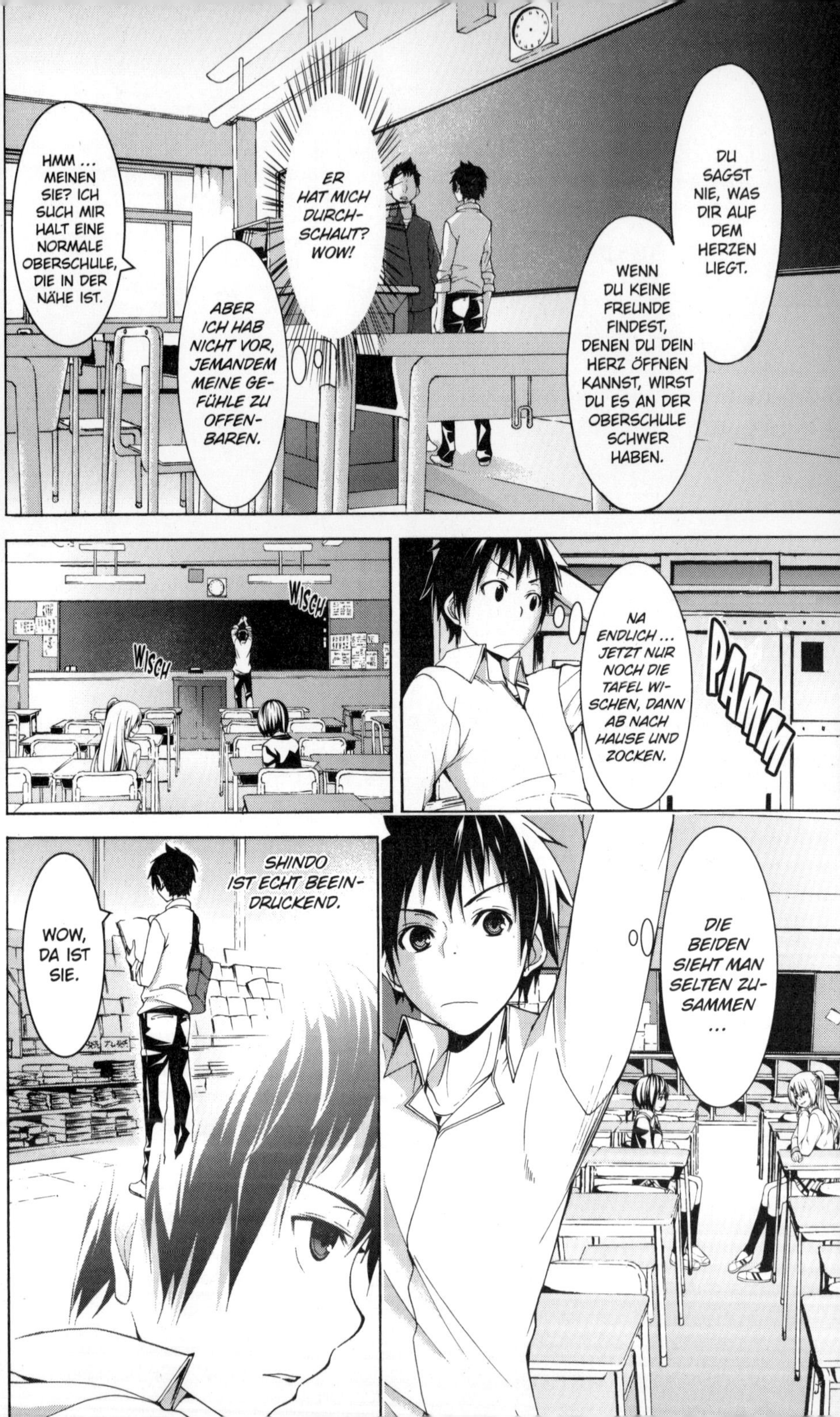

DU SAGST NIE, WAS DIR AUF DEM HERZEN LIEGT.
WENN DU KEINE FREUNDE FINDEST, DENEN DU DEIN HERZ ÖFFNEN KANNST, WIRST DU ES AN DER OBERSCHULE SCHWER HABEN.
ER HAT MICH DURCH-SCHAUT? WOW!
ABER ICH HAB NICHT VOR, JEMANDEM MEINE GE-FÜHLE ZU OFFEN-BAREN.
HMM … MEINEN SIE? ICH SUCH MIR HALT EINE NORMALE OBERSCHULE, DIE IN DER NÄHE IST.
PAMM
NA ENDLICH … JETZT NUR NOCH DIE TAFEL WI-SCHEN, DANN AB NACH HAUSE UND ZOCKEN.
WISCH
WISCH
DIE BEIDEN SIEHT MAN SELTEN ZU-SAMMEN …
SHINDO IST ECHT BEEIN-DRUCKEND.
WOW, DA IST SIE.

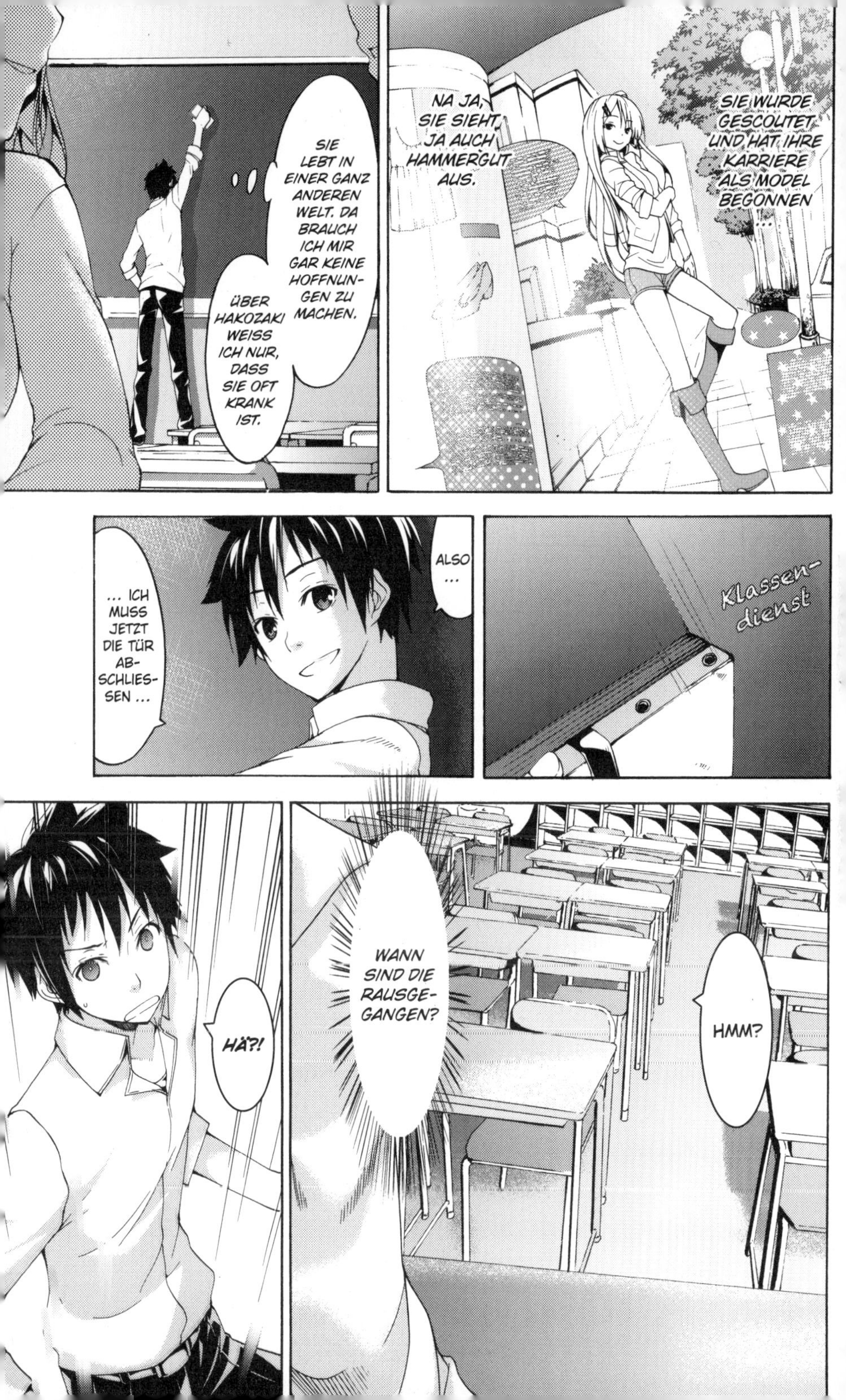
SIE WURDE GESCOUTET UND HAT IHRE KARRIERE ALS MODEL BEGONNEN ...
NA JA, SIE SIEHT JA AUCH HAMMERGUT AUS.
SIE LEBT IN EINER GANZ ANDEREN WELT. DA BRAUCH ICH MIR GAR KEINE HOFFNUNGEN ZU MACHEN.
...
ÜBER HAKOZAKI WEISS ICH NUR, DASS SIE OFT KRANK IST.
Klassen-dienst
ALSO ...
... ICH MUSS JETZT DIE TÜR AB-SCHLIES-SEN ...
HMM?
WANN SIND DIE RAUSGE-GANGEN?
HÄ?!

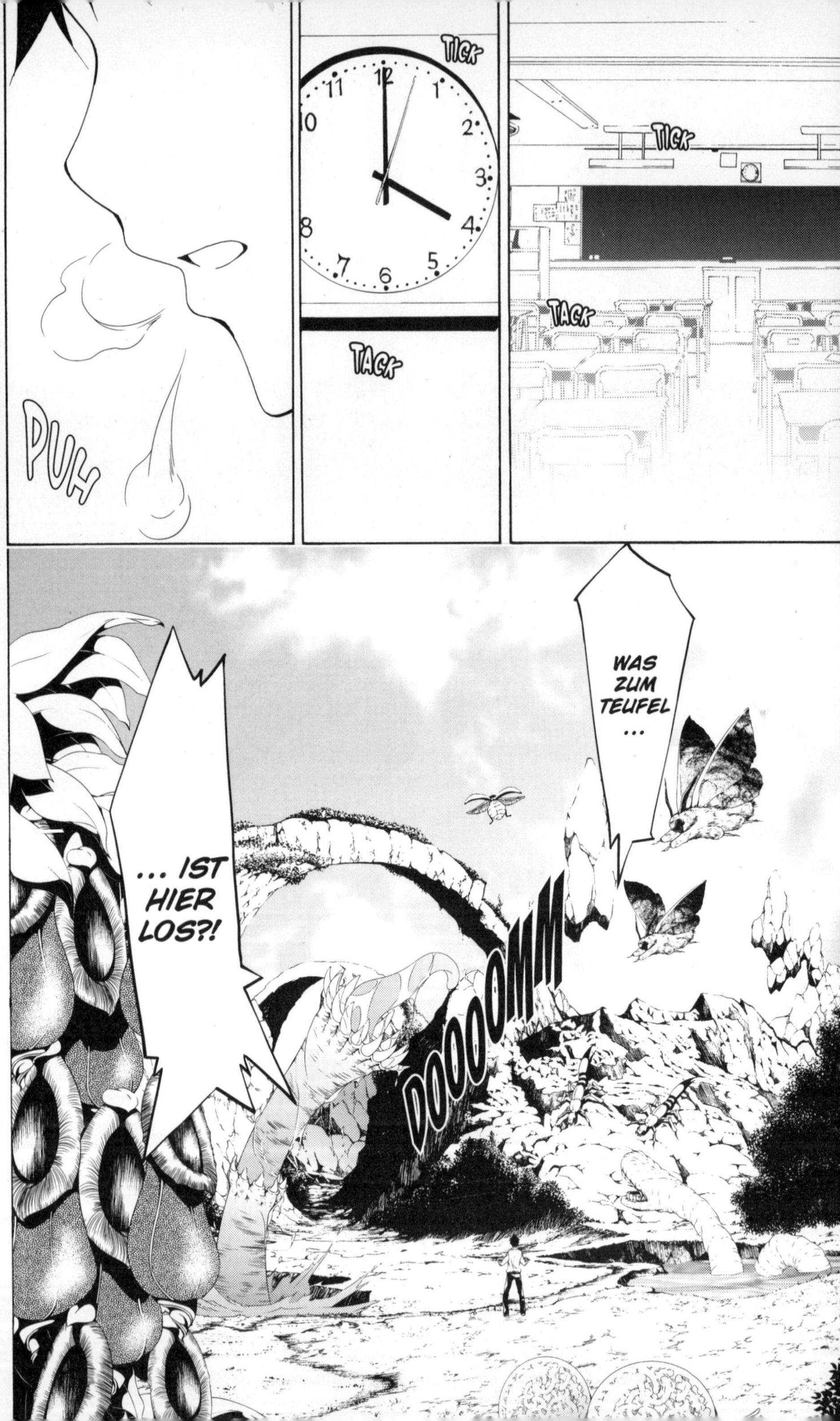
TICK
TACK
TICK
TACK
PUH
WAS ZUM TEUFEL ...
... IST HIER LOS?!
DOOOOMM

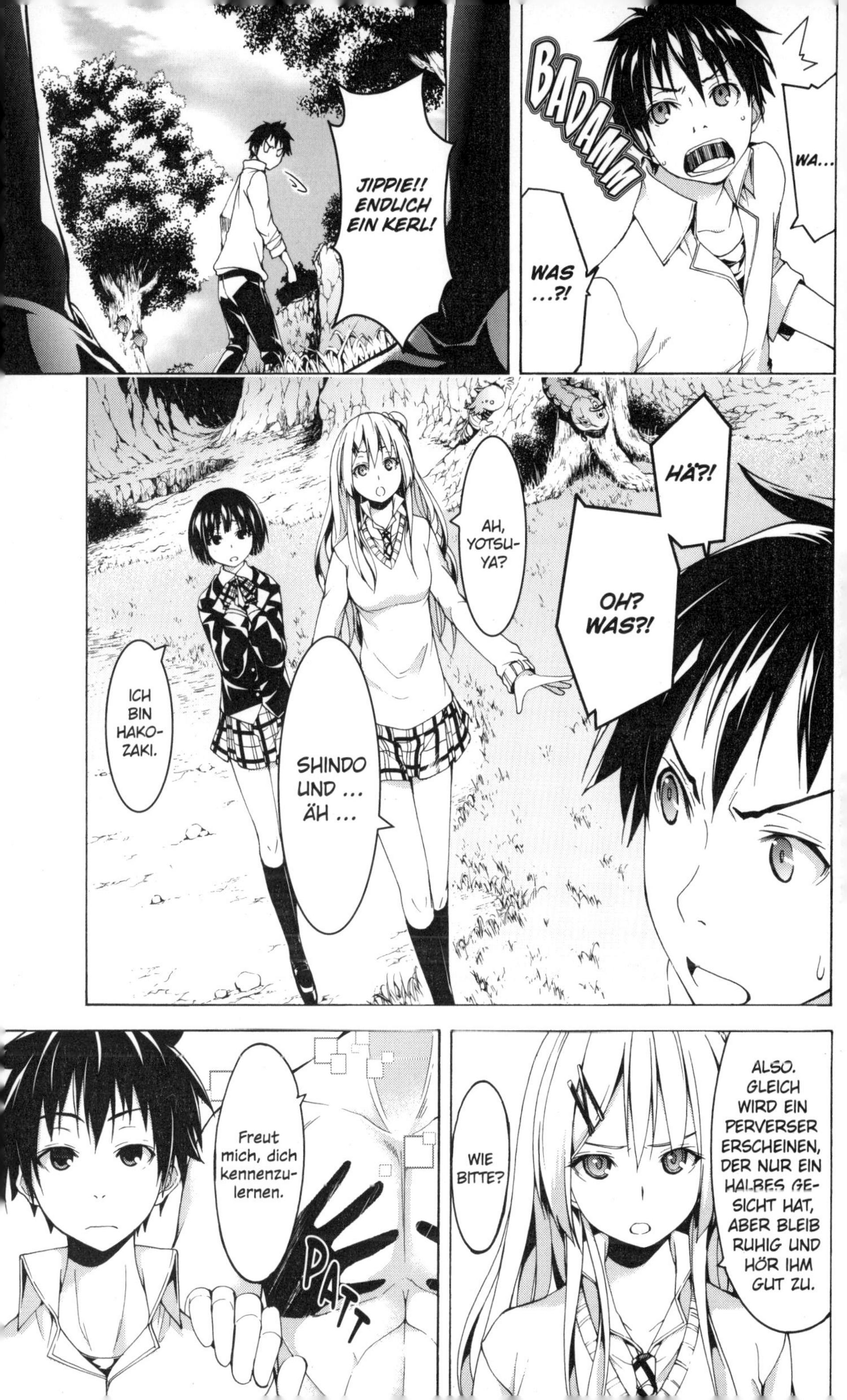
BADAMM
WA…
WAS …?!
JIPPIE!! ENDLICH EIN KERL!
HÄ?!
OH? WAS?!
AH, YOTSU-YA?
SHINDO UND … ÄH …
ICH BIN HAKO-ZAKI.
ALSO. GLEICH WIRD EIN PERVERSER ERSCHEINEN, DER NUR EIN HALBES GE-SICHT HAT, ABER BLEIB RUHIG UND HÖR IHM GUT ZU.
WIE BITTE?
Freut mich, dich kennenzu-lernen.
PATT

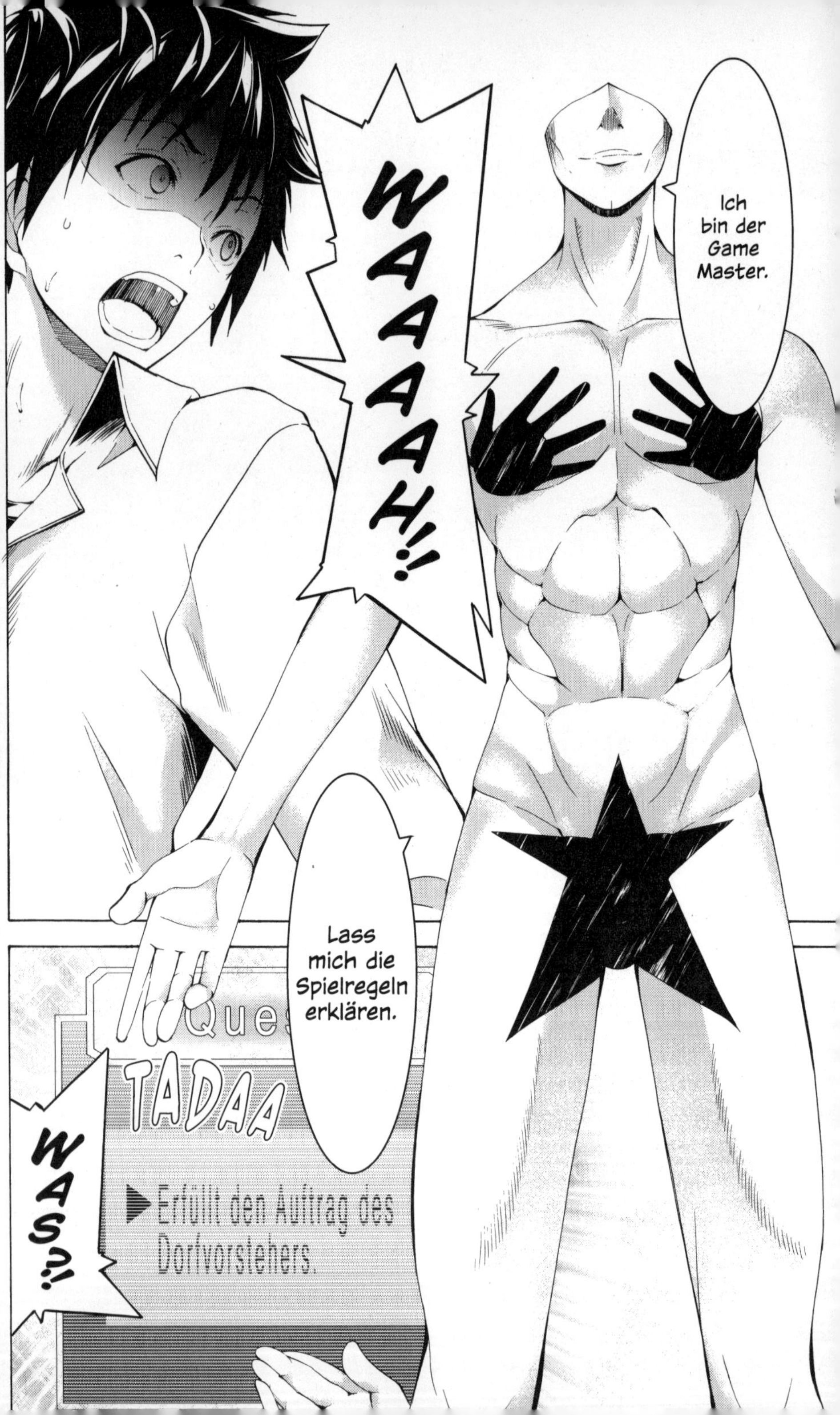
Ich bin der Game Master.
WAAAAAH!!
Lass mich die Spielregeln erklären.
TADAA
▶ Erfüllt den Auftrag des Dorfvorstehers.
WAS?!

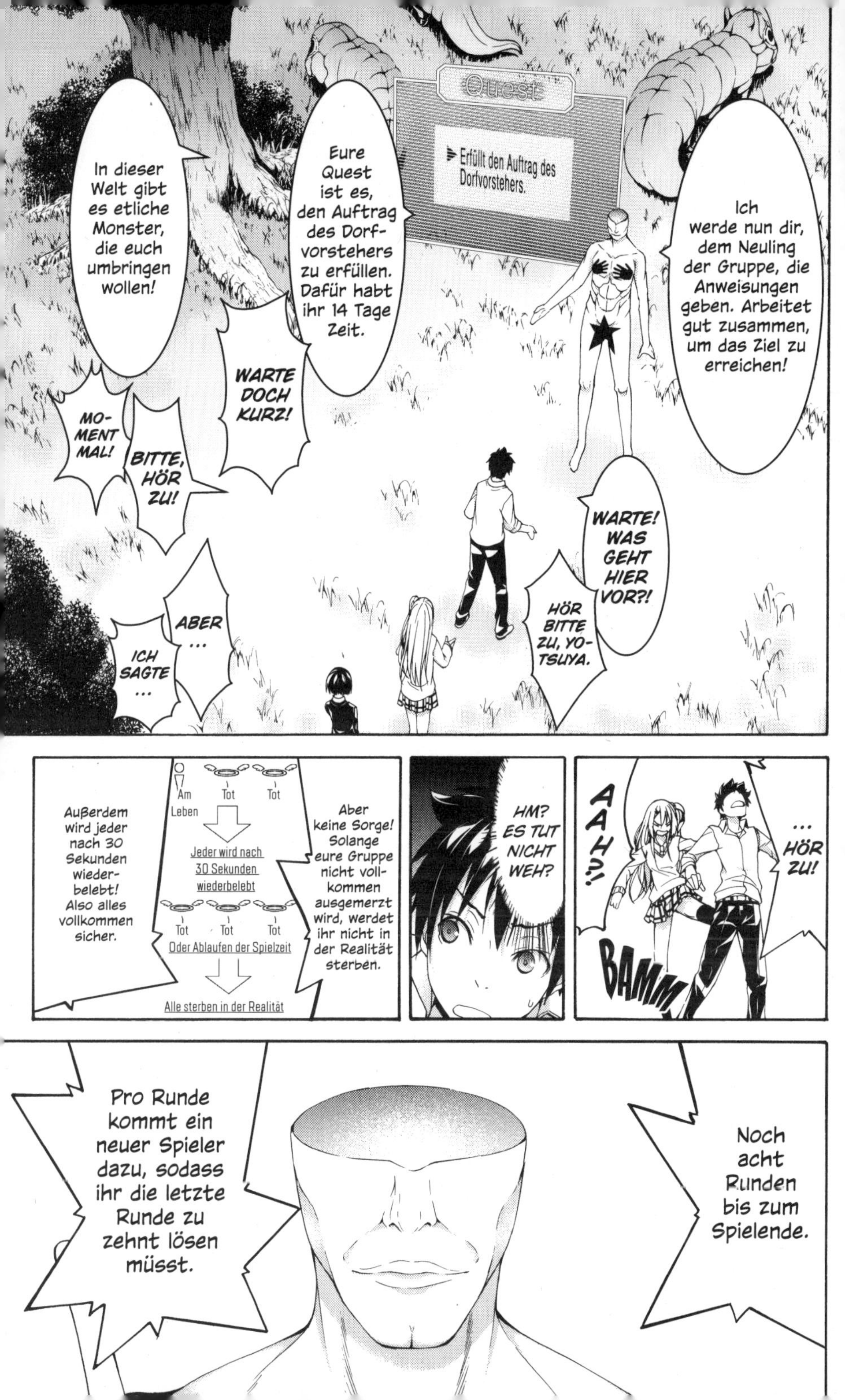
Quest
Erfüllt den Auftrag des Dorfvorstehers.
Ich werde nun dir, dem Neuling der Gruppe, die Anweisungen geben. Arbeitet gut zusammen, um das Ziel zu erreichen!
Eure Quest ist es, den Auftrag des Dorfvorstehers zu erfüllen. Dafür habt ihr 14 Tage Zeit.
In dieser Welt gibt es etliche Monster, die euch umbringen wollen!
WARTE! WAS GEHT HIER VOR?!
HÖR BITTE ZU, YOTSUYA.
WARTE DOCH KURZ!
BITTE, HÖR ZU!
MOMENT MAL!
ABER …
ICH SAGTE …
… HÖR ZU!
AAH?!
BAMM
HM? ES TUT NICHT WEH?
Aber keine Sorge! Solange eure Gruppe nicht vollkommen ausgemerzt wird, werdet ihr nicht in der Realität sterben.
Am Leben
Tot
Tot
Jeder wird nach 30 Sekunden wiederbelebt
Tot
Tot
Tot
Oder Ablaufen der Spielzeit
Alle sterben in der Realität
Außerdem wird jeder nach 30 Sekunden wiederbelebt! Also alles vollkommen sicher.
Noch acht Runden bis zum Spielende.
Pro Runde kommt ein neuer Spieler dazu, sodass ihr die letzte Runde zu zehnt lösen müsst.

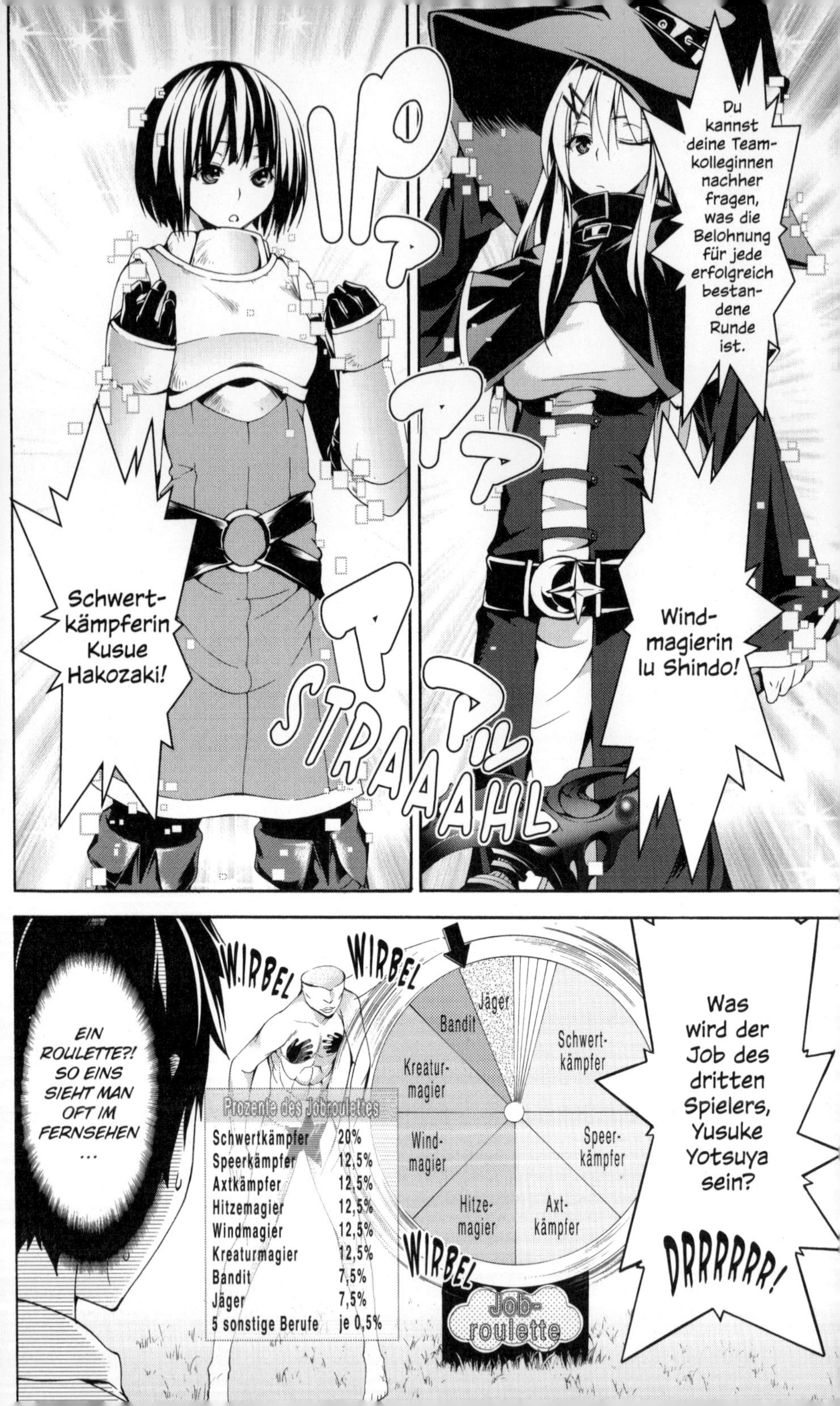

Du kannst deine Team-kolleginnen nachher fragen, was die Belohnung für jede erfolgreich bestan-dene Runde ist.
Wind-magierin Iu Shindo!
Schwert-kämpferin Kusue Hakozaki!
STRAAAHL
Was wird der Job des dritten Spielers, Yusuke Yotsuya sein?
DRRRRRR!
Jäger
Bandit
Schwert-kämpfer
Kreatur-magier
Speer-kämpfer
Wind-magier
Axt-kämpfer
Hitze-magier
WIRBEL
WIRBEL
WIRBEL
Job-roulette
Prozente des Jobroulettes
Schwertkämpfer 20%
Speerkämpfer 12,5%
Axtkämpfer 12,5%
Hitzemagier 12,5%
Windmagier 12,5%
Kreaturmagier 12,5%
Bandit 7,5%
Jäger 7,5%
5 sonstige Berufe je 0,5%
EIN ROULETTE?! SO EINS SIEHT MAN OFT IM FERNSEHEN …

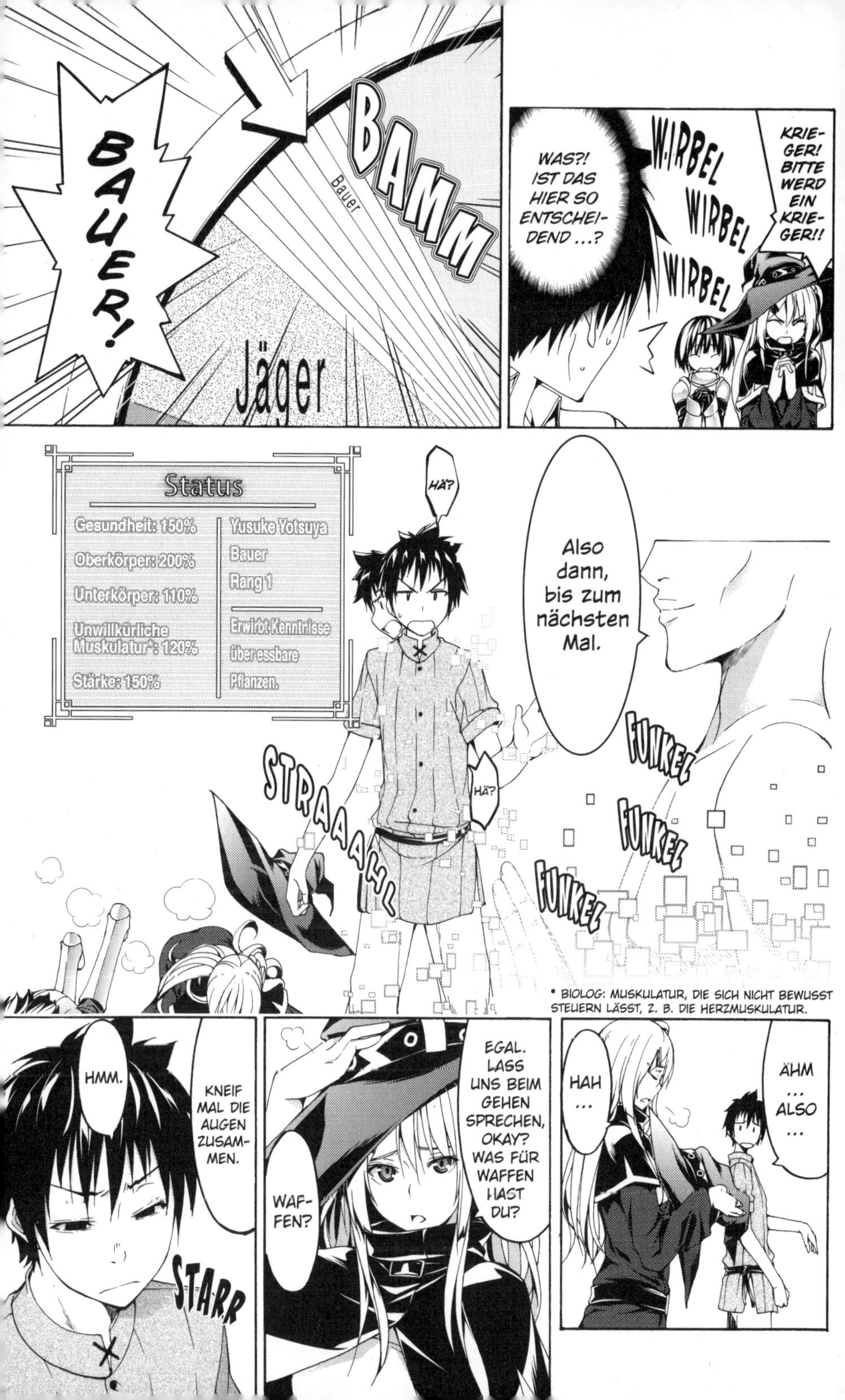

BAMM
Bauer
Jäger
BAUER!
KRIEGER! BITTE WERD EIN KRIEGER!!
WIRBEL WIRBEL WIRBEL
WAS?! IST DAS HIER SO ENTSCHEIDEND …?
Status
Gesundheit: 150%
Oberkörper: 200%
Unterkörper: 110%
Unwillkürliche Muskulatur*: 120%
Stärke: 150%
Yusuke Yotsuya
Bauer
Rang 1
Erwirbt Kenntnisse über essbare Pflanzen.
Also dann, bis zum nächsten Mal.
HÄ?
FUNKEL FUNKEL FUNKEL
HÄ?
STRAAAAHL
* BIOLOG: MUSKULATUR, DIE SICH NICHT BEWUSST STEUERN LÄSST, Z. B. DIE HERZMUSKULATUR.
ÄHM … ALSO …
HAH …
EGAL. LASS UNS BEIM GEHEN SPRECHEN, OKAY? WAS FÜR WAFFEN HAST DU?
WAFFEN?
KNEIF MAL DIE AUGEN ZUSAMMEN.
HMM.
STARR

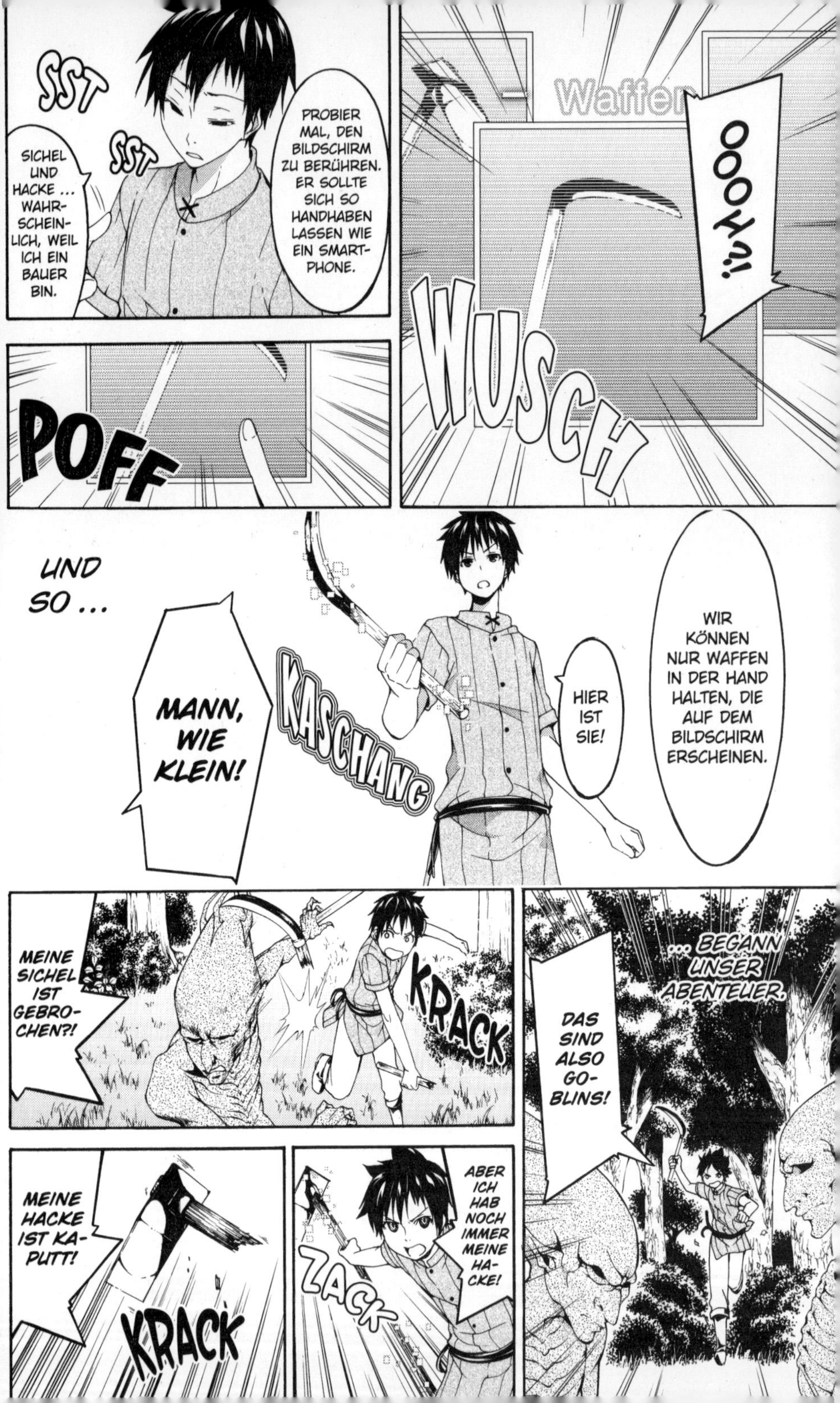

SST
SST
SICHEL UND HACKE ... WAHRSCHEINLICH, WEIL ICH EIN BAUER BIN.
PROBIER MAL, DEN BILDSCHIRM ZU BERÜHREN. ER SOLLTE SICH SO HANDHABEN LASSEN WIE EIN SMARTPHONE.
POFF
Waffen
OOOH?!
WUSCH
WIR KÖNNEN NUR WAFFEN IN DER HAND HALTEN, DIE AUF DEM BILDSCHIRM ERSCHEINEN.
HIER IST SIE!
KASCHANG
MANN, WIE KLEIN!
UND SO ...
... BEGANN UNSER ABENTEUER.
DAS SIND ALSO GOBLINS!
MEINE SICHEL IST GEBROCHEN?!
KRACK
ABER ICH HAB NOCH IMMER MEINE HACKE!
ZACK
MEINE HACKE IST KAPUTT!
KRACK

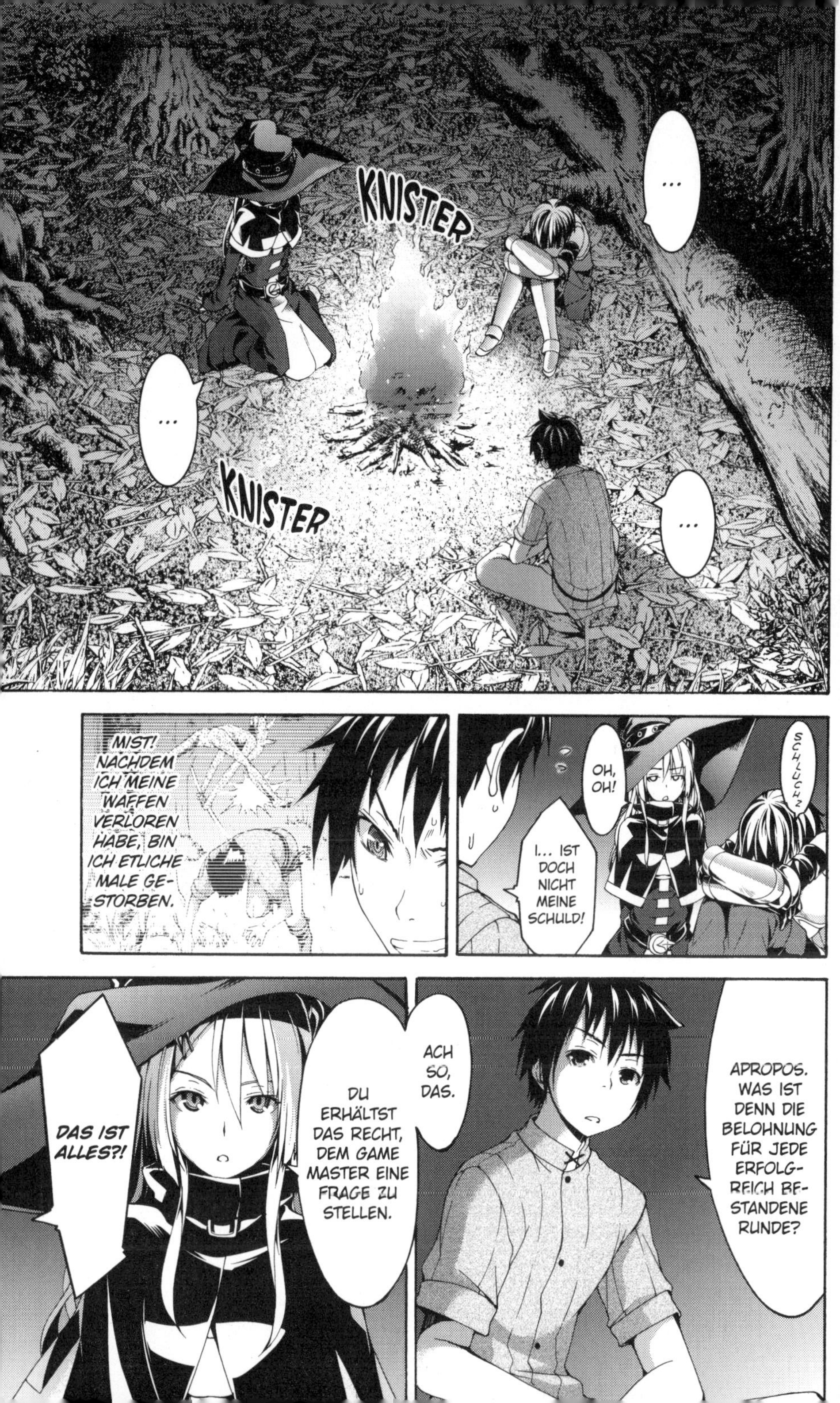
...
KNISTER
...
KNISTER
...
SCHLUCHZ
OH, OH!
I... IST DOCH NICHT MEINE SCHULD!
MIST! NACHDEM ICH MEINE WAFFEN VERLOREN HABE, BIN ICH ETLICHE MALE GESTORBEN.
APROPOS. WAS IST DENN DIE BELOHNUNG FÜR JEDE ERFOLGREICH BESTANDENE RUNDE?
ACH SO, DAS.
DU ERHÄLTST DAS RECHT, DEM GAME MASTER EINE FRAGE ZU STELLEN.
DAS IST ALLES?!

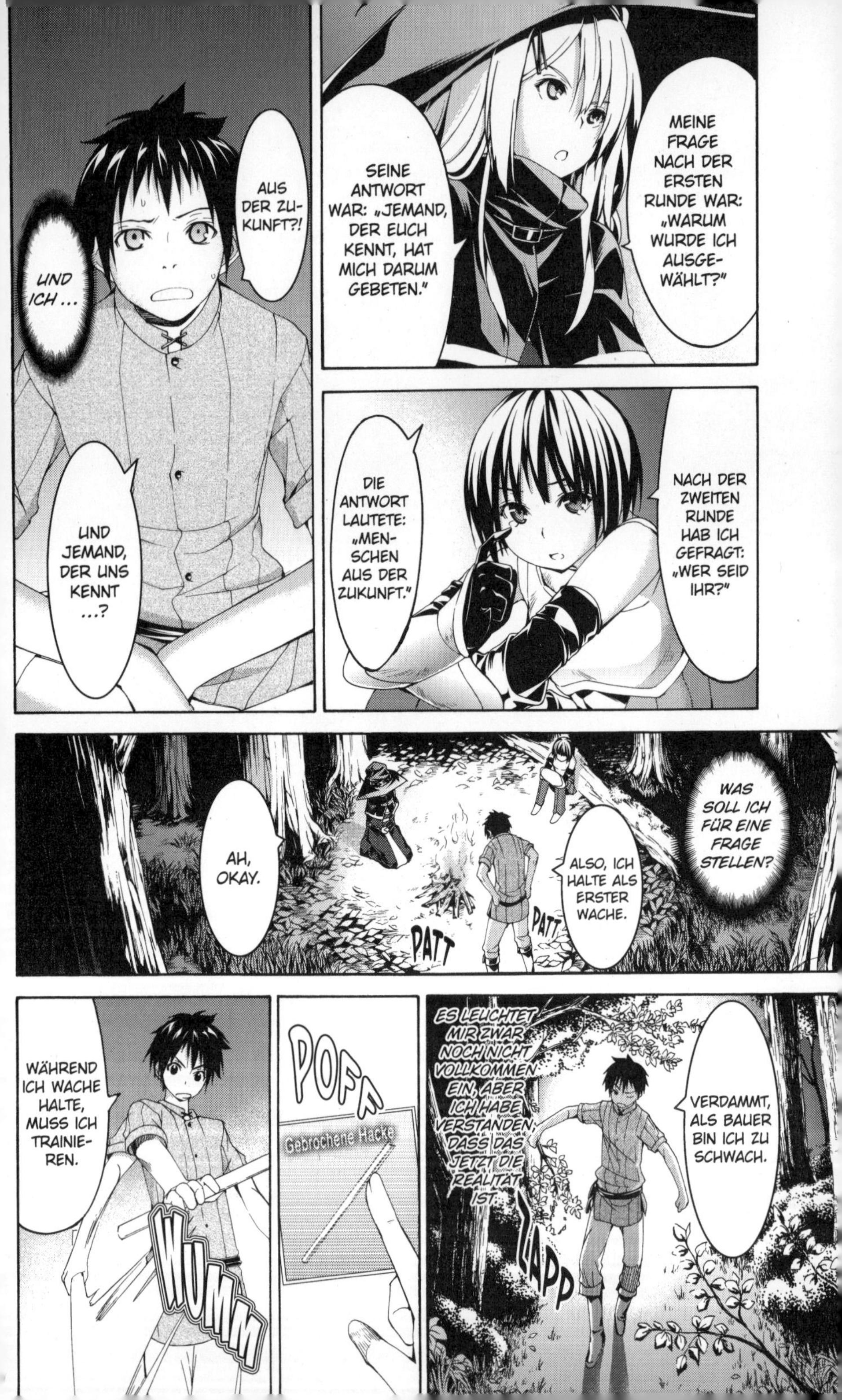

MEINE FRAGE NACH DER ERSTEN RUNDE WAR: „WARUM WURDE ICH AUSGEWÄHLT?“
SEINE ANTWORT WAR: „JEMAND, DER EUCH KENNT, HAT MICH DARUM GEBETEN.“
NACH DER ZWEITEN RUNDE HAB ICH GEFRAGT: „WER SEID IHR?“
DIE ANTWORT LAUTETE: „MENSCHEN AUS DER ZUKUNFT.“
AUS DER ZUKUNFT?!
UND ICH …
UND JEMAND, DER UNS KENNT …?
WAS SOLL ICH FÜR EINE FRAGE STELLEN?
ALSO, ICH HALTE ALS ERSTER WACHE.
PATT
PATT
AH, OKAY.
VERDAMMT, ALS BAUER BIN ICH ZU SCHWACH.
ES LEUCHTET MIR ZWAR NOCH NICHT VOLLKOMMEN EIN, ABER ICH HABE VERSTANDEN, DASS DAS JETZT DIE REALITÄT IST.
LAPP
POFF
Gebrochene Hacke
WÄHREND ICH WACHE HALTE, MUSS ICH TRAINIEREN.
WUMM

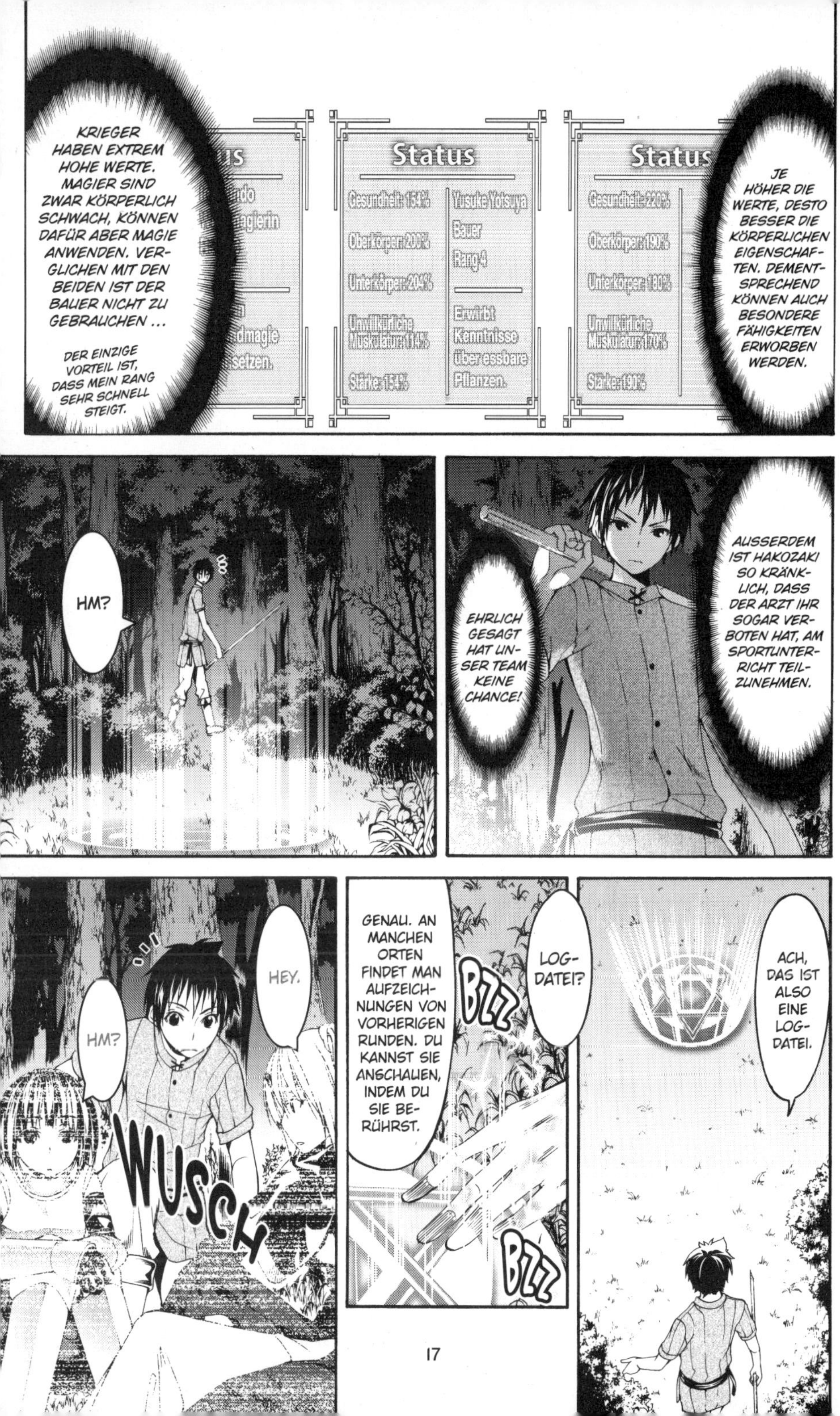

JE HÖHER DIE WERTE, DESTO BESSER DIE KÖRPERLICHEN EIGENSCHAFTEN. DEMENTSPRECHEND KÖNNEN AUCH BESONDERE FÄHIGKEITEN ERWORBEN WERDEN.
Status
Gesundheit: 220%
Oberkörper: 190%
Unterkörper: 180%
Unwillkürliche Muskulatur: 170%
Stärke: 190%
Status
Gesundheit: 154%
Oberkörper: 200%
Unterkörper: 204%
Unwillkürliche Muskulatur: 114%
Stärke: 154%
Yusuke Yotsuya
Bauer
Rang 4
Erwirbt Kenntnisse über essbare Pflanzen.
KRIEGER HABEN EXTREM HOHE WERTE. MAGIER SIND ZWAR KÖRPERLICH SCHWACH, KÖNNEN DAFÜR ABER MAGIE ANWENDEN. VERGLICHEN MIT DEN BEIDEN IST DER BAUER NICHT ZU GEBRAUCHEN …
DER EINZIGE VORTEIL IST, DASS MEIN RANG SEHR SCHNELL STEIGT.
AUSSERDEM IST HAKOZAKI SO KRÄNKLICH, DASS DER ARZT IHR SOGAR VERBOTEN HAT, AM SPORTUNTERRICHT TEILZUNEHMEN.
EHRLICH GESAGT HAT UNSER TEAM KEINE CHANCE!
HM?
ACH, DAS IST ALSO EINE LOG-DATEI.
LOG-DATEI?
GENAU. AN MANCHEN ORTEN FINDET MAN AUFZEICHNUNGEN VON VORHERIGEN RUNDEN. DU KANNST SIE ANSCHAUEN, INDEM DU SIE BERÜHRST.
BZZ
BZZ
HEY.
HM?
WUSCH

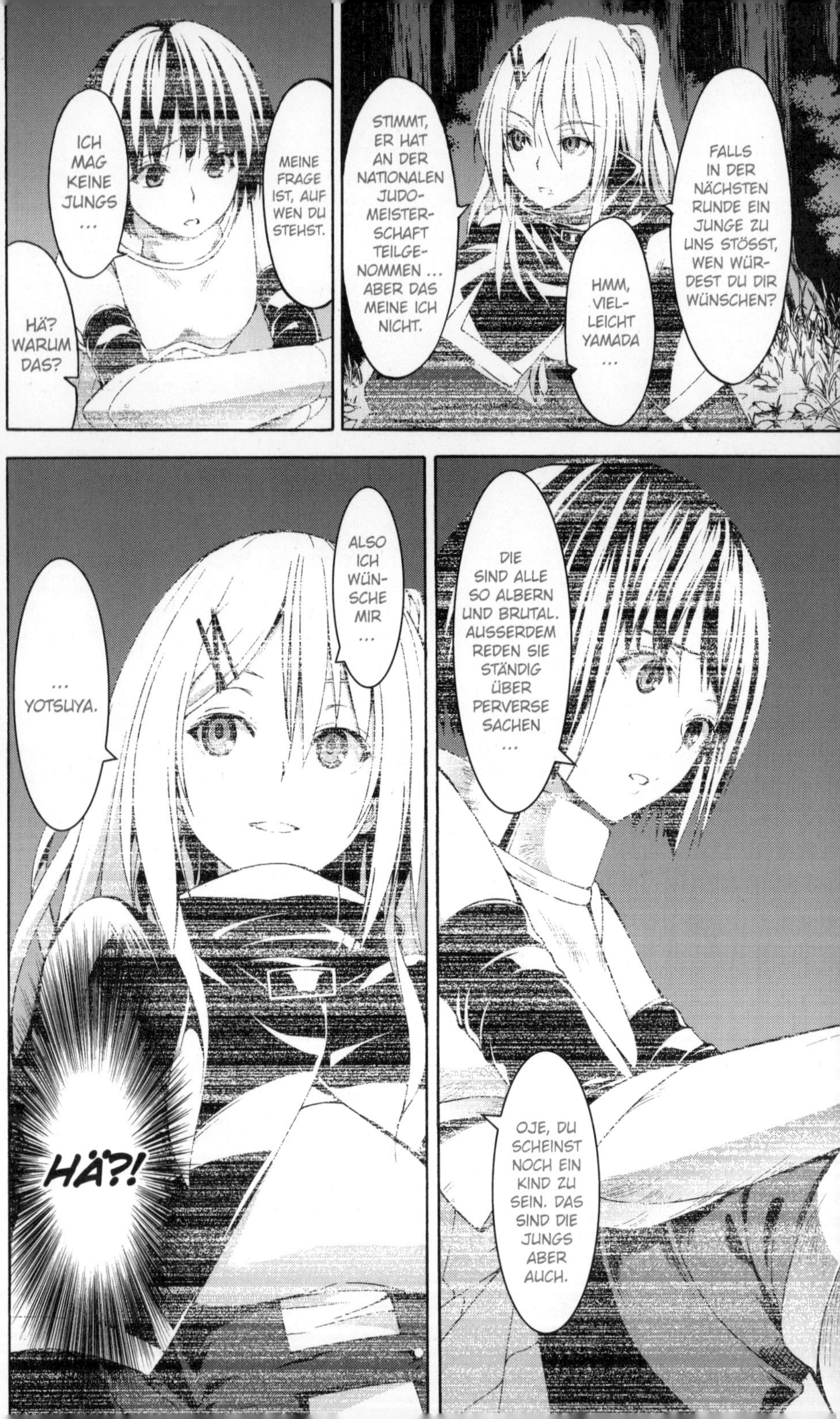
FALLS IN DER NÄCHSTEN RUNDE EIN JUNGE ZU UNS STÖSST, WEN WÜRDEST DU DIR WÜNSCHEN?
HMM, VIELLEICHT YAMADA …
STIMMT, ER HAT AN DER NATIONALEN JUDO-MEISTERSCHAFT TEILGENOMMEN … ABER DAS MEINE ICH NICHT.
MEINE FRAGE IST, AUF WEN DU STEHST.
ICH MAG KEINE JUNGS …
HÄ? WARUM DAS?
DIE SIND ALLE SO ALBERN UND BRUTAL. AUSSERDEM REDEN SIE STÄNDIG ÜBER PERVERSE SACHEN …
OJE, DU SCHEINST NOCH EIN KIND ZU SEIN. DAS SIND DIE JUNGS ABER AUCH.
ALSO ICH WÜNSCHE MIR …
… YOTSUYA.
HÄ?!

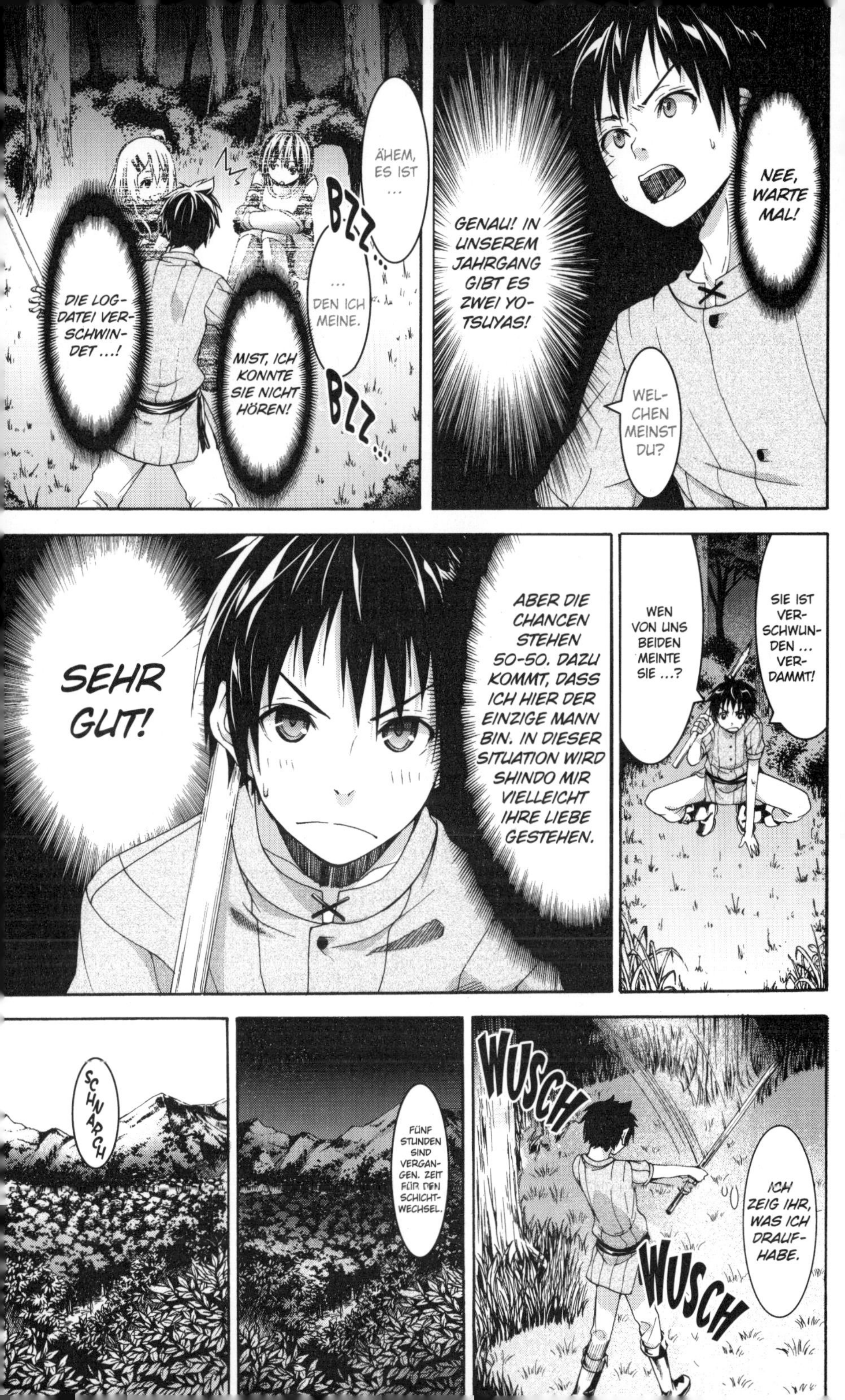

NEE, WARTE MAL!
GENAU! IN UNSEREM JAHRGANG GIBT ES ZWEI YOTSUYAS!
WELCHEN MEINST DU?
ÄHEM, ES IST …
BZZ …
… DEN ICH MEINE.
BZZ …
MIST, ICH KONNTE SIE NICHT HÖREN!
DIE LOGDATEI VERSCHWINDET …!
SIE IST VERSCHWUNDEN … VERDAMMT!
WEN VON UNS BEIDEN MEINTE SIE …?
ABER DIE CHANCEN STEHEN 50-50. DAZU KOMMT, DASS ICH HIER DER EINZIGE MANN BIN. IN DIESER SITUATION WIRD SHINDO MIR VIELLEICHT IHRE LIEBE GESTEHEN.
SEHR GUT!
WUSCH
ICH ZEIG IHR, WAS ICH DRAUFHABE.
WUSCH
FÜNF STUNDEN SIND VERGANGEN. ZEIT FÜR DEN SCHICHTWECHSEL.
SCHNARCH

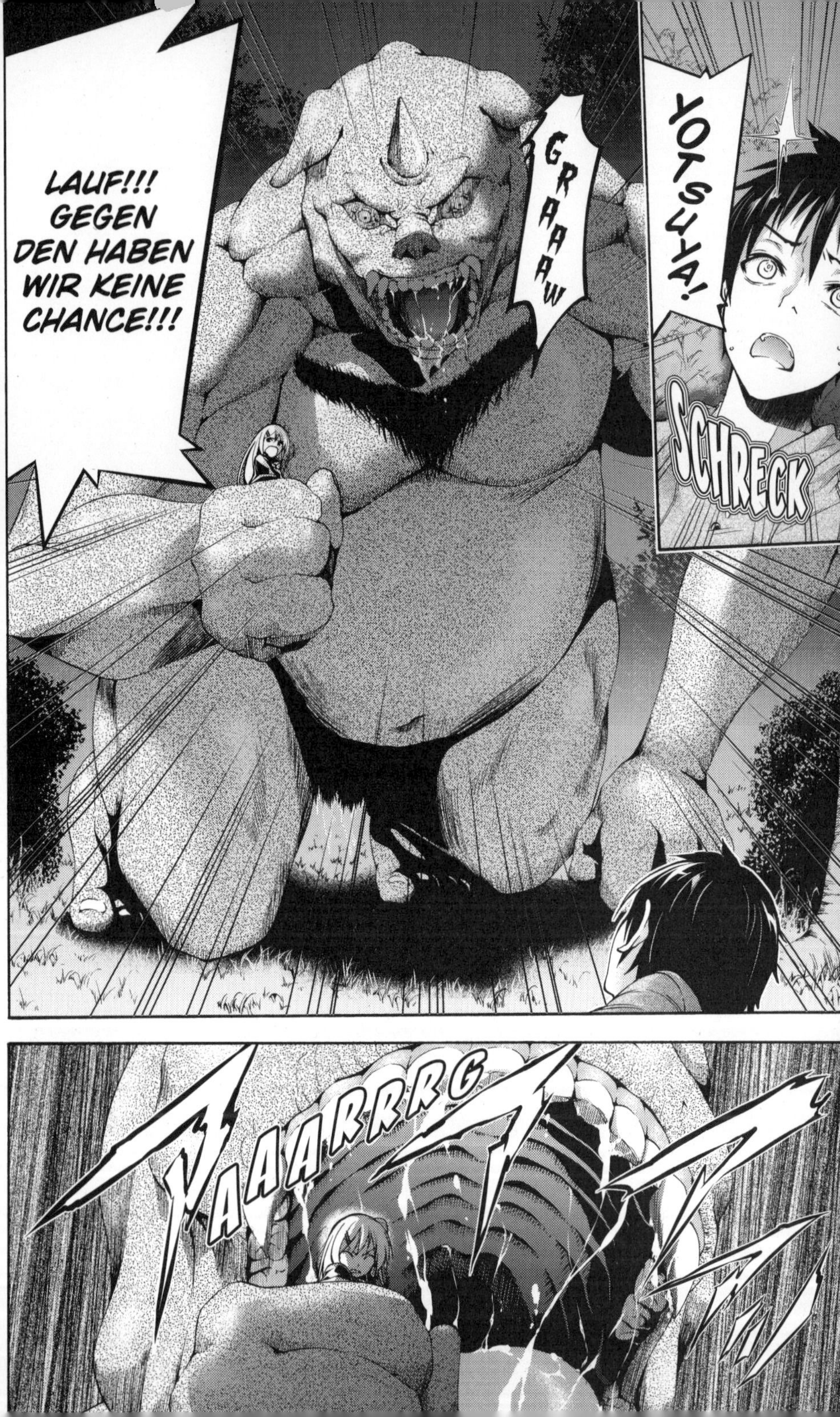
YOTSUYA!
SCHRECK
GRAAAW
LAUF!!! GEGEN DEN HABEN WIR KEINE CHANCE!!!
AAARRRG

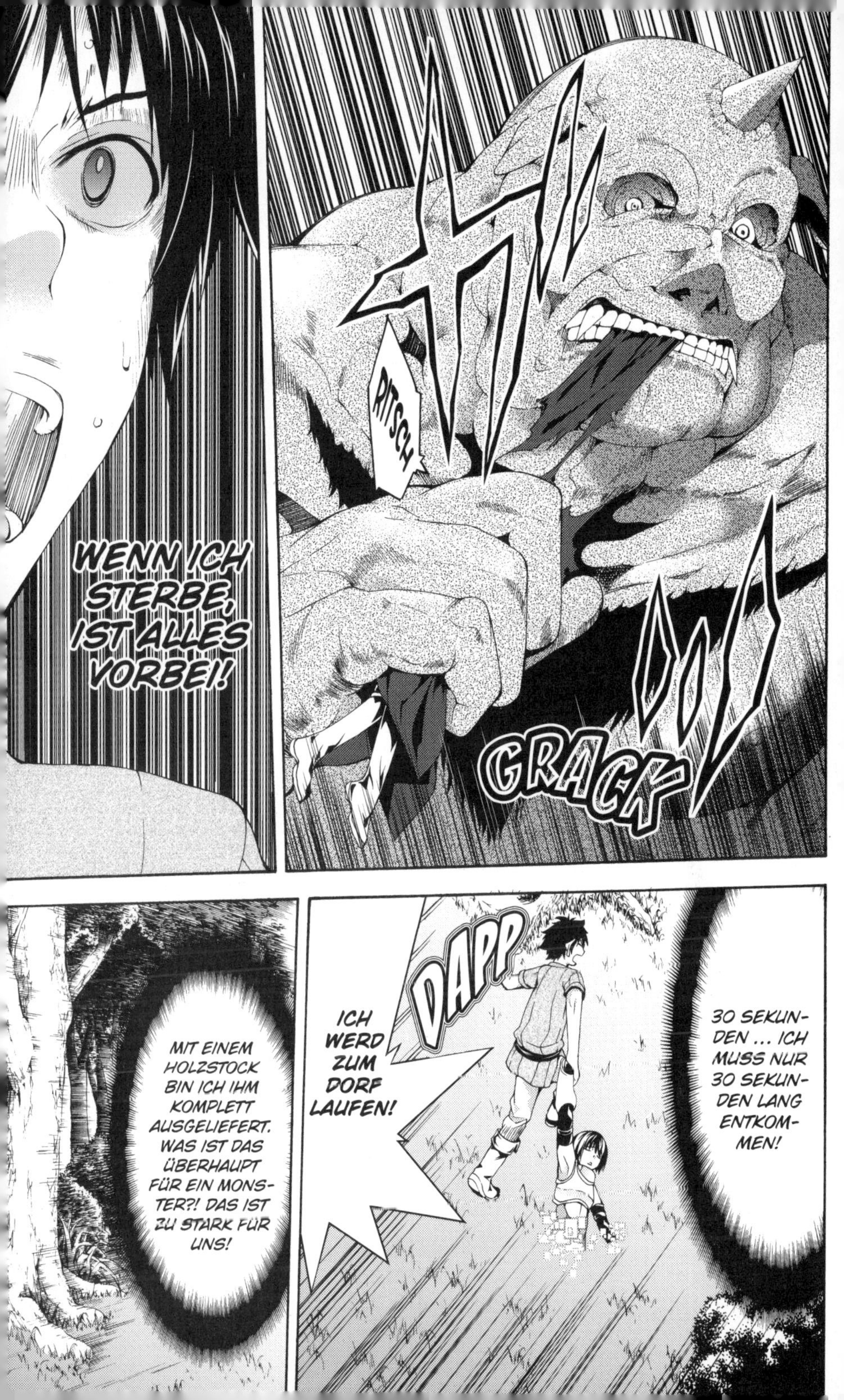
RITSCH
GRACK
WENN ICH STERBE, IST ALLES VORBEI!
30 SEKUNDEN ... ICH MUSS NUR 30 SEKUNDEN LANG ENTKOMMEN!
DAPP
ICH WERD ZUM DORF LAUFEN!
MIT EINEM HOLZSTOCK BIN ICH IHM KOMPLETT AUSGELIEFERT. WAS IST DAS ÜBERHAUPT FÜR EIN MONSTER?! DAS IST ZU STARK FÜR UNS!

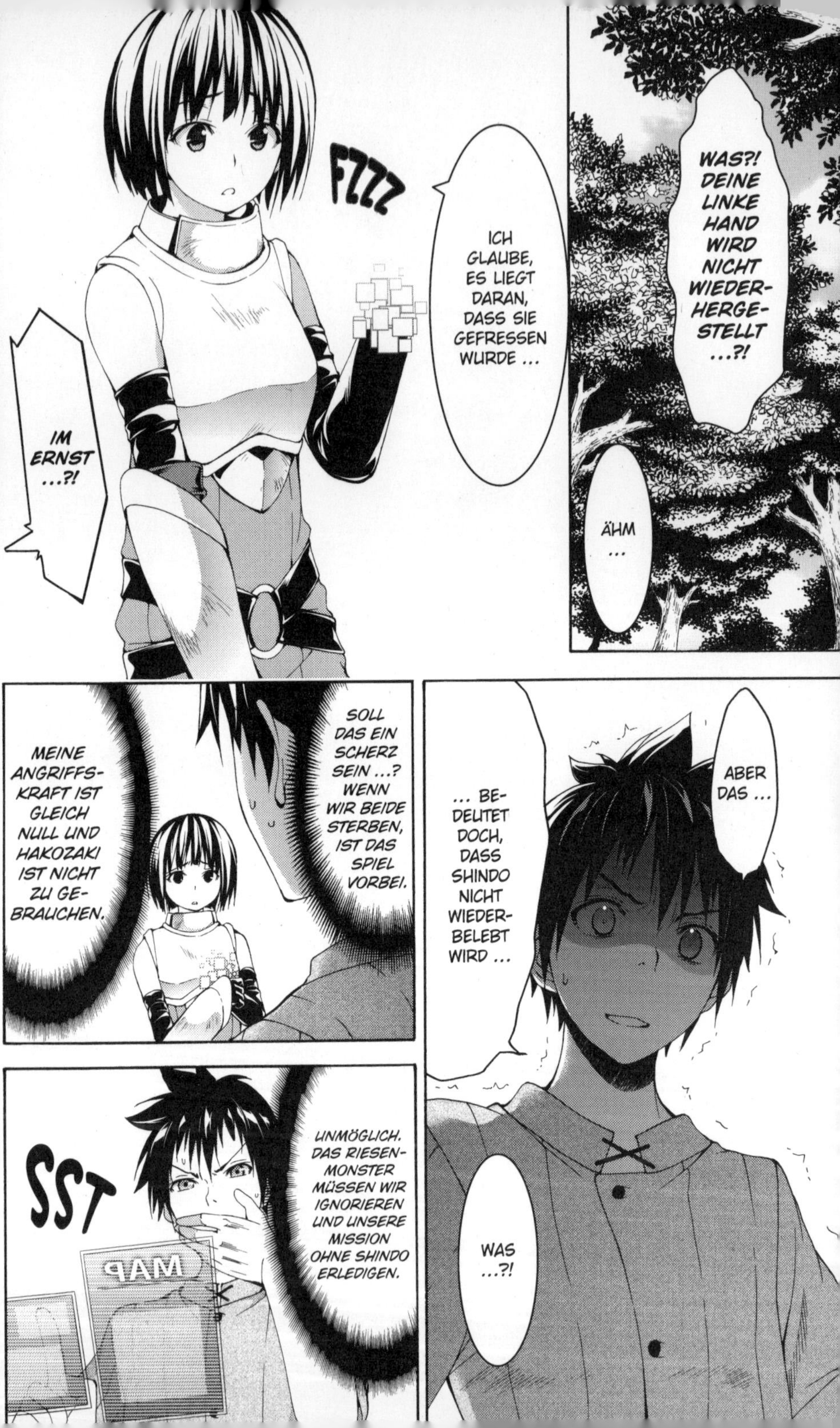

WAS?! DEINE LINKE HAND WIRD NICHT WIEDERHERGESTELLT ...?!
ÄHM ...
ICH GLAUBE, ES LIEGT DARAN, DASS SIE GEFRESSEN WURDE ...
FZZZ
IM ERNST ...?!
ABER DAS ...
... BEDEUTET DOCH, DASS SHINDO NICHT WIEDERBELEBT WIRD ...
WAS ...?!
SOLL DAS EIN SCHERZ SEIN ...? WENN WIR BEIDE STERBEN, IST DAS SPIEL VORBEI.
MEINE ANGRIFFSKRAFT IST GLEICH NULL UND HAKOZAKI IST NICHT ZU GEBRAUCHEN.
UNMÖGLICH. DAS RIESENMONSTER MÜSSEN WIR IGNORIEREN UND UNSERE MISSION OHNE SHINDO ERLEDIGEN.
SST
MAP

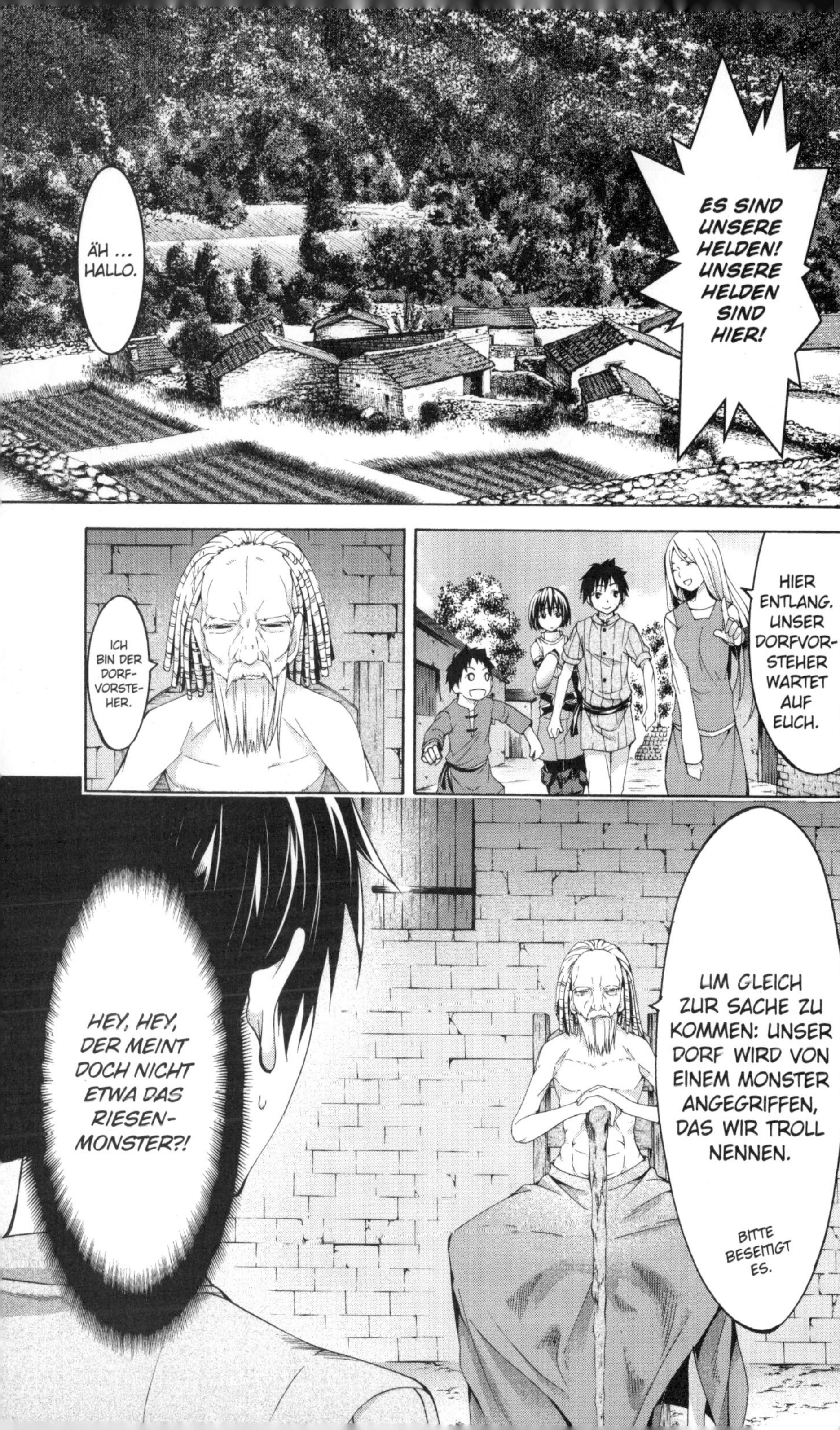
ES SIND UNSERE HELDEN! UNSERE HELDEN SIND HIER!
ÄH ... HALLO.
HIER ENTLANG. UNSER DORFVORSTEHER WARTET AUF EUCH.
ICH BIN DER DORF-VORSTE-HER.
UM GLEICH ZUR SACHE ZU KOMMEN: UNSER DORF WIRD VON EINEM MONSTER ANGEGRIFFEN, DAS WIR TROLL NENNEN.
BITTE BESEITIGT ES.
HEY, HEY, DER MEINT DOCH NICHT ETWA DAS RIESEN-MONSTER?!

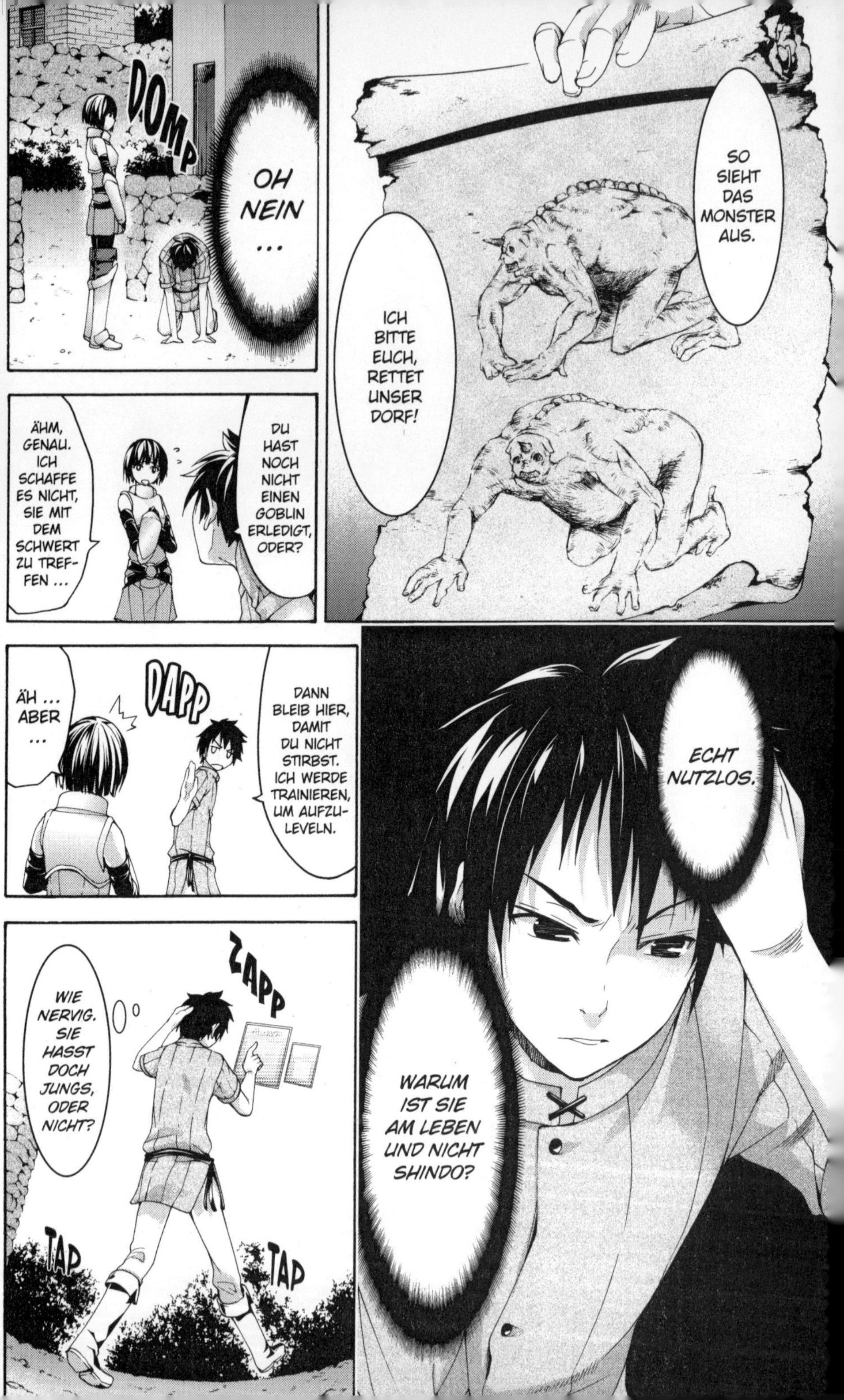

SO SIEHT DAS MONSTER AUS.
ICH BITTE EUCH, RETTET UNSER DORF!
DOMP
OH NEIN ...
DU HAST NOCH NICHT EINEN GOBLIN ERLEDIGT, ODER?
ÄHM, GENAU. ICH SCHAFFE ES NICHT, SIE MIT DEM SCHWERT ZU TREFFEN ...
DANN BLEIB HIER, DAMIT DU NICHT STIRBST. ICH WERDE TRAINIEREN, UM AUFZULEVELN.
DAPP
ÄH ... ABER ...
ZAPP
WIE NERVIG. SIE HASST DOCH JUNGS, ODER NICHT?
TAP
TAP
ECHT NUTZLOS.
WARUM IST SIE AM LEBEN UND NICHT SHINDO?

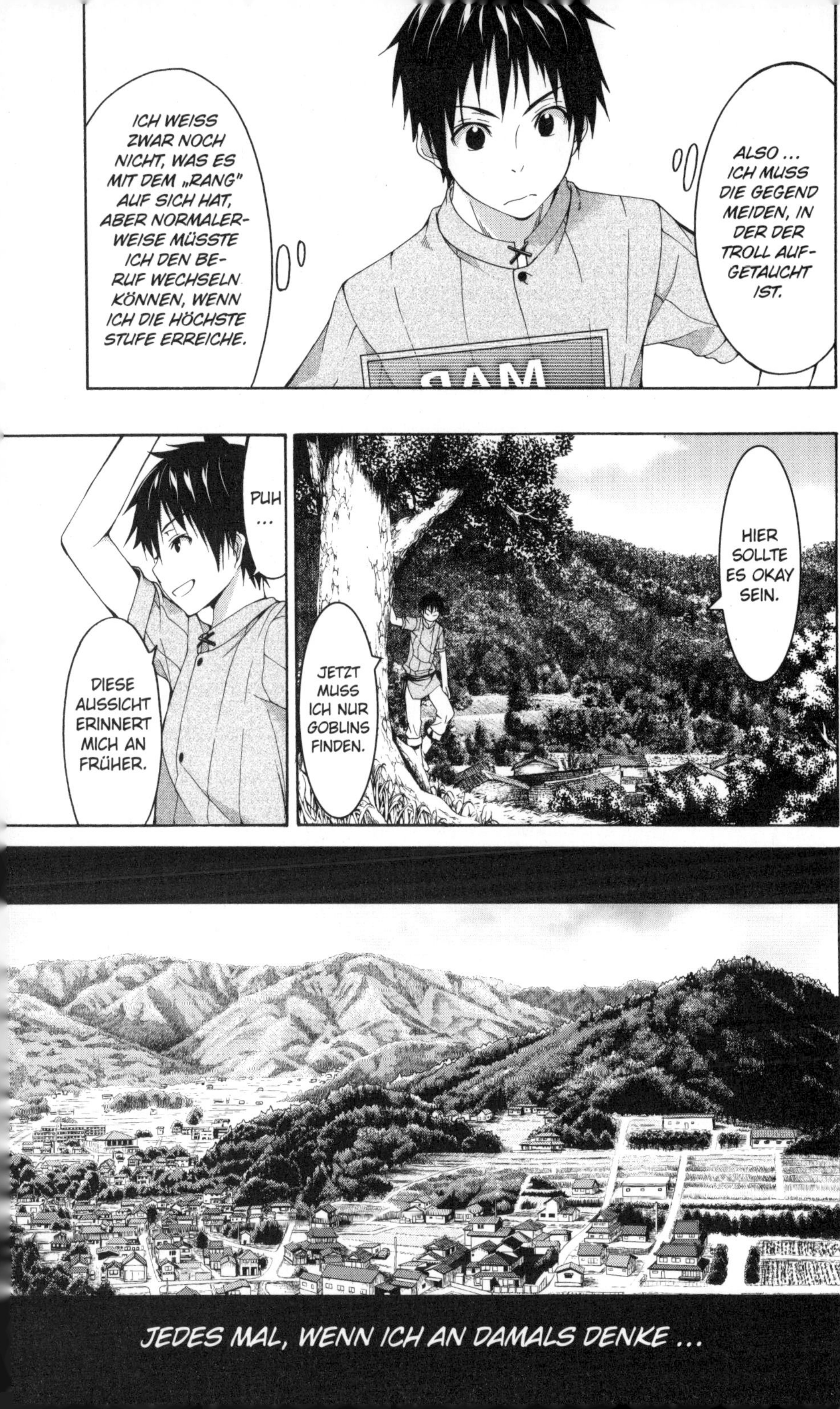

ALSO ... ICH MUSS DIE GEGEND MEIDEN, IN DER DER TROLL AUFGETAUCHT IST.
ICH WEISS ZWAR NOCH NICHT, WAS ES MIT DEM „RANG" AUF SICH HAT, ABER NORMALERWEISE MÜSSTE ICH DEN BERUF WECHSELN KÖNNEN, WENN ICH DIE HÖCHSTE STUFE ERREICHE.
HIER SOLLTE ES OKAY SEIN.
JETZT MUSS ICH NUR GOBLINS FINDEN.
PUH ...
DIESE AUSSICHT ERINNERT MICH AN FRÜHER.
JEDES MAL, WENN ICH AN DAMALS DENKE ...

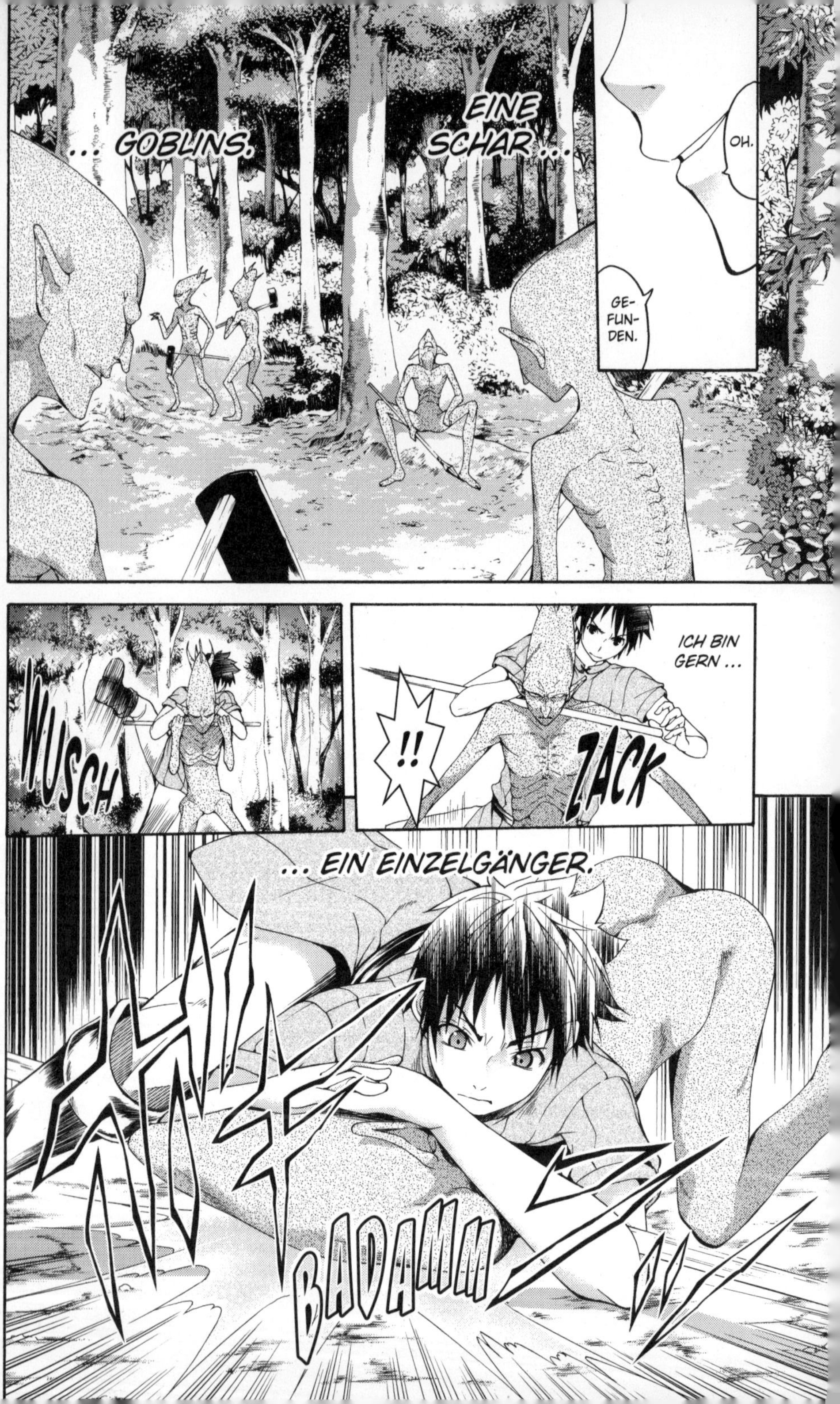
OH.
GE-FUN-DEN.
EINE SCHAR ...
... GOBLINS.
ICH BIN GERN ...
!!
ZACK
WUSCH
... EIN EINZELGÄNGER.
BADAMM

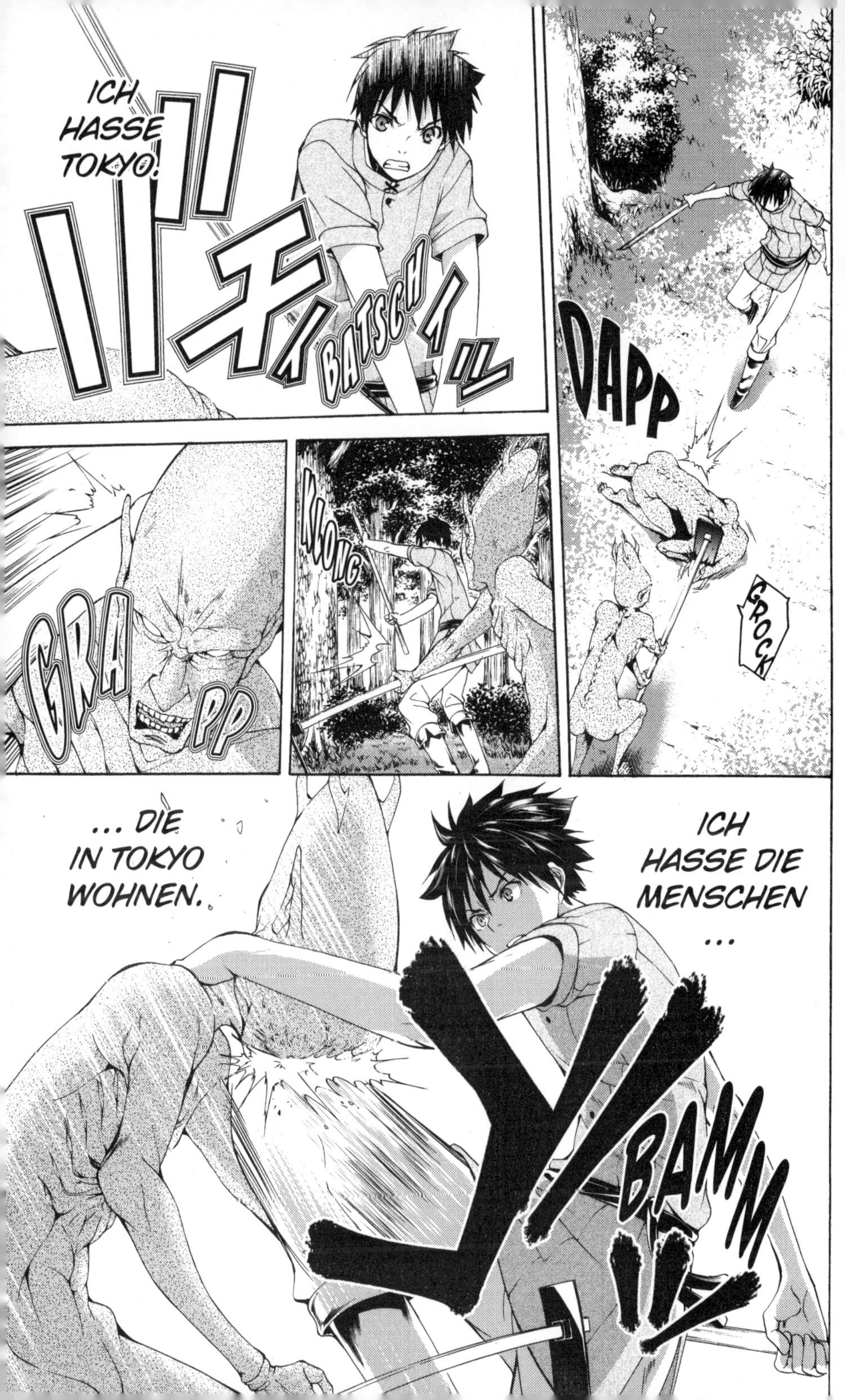
DAPP
GROCK
ICH HASSE TOKYO!
BATSCH
KLONG
GRAPP
ICH HASSE DIE MENSCHEN …
… DIE IN TOKYO WOHNEN.
BAMM

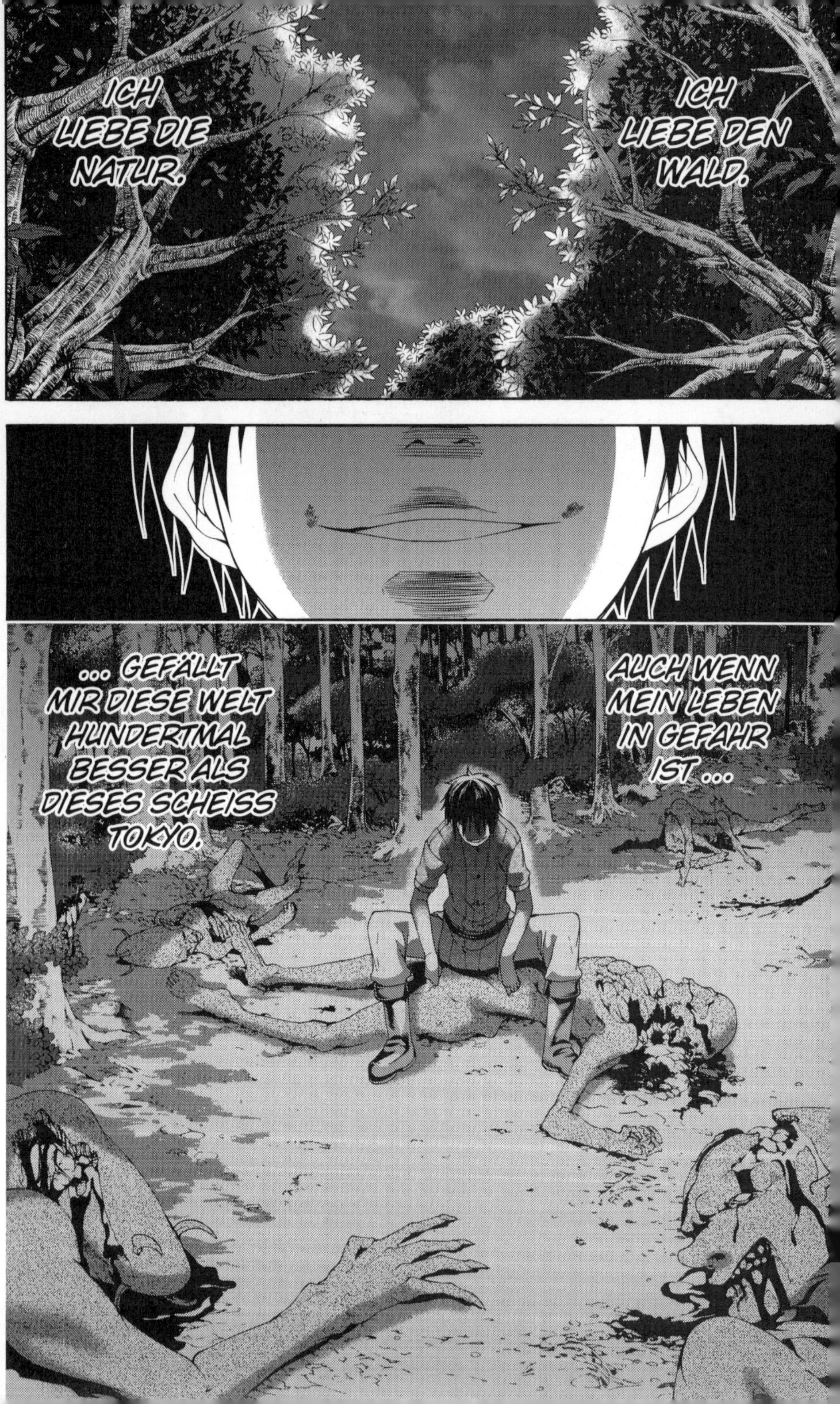
ICH LIEBE DEN WALD.
ICH LIEBE DIE NATUR.
AUCH WENN MEIN LEBEN IN GEFAHR IST ...
... GEFÄLLT MIR DIESE WELT HUNDERTMAL BESSER ALS DIESES SCHEISS TOKYO.

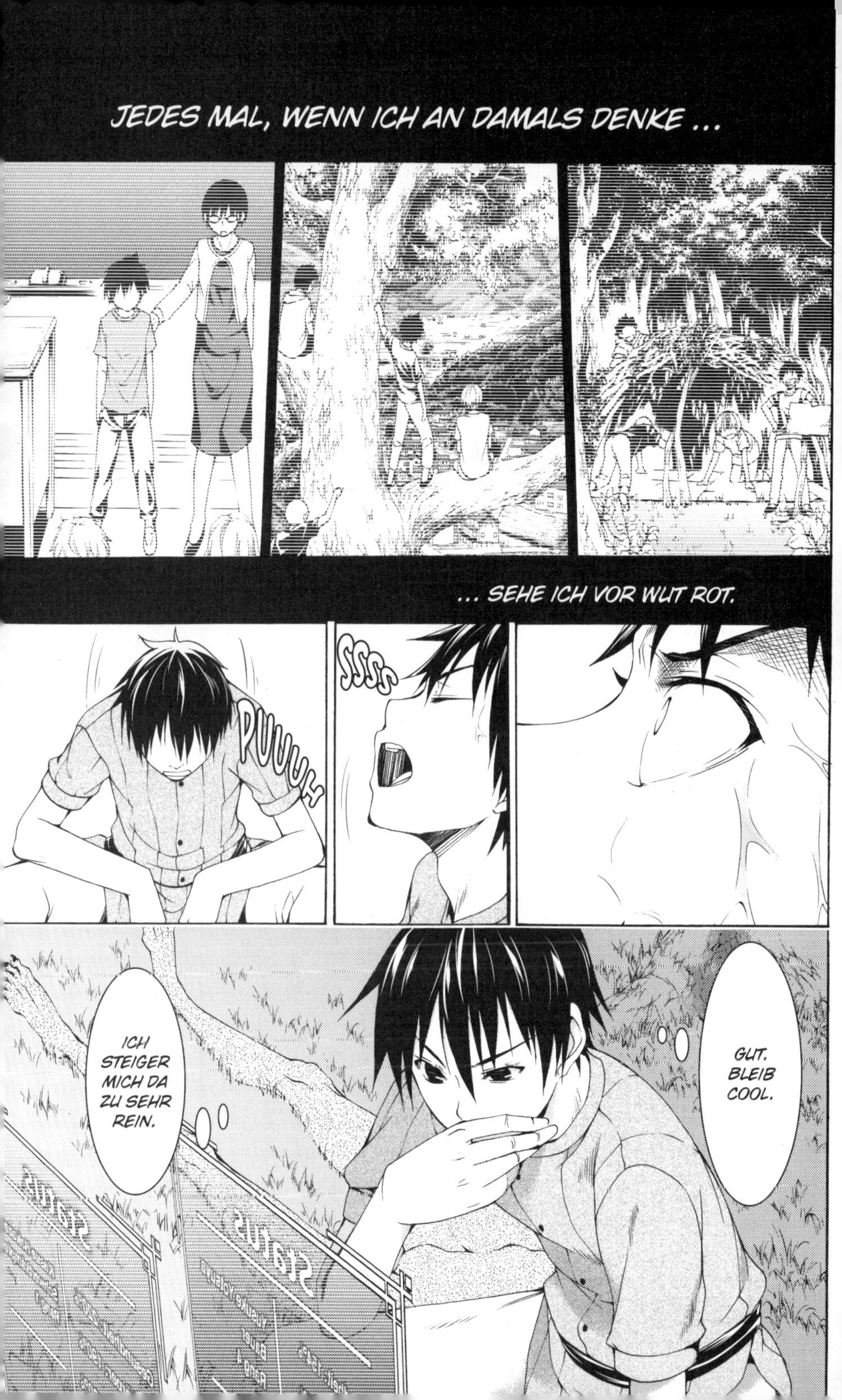
JEDES MAL, WENN ICH AN DAMALS DENKE ...
... SEHE ICH VOR WUT ROT.
SSSS
PUUUUH
GUT. BLEIB COOL.
ICH STEIGER MICH DA ZU SEHR REIN.

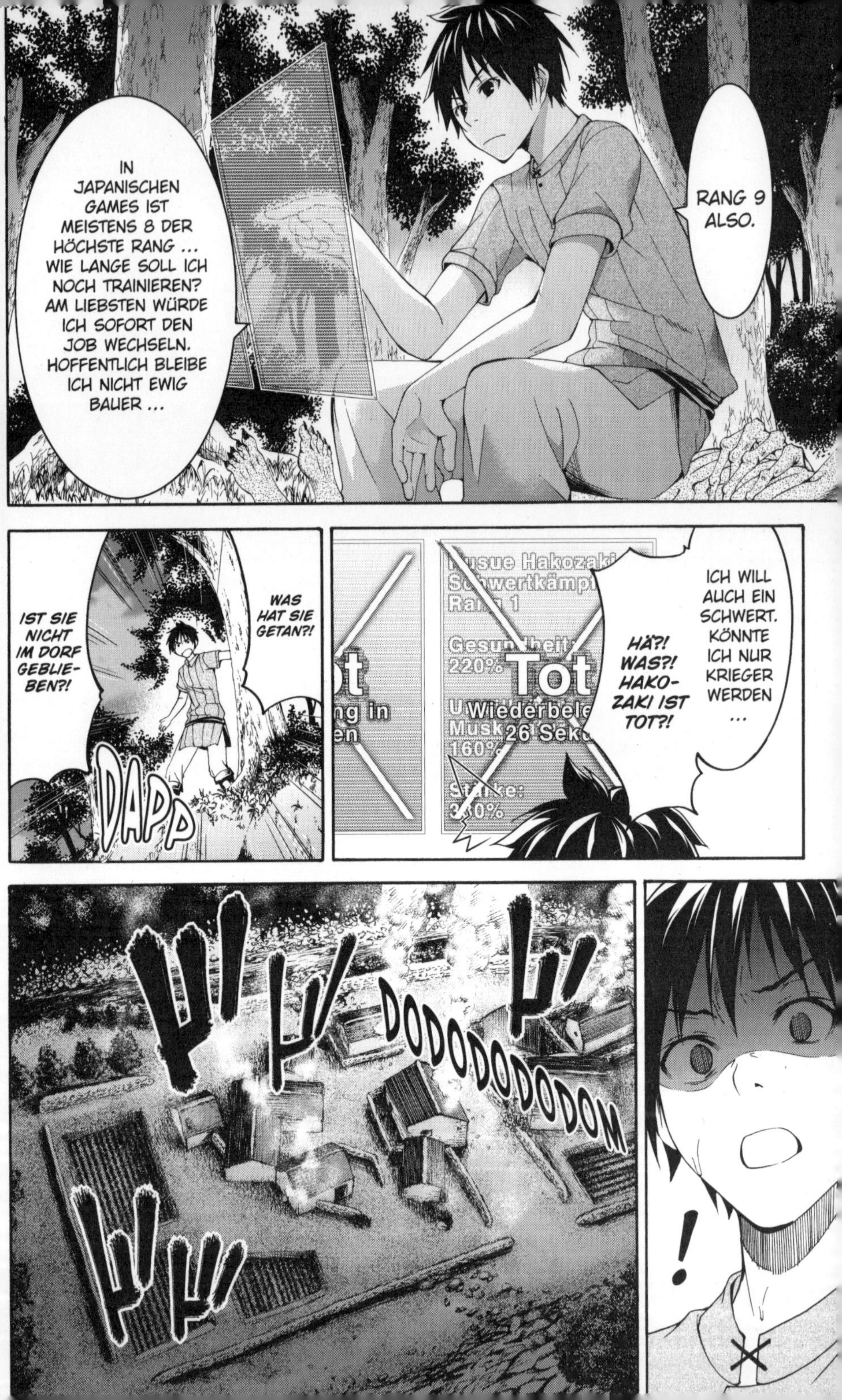
RANG 9 ALSO.
IN JAPANISCHEN GAMES IST MEISTENS 8 DER HÖCHSTE RANG … WIE LANGE SOLL ICH NOCH TRAINIEREN? AM LIEBSTEN WÜRDE ICH SOFORT DEN JOB WECHSELN. HOFFENTLICH BLEIBE ICH NICHT EWIG BAUER …
ICH WILL AUCH EIN SCHWERT. KÖNNTE ICH NUR KRIEGER WERDEN …
HÄ?! WAS?! HAKOZAKI IST TOT?!
Tot
Tot
WAS HAT SIE GETAN?!
IST SIE NICHT IM DORF GEBLIE-BEN?!
DAPP
!
DODODODODOM

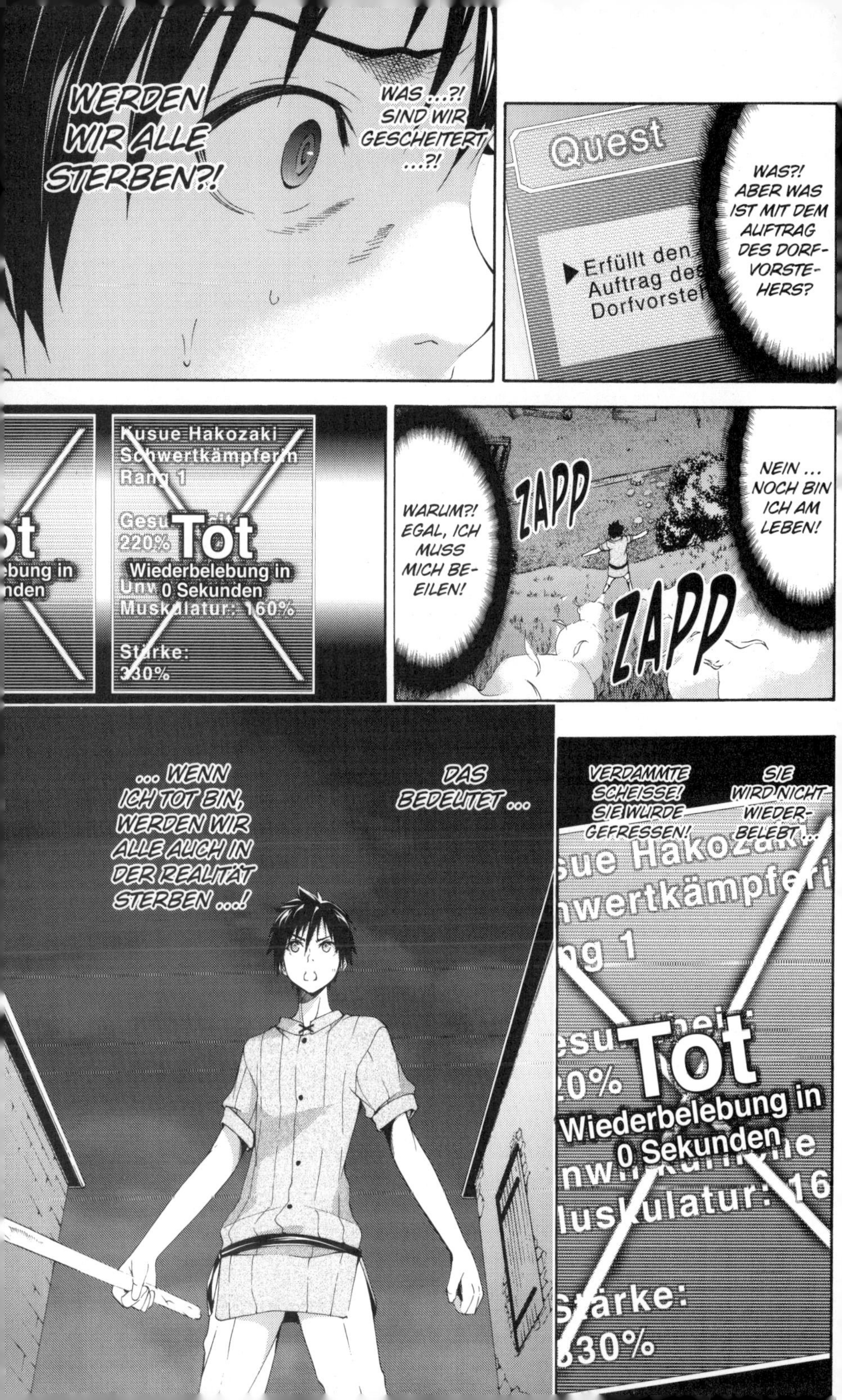
Quest
Erfüllt den Auftrag des Dorfvorste
WAS?! ABER WAS IST MIT DEM AUFTRAG DES DORFVORSTEHERS?
WAS ...?! SIND WIR GESCHEITERT ...?!
WERDEN WIR ALLE STERBEN?!
NEIN ... NOCH BIN ICH AM LEBEN!
ZAPP
ZAPP
WARUM?! EGAL, ICH MUSS MICH BEEILEN!
Kusue Hakozaki
Schwertkämpferin
Rang 1
Tot
Wiederbelebung in 0 Sekunden
Muskulatur: 160%
Stärke: 330%
SIE WIRD NICHT WIEDERBELEBT ...
VERDAMMTE SCHEISSE! SIE WURDE GEFRESSEN!
Tot
Wiederbelebung in 0 Sekunden
DAS BEDEUTET ...
... WENN ICH TOT BIN, WERDEN WIR ALLE AUCH IN DER REALITÄT STERBEN ...!

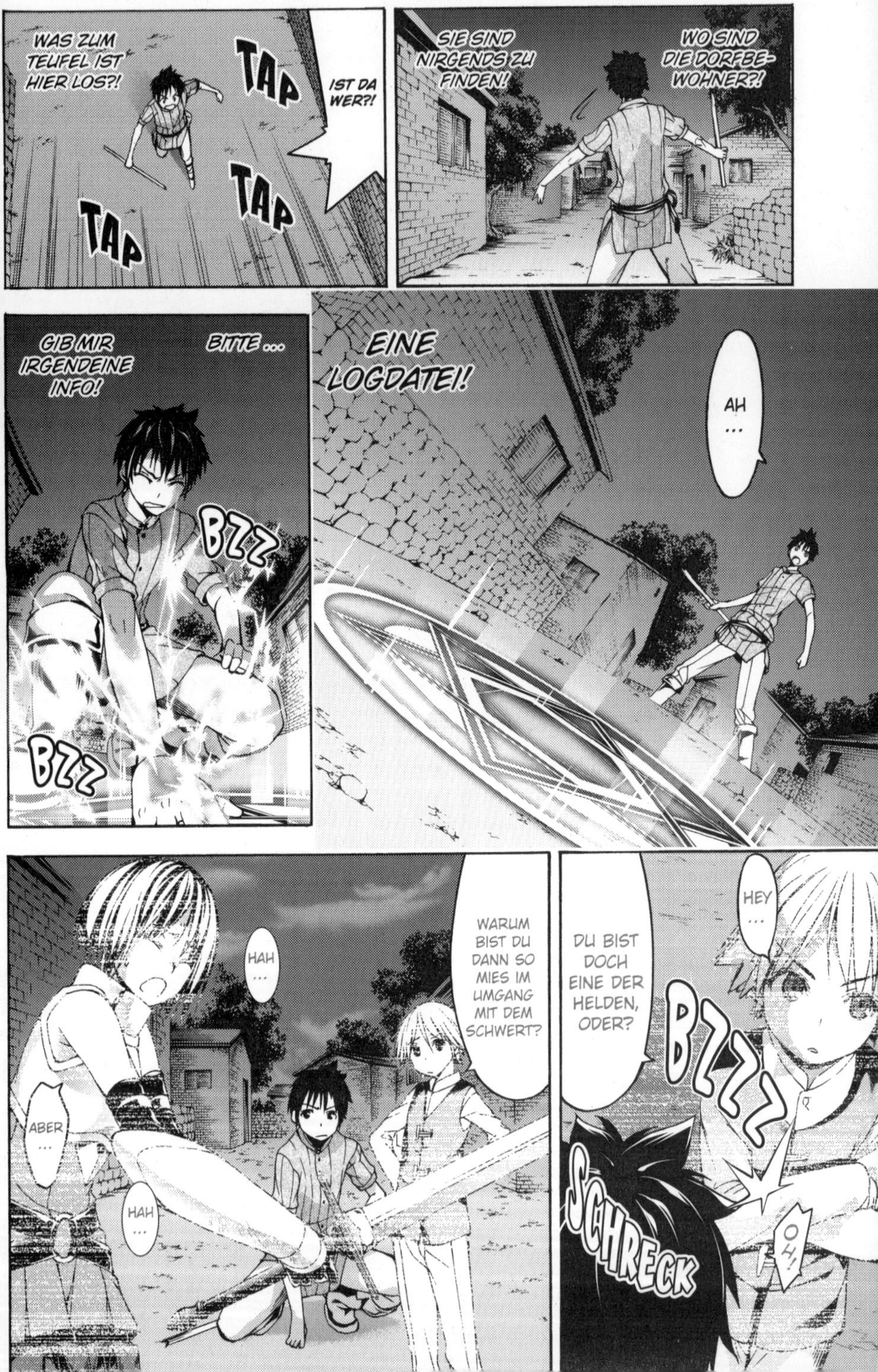
WO SIND DIE DORFBEWOHNER?!
SIE SIND NIRGENDS ZU FINDEN!
IST DA WER?!
TAP
TAP
TAP
WAS ZUM TEUFEL IST HIER LOS?!
AH ...
EINE LOGDATEI!
BITTE ...
GIB MIR IRGENDEINE INFO!
BZZ
BZZ
HEY ...
DU BIST DOCH EINE DER HELDEN, ODER?
BZZZ
SCHRECK
OH!
WARUM BIST DU DANN SO MIES IM UMGANG MIT DEM SCHWERT?
HAH ...
ABER ...
HAH ...

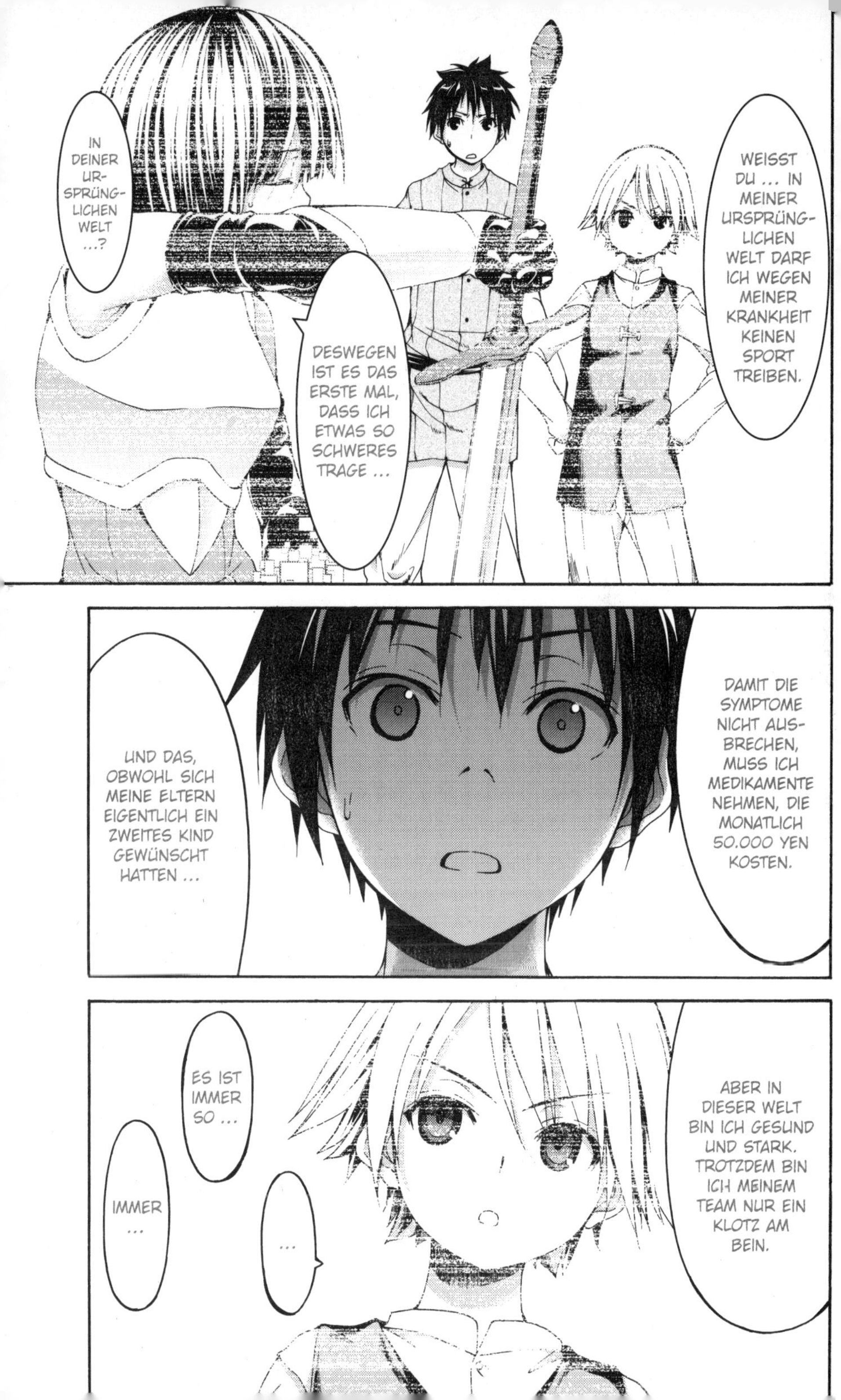
WEISST DU … IN MEINER URSPRÜNGLICHEN WELT DARF ICH WEGEN MEINER KRANKHEIT KEINEN SPORT TREIBEN.
DESWEGEN IST ES DAS ERSTE MAL, DASS ICH ETWAS SO SCHWERES TRAGE …
IN DEINER URSPRÜNGLICHEN WELT …?
DAMIT DIE SYMPTOME NICHT AUSBRECHEN, MUSS ICH MEDIKAMENTE NEHMEN, DIE MONATLICH 50.000 YEN KOSTEN.
UND DAS, OBWOHL SICH MEINE ELTERN EIGENTLICH EIN ZWEITES KIND GEWÜNSCHT HATTEN …
ABER IN DIESER WELT BIN ICH GESUND UND STARK. TROTZDEM BIN ICH MEINEM TEAM NUR EIN KLOTZ AM BEIN.
…
ES IST IMMER SO …
IMMER …

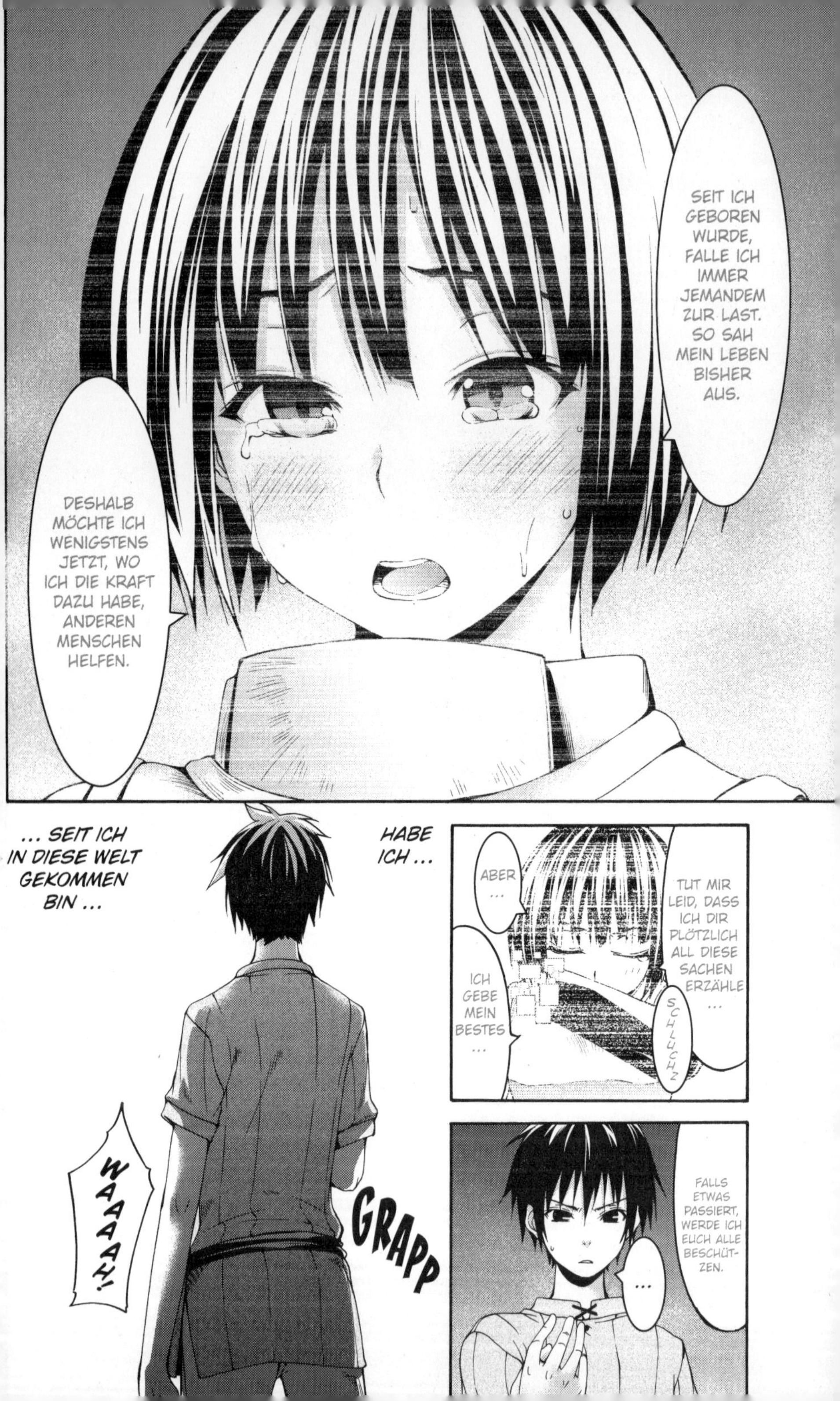
SEIT ICH GEBOREN WURDE, FALLE ICH IMMER JEMANDEM ZUR LAST. SO SAH MEIN LEBEN BISHER AUS.
DESHALB MÖCHTE ICH WENIGSTENS JETZT, WO ICH DIE KRAFT DAZU HABE, ANDEREN MENSCHEN HELFEN.
TUT MIR LEID, DASS ICH DIR PLÖTZLICH ALL DIESE SACHEN ERZÄHLE …
SCHLUCHZ
ABER …
ICH GEBE MEIN BESTES …
FALLS ETWAS PASSIERT, WERDE ICH EUCH ALLE BESCHÜTZEN.
…
HABE ICH …
… SEIT ICH IN DIESE WELT GEKOMMEN BIN …
GRAPP
WAAAAAH!

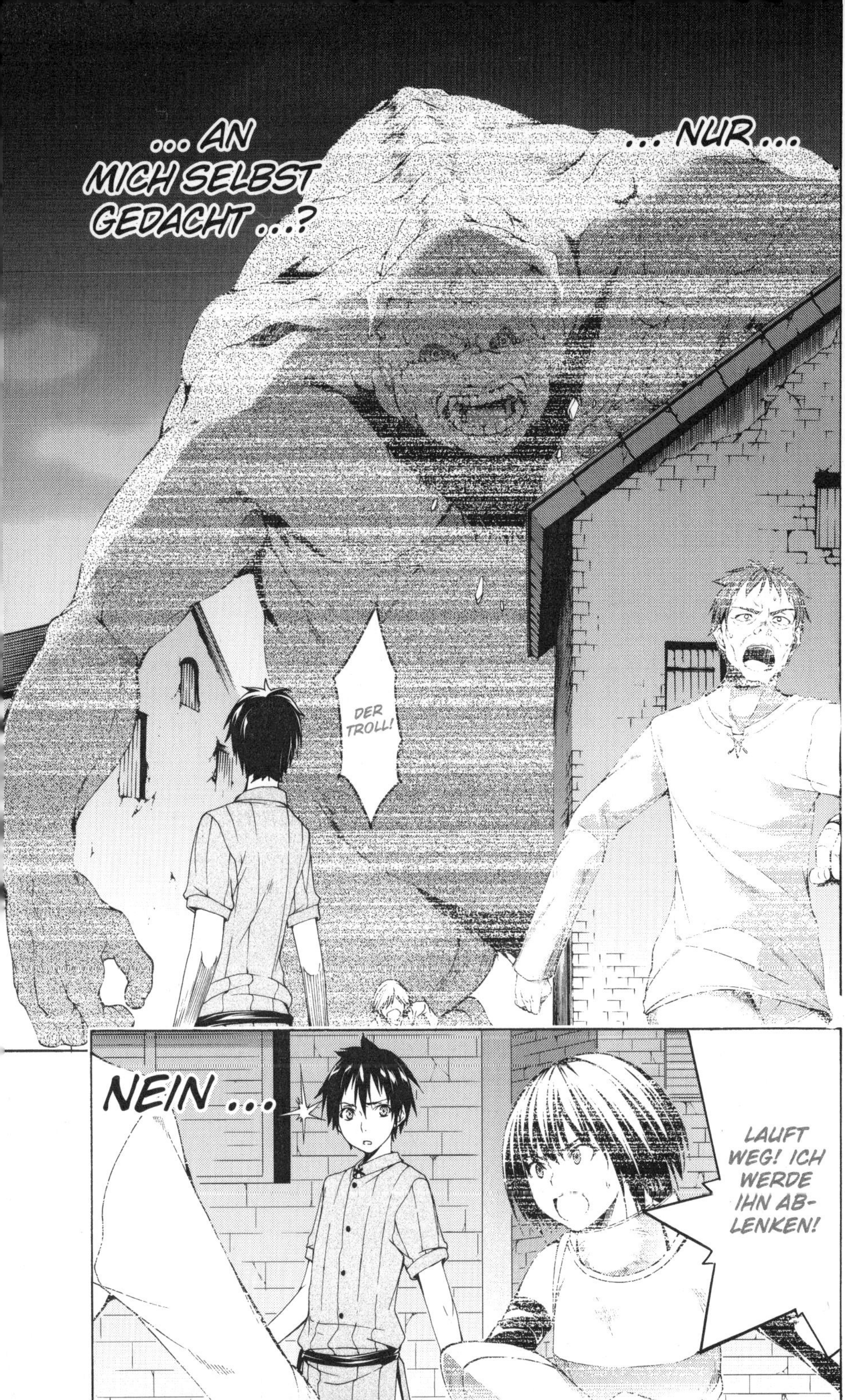
... NUR ...
... AN MICH SELBST GEDACHT ...?
DER TROLL!
LAUFT WEG! ICH WERDE IHN AB- LENKEN!
NEIN ...

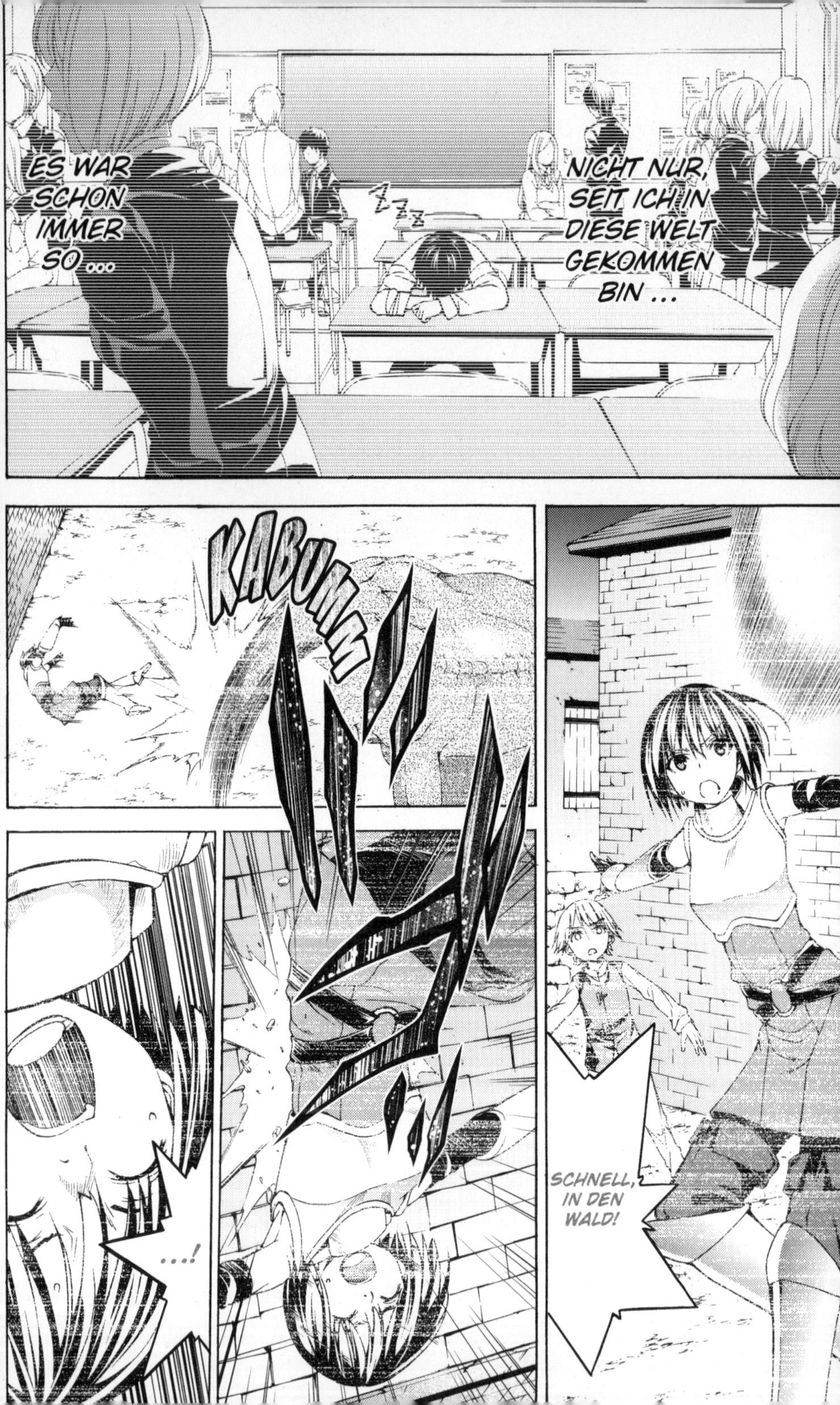
NICHT NUR, SEIT ICH IN DIESE WELT GEKOMMEN BIN ...
ES WAR SCHON IMMER SO ...
Z Z Z
KABUMM
SCHNELL, IN DEN WALD!
...!

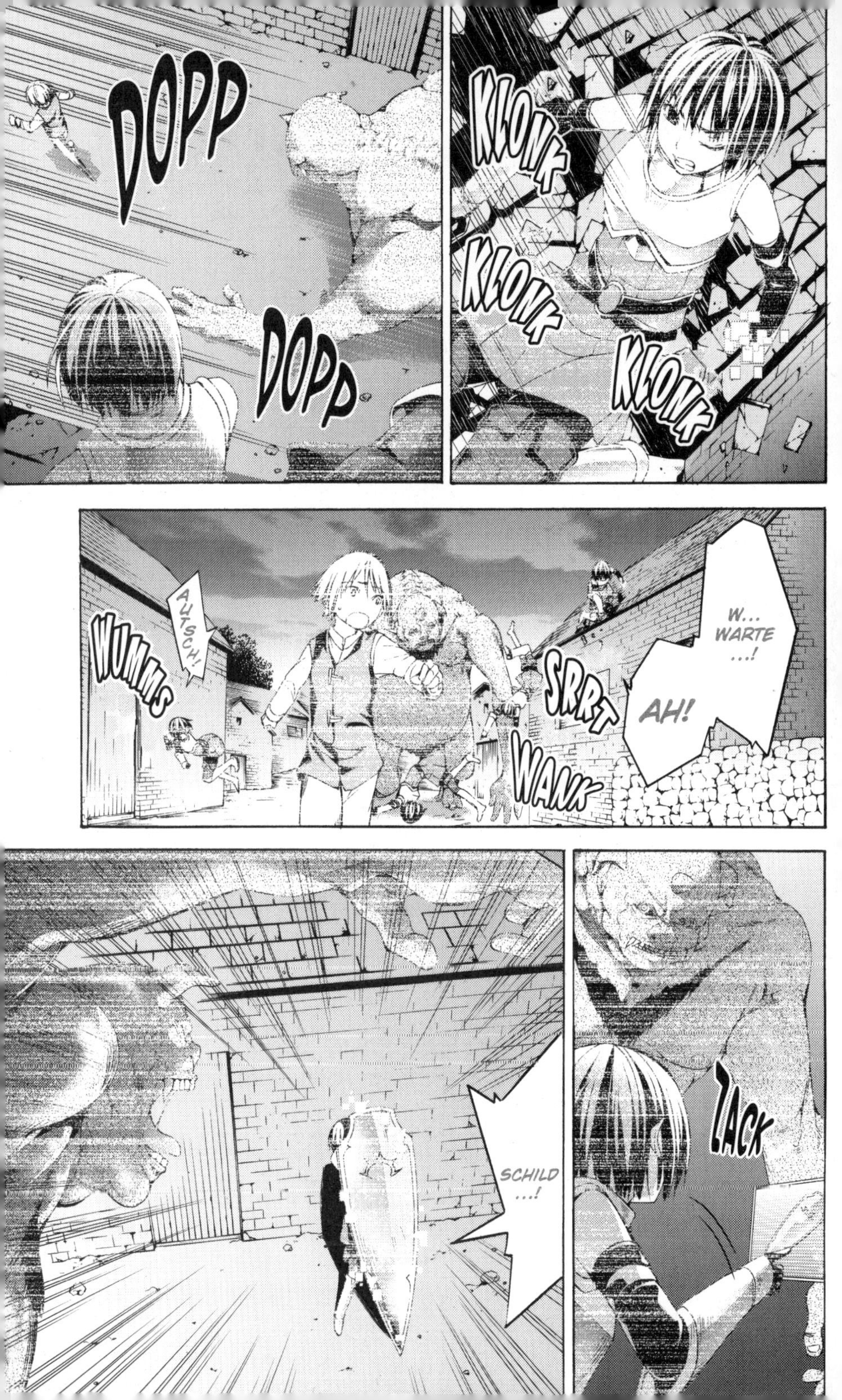
KLONK
KLONK
KLONK
DOPP
DOPP
W... WARTE ...!
AH!
SRRT
WANK
AUTSCH!
WUMMS
ZACK
SCHILD ...!

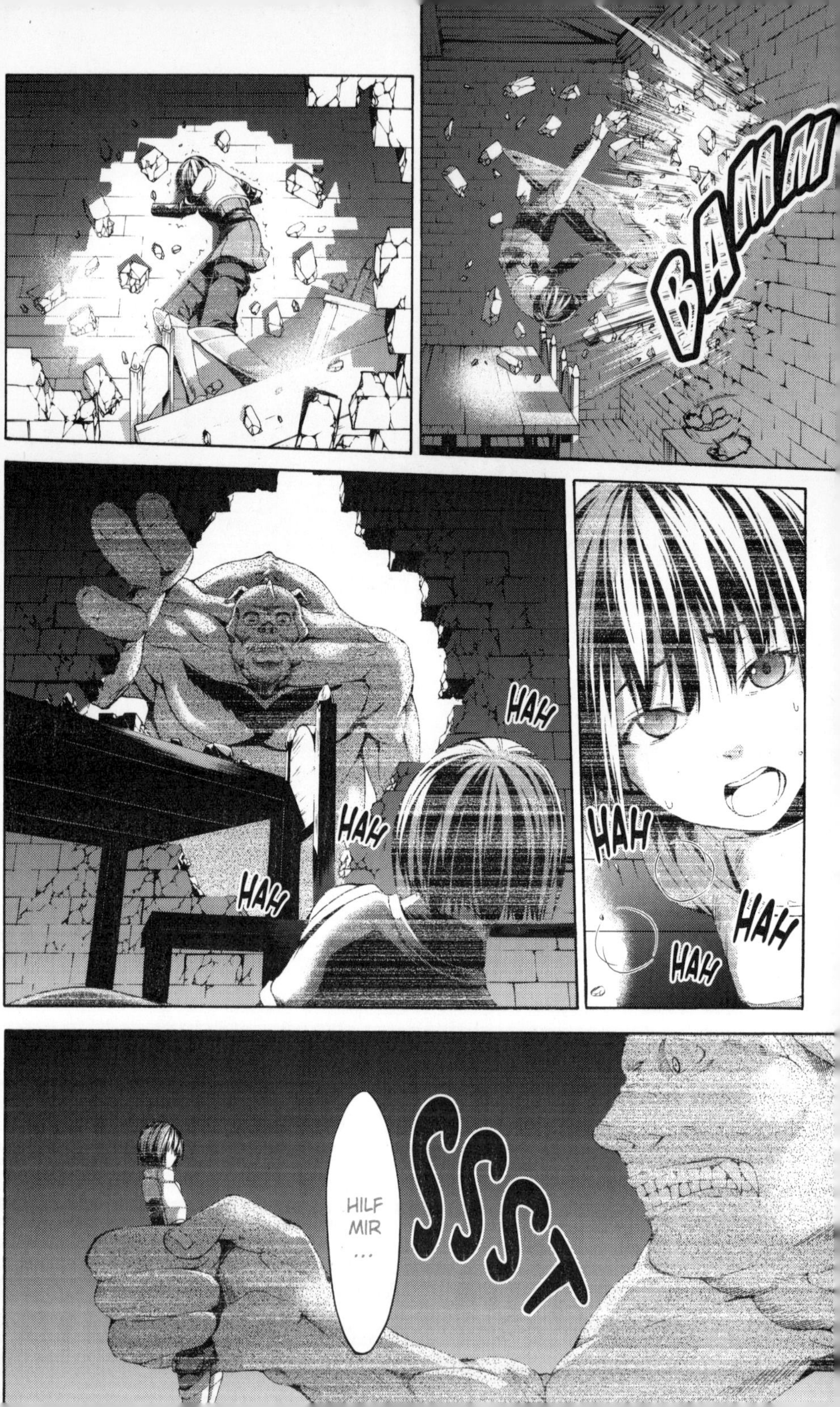
BAMM
HAH
HAH
HAH
HAH
HAH
HAH
SSSST
HILF
MIR
...

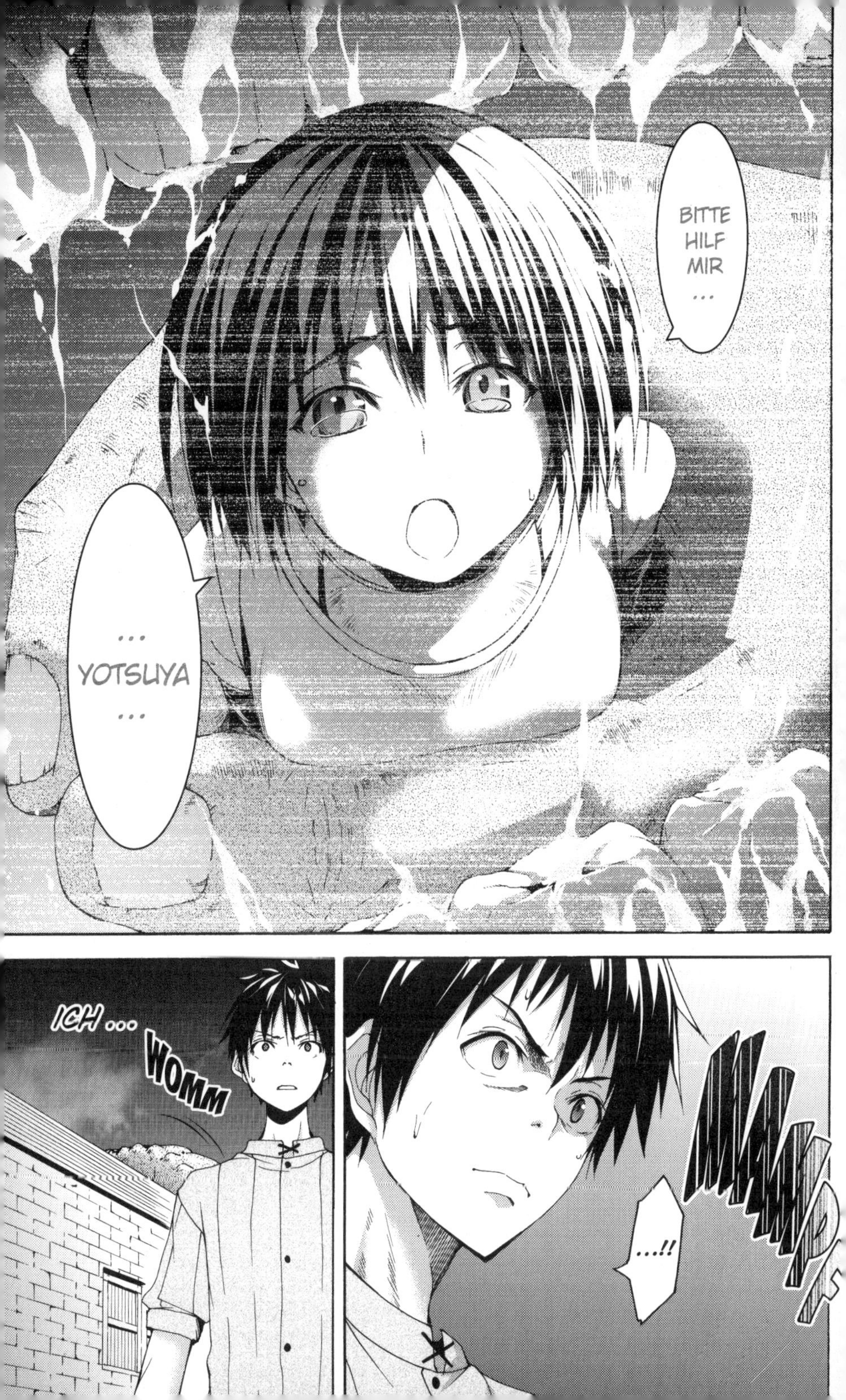
BITTE HILF MIR ...
... YOTSUYA ...
...!!
ICH ...
WOMM

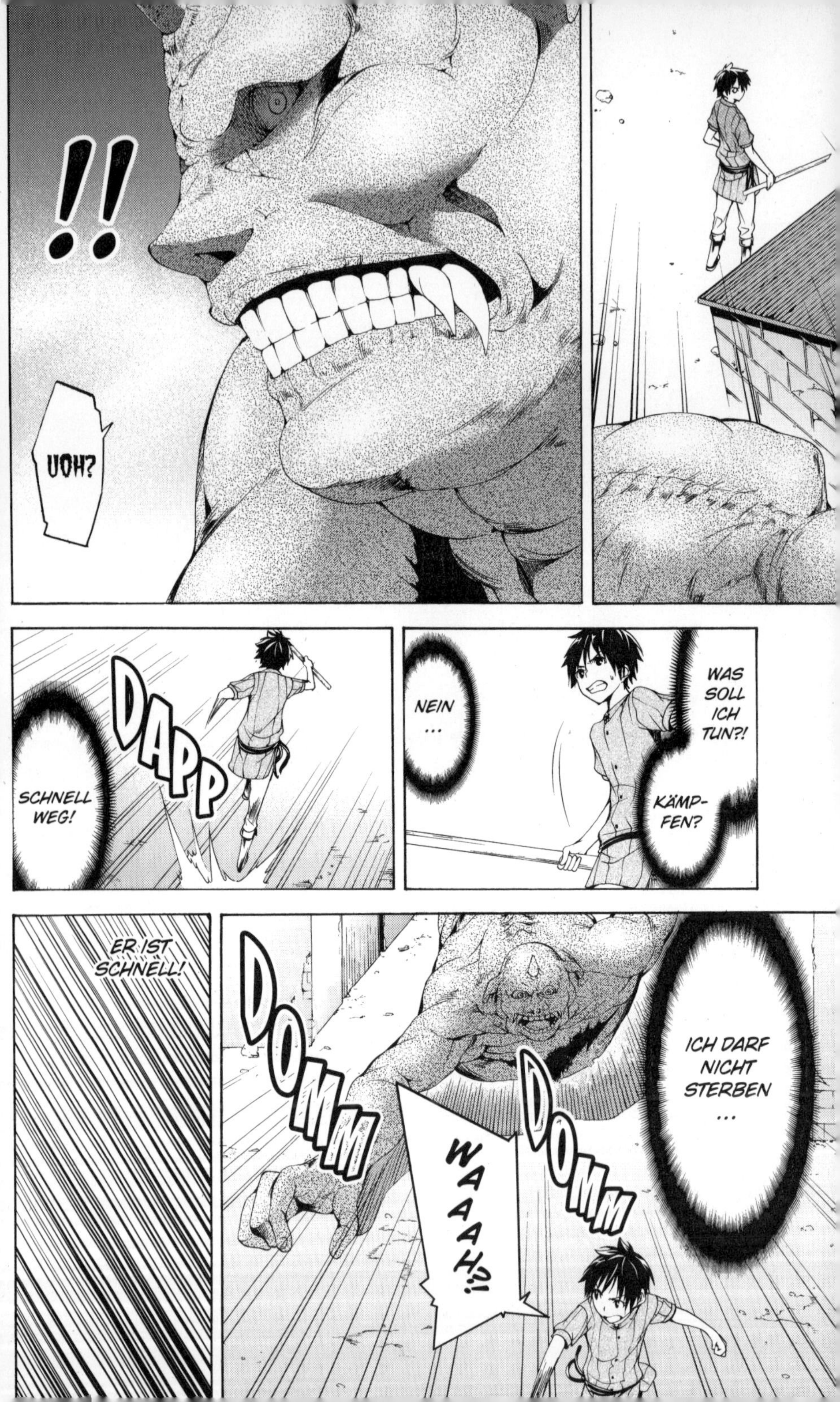
!!
UOH?
WAS SOLL ICH TUN?!
KÄMP-FEN?
NEIN …
DAPP
SCHNELL WEG!
ICH DARF NICHT STERBEN …
DOMM
WAAAAH?!
DOMM
ER IST SCHNELL!

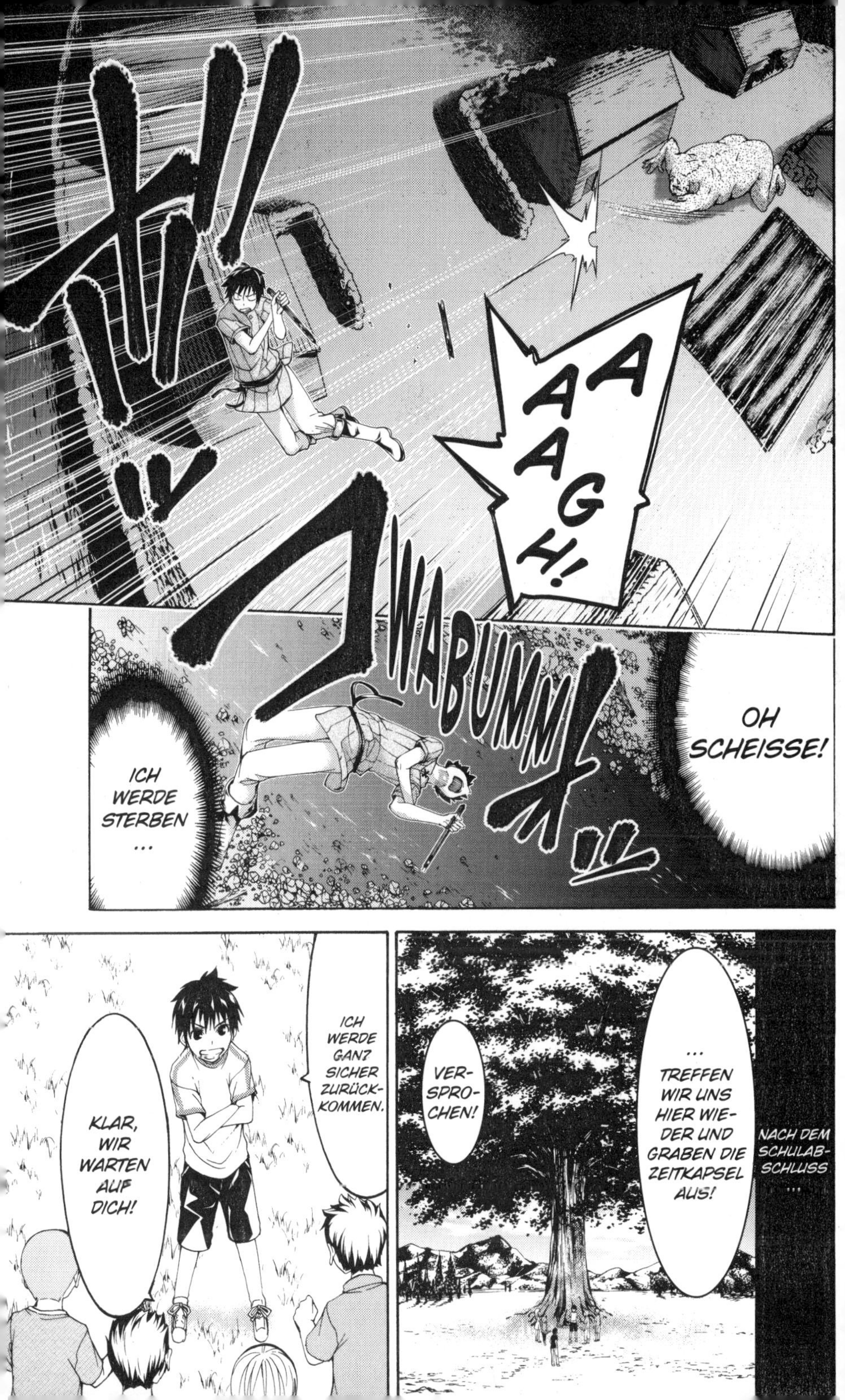
AAAGH!
WABUMM!
OH SCHEISSE!
ICH WERDE STERBEN ...
NACH DEM SCHULABSCHLUSS ...
... TREFFEN WIR UNS HIER WIEDER UND GRABEN DIE ZEITKAPSEL AUS!
VERSPROCHEN!
ICH WERDE GANZ SICHER ZURÜCKKOMMEN.
KLAR, WIR WARTEN AUF DICH!

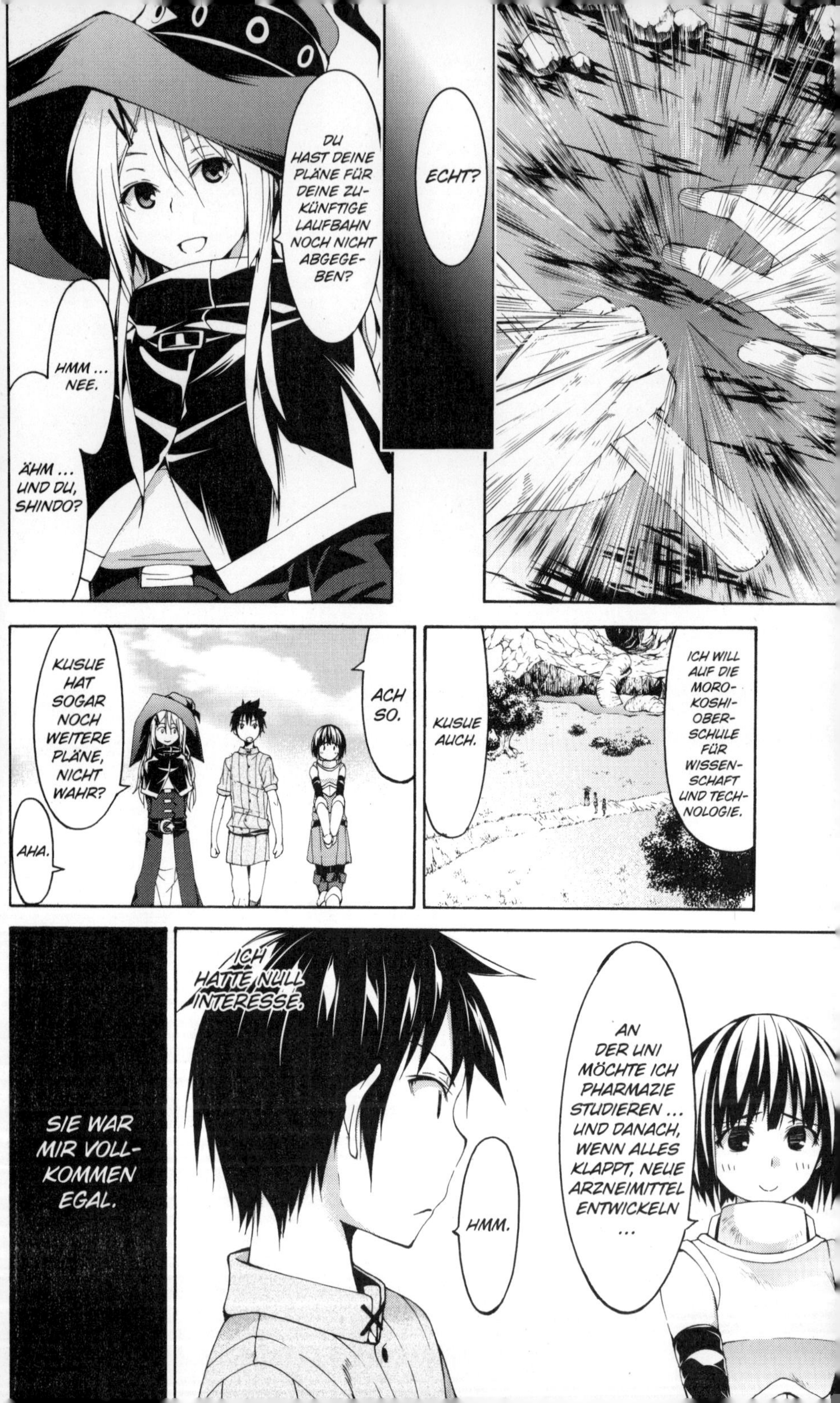
ECHT?
DU HAST DEINE PLÄNE FÜR DEINE ZUKÜNFTIGE LAUFBAHN NOCH NICHT ABGEGEBEN?
HMM ... NEE.
ÄHM ... UND DU, SHINDO?
ICH WILL AUF DIE MOROKOSHI-OBERSCHULE FÜR WISSENSCHAFT UND TECHNOLOGIE.
KUSUE AUCH.
ACH SO.
KUSUE HAT SOGAR NOCH WEITERE PLÄNE, NICHT WAHR?
AHA.
AN DER UNI MÖCHTE ICH PHARMAZIE STUDIEREN ... UND DANACH, WENN ALLES KLAPPT, NEUE ARZNEIMITTEL ENTWICKELN ...
HMM.
ICH HATTE NULL INTERESSE.
SIE WAR MIR VOLLKOMMEN EGAL.

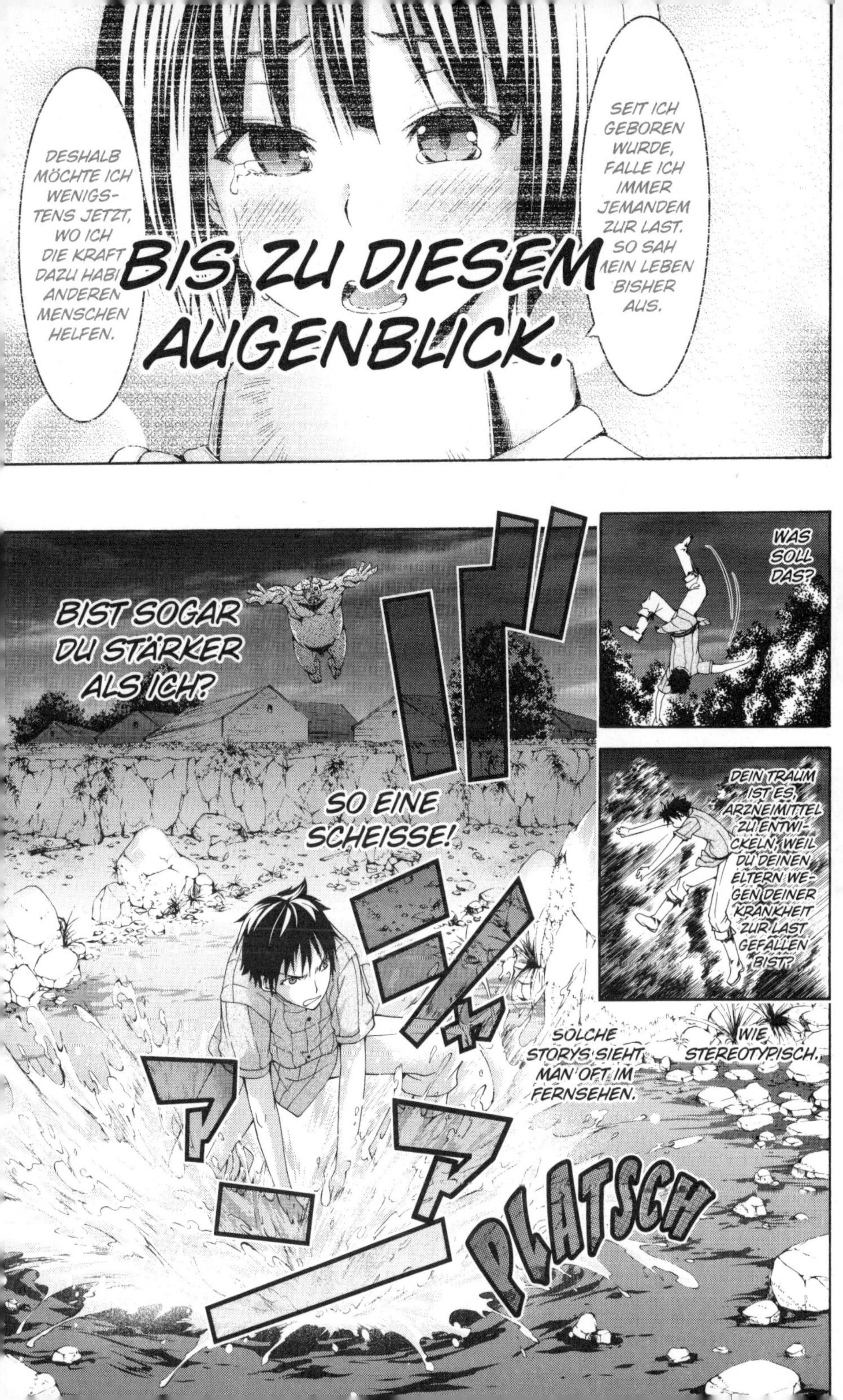
SEIT ICH GEBOREN WURDE, FALLE ICH IMMER JEMANDEM ZUR LAST. SO SAH MEIN LEBEN BISHER AUS.
DESHALB MÖCHTE ICH WENIGSTENS JETZT, WO ICH DIE KRAFT DAZU HABE, ANDEREN MENSCHEN HELFEN.
BIS ZU DIESEM AUGENBLICK.
WAS SOLL DAS?
DEIN TRAUM IST ES, ARZNEIMITTEL ZU ENTWICKELN, WEIL DU DEINEN ELTERN WEGEN DEINER KRANKHEIT ZUR LAST GEFALLEN BIST?
WIE STEREOTYPISCH.
SOLCHE STORYS SIEHT MAN OFT IM FERNSEHEN.
BIST SOGAR DU STÄRKER ALS ICH?
SO EINE SCHEISSE!
PLATSCH

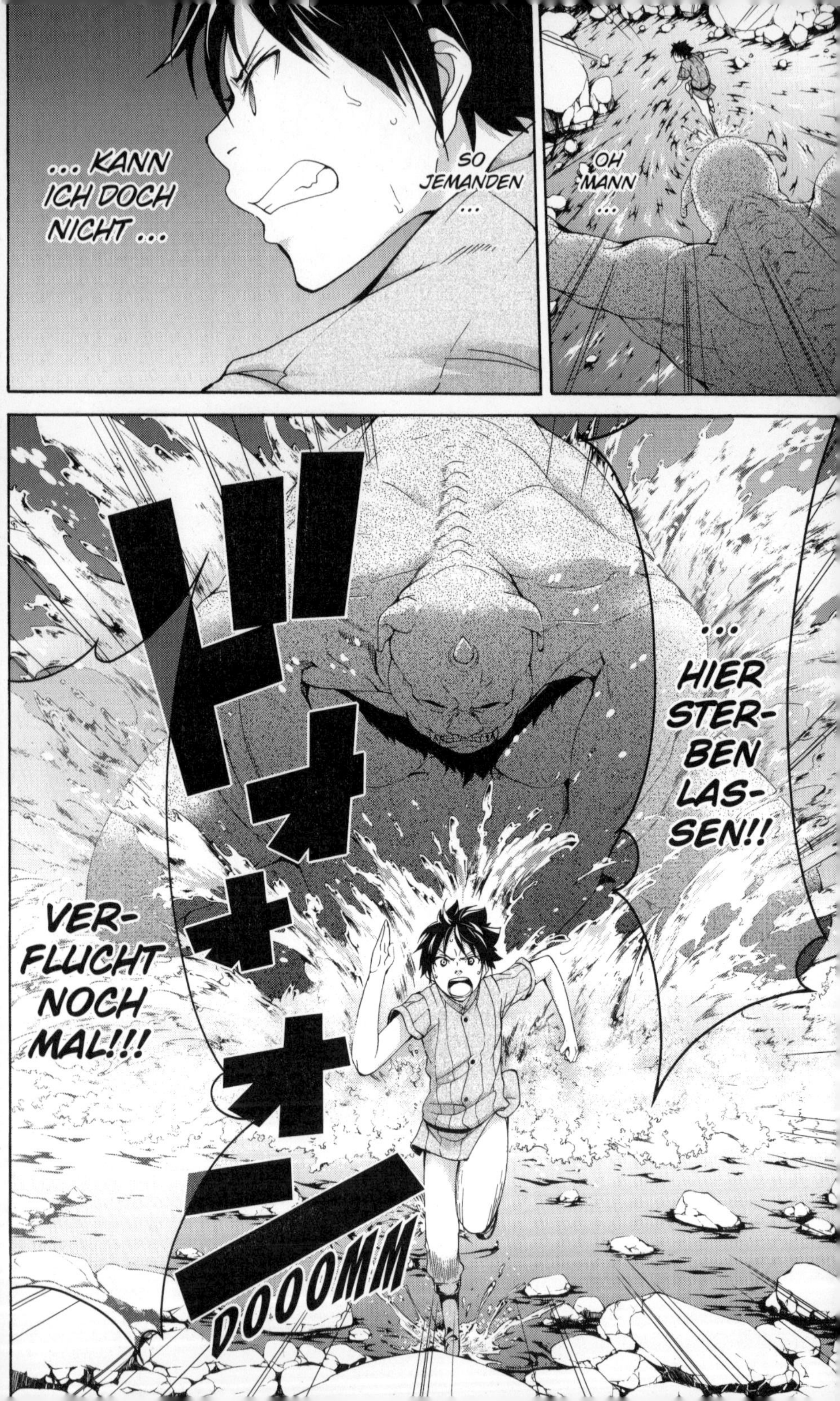
OH MANN ...
SO JEMANDEN ...
... KANN ICH DOCH NICHT ...
... HIER STERBEN LASSEN!!
VERFLUCHT NOCH MAL!!!
DOOOMM

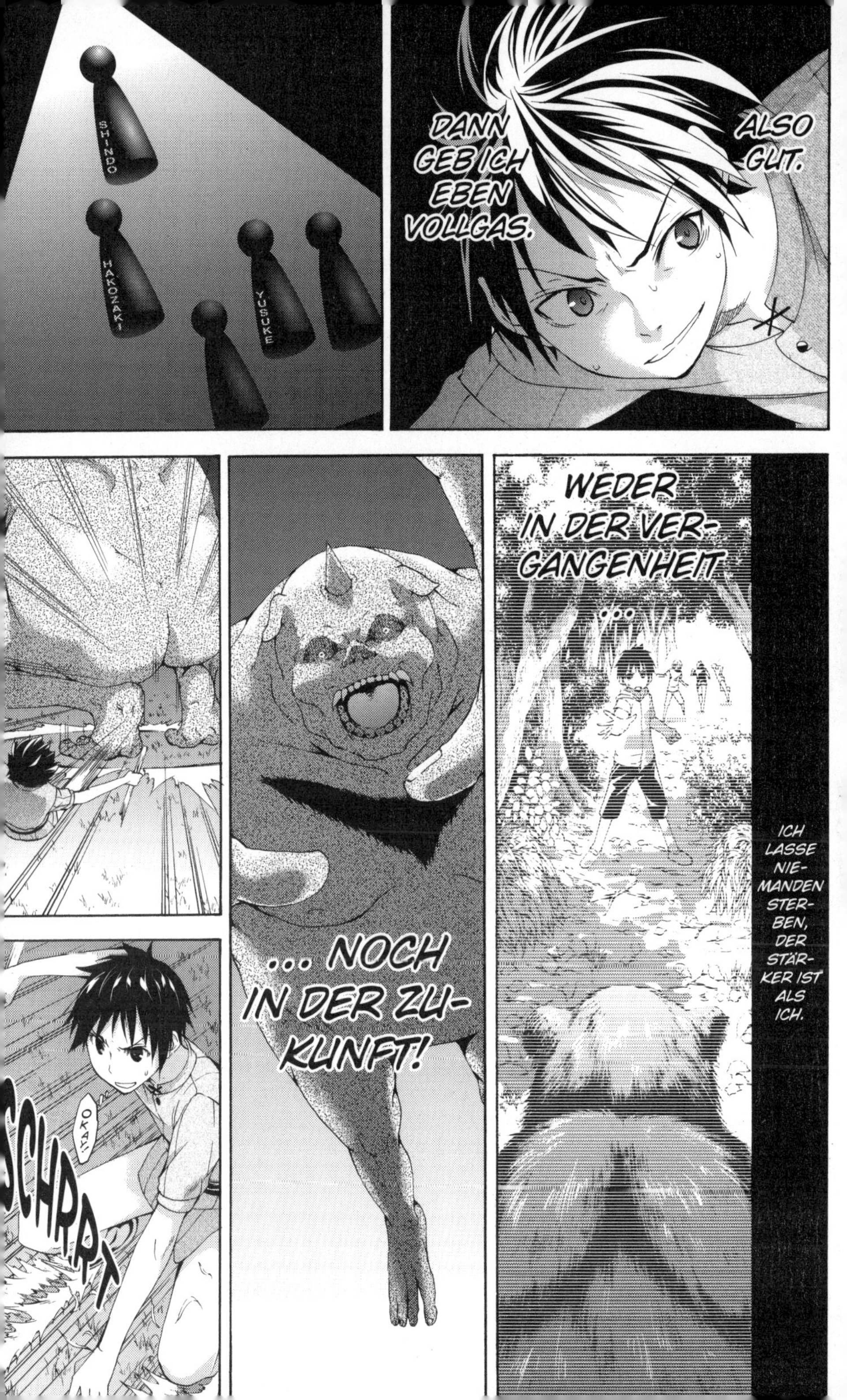
ALSO GUT.
DANN GEB ICH EBEN VOLLGAS.
SHINDO
HAKOZAKI
YUSUKE
WEDER IN DER VERGANGENHEIT ...
ICH LASSE NIEMANDEN STERBEN, DER STÄRKER IST ALS ICH.
... NOCH IN DER ZUKUNFT!
OKAY!
SCHRRT

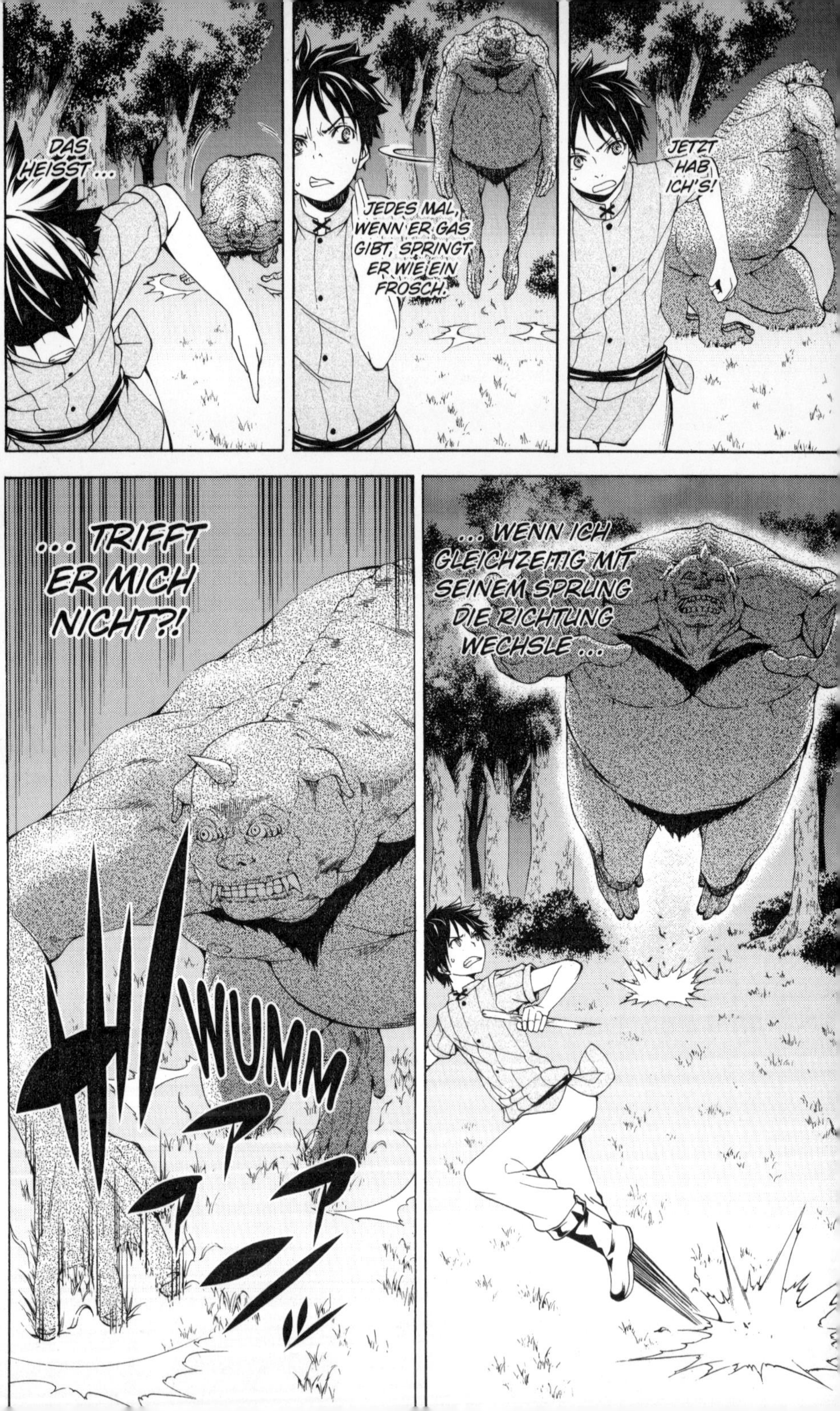
JETZT HAB ICH'S!
JEDES MAL, WENN ER GAS GIBT, SPRINGT ER WIE EIN FROSCH.
DAS HEISST ...
... WENN ICH GLEICHZEITIG MIT SEINEM SPRUNG DIE RICHTUNG WECHSLE ...
... TRIFFT ER MICH NICHT?!
WUMM

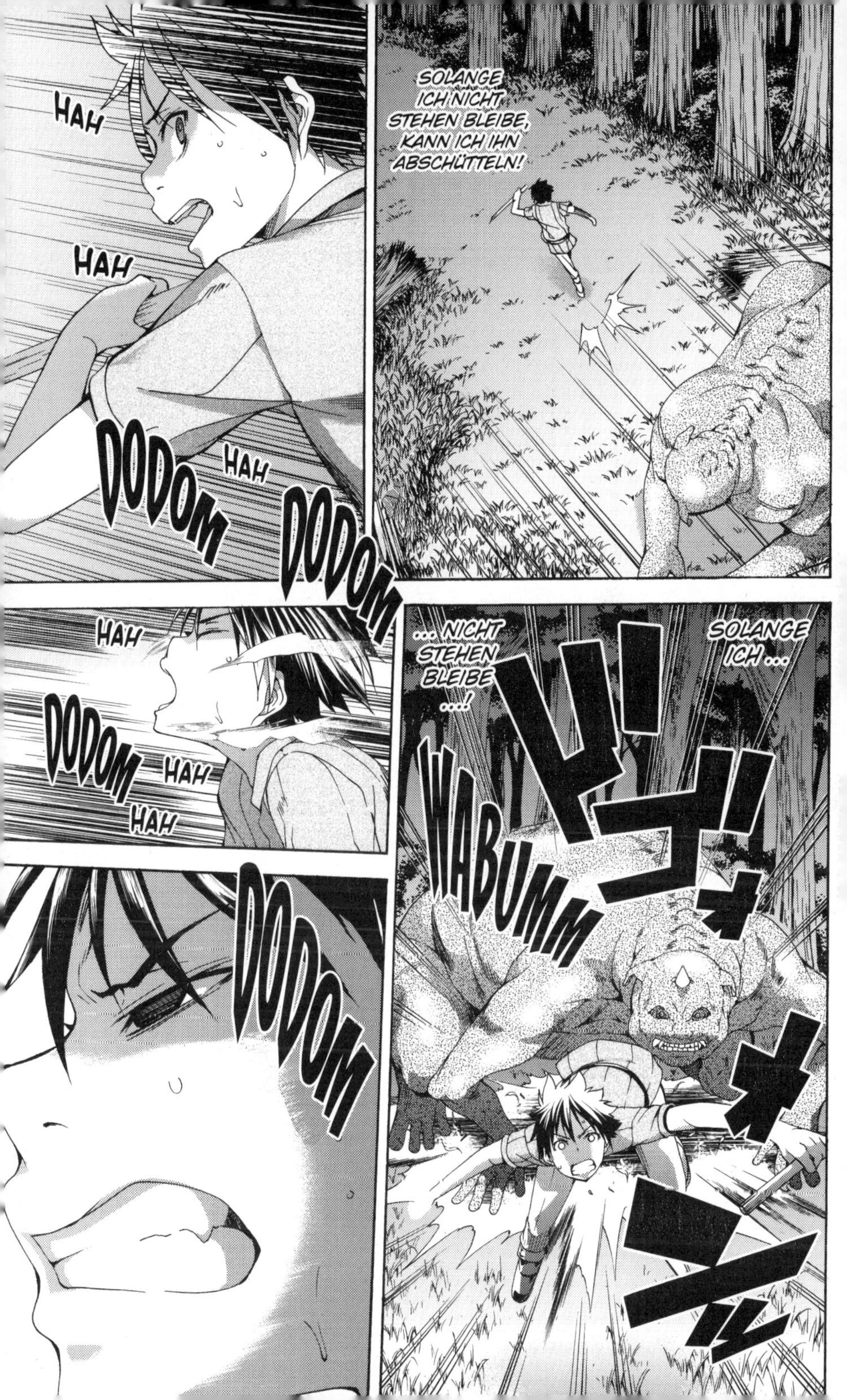
SOLANGE ICH NICHT STEHEN BLEIBE, KANN ICH IHN ABSCHÜTTELN!
HAH
HAH
DODOM
HAH
DODOM
SOLANGE ICH ...
... NICHT STEHEN BLEIBE ...!
WABUMM
HAH
DODOM
HAH
HAH
DODOM

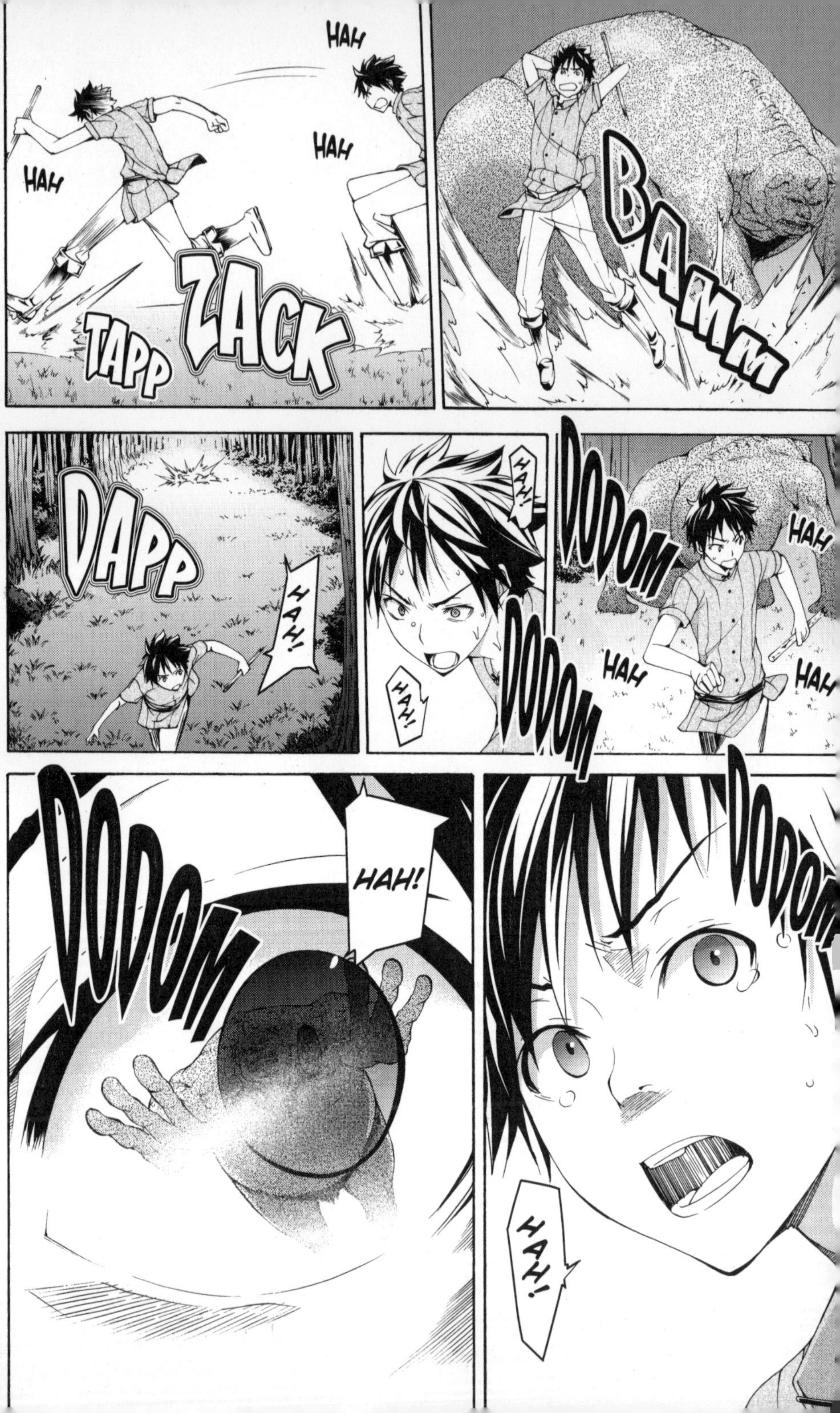
BAMM
HAH
HAH
HAH
ZACK
TAPP
HAH
DODOM
HAH
HAH
HAH!
HAH!
DODOM
DAPP
HAH!
DODOM
DODOM
HAH!
HAH!
DODOM

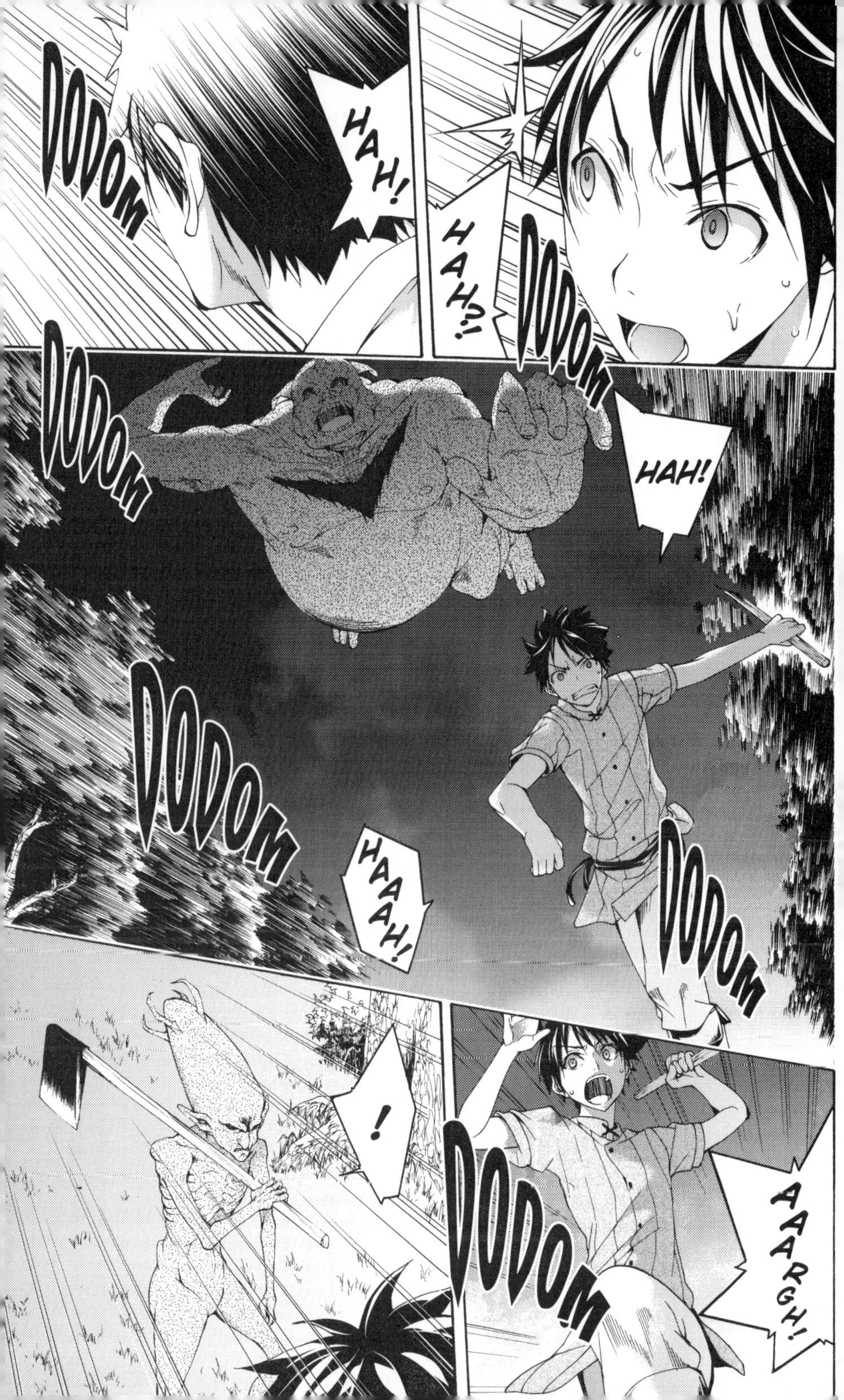

HAH?!
DODOM
HAH!
DODOM
DODOM
HAH!
DODOM
DODOM
HAAAAH!
AAARGH!
DODOM
!

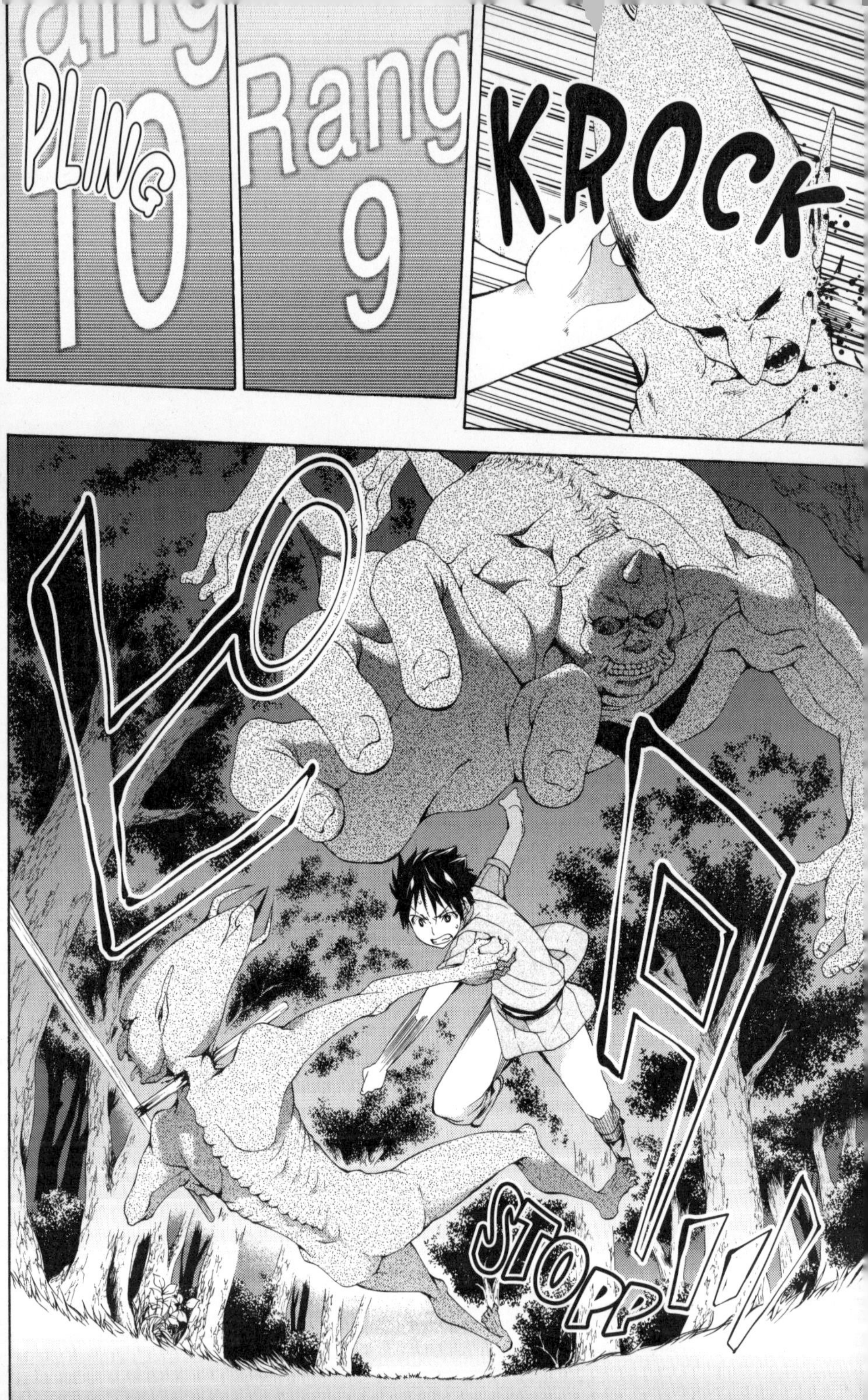
KROCK
Rang
9
10
PLING
STOPP!!

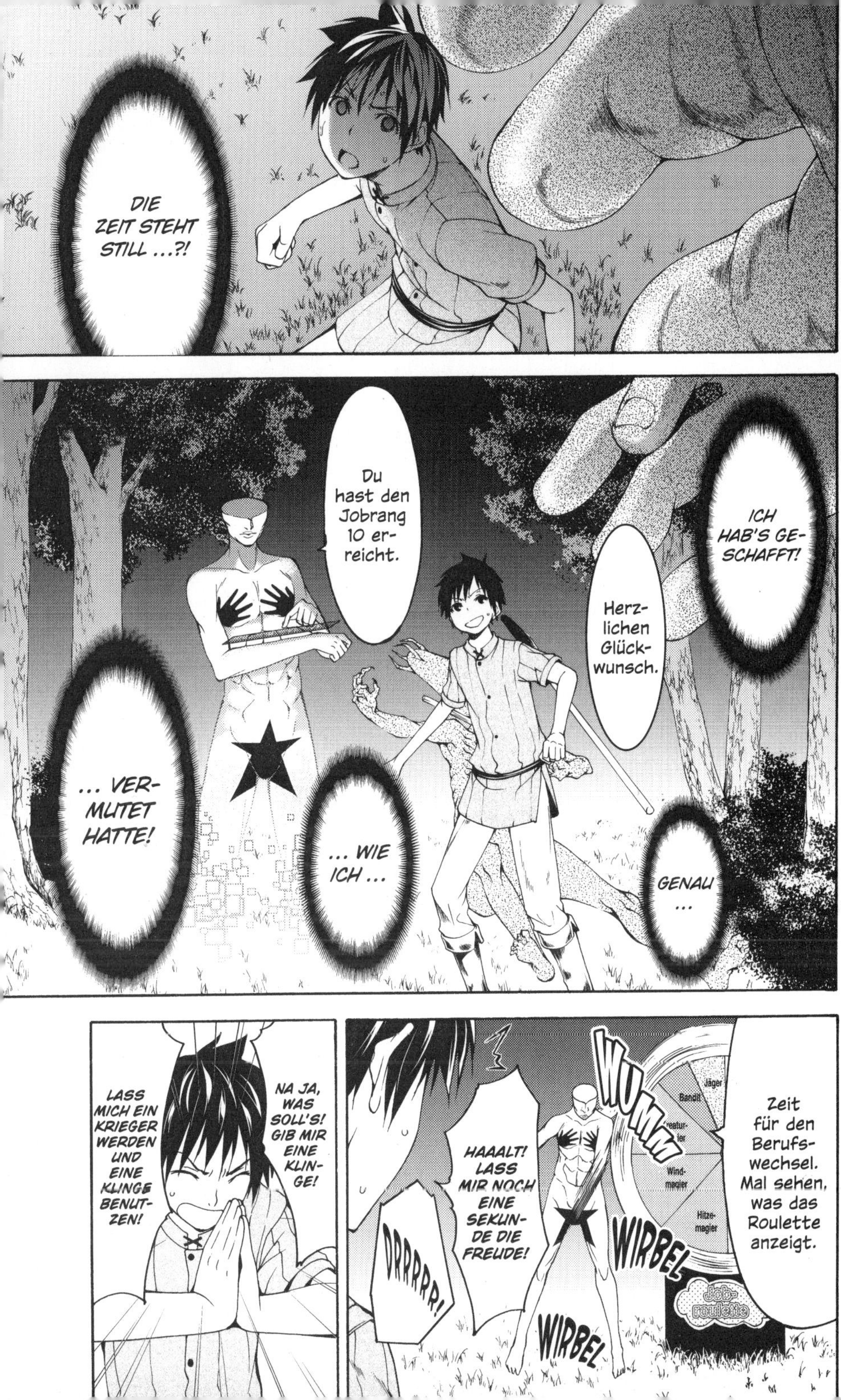
DIE ZEIT STEHT STILL ...?!
ICH HAB'S GESCHAFFT!
Herzlichen Glückwunsch.
Du hast den Jobrang 10 erreicht.
GENAU ...
... WIE ICH ...
... VERMUTET HATTE!
Zeit für den Berufswechsel. Mal sehen, was das Roulette anzeigt.
WUMM
Jäger
Bandit
Windmagier
Hitzemagier
Job-roulette
WIRBEL
WIRBEL
HAAALT! LASS MIR NOCH EINE SEKUNDE DIE FREUDE!
DRRRRRR!
NA JA, WAS SOLL'S! GIB MIR EINE KLINGE!
LASS MICH EIN KRIEGER WERDEN UND EINE KLINGE BENUTZEN!

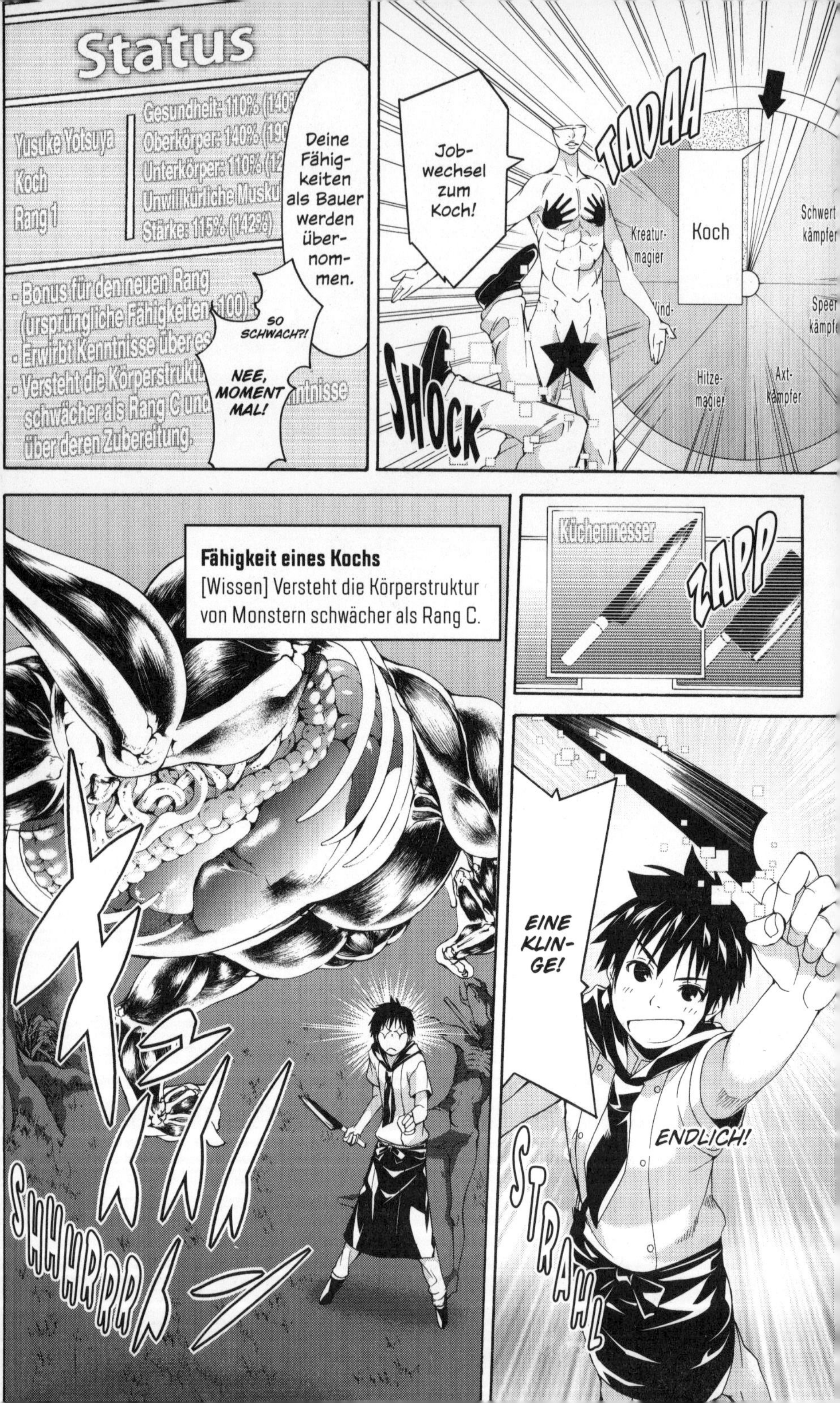
Job-wechsel zum Koch!
TADAA
Kreatur-magier
Koch
Schwert kämpfer
Speer kämpfer
Axt-kämpfer
Hitze-magier
SHOCK
Deine Fähig-keiten als Bauer werden über-nom-men.
SO SCHWACH?!
NEE, MOMENT MAL!
Status
Yusuke Yotsuya
Koch
Rang 1
Gesundheit: 110% (140
Oberkörper: 140% (190
Unterkörper: 110% (12
Unwillkürliche Musku
Stärke: 115% (142%)
- Bonus für den neuen Rang
(ursprüngliche Fähigkeiten …100) …
- Erwirbt Kenntnisse über es…
- Versteht die Körperstruktu… …ntnisse
schwächer als Rang C und…
über deren Zubereitung.
Küchenmesser
ZAPP
EINE KLIN-GE!
ENDLICH!
STRAHL
Fähigkeit eines Kochs
[Wissen] Versteht die Körperstruktur von Monstern schwächer als Rang C.
SHHHRRRR

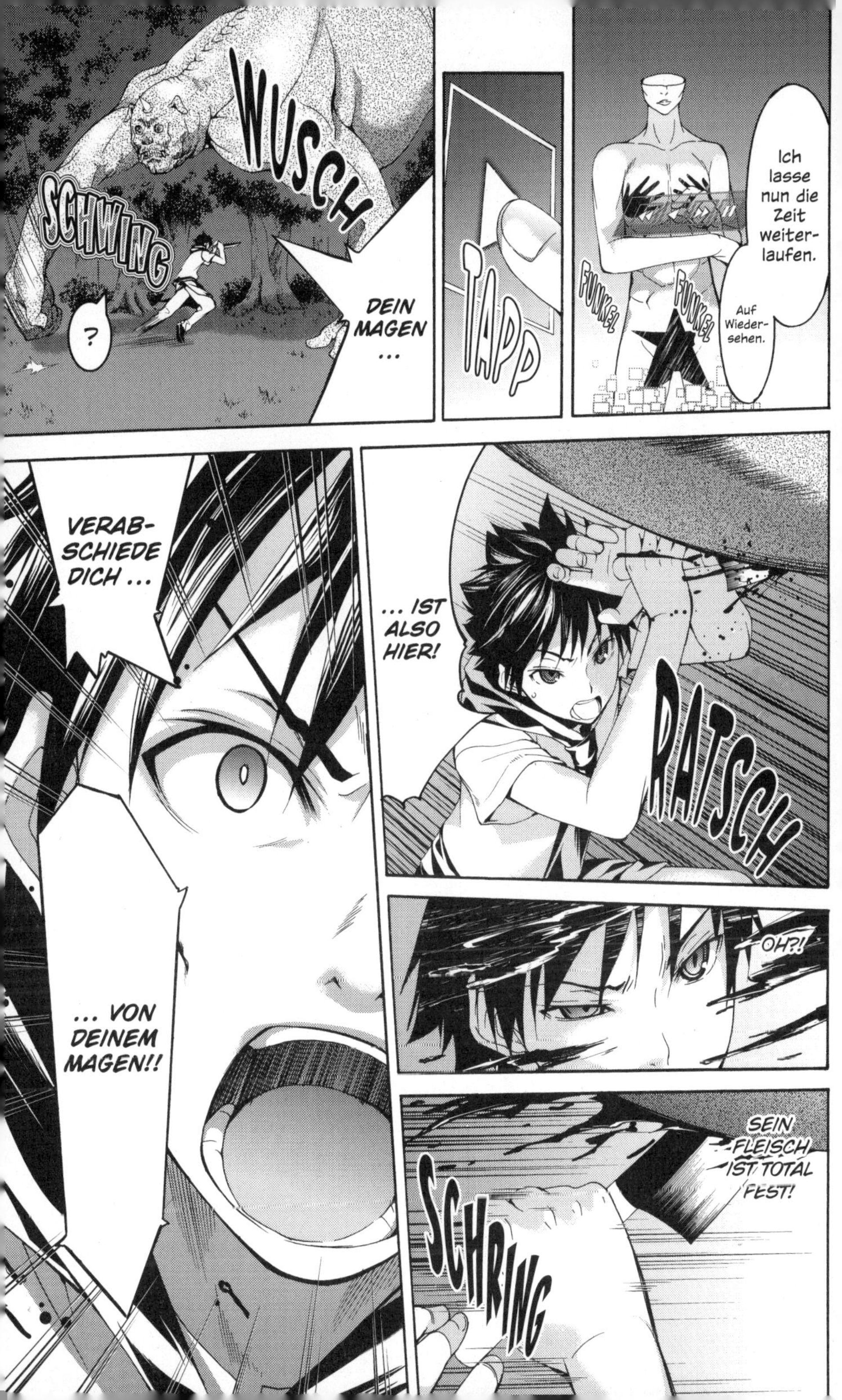
Ich lasse nun die Zeit weiter-laufen.
Auf Wieder-sehen.
FUNKEL
FUNKEL
TAPP
WUSCH
SCHWING
?
DEIN MAGEN ...
... IST ALSO HIER!
RATSCH
OH?!
SEIN FLEISCH IST TOTAL FEST!
SCHRING
VERAB-SCHIEDE DICH ...
... VON DEINEM MAGEN!!

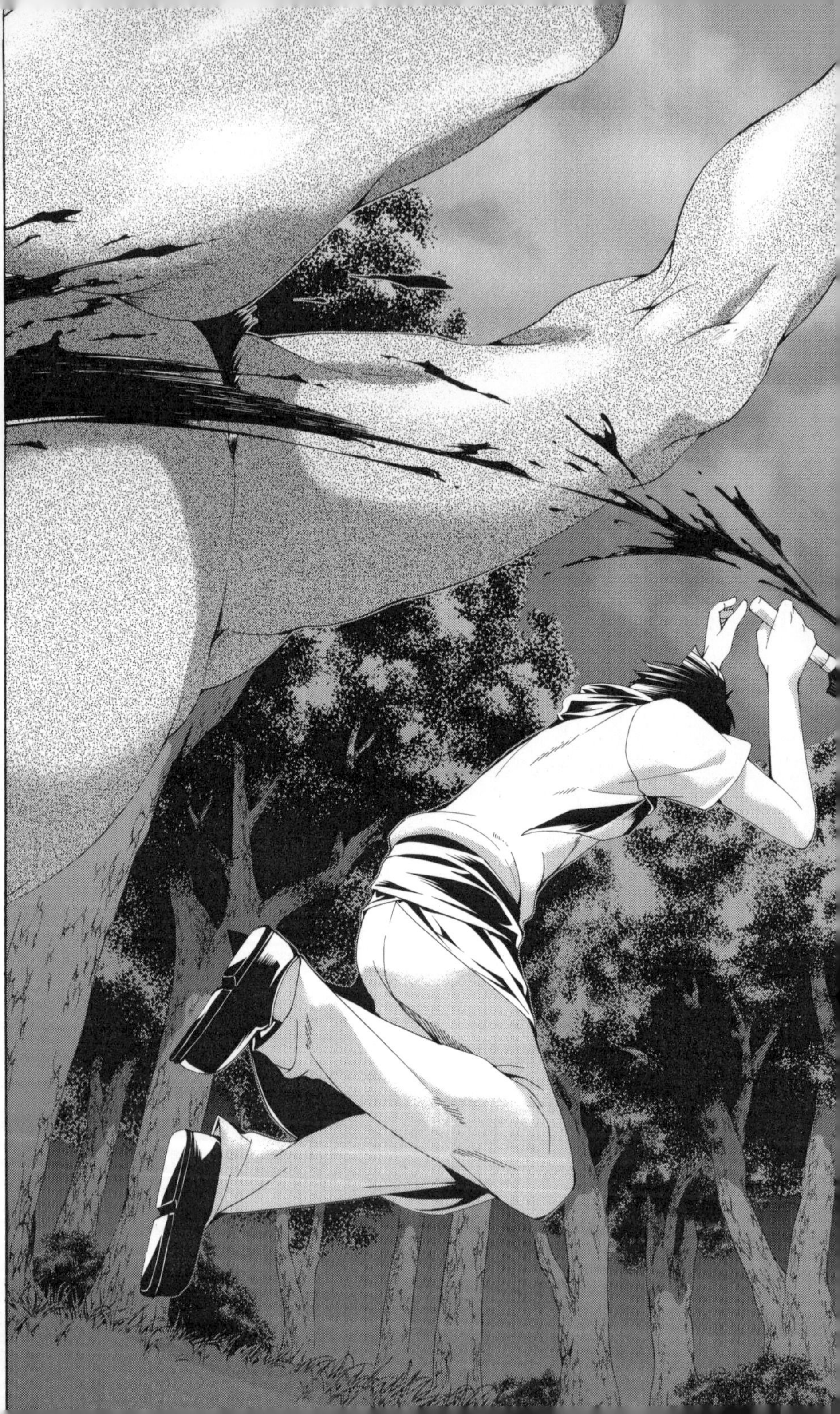

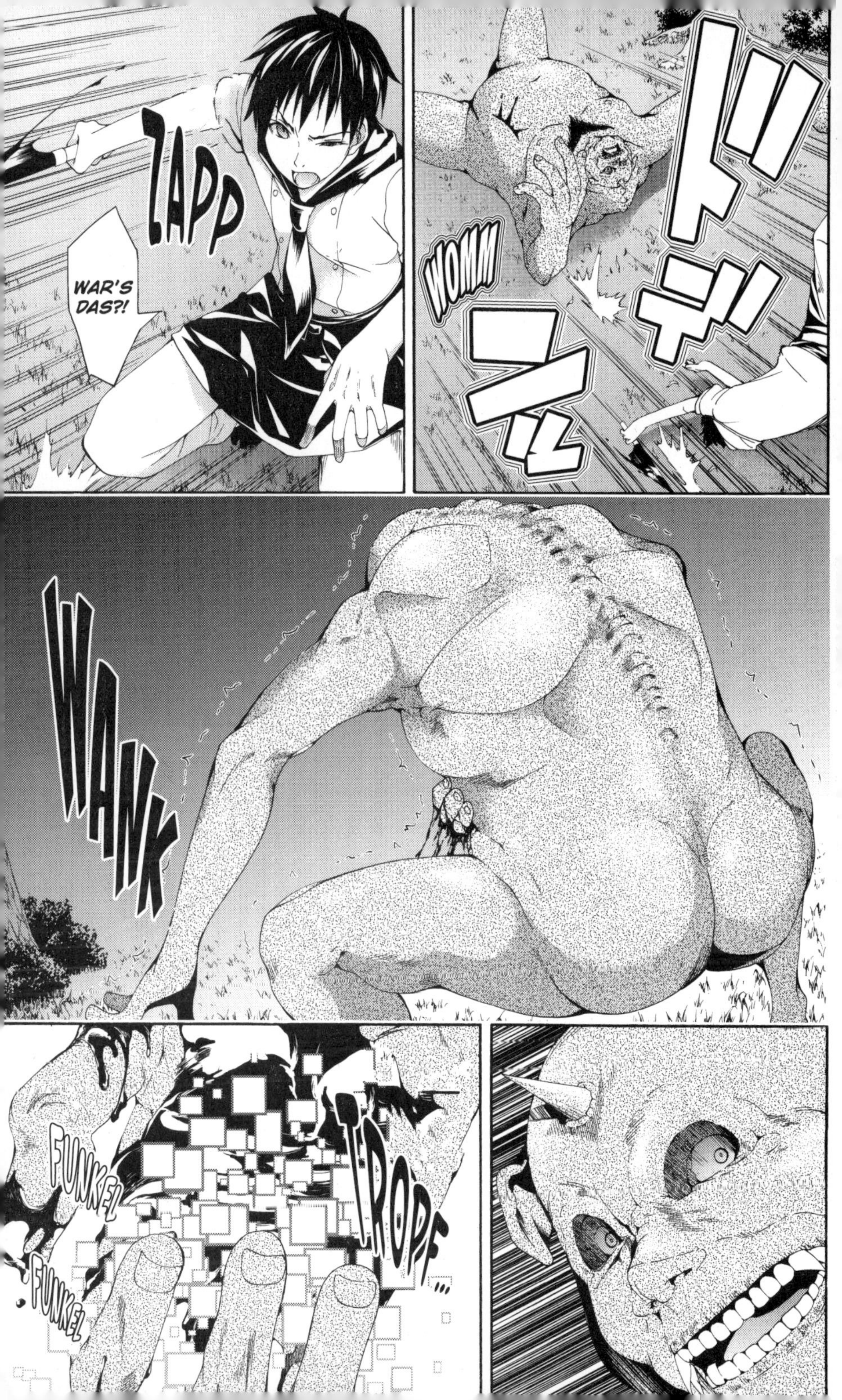

WOMM
ZAPP
WAR'S DAS?!
WANK
TROPF...
FUNKEL
FUNKEL

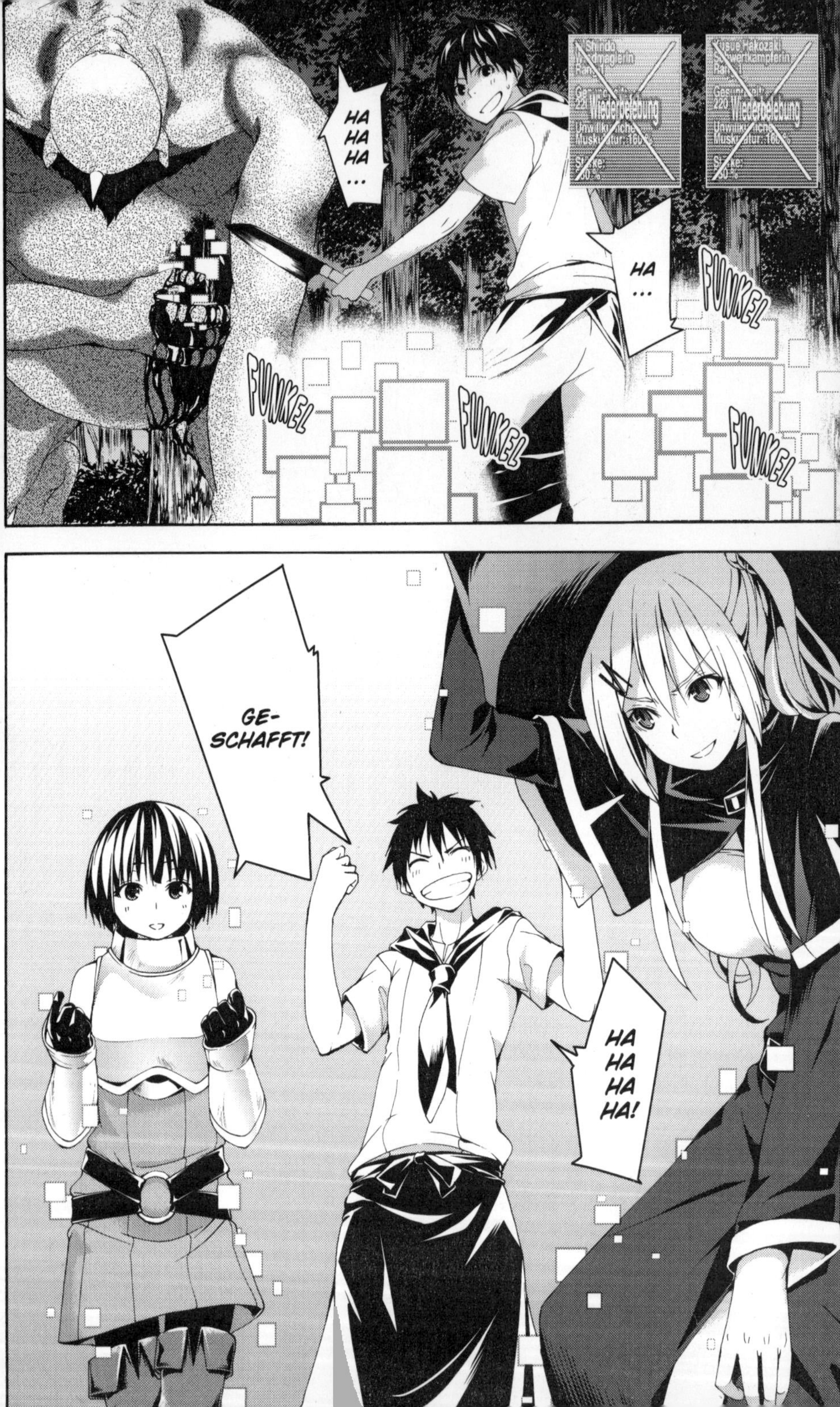
Shindo
Wiederbelebung
Wiederbelebung
HA ...
HA HA HA ...
FUNKEL
FUNKEL
FUNKEL
FUNKEL
GE-SCHAFFT!
HA HA HA HA!

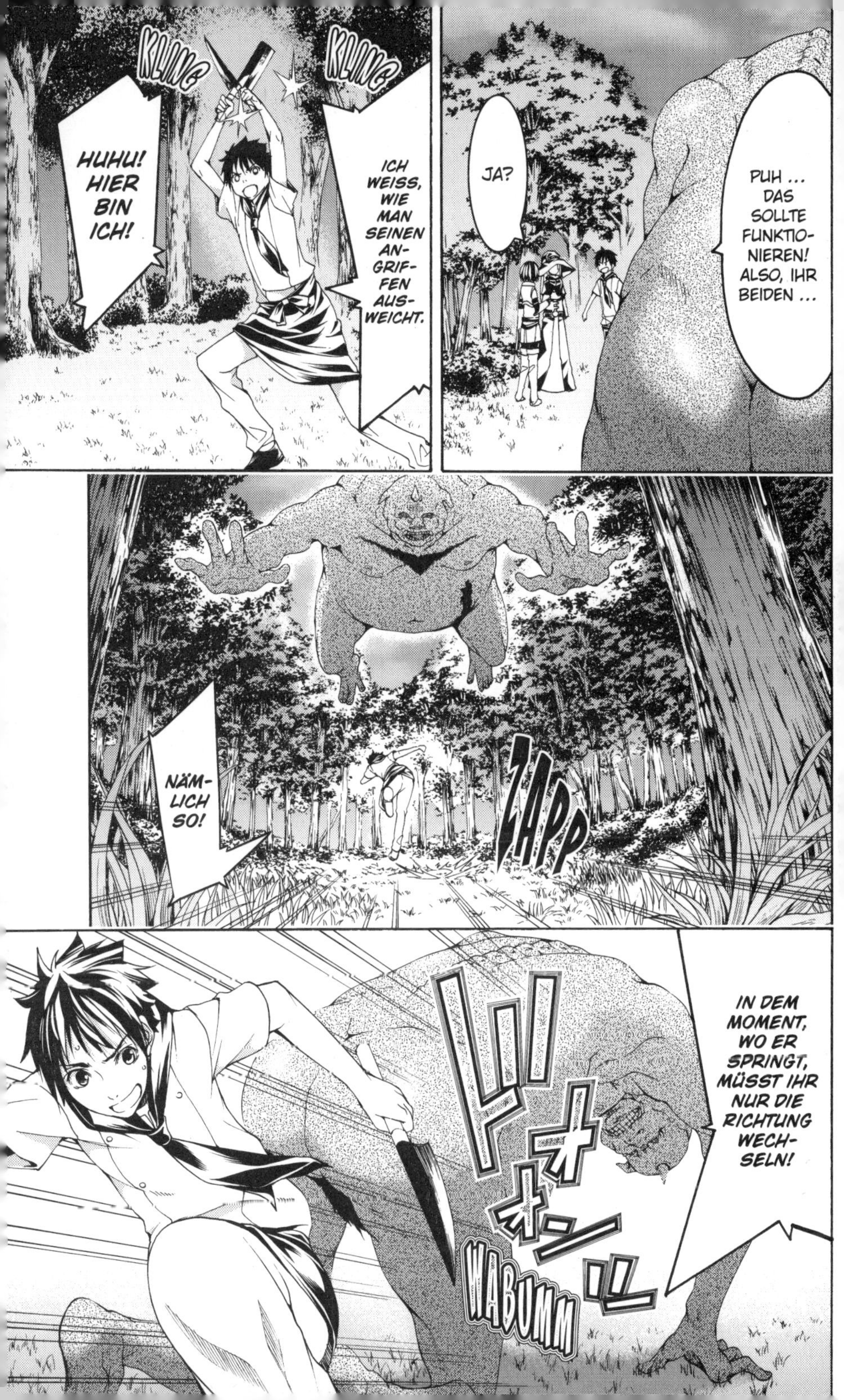
KLING
KLING
HUHU! HIER BIN ICH!
ICH WEISS, WIE MAN SEINEN AN-GRIF-FEN AUS-WEICHT.
PUH … DAS SOLLTE FUNKTIO-NIEREN! ALSO, IHR BEIDEN …
JA?
NÄM-LICH SO!
ZAPP
IN DEM MOMENT, WO ER SPRINGT, MÜSST IHR NUR DIE RICHTUNG WECH-SELN!
WABUMM

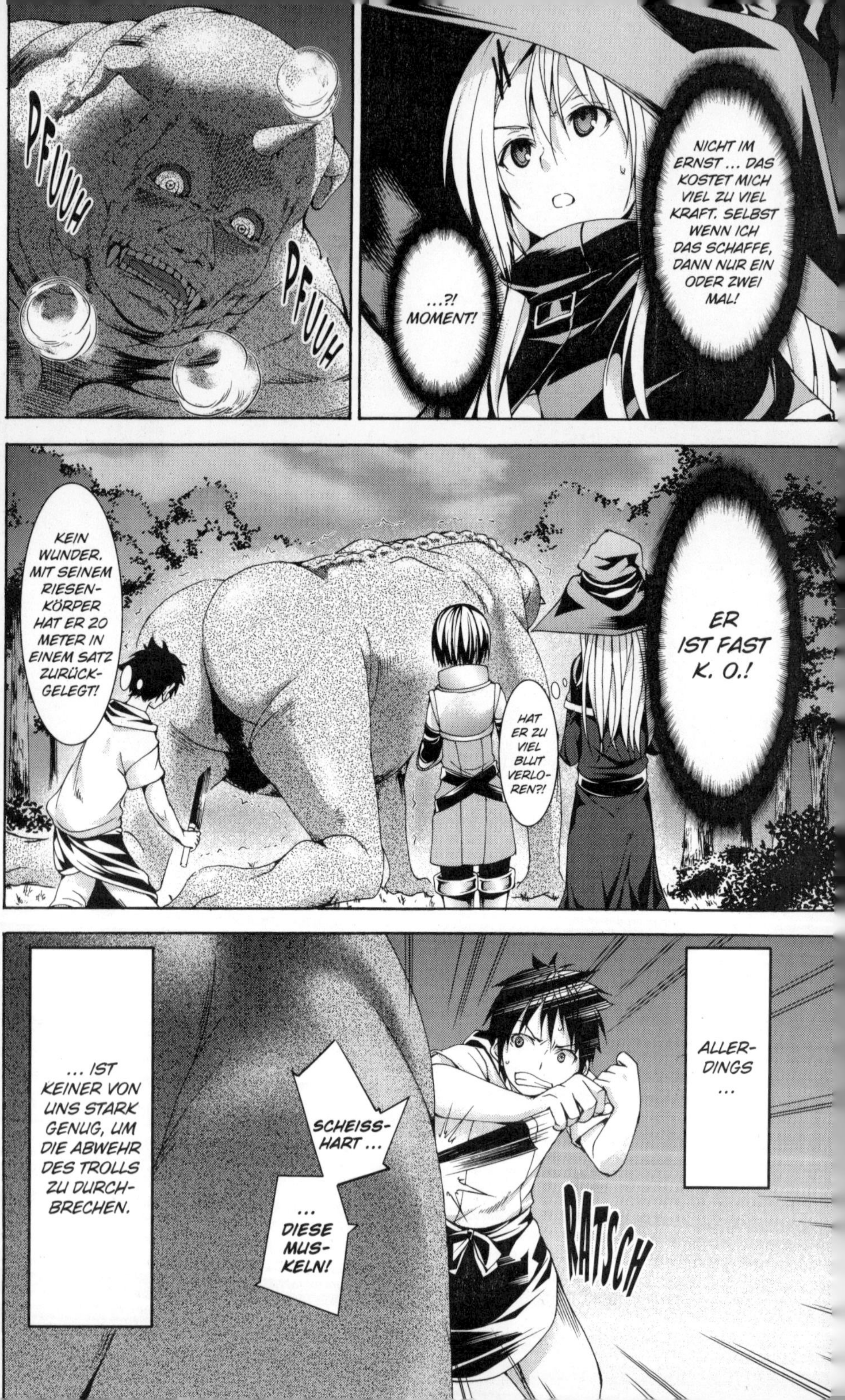

NICHT IM ERNST ... DAS KOSTET MICH VIEL ZU VIEL KRAFT. SELBST WENN ICH DAS SCHAFFE, DANN NUR EIN ODER ZWEI MAL!
...?! MOMENT!
PFUUH
PFUUH
ER IST FAST K. O.!
HAT ER ZU VIEL BLUT VERLOREN?!
KEIN WUNDER. MIT SEINEM RIESENKÖRPER HAT ER 20 METER IN EINEM SATZ ZURÜCKGELEGT!
ALLERDINGS ...
RATSCH
SCHEISSHART ...
... DIESE MUSKELN!
... IST KEINER VON UNS STARK GENUG, UM DIE ABWEHR DES TROLLS ZU DURCHBRECHEN.

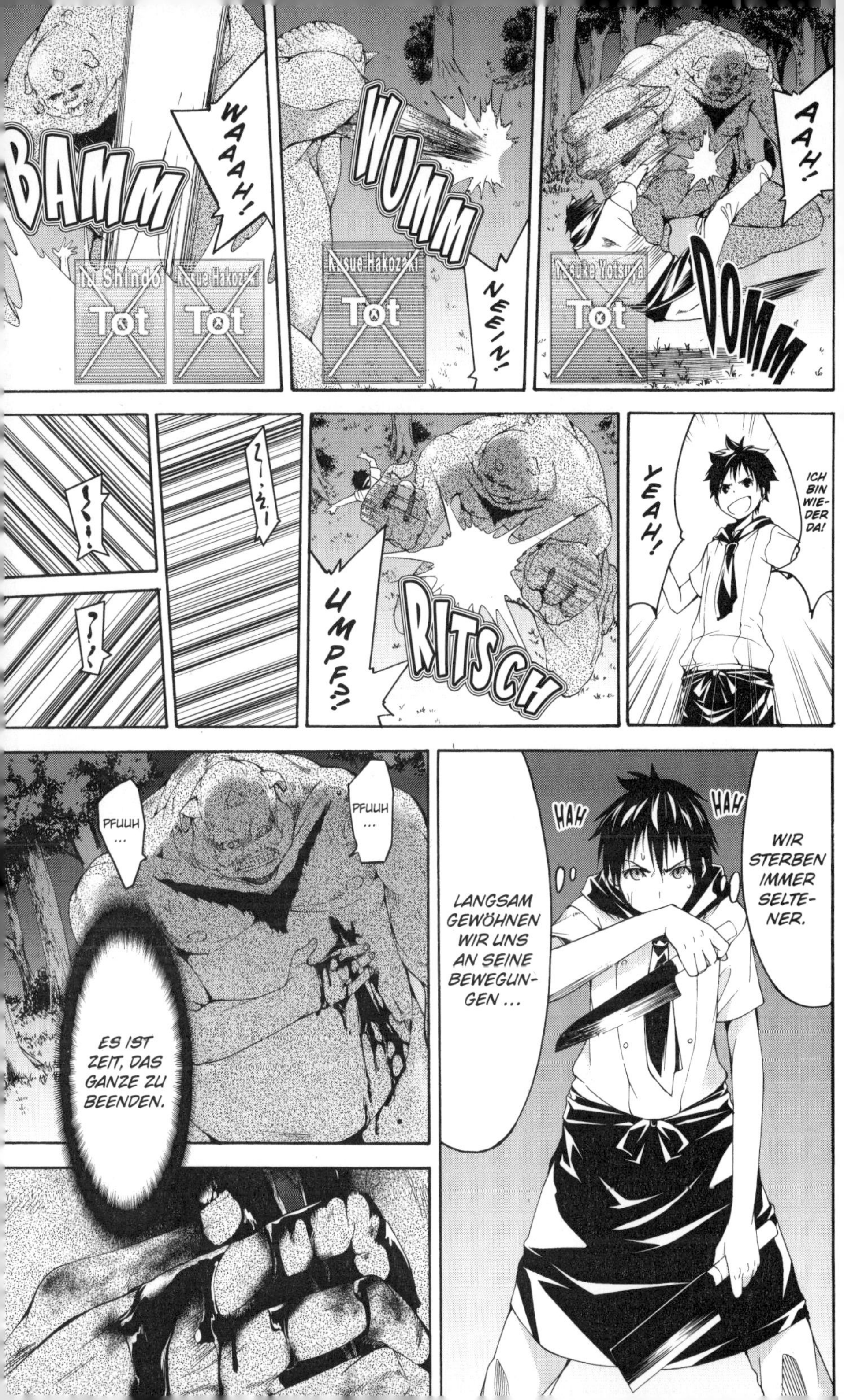
AAH!
Yosuke Yotsuya
Tot
DOMM
WUMM
Kasue Hakozaki
Tot
NEEIN!
WAAAAH!
BAMM
Shindō
Tot
Kasue Hakozaki
Tot
YEAH!
ICH BIN WIEDER DA!
UMPF?!
RITSCH
HAH
HAH
WIR STERBEN IMMER SELTENER.
LANGSAM GEWÖHNEN WIR UNS AN SEINE BEWEGUNGEN …
PFUUH …
PFUUH …
ES IST ZEIT, DAS GANZE ZU BEENDEN.

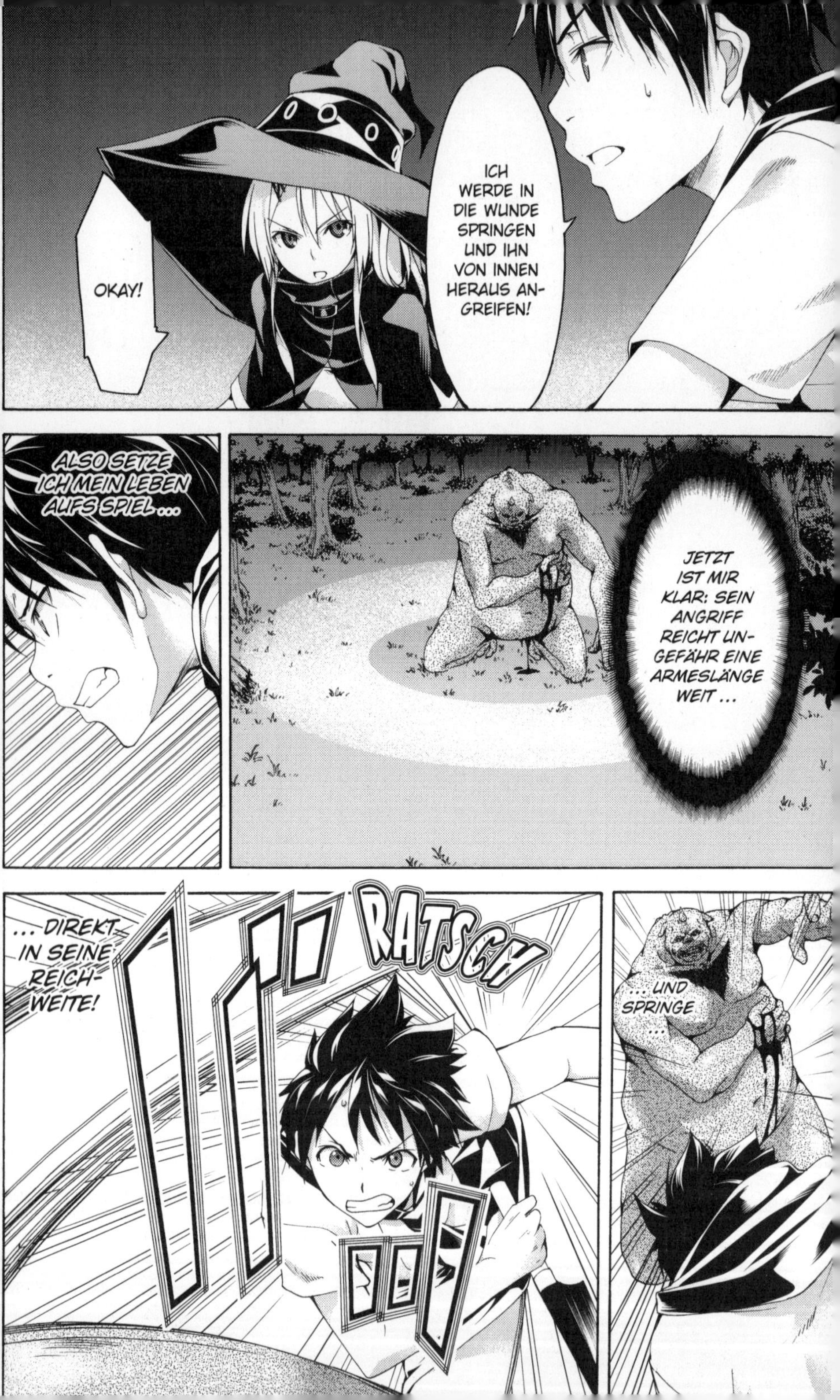
ICH WERDE IN DIE WUNDE SPRINGEN UND IHN VON INNEN HERAUS AN-GREIFEN!
OKAY!
JETZT IST MIR KLAR: SEIN ANGRIFF REICHT UN-GEFÄHR EINE ARMESLÄNGE WEIT …
ALSO SETZE ICH MEIN LEBEN AUFS SPIEL …
… UND SPRINGE …
… DIREKT IN SEINE REICH-WEITE!
RATSCH

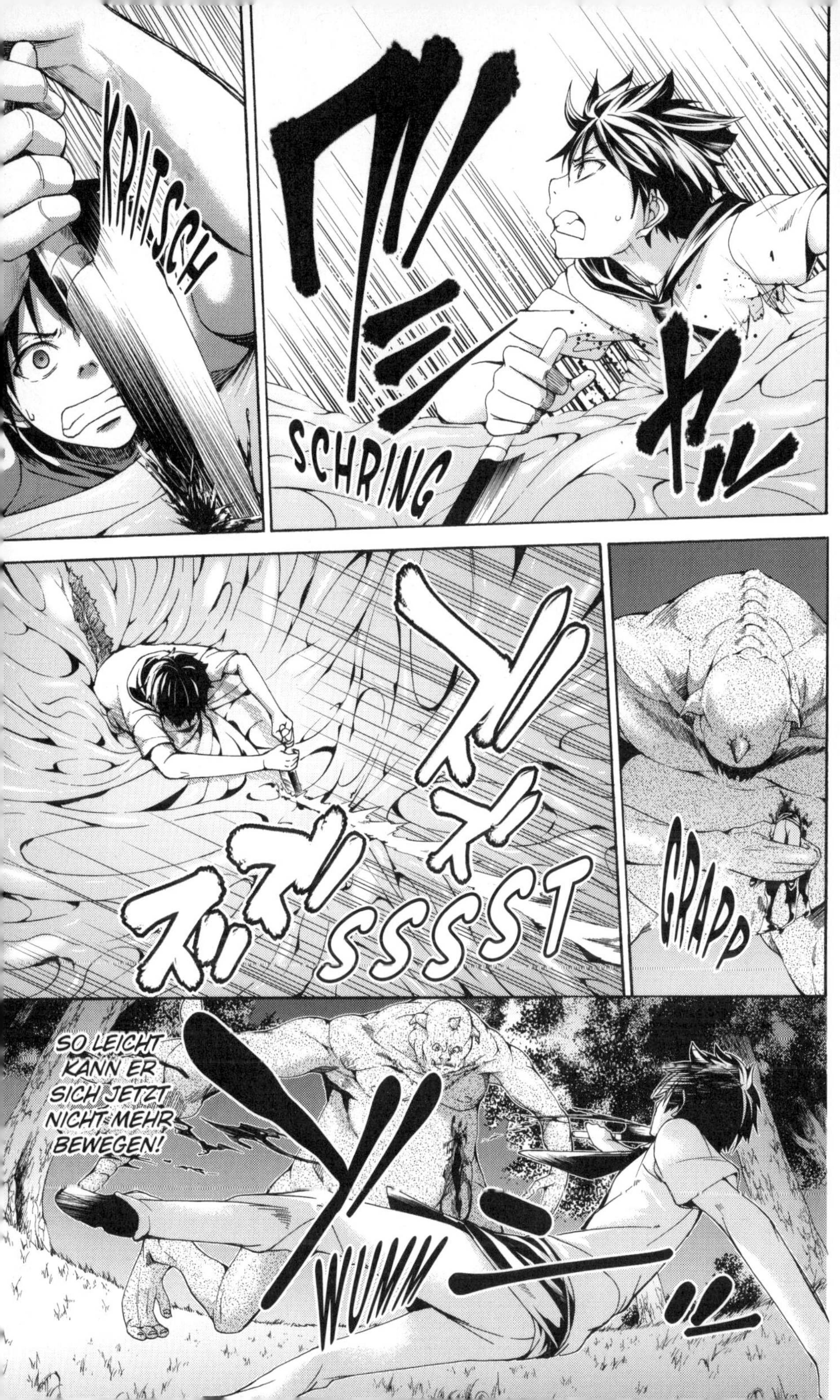
SCHRING
KRITSCH
GRAPP
SSSST
SO LEICHT KANN ER SICH JETZT NICHT MEHR BEWEGEN!
WUMM

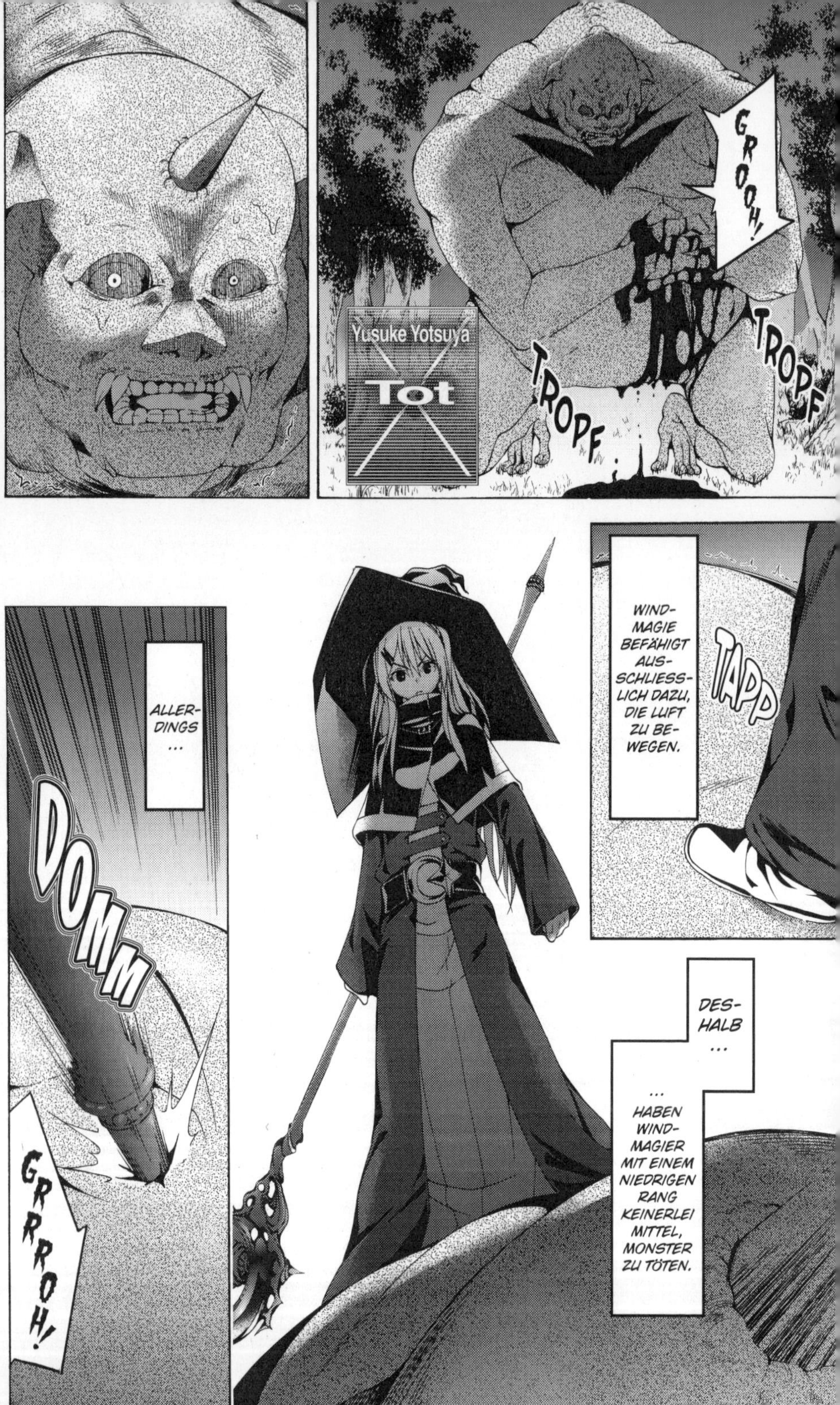
GROOOH!
Yusuke Yotsuya
Tot
TROPF
TROPF
WIND-MAGIE BEFÄHIGT AUSSCHLIESSLICH DAZU, DIE LUFT ZU BEWEGEN.
TAPP
ALLERDINGS …
DOMM
GRRROH!
DESHALB …
… HABEN WINDMAGIER MIT EINEM NIEDRIGEN RANG KEINERLEI MITTEL, MONSTER ZU TÖTEN.

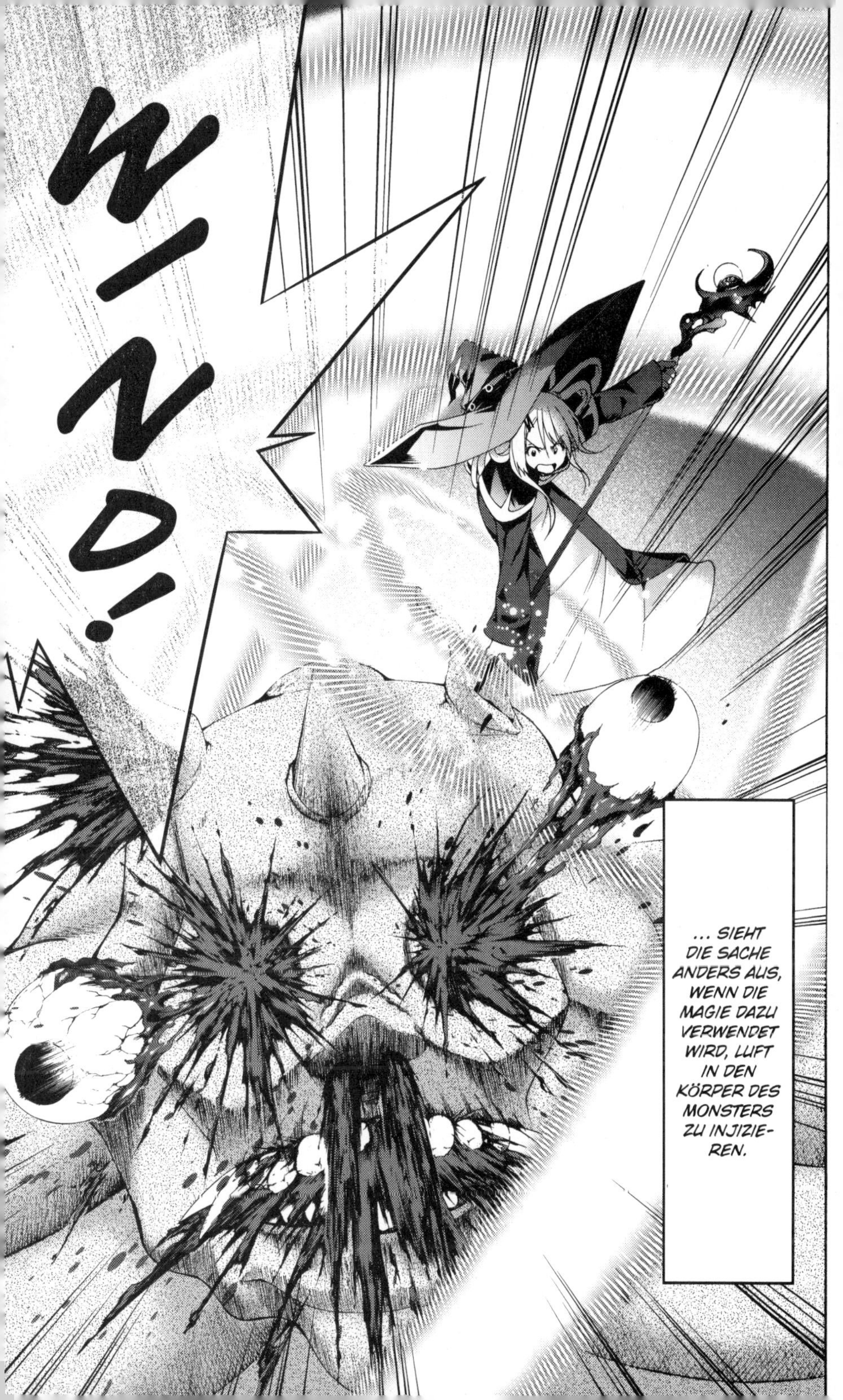
WIND!
... SIEHT DIE SACHE ANDERS AUS, WENN DIE MAGIE DAZU VERWENDET WIRD, LUFT IN DEN KÖRPER DES MONSTERS ZU INJIZIE-REN.

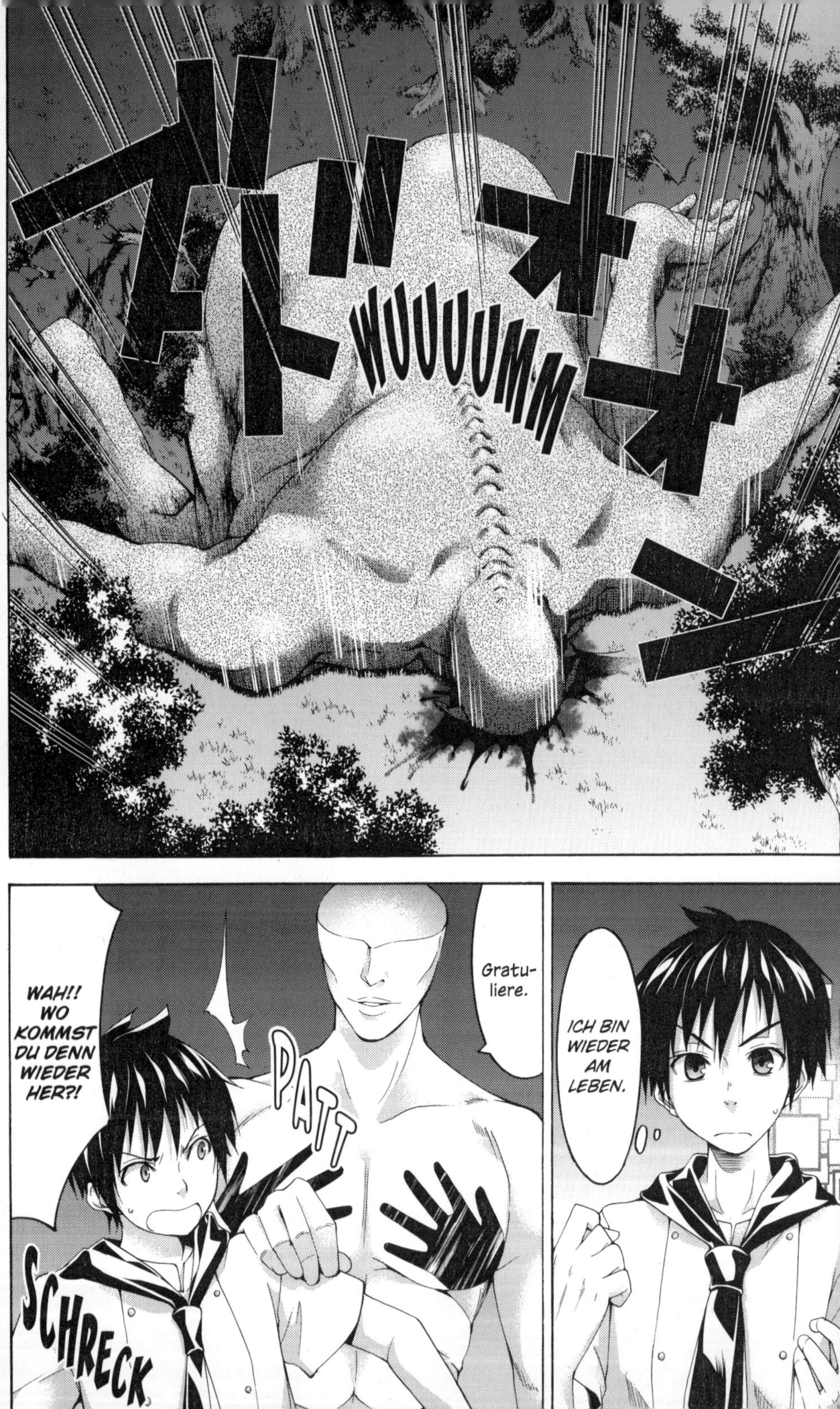
WUUUUMM
ICH BIN WIEDER AM LEBEN.
Gratu-liere.
PATT
WAH!! WO KOMMST DU DENN WIEDER HER?!
SCHRECK

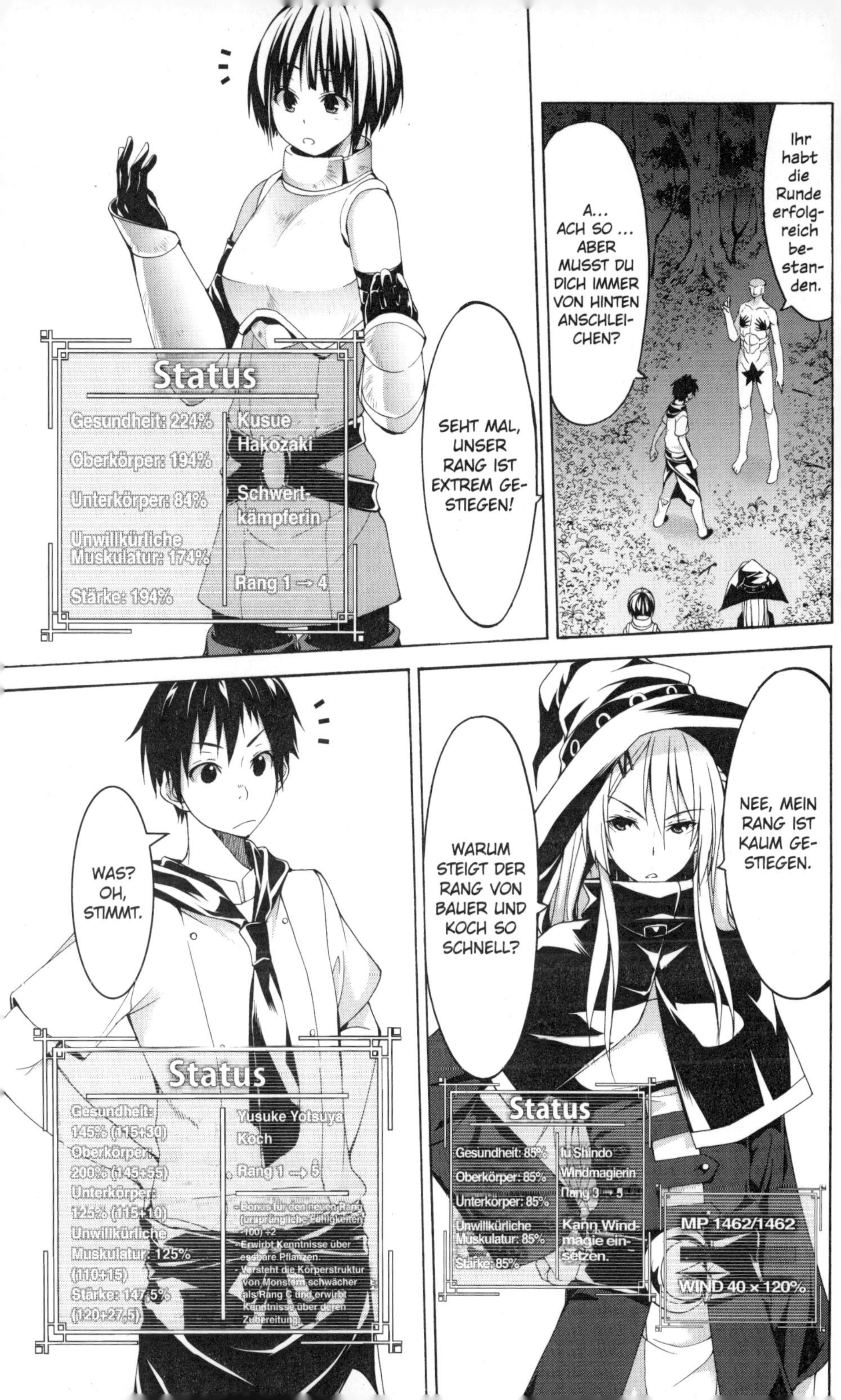
Ihr habt die Runde erfolgreich bestanden.
A… ACH SO … ABER MUSST DU DICH IMMER VON HINTEN ANSCHLEICHEN?
SEHT MAL, UNSER RANG IST EXTREM GESTIEGEN!
Status
Gesundheit: 224%
Oberkörper: 194%
Unterkörper: 84%
Unwillkürliche Muskulatur: 174%
Stärke: 194%
Kusue Hakozaki
Schwertkämpferin
Rang 1 → 4
NEE, MEIN RANG IST KAUM GESTIEGEN.
WARUM STEIGT DER RANG VON BAUER UND KOCH SO SCHNELL?
Status
Gesundheit: 85%
Oberkörper: 85%
Unterkörper: 85%
Unwillkürliche Muskulatur: 85%
Stärke: 85%
Iu Shindo
Windmagierin
Kann Windmagie einsetzen.
MP 1462/1462
WIND 40 × 120%
WAS? OH, STIMMT.
Status
Gesundheit: 145% (115+30)
Oberkörper: 200% (145+55)
Unterkörper: 125% (115+10)
Unwillkürliche Muskulatur: 125% (110+15)
Stärke: 147,5% (120+27,5)
Yusuke Yotsuya
Koch
Rang 1 → 5
- Bonus für den neuen Rang (ursprüngliche Fähigkeiten -100) ÷2
- Erwirbt Kenntnisse über essbare Pflanzen.
- Versteht die Körperstruktur von Monstern schwächer als Rang C und erwirbt Kenntnisse über deren Zubereitung.

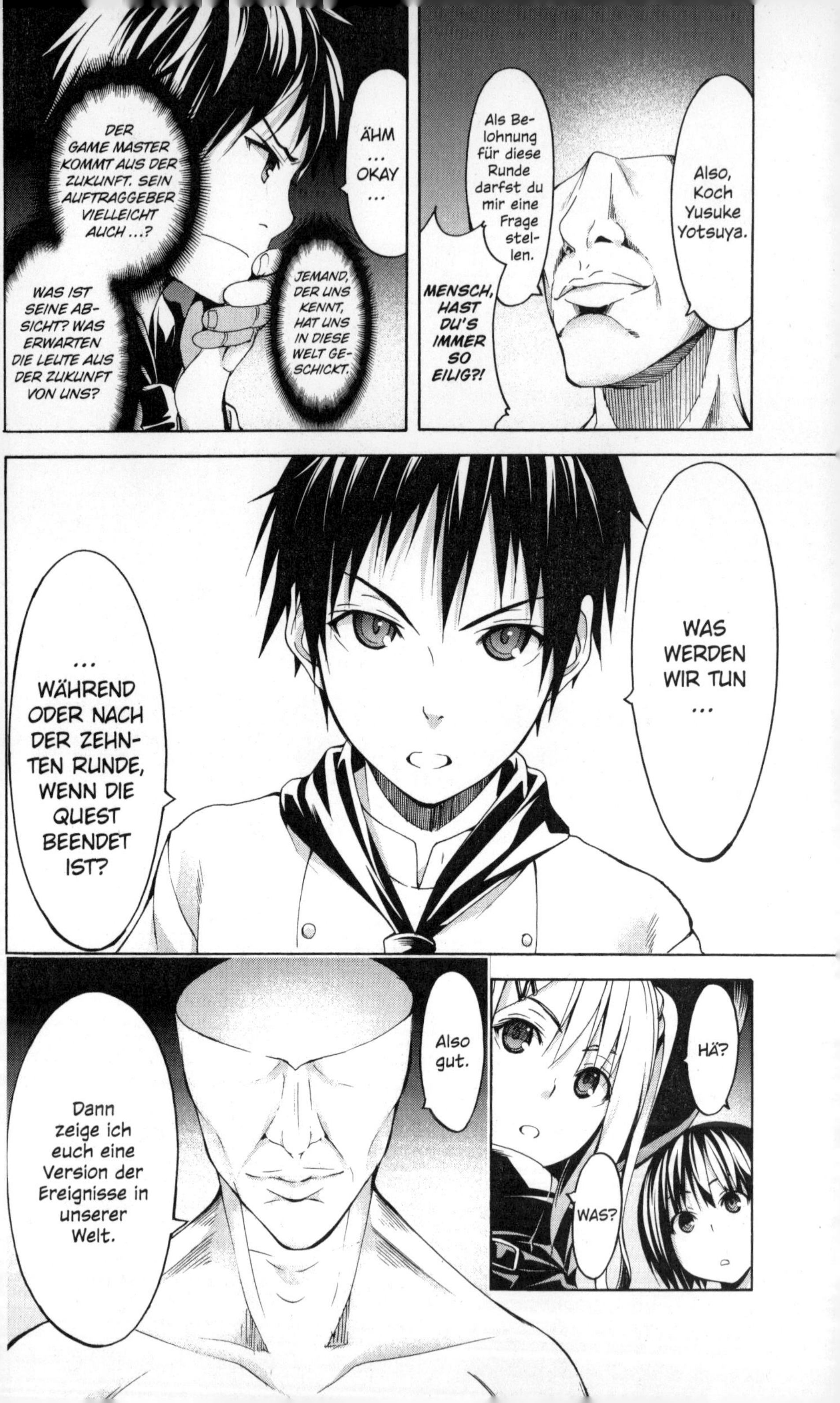

Also, Koch Yusuke Yotsuya.
Als Belohnung für diese Runde darfst du mir eine Frage stellen.
MENSCH, HAST DU'S IMMER SO EILIG?!
ÄHM ... OKAY ...
DER GAME MASTER KOMMT AUS DER ZUKUNFT. SEIN AUFTRAGGEBER VIELLEICHT AUCH ...?
JEMAND, DER UNS KENNT, HAT UNS IN DIESE WELT GESCHICKT.
WAS IST SEINE ABSICHT? WAS ERWARTEN DIE LEUTE AUS DER ZUKUNFT VON UNS?
WAS WERDEN WIR TUN ...
... WÄHREND ODER NACH DER ZEHNTEN RUNDE, WENN DIE QUEST BEENDET IST?
HÄ?
WAS?
Also gut.
Dann zeige ich euch eine Version der Ereignisse in unserer Welt.

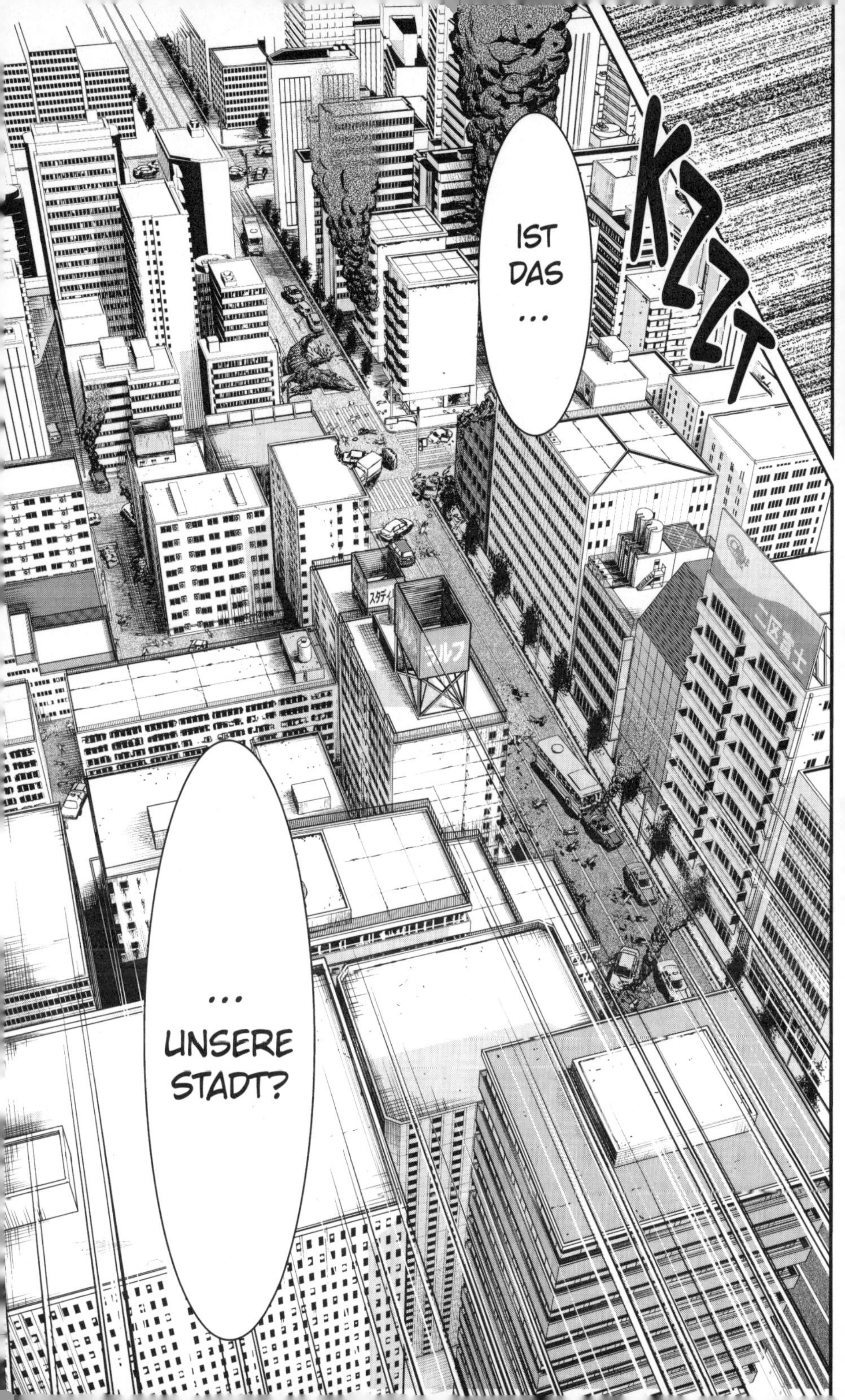
KZZT
IST DAS …
… UNSERE STADT?

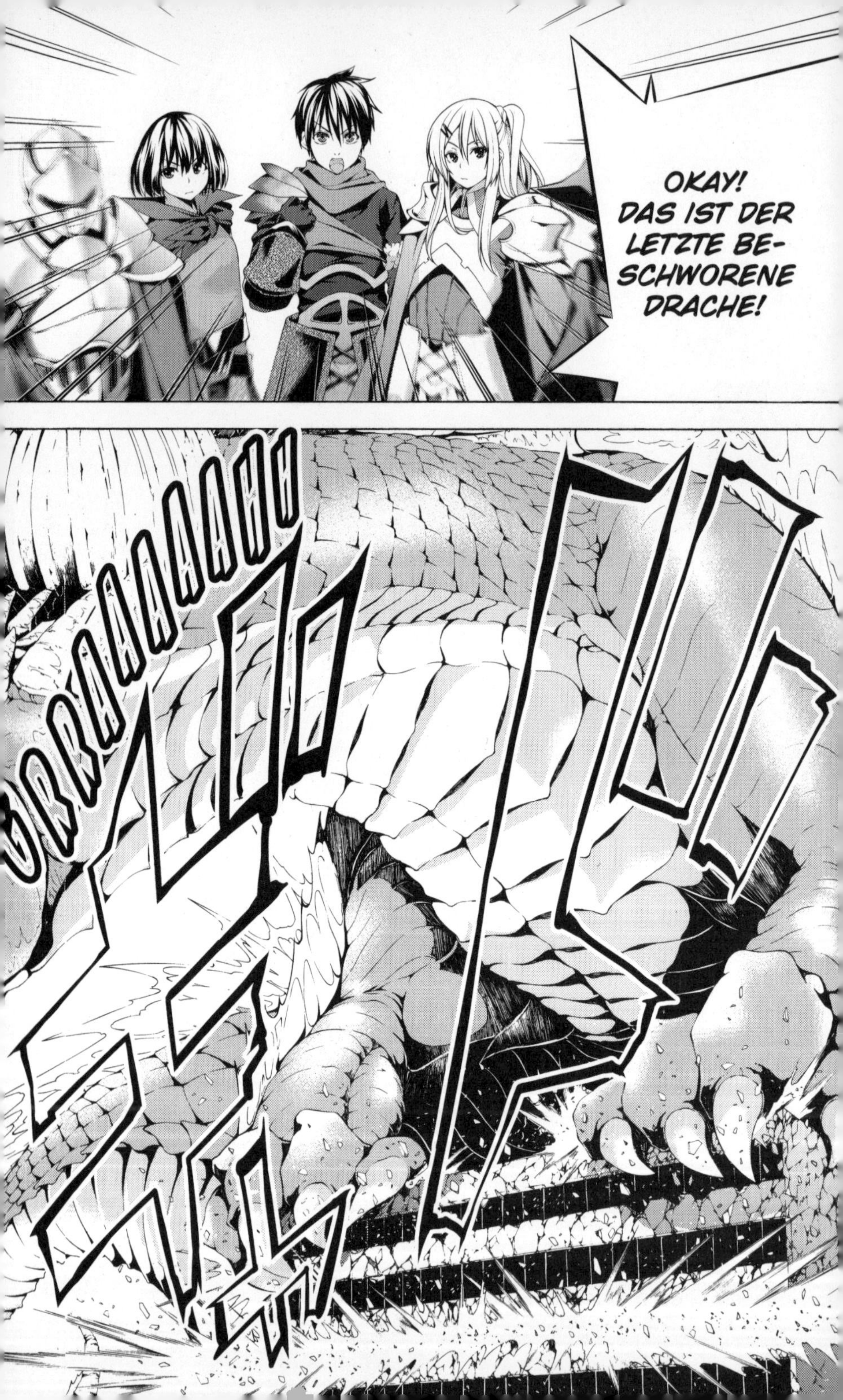
OKAY! DAS IST DER LETZTE BE-SCHWORENE DRACHE!
GRRAAAAAAHH

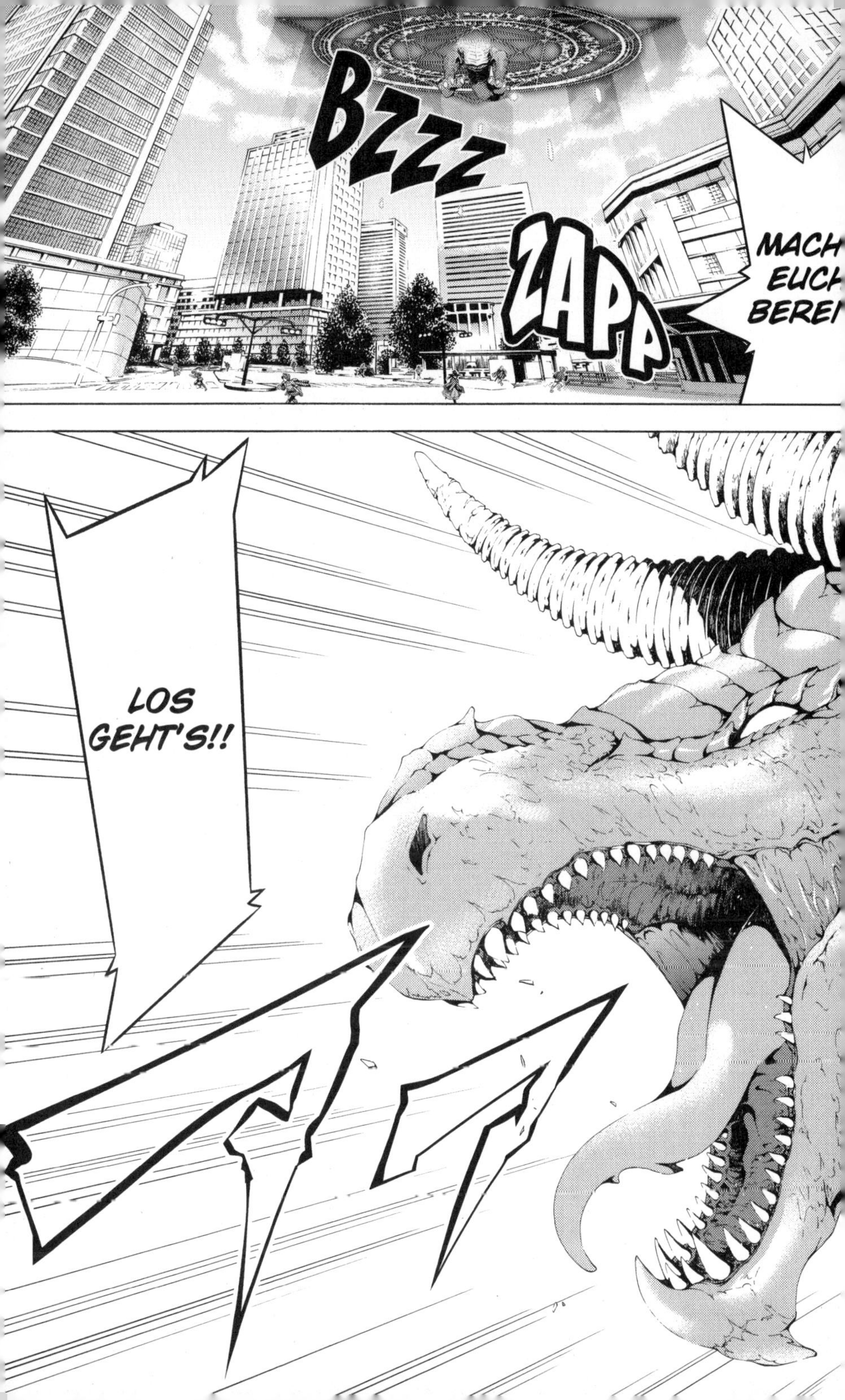
MACH EUCH
BZZZ
ZAPP
LOS GEHT'S!!

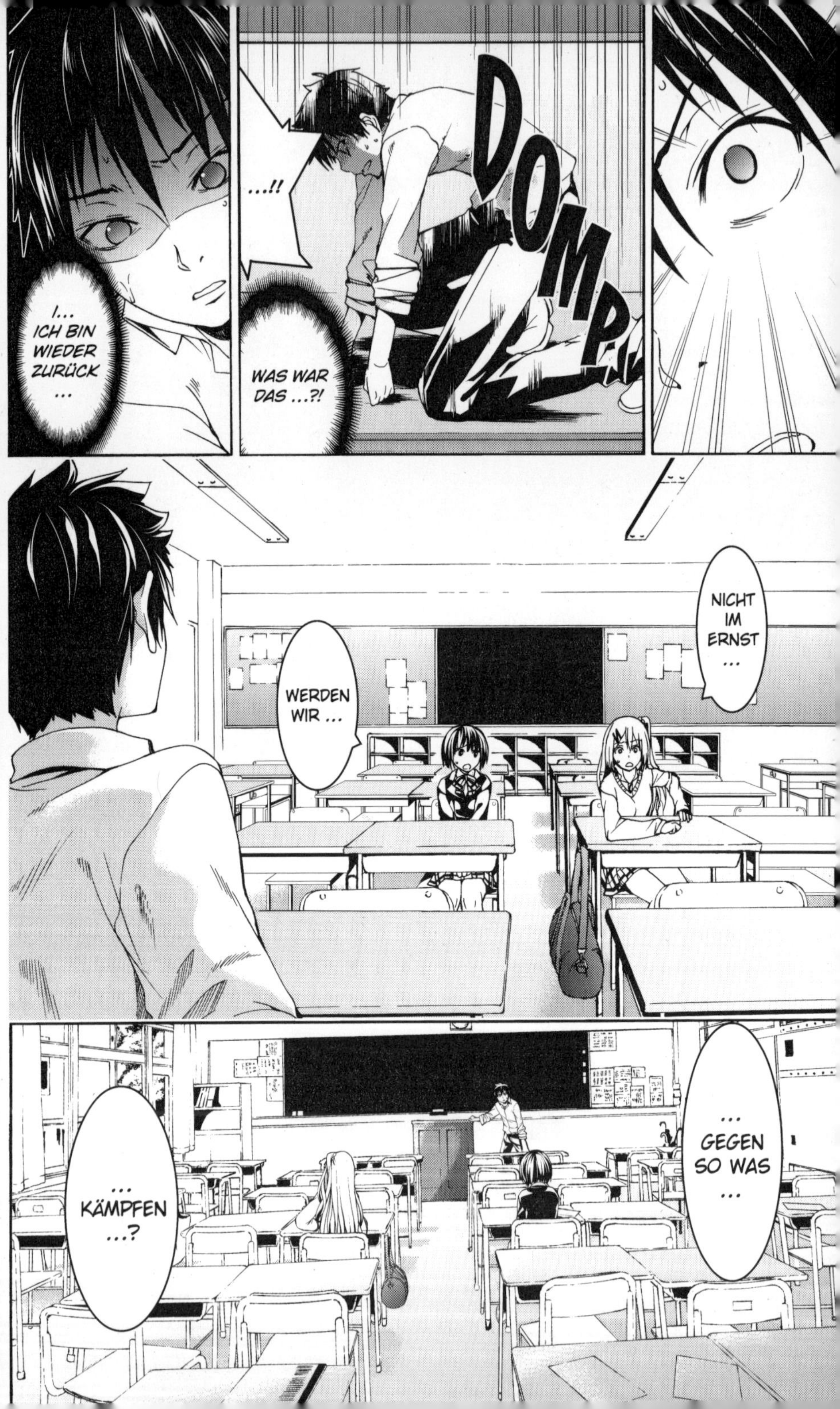
DOMP...
...!!
WAS WAR DAS ...?!
I... ICH BIN WIEDER ZURÜCK ...
NICHT IM ERNST ...
WERDEN WIR ...
... GEGEN SO WAS ...
... KÄMPFEN ...?

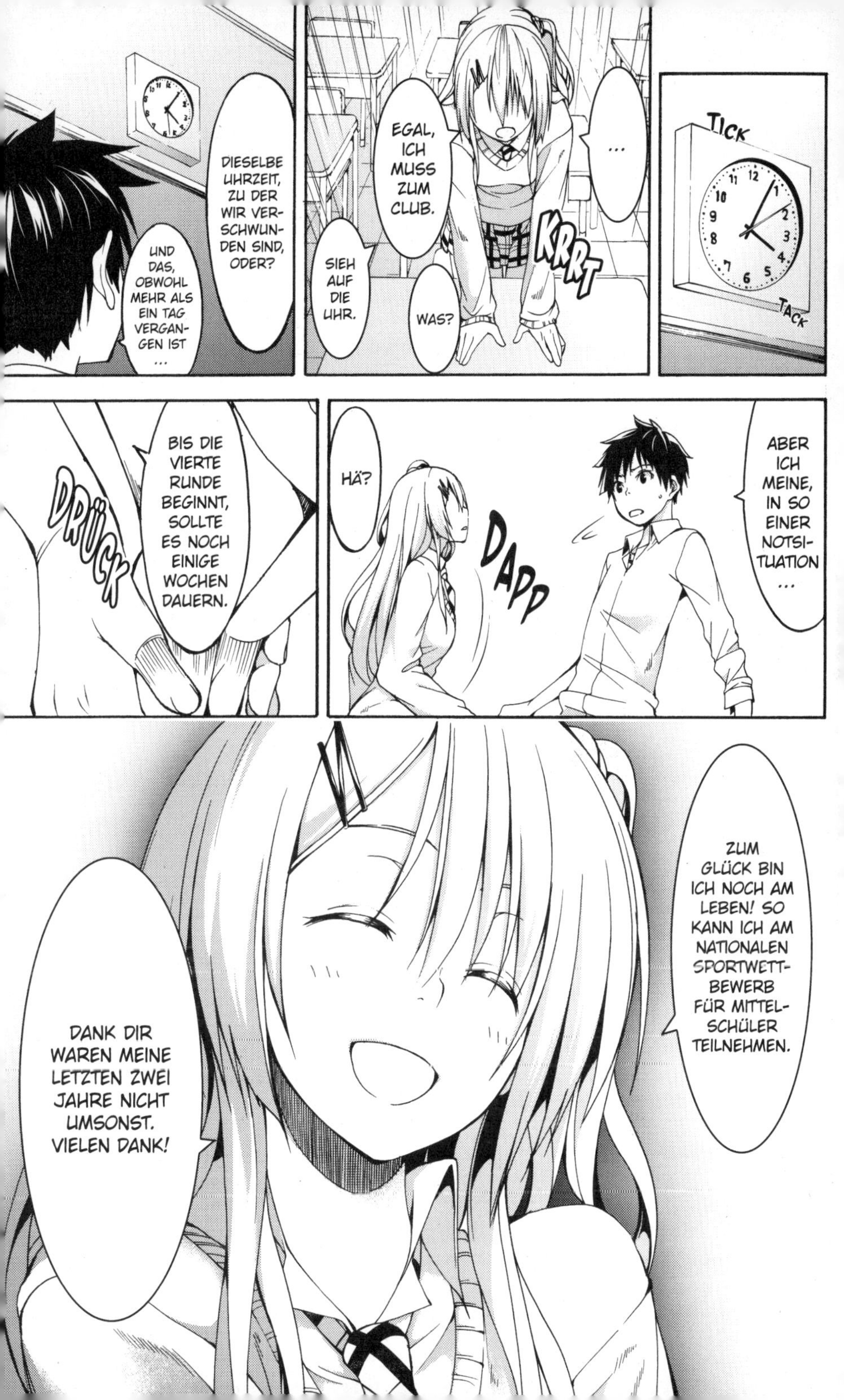
TICK
TACK
…
KRRT
EGAL, ICH MUSS ZUM CLUB.
WAS?
SIEH AUF DIE UHR.
DIESELBE UHRZEIT, ZU DER WIR VERSCHWUNDEN SIND, ODER?
UND DAS, OBWOHL MEHR ALS EIN TAG VERGANGEN IST …
ABER ICH MEINE, IN SO EINER NOTSITUATION …
DAPP
HÄ?
BIS DIE VIERTE RUNDE BEGINNT, SOLLTE ES NOCH EINIGE WOCHEN DAUERN.
DRÜCK
ZUM GLÜCK BIN ICH NOCH AM LEBEN! SO KANN ICH AM NATIONALEN SPORTWETTBEWERB FÜR MITTELSCHÜLER TEILNEHMEN.
DANK DIR WAREN MEINE LETZTEN ZWEI JAHRE NICHT UMSONST. VIELEN DANK!

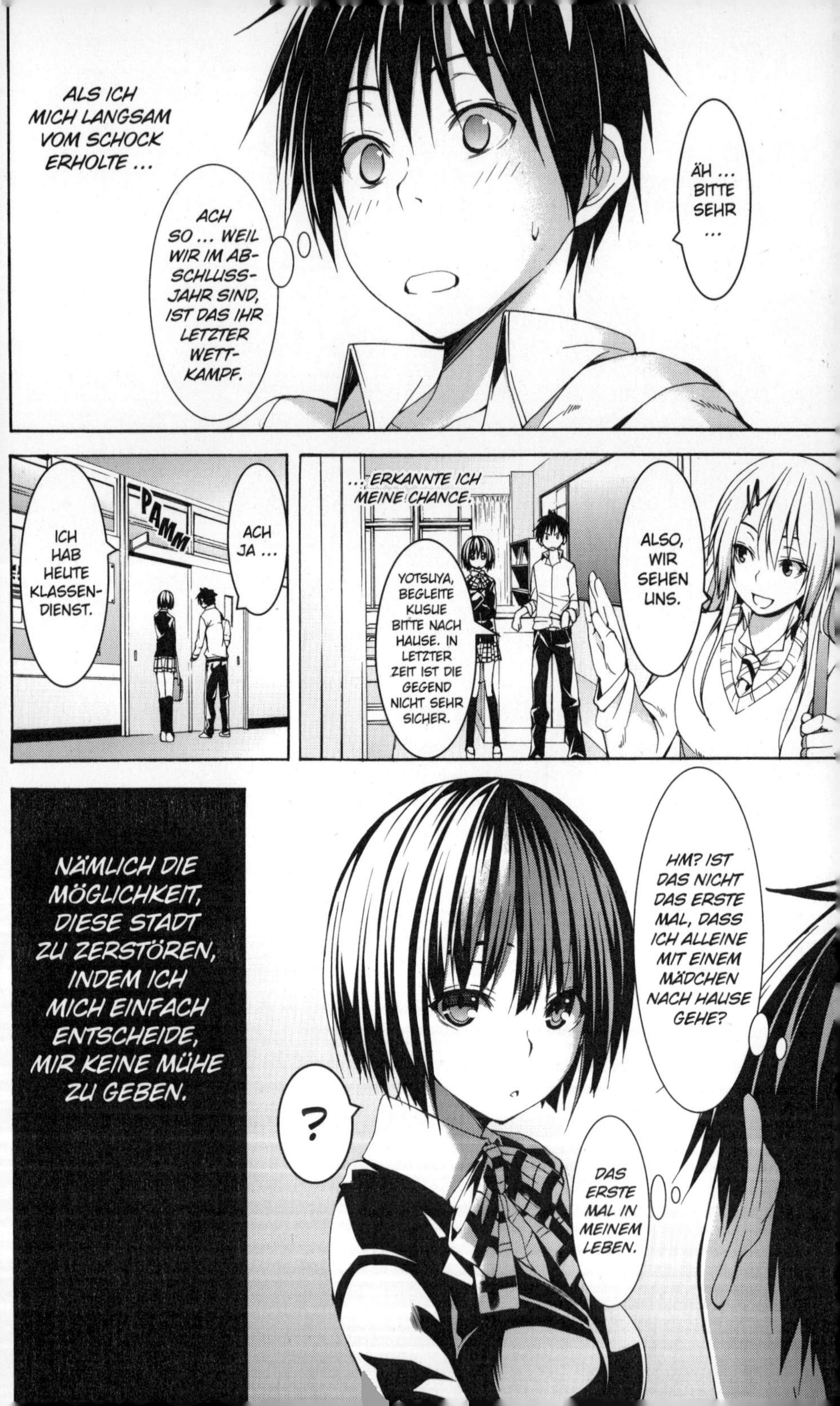
ÄH … BITTE SEHR …
ACH SO … WEIL WIR IM ABSCHLUSSJAHR SIND, IST DAS IHR LETZTER WETTKAMPF.
ALS ICH MICH LANGSAM VOM SCHOCK ERHOLTE …
ALSO, WIR SEHEN UNS.
YOTSUYA, BEGLEITE KUSUE BITTE NACH HAUSE. IN LETZTER ZEIT IST DIE GEGEND NICHT SEHR SICHER.
… ERKANNTE ICH MEINE CHANCE.
ACH JA …
PAMM
ICH HAB HEUTE KLASSENDIENST.
HM? IST DAS NICHT DAS ERSTE MAL, DASS ICH ALLEINE MIT EINEM MÄDCHEN NACH HAUSE GEHE?
DAS ERSTE MAL IN MEINEM LEBEN.
?
NÄMLICH DIE MÖGLICHKEIT, DIESE STADT ZU ZERSTÖREN, INDEM ICH MICH EINFACH ENTSCHEIDE, MIR KEINE MÜHE ZU GEBEN.

I'M STANDING ON A MILLION LIVES

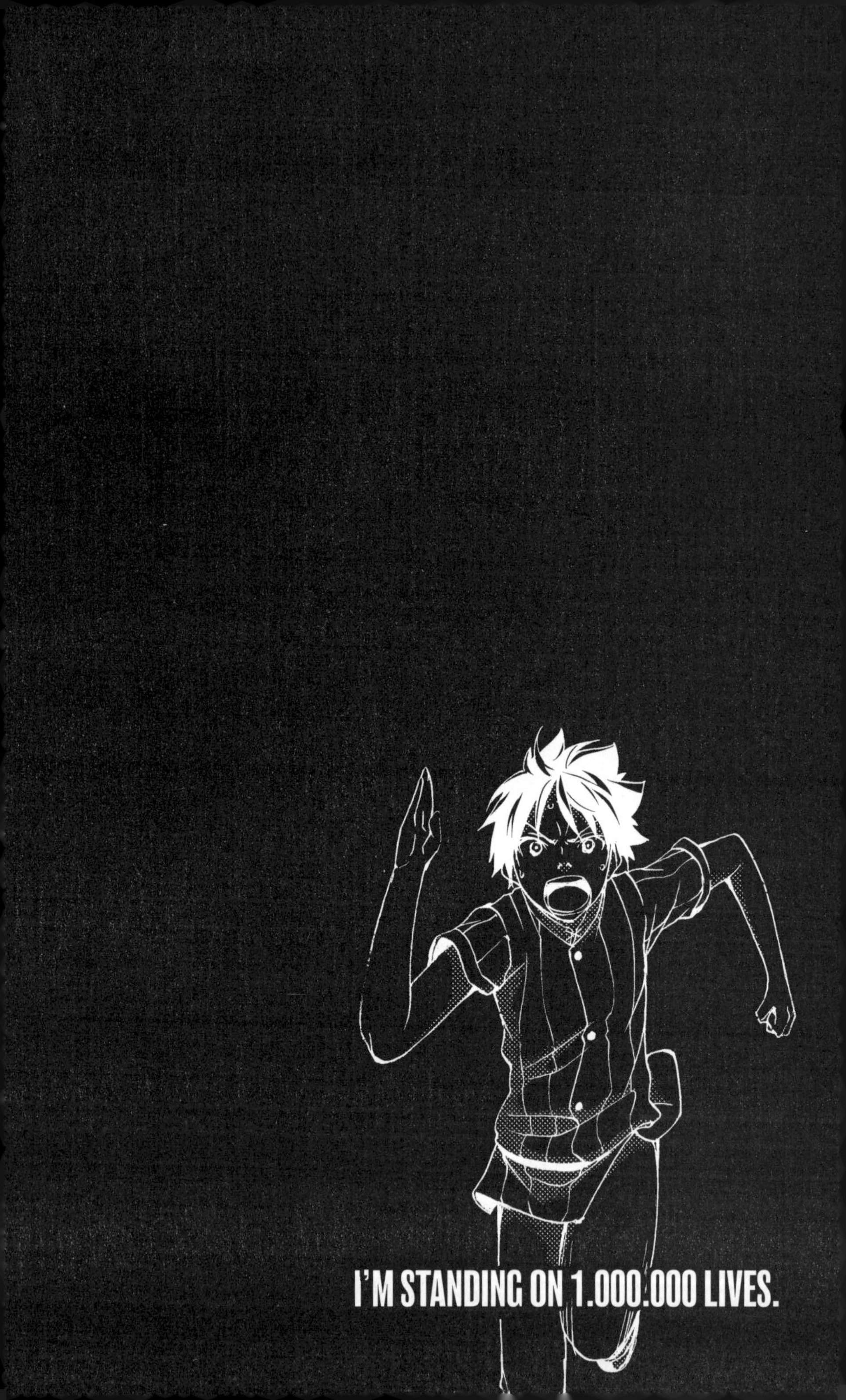
I'M STANDING ON 1.000.000 LIVES.

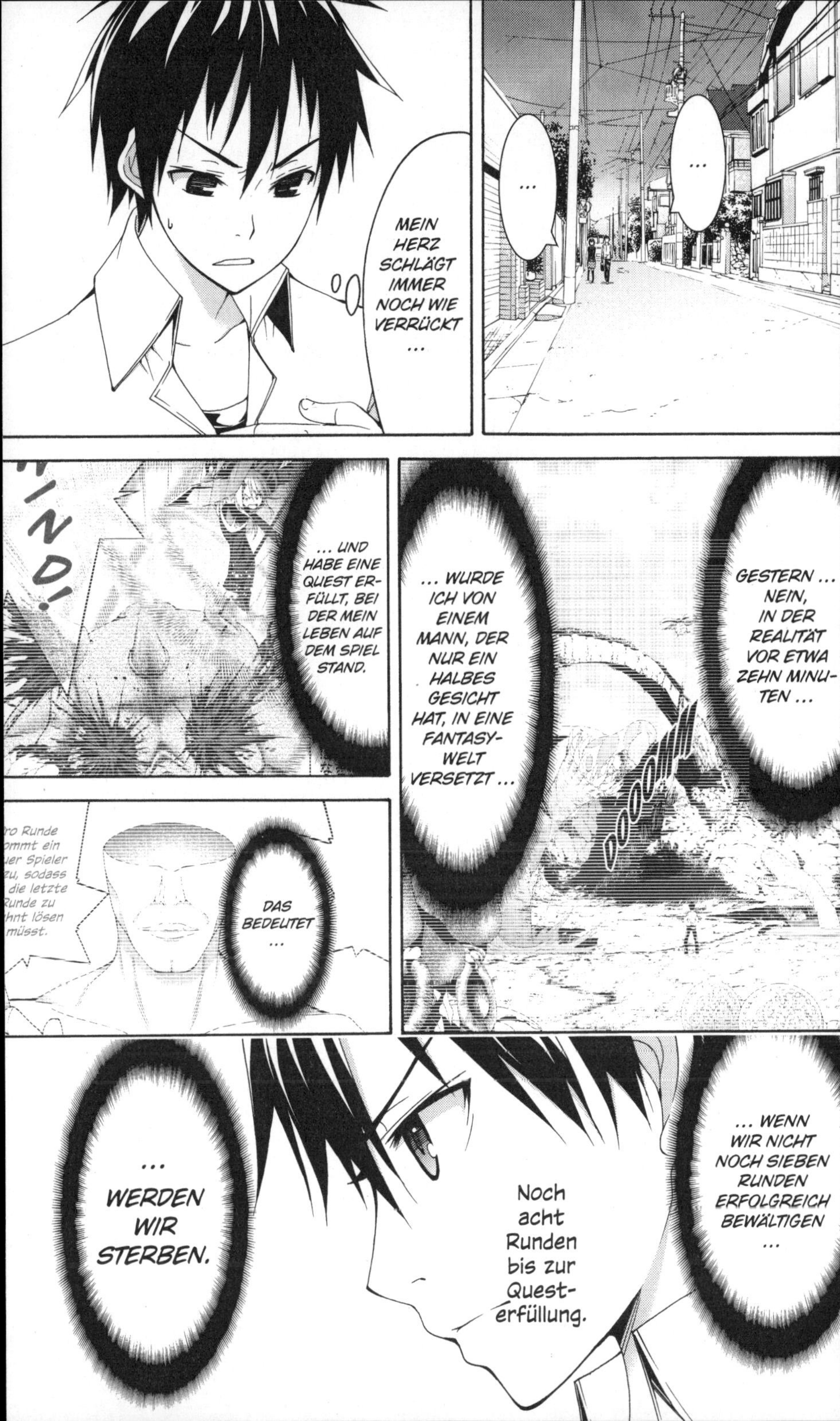
...
...
MEIN HERZ SCHLÄGT IMMER NOCH WIE VERRÜCKT ...
GESTERN ... NEIN, IN DER REALITÄT VOR ETWA ZEHN MINUTEN ...
... WURDE ICH VON EINEM MANN, DER NUR EIN HALBES GESICHT HAT, IN EINE FANTASY-WELT VERSETZT ...
... UND HABE EINE QUEST ERFÜLLT, BEI DER MEIN LEBEN AUF DEM SPIEL STAND.
DAS BEDEUTET ...
... WENN WIR NICHT NOCH SIEBEN RUNDEN ERFOLGREICH BEWÄLTIGEN ...
Noch acht Runden bis zur Quest-erfüllung.
... WERDEN WIR STERBEN.

2 Ein Otaku und wie man sich beliebt macht

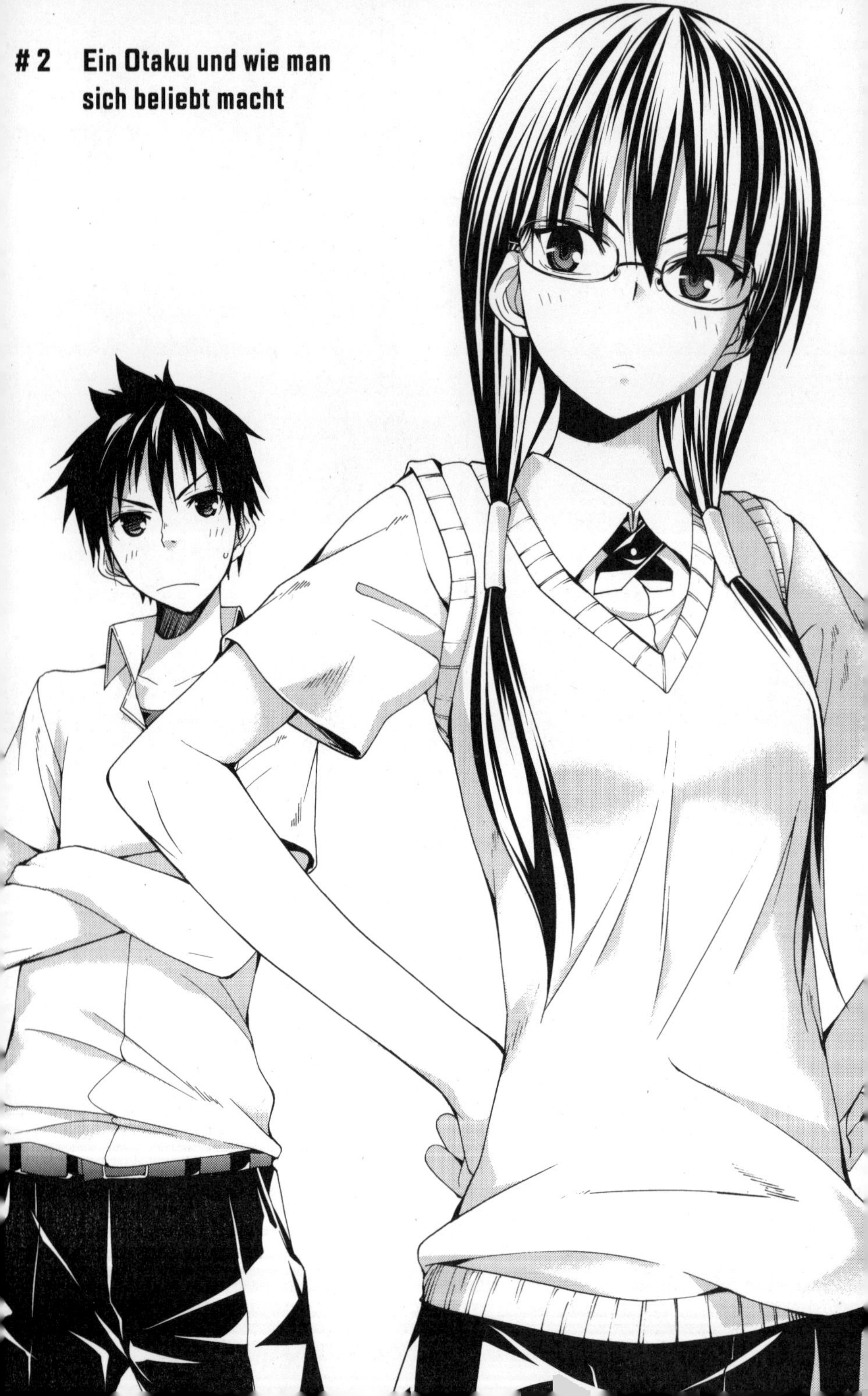

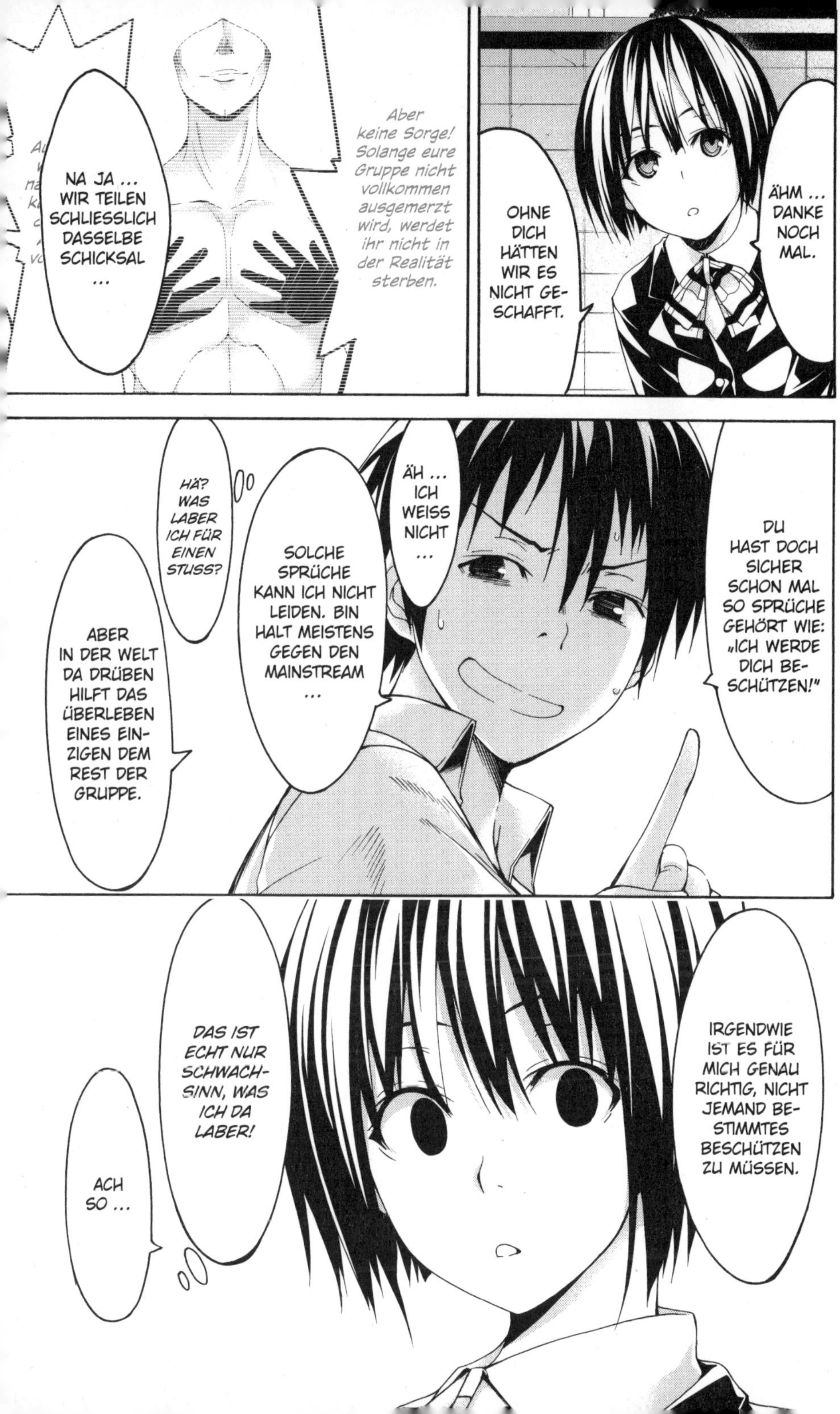
ÄHM … DANKE NOCH MAL.
OHNE DICH HÄTTEN WIR ES NICHT GESCHAFFT.
Aber keine Sorge! Solange eure Gruppe nicht vollkommen ausgemerzt wird, werdet ihr nicht in der Realität sterben.
NA JA … WIR TEILEN SCHLIESSLICH DASSELBE SCHICKSAL …
DU HAST DOCH SICHER SCHON MAL SO SPRÜCHE GEHÖRT WIE: „ICH WERDE DICH BESCHÜTZEN!"
ÄH … ICH WEISS NICHT …
SOLCHE SPRÜCHE KANN ICH NICHT LEIDEN. BIN HALT MEISTENS GEGEN DEN MAINSTREAM …
HÄ? WAS LABER ICH FÜR EINEN STUSS?
ABER IN DER WELT DA DRÜBEN HILFT DAS ÜBERLEBEN EINES EINZIGEN DEM REST DER GRUPPE.
IRGENDWIE IST ES FÜR MICH GENAU RICHTIG, NICHT JEMAND BESTIMMTES BESCHÜTZEN ZU MÜSSEN.
DAS IST ECHT NUR SCHWACHSINN, WAS ICH DA LABER!
ACH SO …

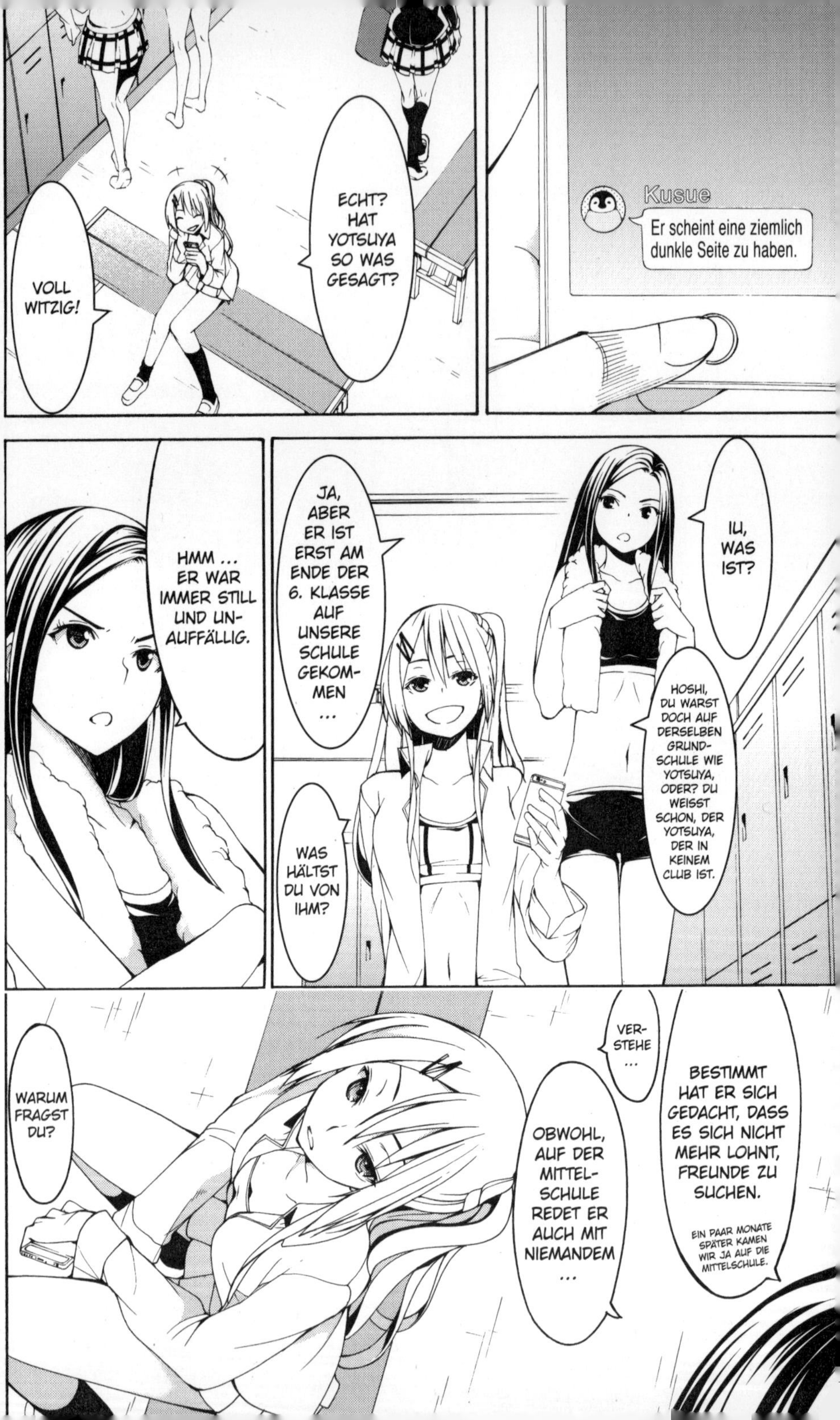
Kusue
Er scheint eine ziemlich dunkle Seite zu haben.
ECHT? HAT YOTSUYA SO WAS GESAGT?
VOLL WITZIG!
IU, WAS IST?
HOSHI, DU WARST DOCH AUF DERSELBEN GRUND-SCHULE WIE YOTSUYA, ODER? DU WEISST SCHON, DER YOTSUYA, DER IN KEINEM CLUB IST.
JA, ABER ER IST ERST AM ENDE DER 6. KLASSE AUF UNSERE SCHULE GEKOM-MEN …
WAS HÄLTST DU VON IHM?
HMM … ER WAR IMMER STILL UND UN-AUFFÄLLIG.
BESTIMMT HAT ER SICH GEDACHT, DASS ES SICH NICHT MEHR LOHNT, FREUNDE ZU SUCHEN.
EIN PAAR MONATE SPÄTER KAMEN WIR JA AUF DIE MITTELSCHULE.
VER-STEHE …
OBWOHL, AUF DER MITTEL-SCHULE REDET ER AUCH MIT NIEMANDEM …
WARUM FRAGST DU?

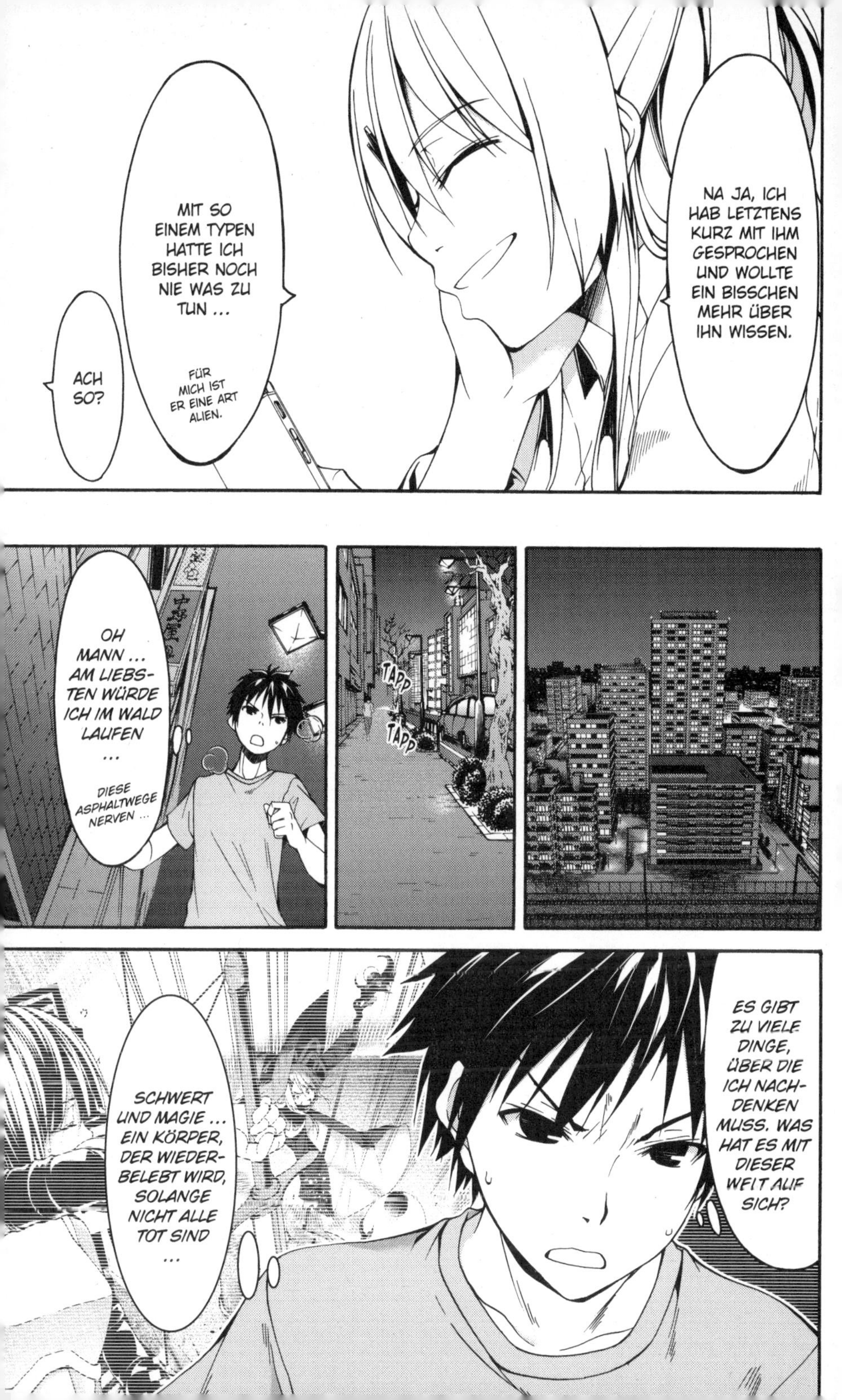
NA JA, ICH HAB LETZTENS KURZ MIT IHM GESPROCHEN UND WOLLTE EIN BISSCHEN MEHR ÜBER IHN WISSEN.
MIT SO EINEM TYPEN HATTE ICH BISHER NOCH NIE WAS ZU TUN …
FÜR MICH IST ER EINE ART ALIEN.
ACH SO?
OH MANN … AM LIEBSTEN WÜRDE ICH IM WALD LAUFEN …
DIESE ASPHALTWEGE NERVEN …
TAPP
TAPP
ES GIBT ZU VIELE DINGE, ÜBER DIE ICH NACHDENKEN MUSS. WAS HAT ES MIT DIESER WELT AUF SICH?
SCHWERT UND MAGIE … EIN KÖRPER, DER WIEDERBELEBT WIRD, SOLANGE NICHT ALLE TOT SIND …

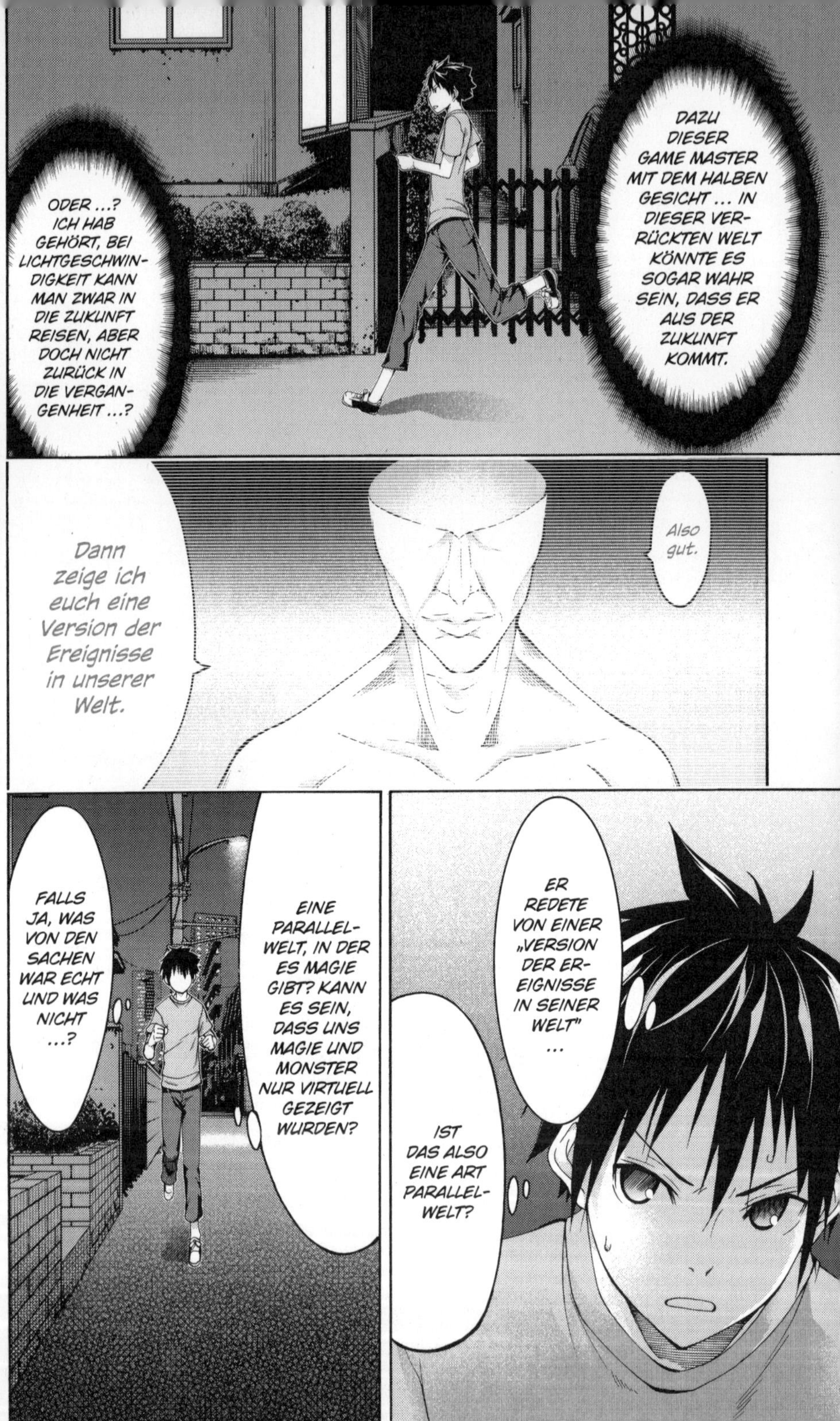
DAZU DIESER GAME MASTER MIT DEM HALBEN GESICHT … IN DIESER VERRÜCKTEN WELT KÖNNTE ES SOGAR WAHR SEIN, DASS ER AUS DER ZUKUNFT KOMMT.
ODER …? ICH HAB GEHÖRT, BEI LICHTGESCHWINDIGKEIT KANN MAN ZWAR IN DIE ZUKUNFT REISEN, ABER DOCH NICHT ZURÜCK IN DIE VERGANGENHEIT …?
Also gut.
Dann zeige ich euch eine Version der Ereignisse in unserer Welt.
ER REDETE VON EINER „VERSION DER EREIGNISSE IN SEINER WELT" …
IST DAS ALSO EINE ART PARALLELWELT?
EINE PARALLELWELT, IN DER ES MAGIE GIBT? KANN ES SEIN, DASS UNS MAGIE UND MONSTER NUR VIRTUELL GEZEIGT WURDEN?
FALLS JA, WAS VON DEN SACHEN WAR ECHT UND WAS NICHT …?

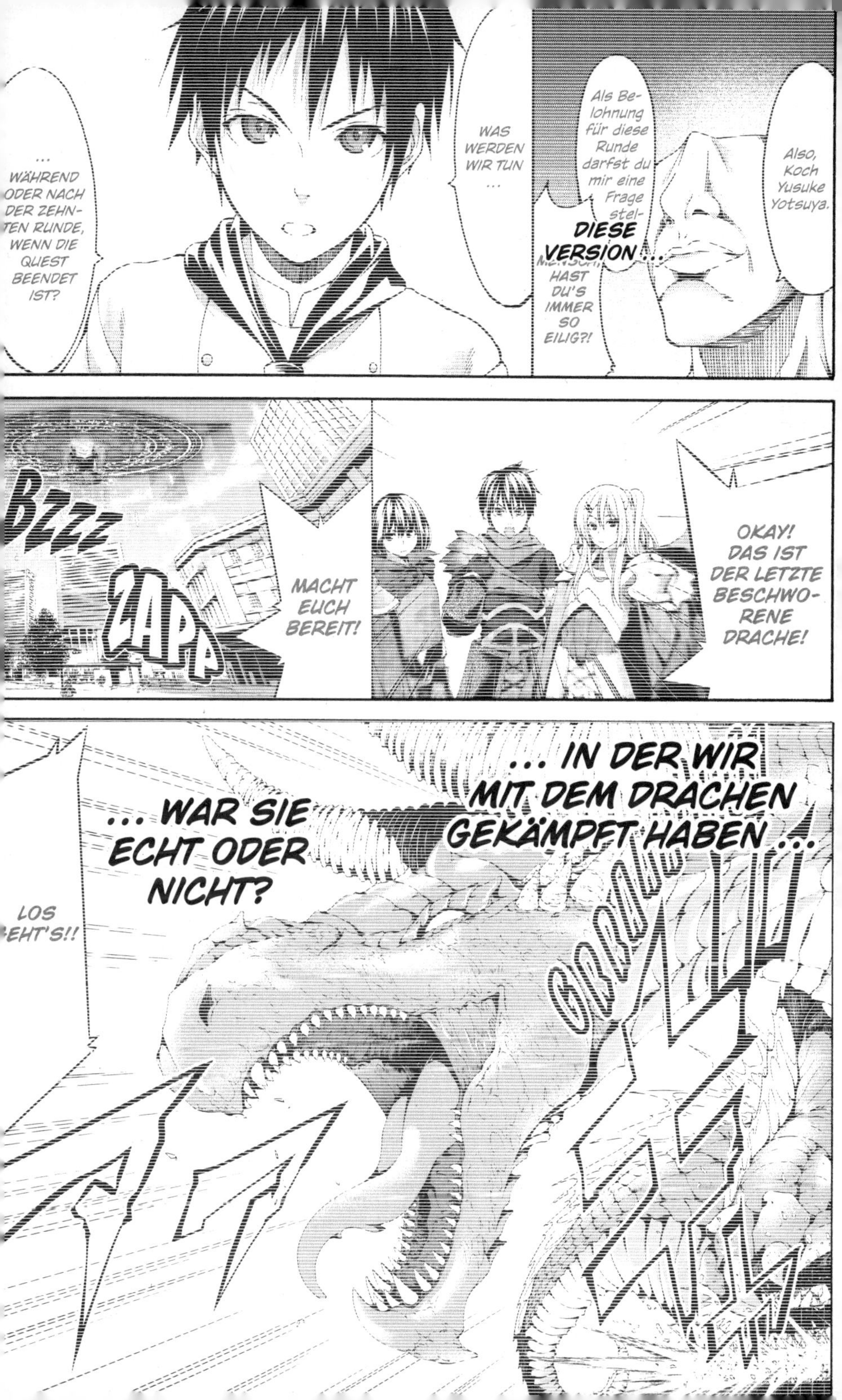
Also, Koch Yusuke Yotsuya.
Als Belohnung für diese Runde darfst du mir eine Frage stel-
DIESE VERSION ...
HAST DU'S IMMER SO EILIG?!
WAS WERDEN WIR TUN ...
... WÄHREND ODER NACH DER ZEHNTEN RUNDE, WENN DIE QUEST BEENDET IST?
OKAY! DAS IST DER LETZTE BESCHWORENE DRACHE!
MACHT EUCH BEREIT!
ZAPP
BZZZ
... IN DER WIR MIT DEM DRACHEN GEKÄMPFT HABEN ...
... WAR SIE ECHT ODER NICHT?
LOS
EHT'S!!

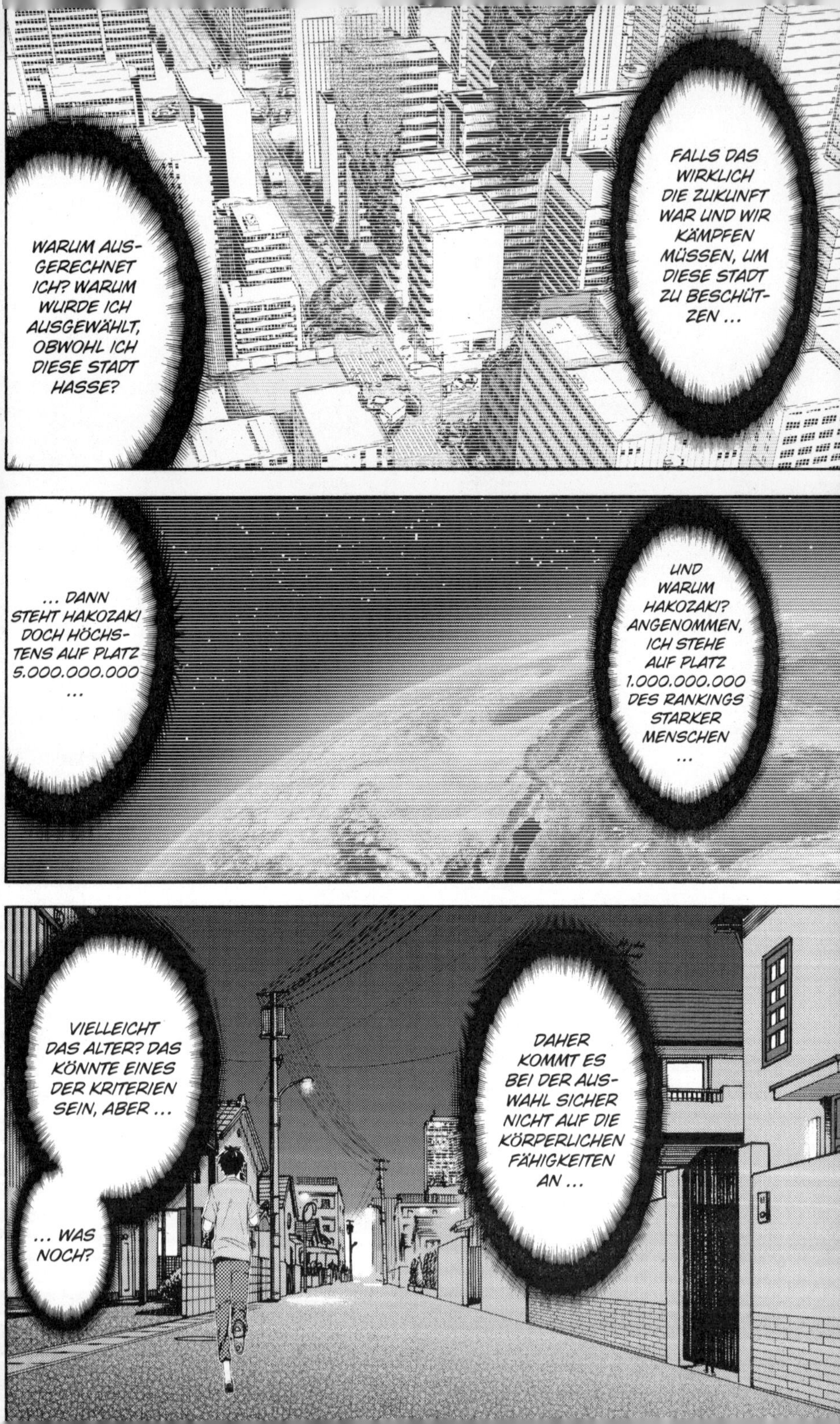
FALLS DAS WIRKLICH DIE ZUKUNFT WAR UND WIR KÄMPFEN MÜSSEN, UM DIESE STADT ZU BESCHÜTZEN …
WARUM AUSGERECHNET ICH? WARUM WURDE ICH AUSGEWÄHLT, OBWOHL ICH DIESE STADT HASSE?
UND WARUM HAKOZAKI? ANGENOMMEN, ICH STEHE AUF PLATZ 1.000.000.000 DES RANKINGS STARKER MENSCHEN …
… DANN STEHT HAKOZAKI DOCH HÖCHSTENS AUF PLATZ 5.000.000.000 …
DAHER KOMMT ES BEI DER AUSWAHL SICHER NICHT AUF DIE KÖRPERLICHEN FÄHIGKEITEN AN …
VIELLEICHT DAS ALTER? DAS KÖNNTE EINES DER KRITERIEN SEIN, ABER …
… WAS NOCH?

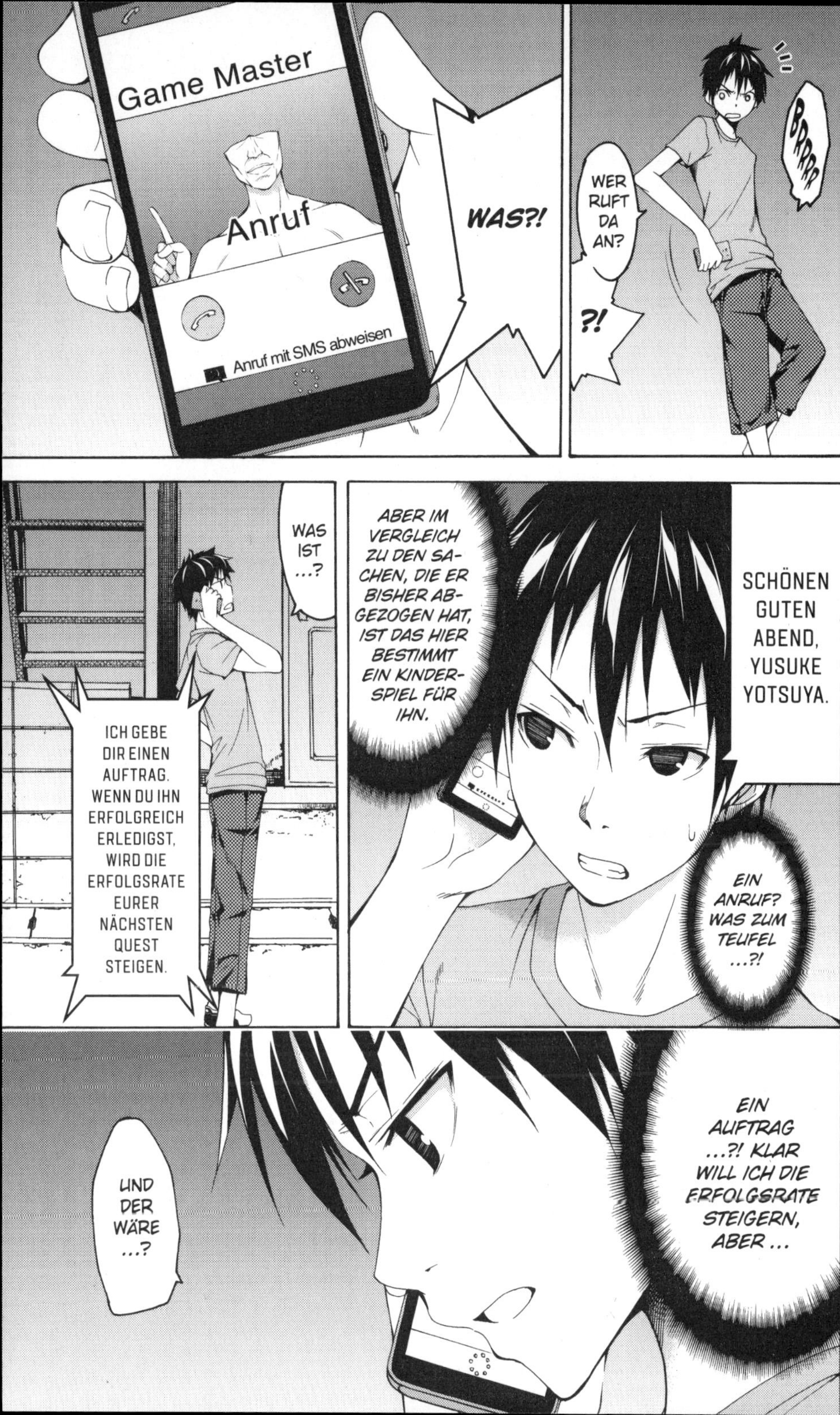
BRRRR
WER RUFT DA AN?
?!
Game Master
Anruf
Anruf mit SMS abweisen
WAS?!
SCHÖNEN GUTEN ABEND, YUSUKE YOTSUYA.
EIN ANRUF? WAS ZUM TEUFEL ...?!
ABER IM VERGLEICH ZU DEN SACHEN, DIE ER BISHER ABGEZOGEN HAT, IST DAS HIER BESTIMMT EIN KINDERSPIEL FÜR IHN.
WAS IST ...?
ICH GEBE DIR EINEN AUFTRAG. WENN DU IHN ERFOLGREICH ERLEDIGST, WIRD DIE ERFOLGSRATE EURER NÄCHSTEN QUEST STEIGEN.
EIN AUFTRAG ...?! KLAR WILL ICH DIE ERFOLGSRATE STEIGERN, ABER ...
UND DER WÄRE ...?

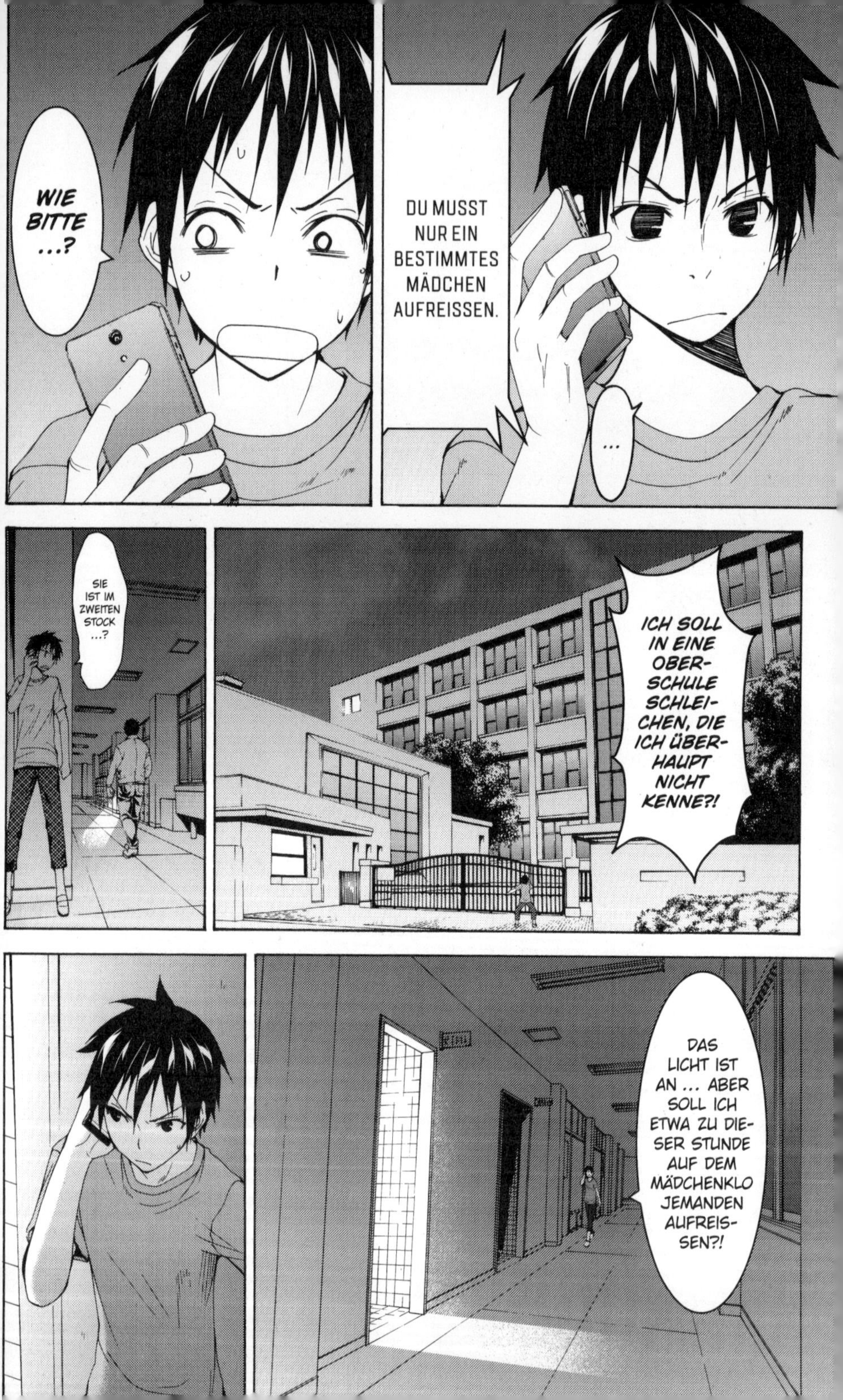
DU MUSST NUR EIN BESTIMMTES MÄDCHEN AUFREISSEN.
...
WIE BITTE ...?
ICH SOLL IN EINE OBER-SCHULE SCHLEI-CHEN, DIE ICH ÜBER-HAUPT NICHT KENNE?!
SIE IST IM ZWEITEN STOCK ...?
DAS LICHT IST AN ... ABER SOLL ICH ETWA ZU DIE-SER STUNDE AUF DEM MÄDCHENKLO JEMANDEN AUFREIS-SEN?!

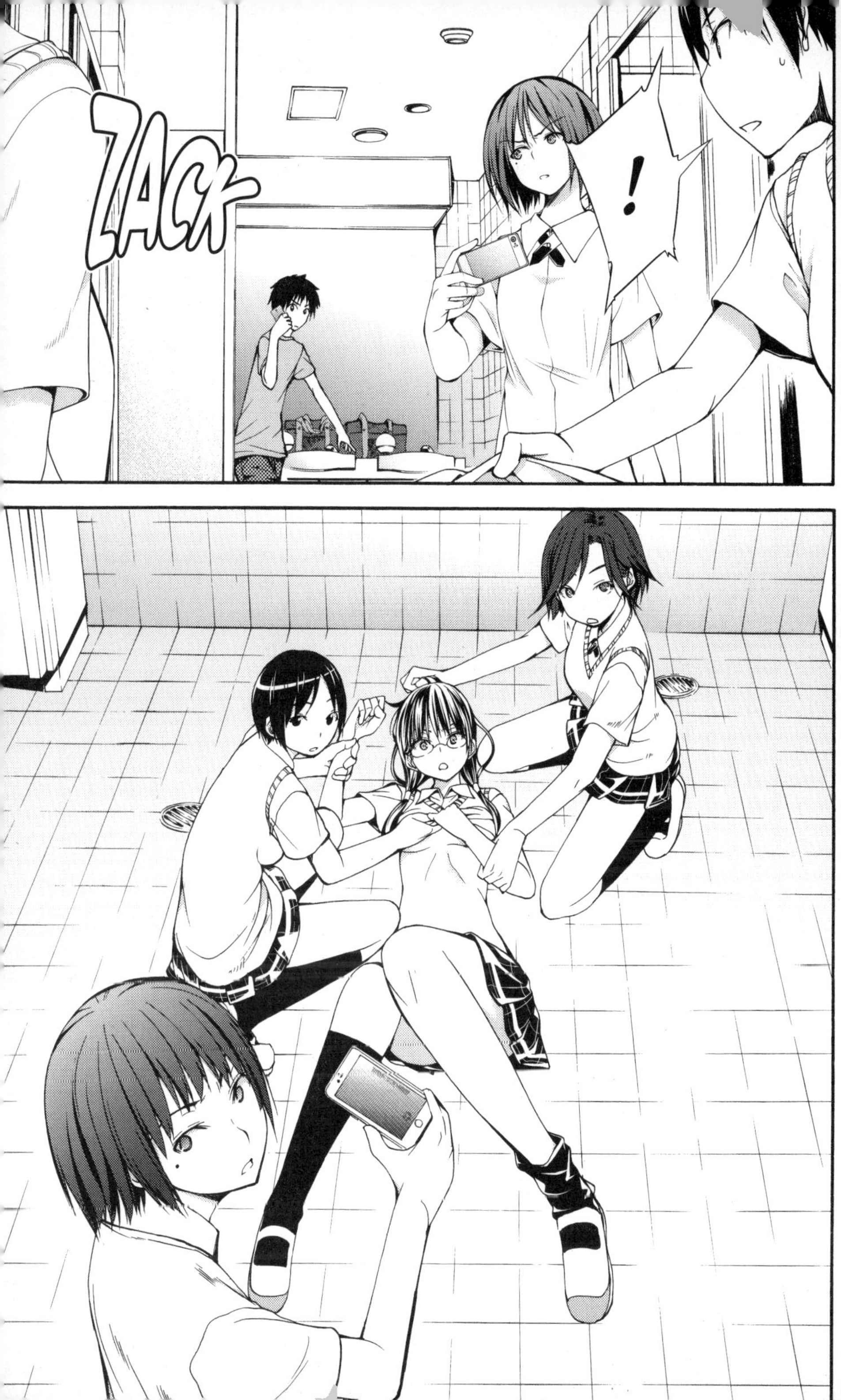
!
ZACK

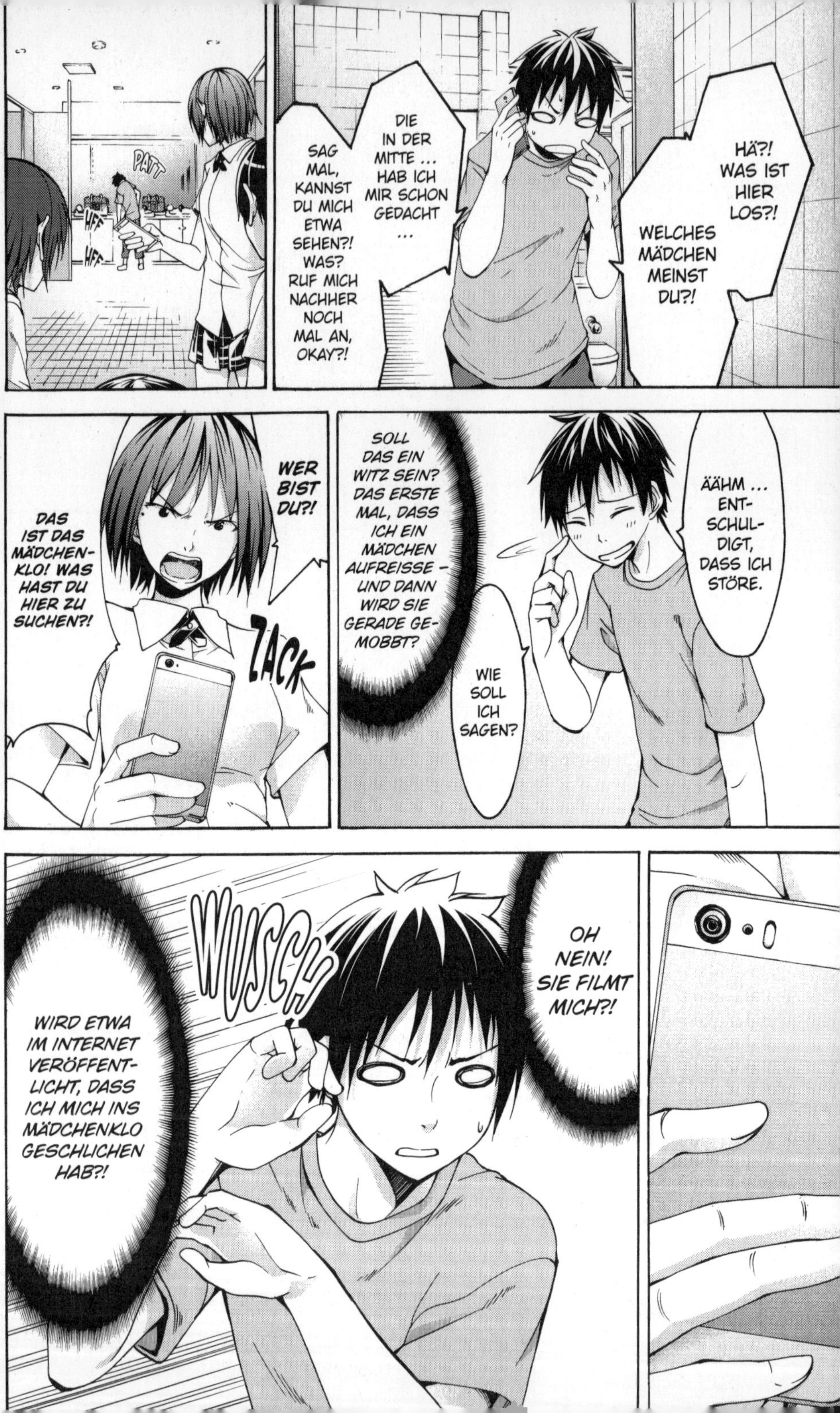
HÄ?! WAS IST HIER LOS?!
WELCHES MÄDCHEN MEINST DU?!
DIE IN DER MITTE … HAB ICH MIR SCHON GEDACHT …
SAG MAL, KANNST DU MICH ETWA SEHEN?! WAS? RUF MICH NACHHER NOCH MAL AN, OKAY?!
PATT
HFF
HFF
ÄÄHM … ENT-SCHUL-DIGT, DASS ICH STÖRE.
WIE SOLL ICH SAGEN?
SOLL DAS EIN WITZ SEIN? DAS ERSTE MAL, DASS ICH EIN MÄDCHEN AUFREISSE – UND DANN WIRD SIE GERADE GE-MOBBT?
WER BIST DU?!
DAS IST DAS MÄDCHEN-KLO! WAS HAST DU HIER ZU SUCHEN?!
ZACK
OH NEIN! SIE FILMT MICH?!
WUSCH
WIRD ETWA IM INTERNET VERÖFFENT-LICHT, DASS ICH MICH INS MÄDCHENKLO GESCHLICHEN HAB?!

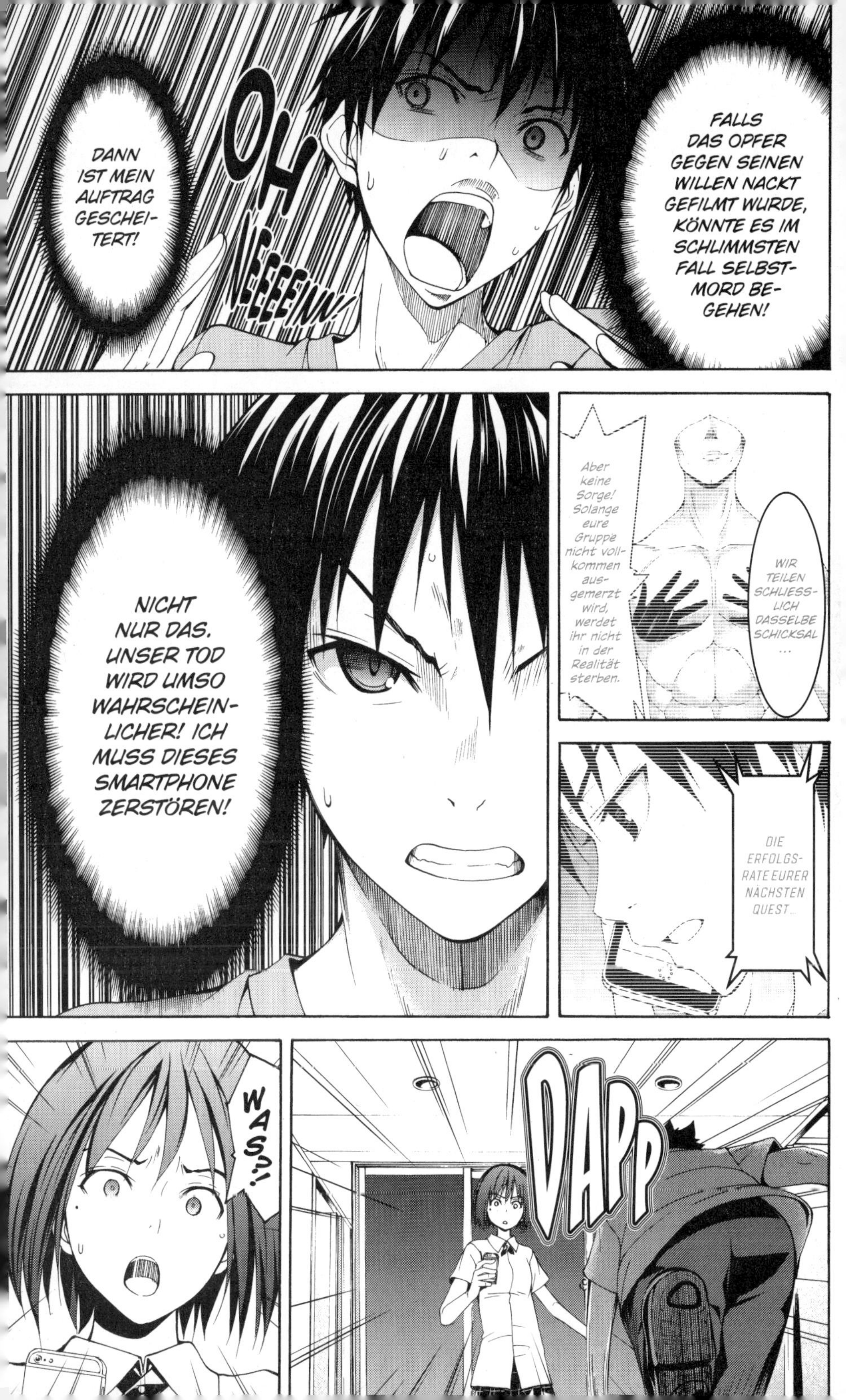
FALLS DAS OPFER GEGEN SEINEN WILLEN NACKT GEFILMT WURDE, KÖNNTE ES IM SCHLIMMSTEN FALL SELBST-MORD BE-GEHEN!
OH NEEEEINN!
DANN IST MEIN AUFTRAG GESCHEI-TERT!
WIR TEILEN SCHLIESS-LICH DASSELBE SCHICKSAL ...
Aber keine Sorge! Solange eure Gruppe nicht voll-kommen aus-gemerzt wird, werdet ihr nicht in der Realität sterben.
DIE ERFOLGS-RATE EURER NÄCHSTEN QUEST...
NICHT NUR DAS. UNSER TOD WIRD UMSO WAHRSCHEIN-LICHER! ICH MUSS DIESES SMARTPHONE ZERSTÖREN!
DAPP
WAS?!

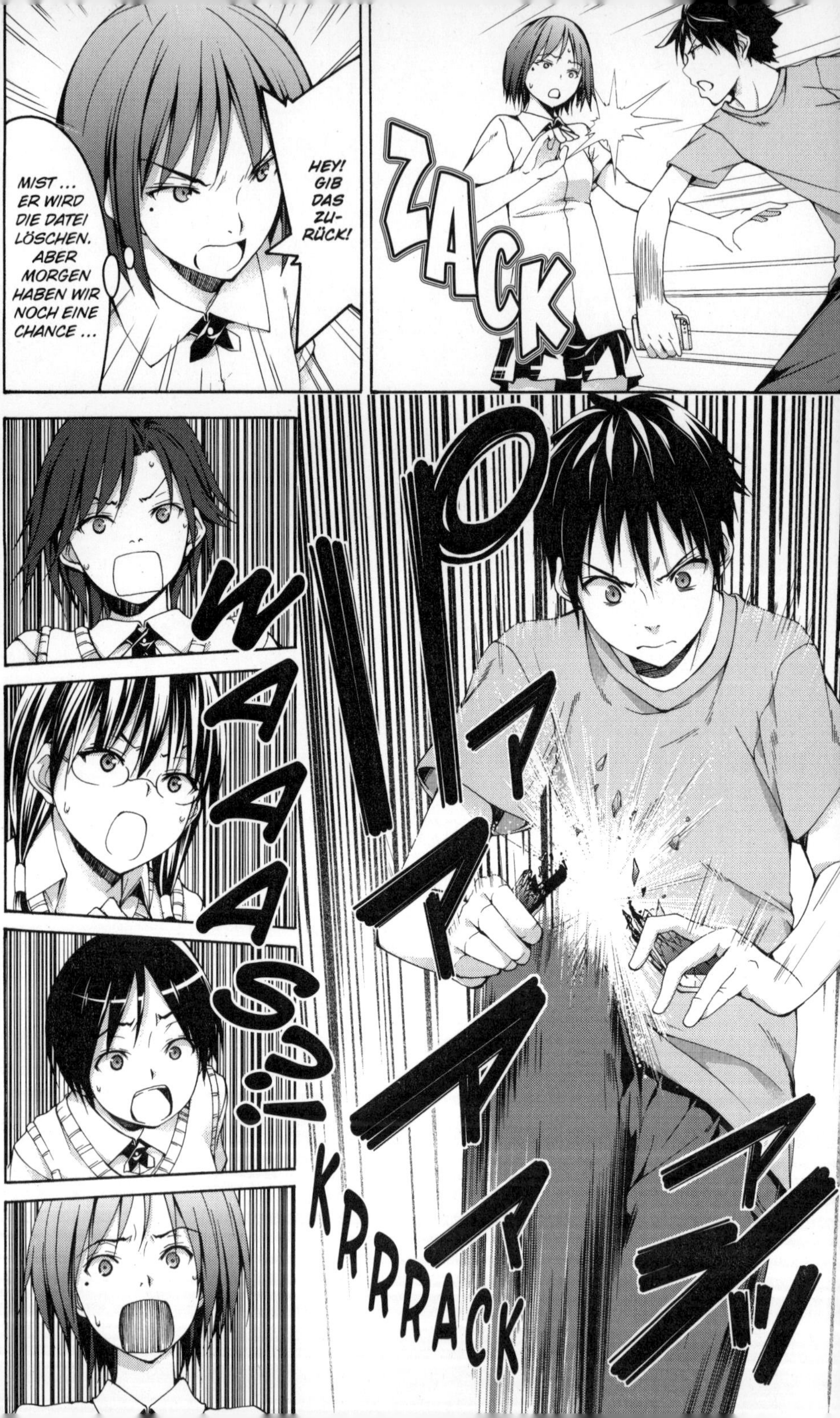
HEY! GIB DAS ZURÜCK!
MIST … ER WIRD DIE DATEI LÖSCHEN. ABER MORGEN HABEN WIR NOCH EINE CHANCE …
ZACK
WAAAS?!
KRRRRACK

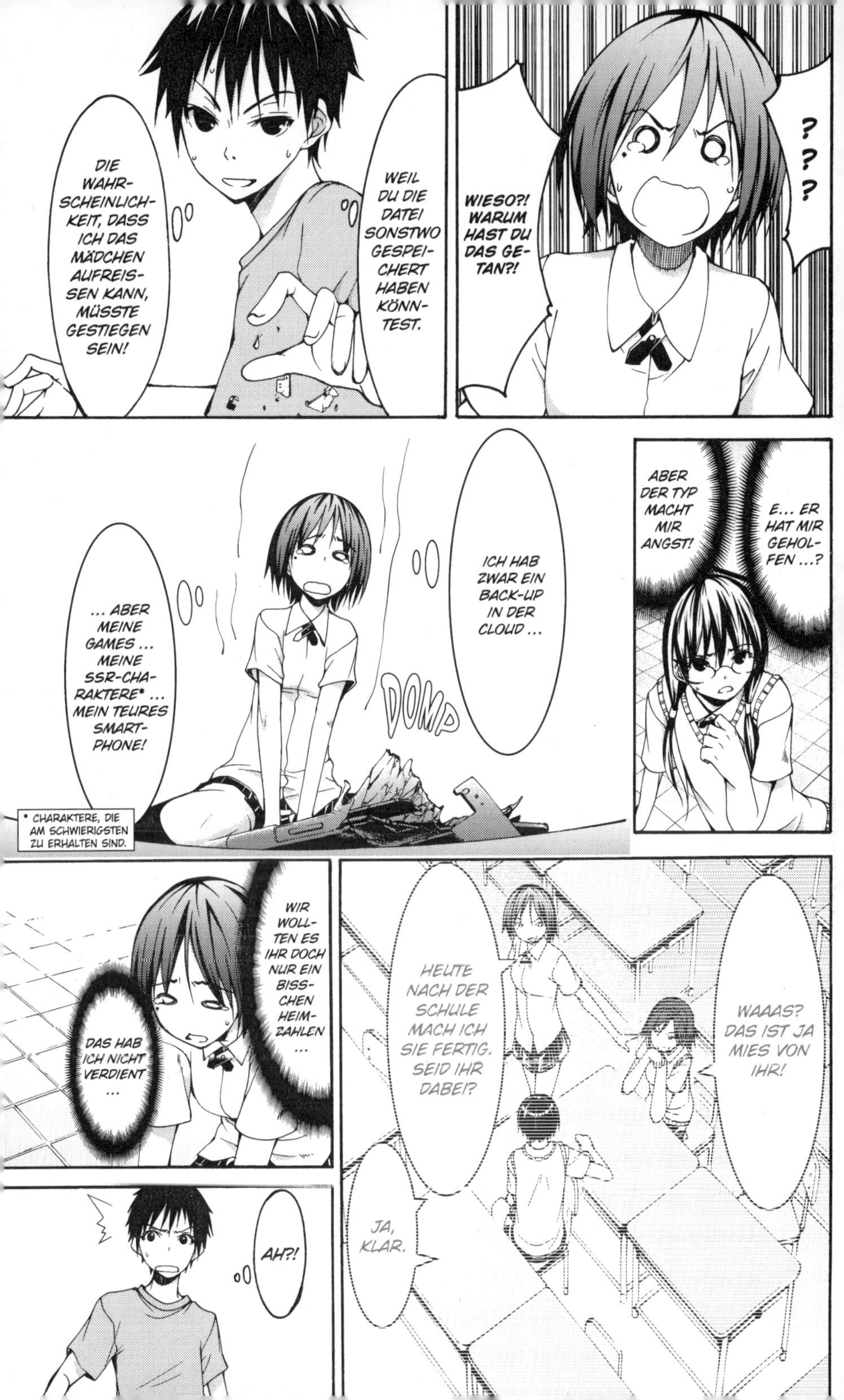
???
WIESO?! WARUM HAST DU DAS GETAN?!
WEIL DU DIE DATEI SONSTWO GESPEICHERT HABEN KÖNNTEST.
DIE WAHRSCHEINLICHKEIT, DASS ICH DAS MÄDCHEN AUFREISSEN KANN, MÜSSTE GESTIEGEN SEIN!
E… ER HAT MIR GEHOLFEN …?
ABER DER TYP MACHT MIR ANGST!
ICH HAB ZWAR EIN BACK-UP IN DER CLOUD …
DOMP
… ABER MEINE GAMES … MEINE SSR-CHARAKTERE* … MEIN TEURES SMARTPHONE!
* CHARAKTERE, DIE AM SCHWIERIGSTEN ZU ERHALTEN SIND.
WAAAS? DAS IST JA MIES VON IHR!
HEUTE NACH DER SCHULE MACH ICH SIE FERTIG. SEID IHR DABEI?
JA, KLAR.
WIR WOLLTEN ES IHR DOCH NUR EIN BISSCHEN HEIMZAHLEN …
DAS HAB ICH NICHT VERDIENT …
AH?!

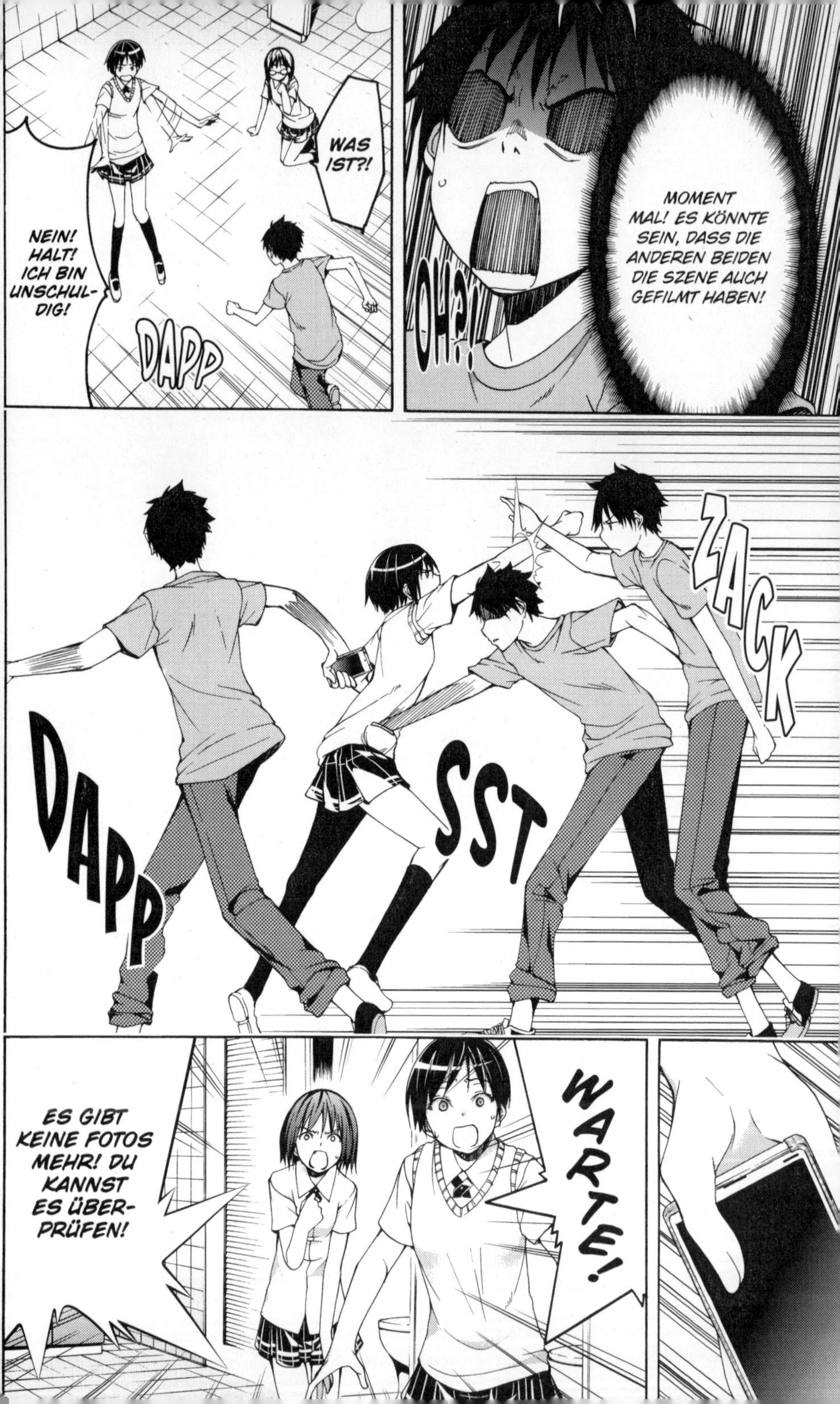
MOMENT MAL! ES KÖNNTE SEIN, DASS DIE ANDEREN BEIDEN DIE SZENE AUCH GEFILMT HABEN!
OH?!
WAS IST?!
NEIN! HALT! ICH BIN UNSCHULDIG!
DAPP
ZACK
SST
DAPP
WARTE!
ES GIBT KEINE FOTOS MEHR! DU KANNST ES ÜBERPRÜFEN!

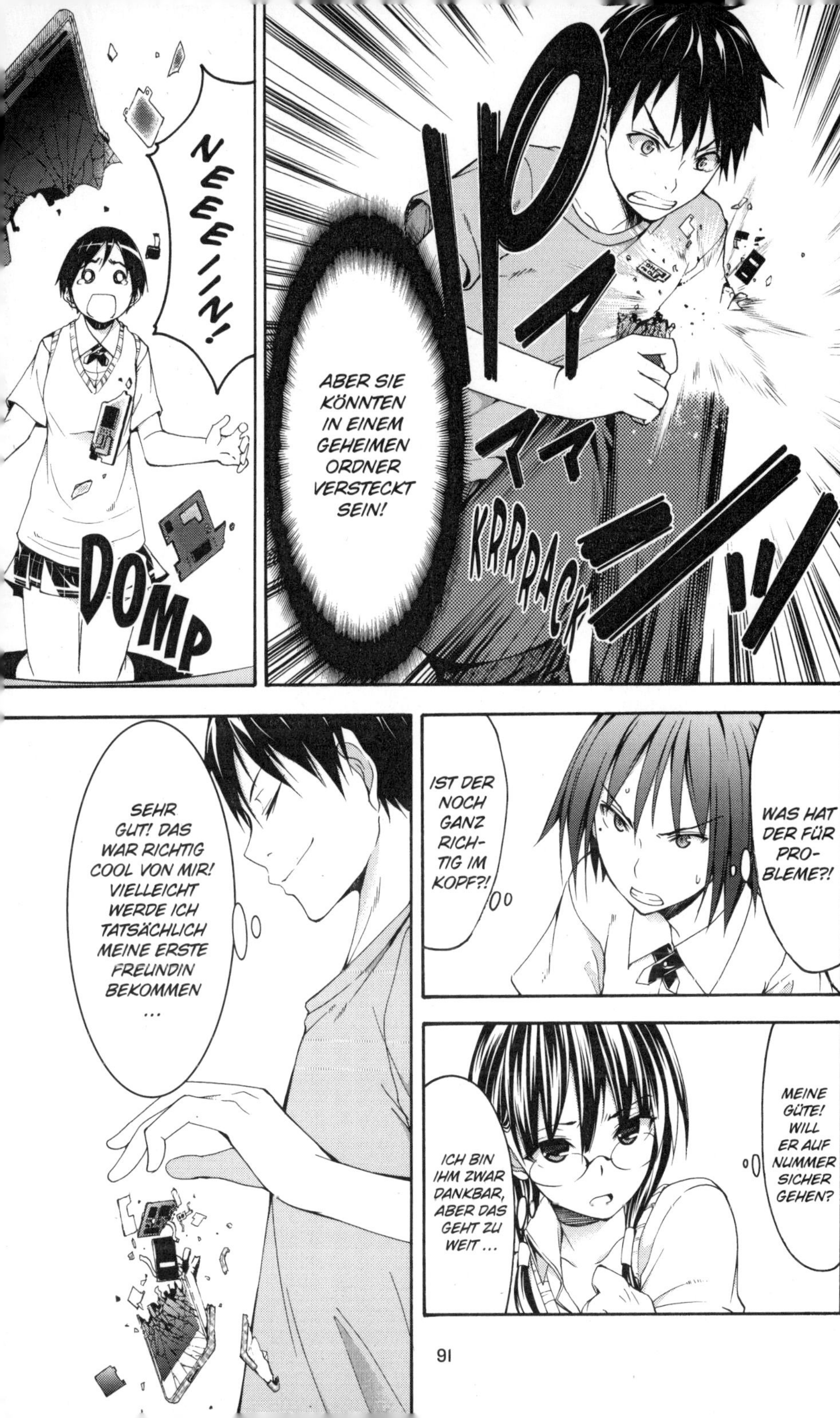
ABER SIE KÖNNTEN IN EINEM GEHEIMEN ORDNER VERSTECKT SEIN!
KRRRACK
NEEEIIN!
DOMP
WAS HAT DER FÜR PROBLEME?!
IST DER NOCH GANZ RICHTIG IM KOPF?!
MEINE GÜTE! WILL ER AUF NUMMER SICHER GEHEN?
ICH BIN IHM ZWAR DANKBAR, ABER DAS GEHT ZU WEIT …
SEHR GUT! DAS WAR RICHTIG COOL VON MIR! VIELLEICHT WERDE ICH TATSÄCHLICH MEINE ERSTE FREUNDIN BEKOMMEN …

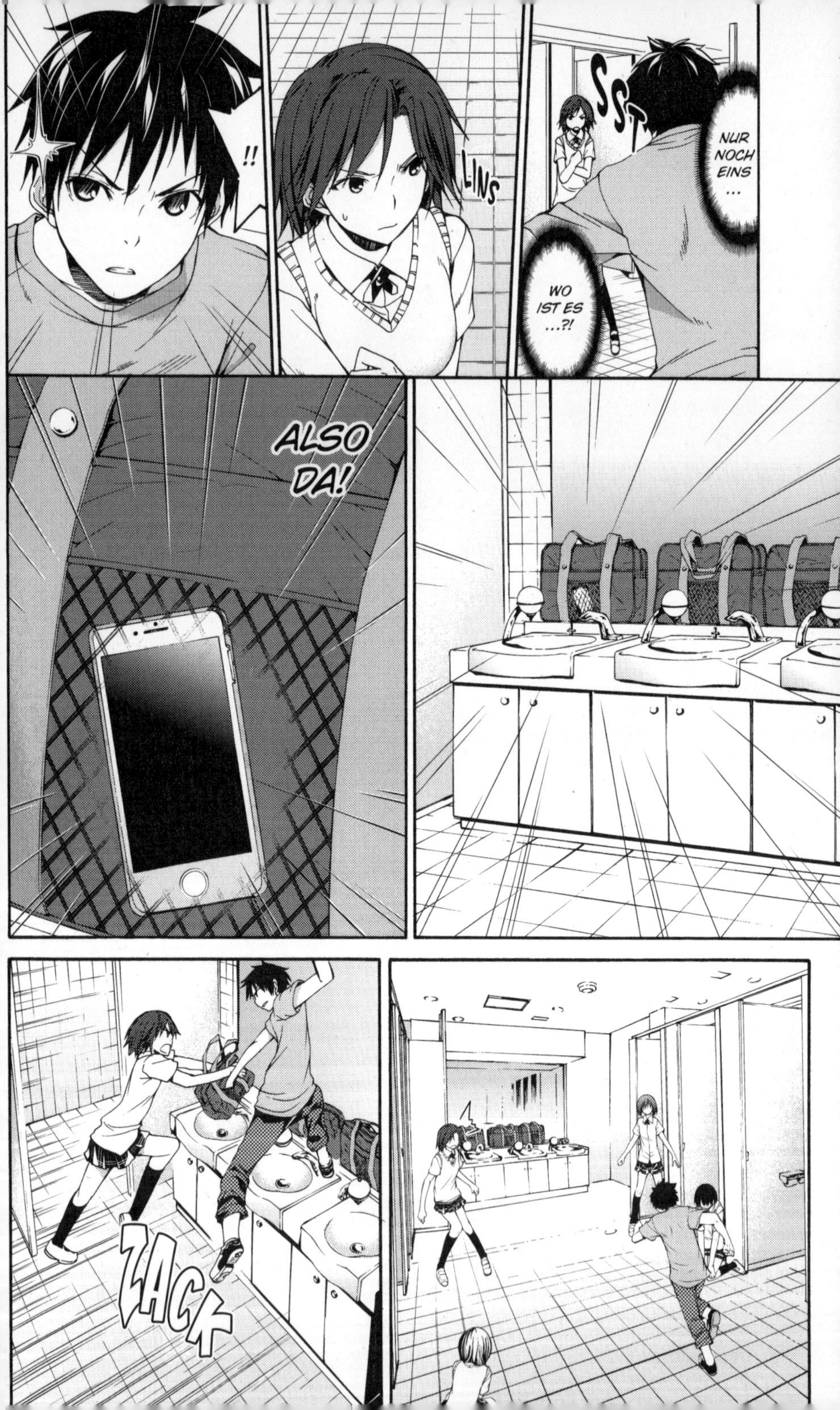

NUR NOCH EINS ...
WO IST ES ...?!
SST
LINS
!!
ALSO DA!
ZACK

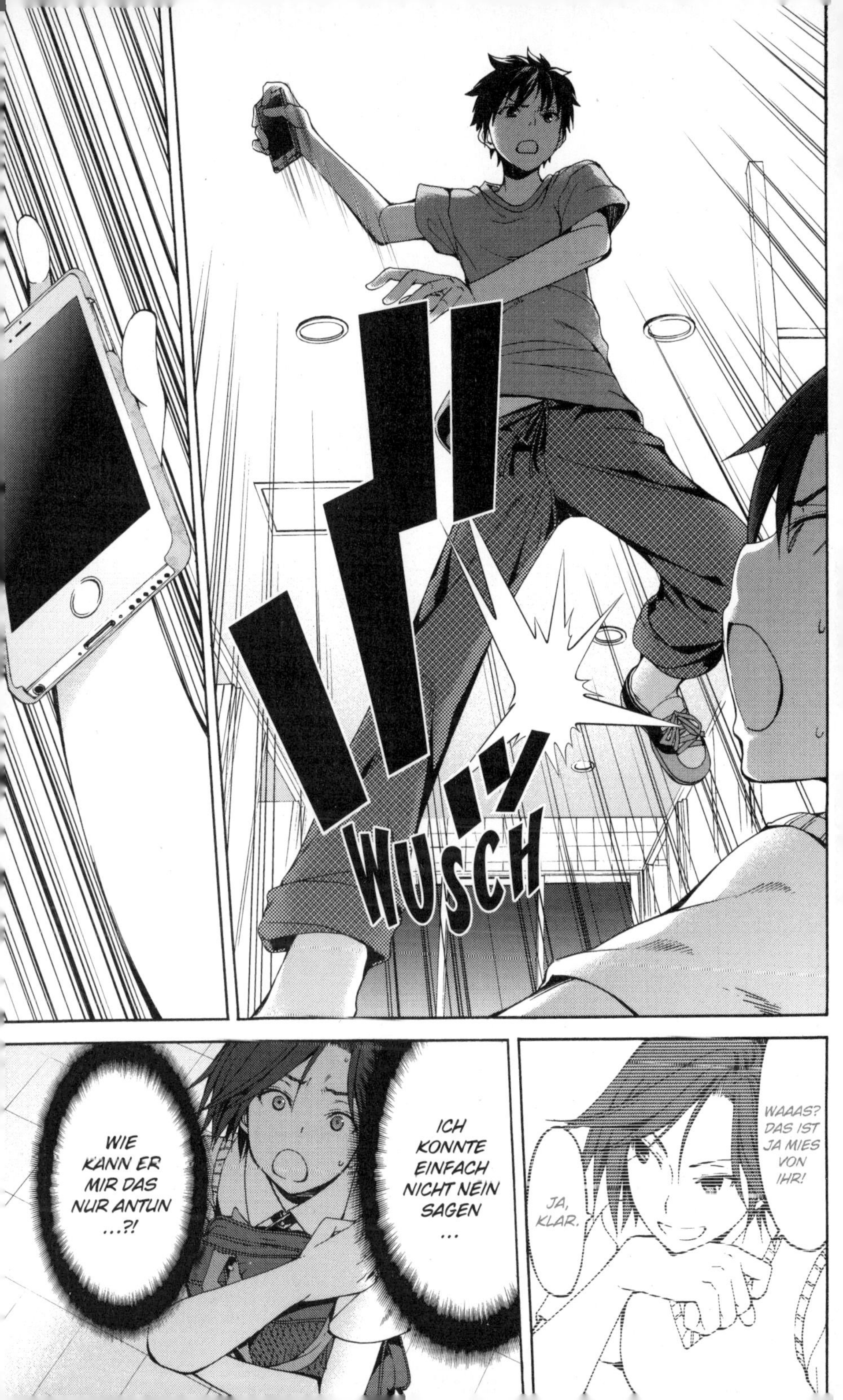
WUSCH
WAAAS? DAS IST JA MIES VON IHR!
JA, KLAR.
ICH KONNTE EINFACH NICHT NEIN SAGEN …
WIE KANN ER MIR DAS NUR ANTUN …?!

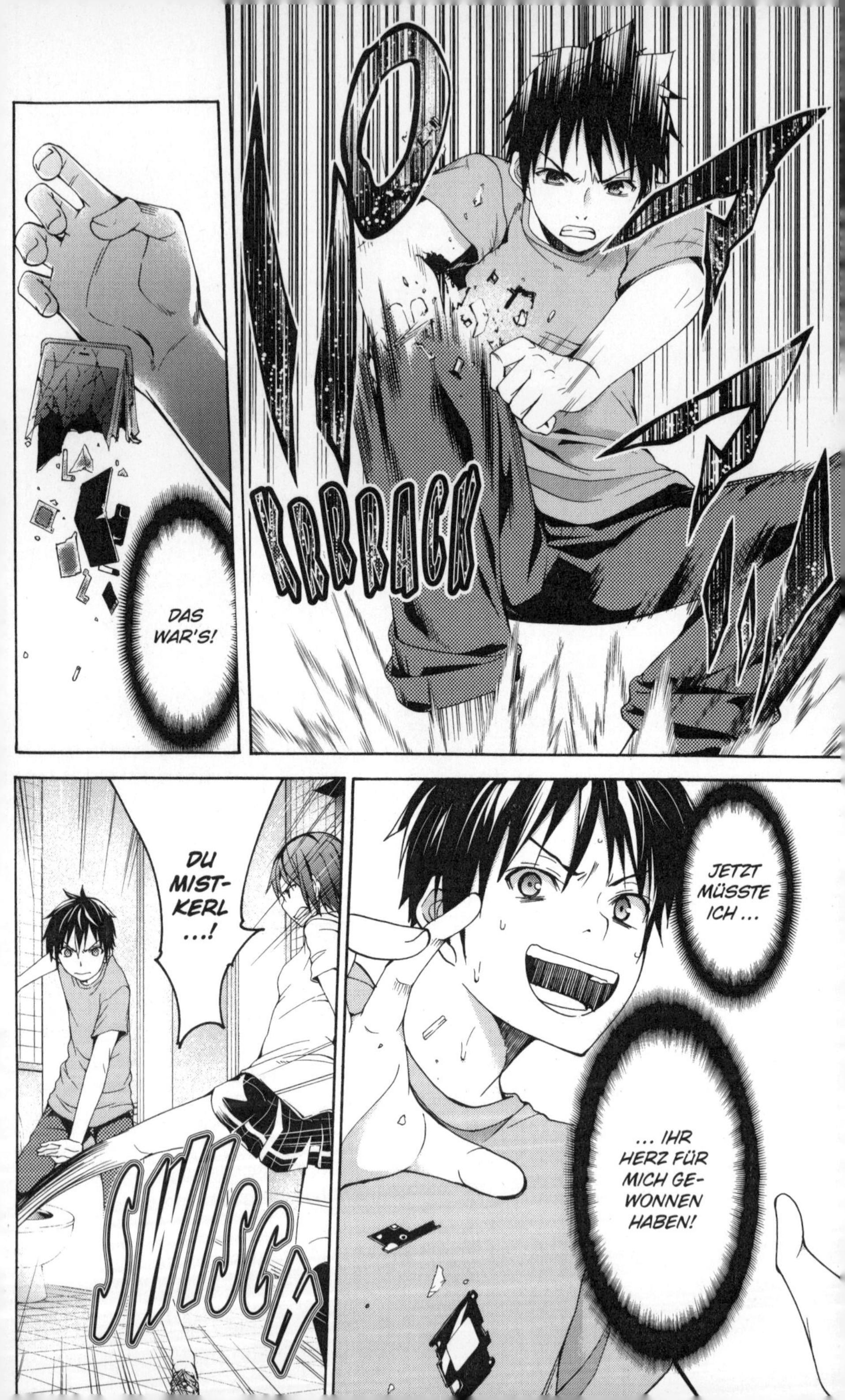
KRRRACK
DAS WAR'S!
JETZT MÜSSTE ICH …
… IHR HERZ FÜR MICH GEWONNEN HABEN!
DU MIST-KERL …!
SWISCH

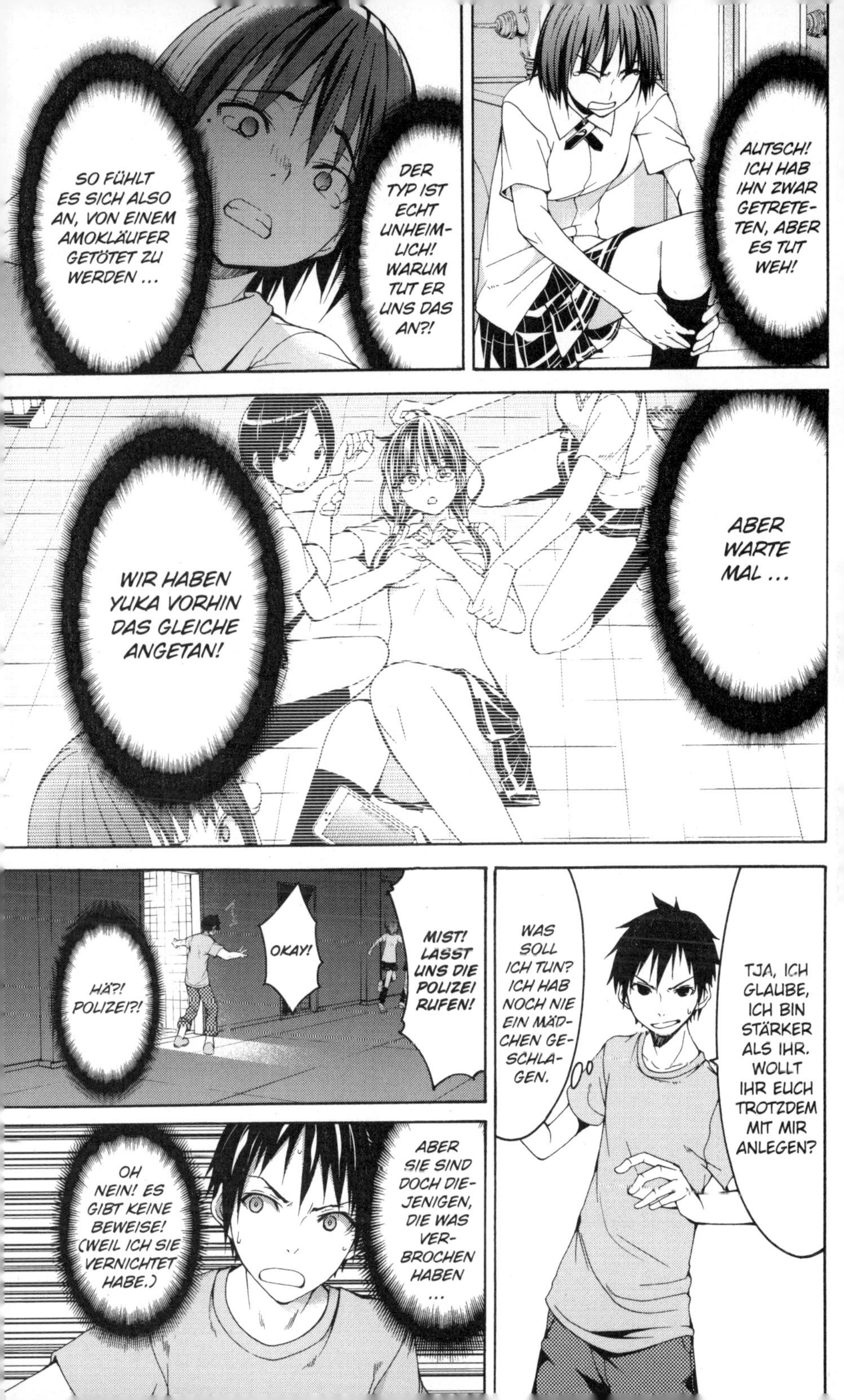
AUTSCH! ICH HAB IHN ZWAR GETRETETEN, ABER ES TUT WEH!
DER TYP IST ECHT UNHEIMLICH! WARUM TUT ER UNS DAS AN?!
SO FÜHLT ES SICH ALSO AN, VON EINEM AMOKLÄUFER GETÖTET ZU WERDEN …
ABER WARTE MAL …
WIR HABEN YUKA VORHIN DAS GLEICHE ANGETAN!
TJA, ICH GLAUBE, ICH BIN STÄRKER ALS IHR. WOLLT IHR EUCH TROTZDEM MIT MIR ANLEGEN?
WAS SOLL ICH TUN? ICH HAB NOCH NIE EIN MÄDCHEN GESCHLAGEN.
MIST! LASST UNS DIE POLIZEI RUFEN!
OKAY!
HÄ?! POLIZEI?!
ABER SIE SIND DOCH DIEJENIGEN, DIE WAS VERBROCHEN HABEN …
OH NEIN! ES GIBT KEINE BEWEISE! (WEIL ICH SIE VERNICHTET HABE.)

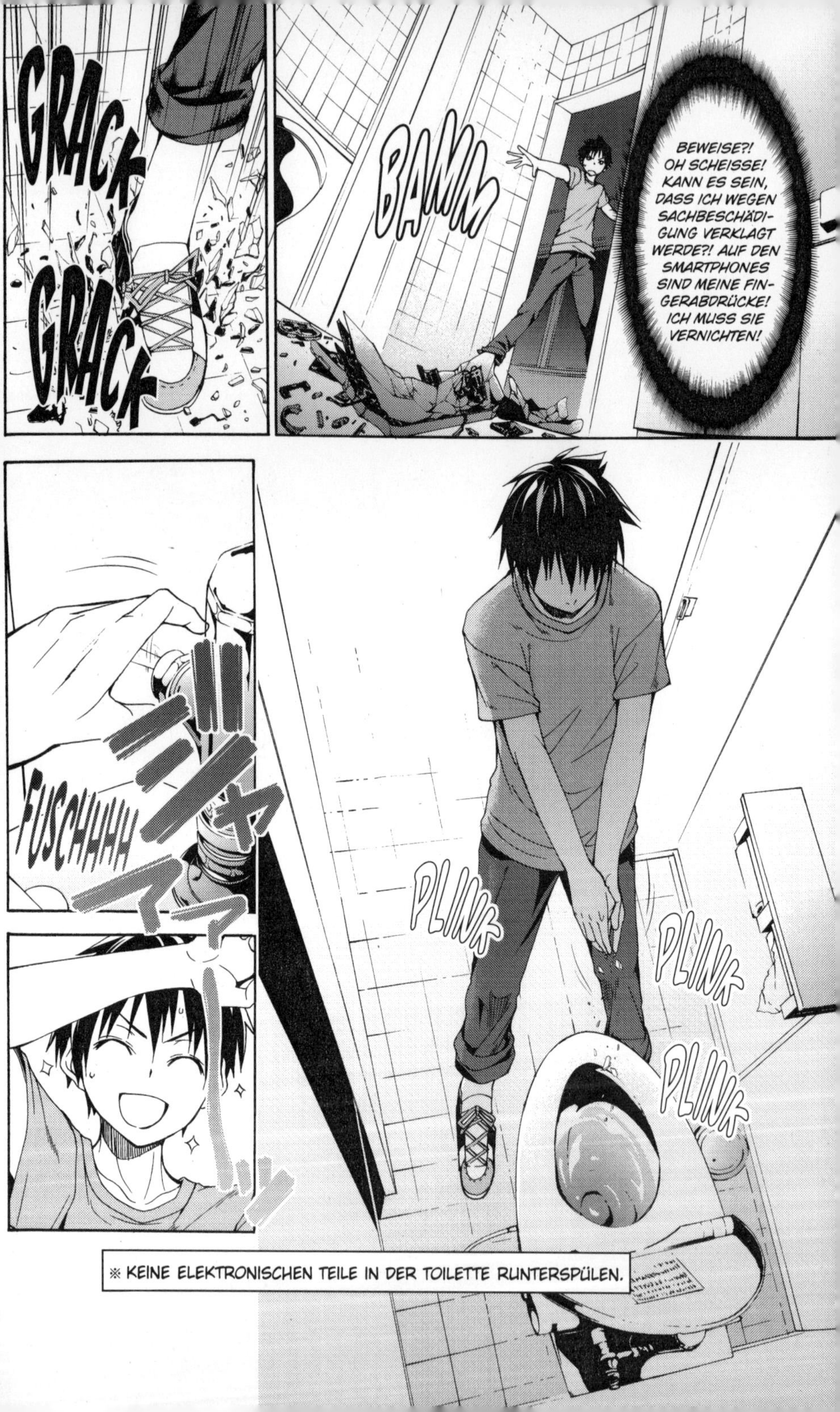

BEWEISE?! OH SCHEISSE! KANN ES SEIN, DASS ICH WEGEN SACHBESCHÄDI-GUNG VERKLAGT WERDE?! AUF DEN SMARTPHONES SIND MEINE FIN-GERABDRÜCKE! ICH MUSS SIE VERNICHTEN!
BAMM
GRACK
GRACK
PLINK
PLINK
PLINK
FUSCHHHH
※ KEINE ELEKTRONISCHEN TEILE IN DER TOILETTE RUNTERSPÜLEN.

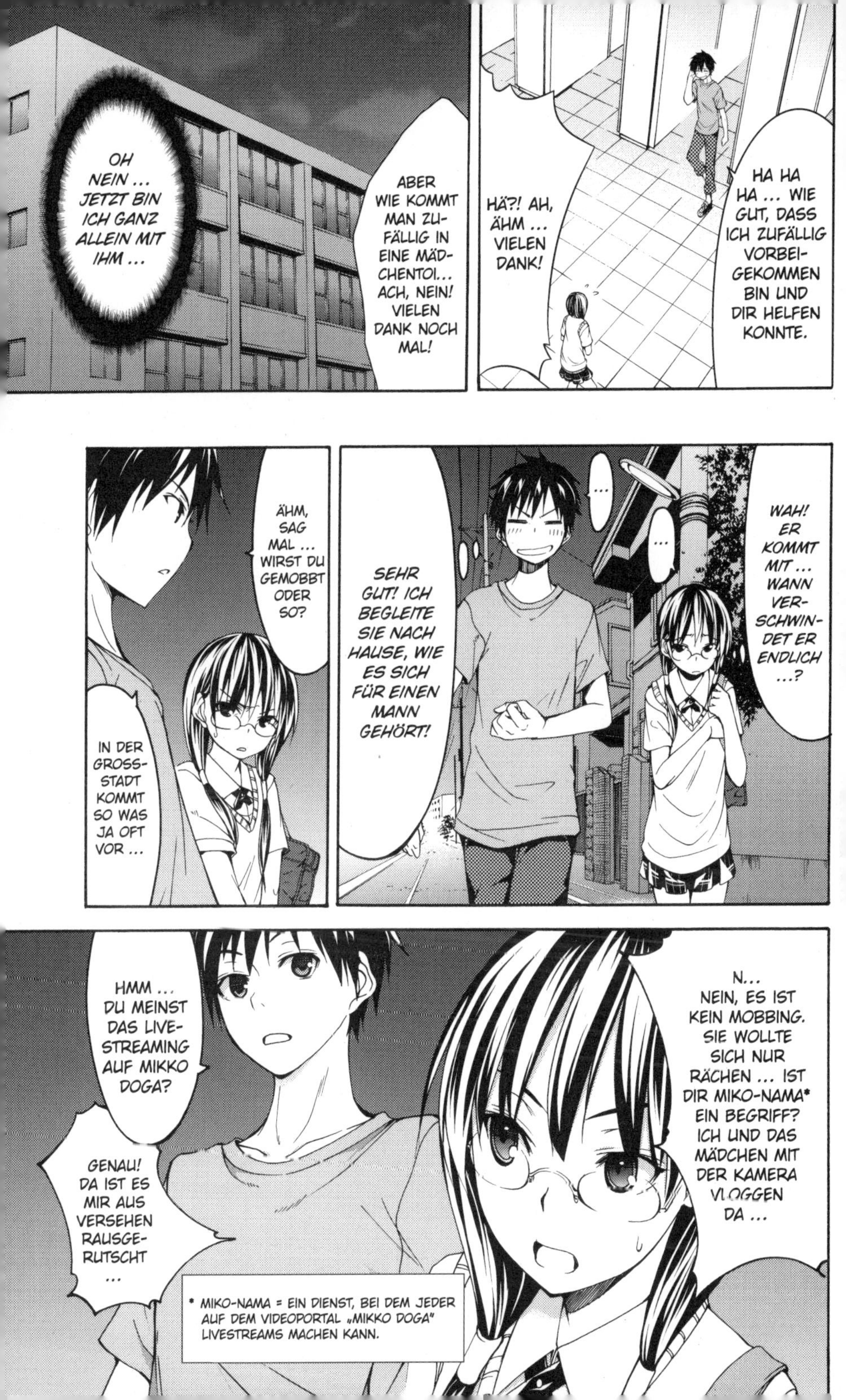

* MIKO-NAMA = EIN DIENST, BEI DEM JEDER AUF DEM VIDEOPORTAL „MIKKO DOGA" LIVESTREAMS MACHEN KANN.

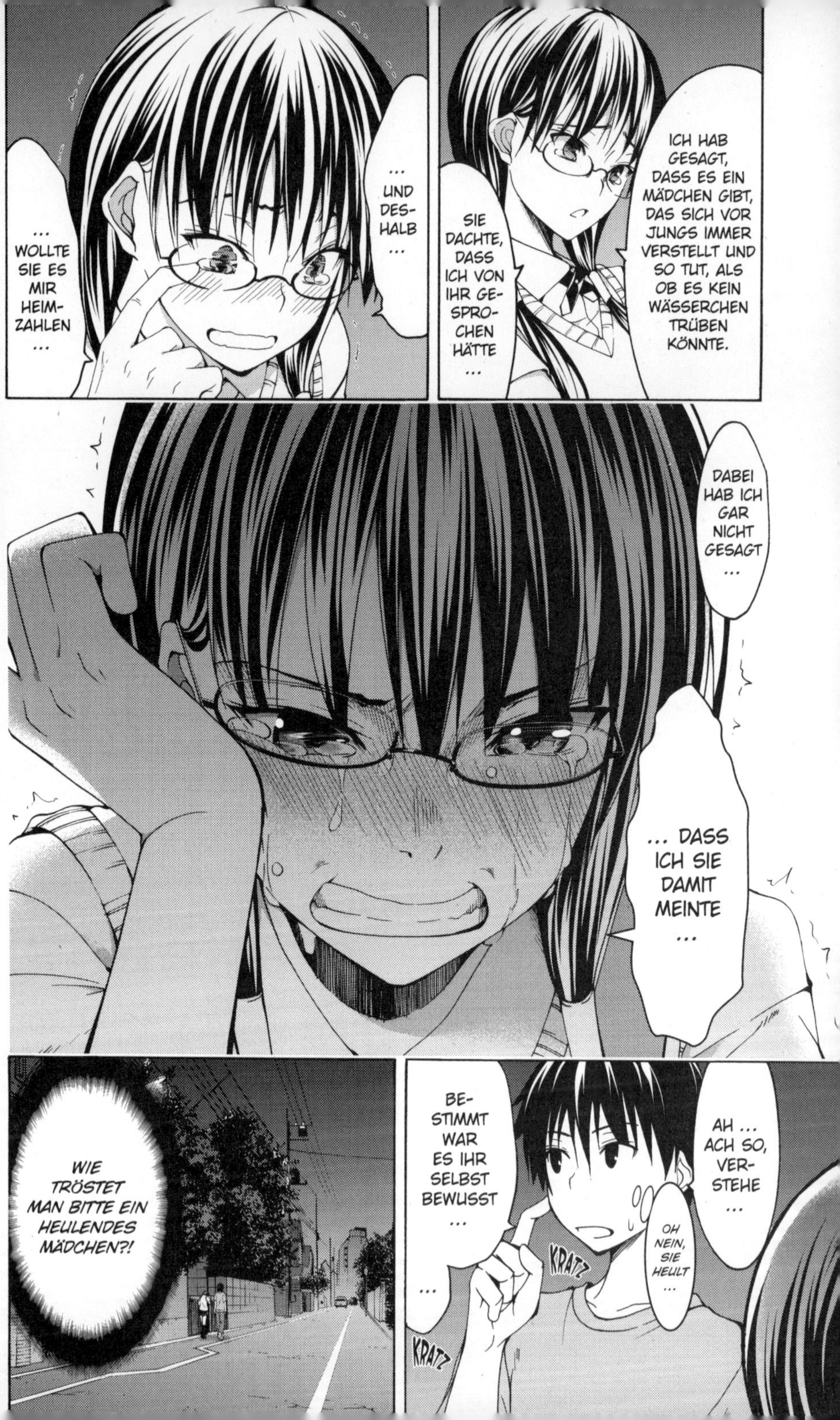

ICH HAB GESAGT, DASS ES EIN MÄDCHEN GIBT, DAS SICH VOR JUNGS IMMER VERSTELLT UND SO TUT, ALS OB ES KEIN WÄSSERCHEN TRÜBEN KÖNNTE.
SIE DACHTE, DASS ICH VON IHR GESPROCHEN HÄTTE …
… UND DESHALB …
… WOLLTE SIE ES MIR HEIMZAHLEN …
DABEI HAB ICH GAR NICHT GESAGT …
… DASS ICH SIE DAMIT MEINTE …
AH … ACH SO, VERSTEHE …
OH NEIN, SIE HEULT …
BESTIMMT WAR ES IHR SELBST BEWUSST …
…
KRATZ
KRATZ
WIE TRÖSTET MAN BITTE EIN HEULENDES MÄDCHEN?!

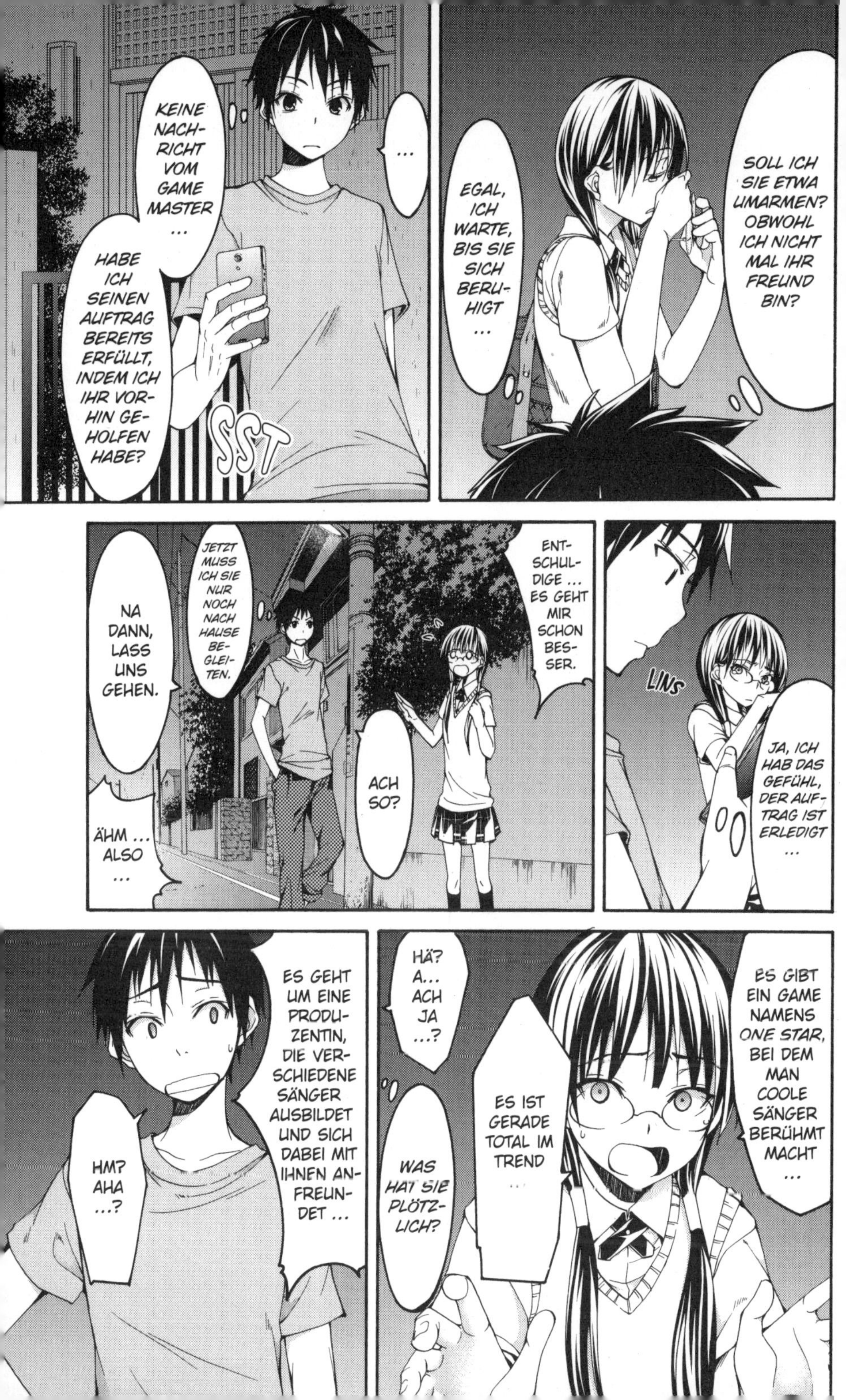
SOLL ICH SIE ETWA UMARMEN? OBWOHL ICH NICHT MAL IHR FREUND BIN?
EGAL, ICH WARTE, BIS SIE SICH BERUHIGT …
…
KEINE NACHRICHT VOM GAME MASTER …
HABE ICH SEINEN AUFTRAG BEREITS ERFÜLLT, INDEM ICH IHR VORHIN GEHOLFEN HABE?
SST
LINS
JA, ICH HAB DAS GEFÜHL, DER AUFTRAG IST ERLEDIGT …
ENTSCHULDIGE … ES GEHT MIR SCHON BESSER.
ACH SO?
JETZT MUSS ICH SIE NUR NOCH NACH HAUSE BEGLEITEN.
NA DANN, LASS UNS GEHEN.
ÄHM … ALSO …
ES GIBT EIN GAME NAMENS ONE STAR, BEI DEM MAN COOLE SÄNGER BERÜHMT MACHT …
ES IST GERADE TOTAL IM TREND …
HÄ? A… ACH JA …?
WAS HAT SIE PLÖTZLICH?
ES GEHT UM EINE PRODUZENTIN, DIE VERSCHIEDENE SÄNGER AUSBILDET UND SICH DABEI MIT IHNEN ANFREUNDET …
HM? AHA …?

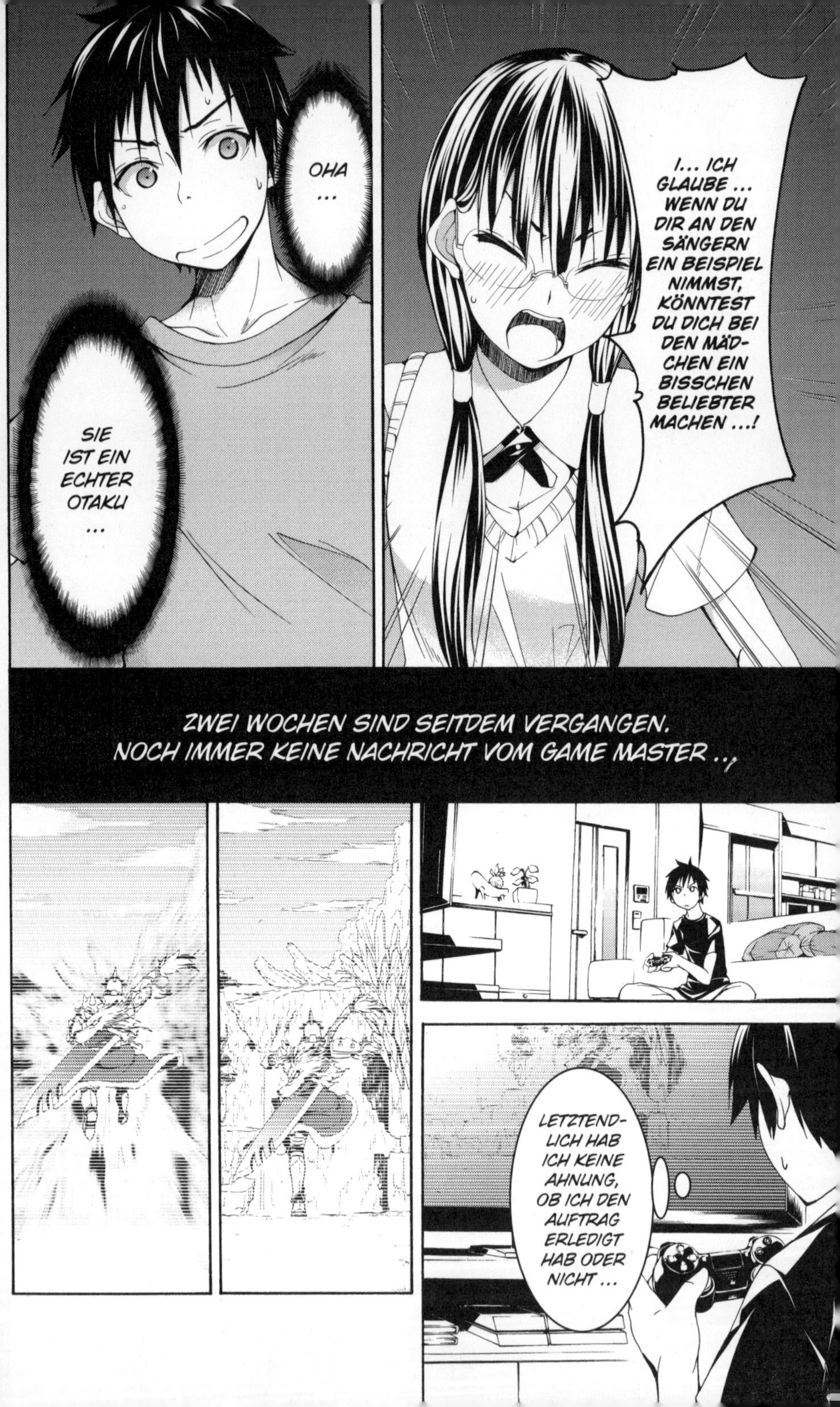
I... ICH GLAUBE ... WENN DU DIR AN DEN SÄNGERN EIN BEISPIEL NIMMST, KÖNNTEST DU DICH BEI DEN MÄDCHEN EIN BISSCHEN BELIEBTER MACHEN ...!
OHA ...
SIE IST EIN ECHTER OTAKU ...
ZWEI WOCHEN SIND SEITDEM VERGANGEN.
NOCH IMMER KEINE NACHRICHT VOM GAME MASTER ...
LETZTENDLICH HAB ICH KEINE AHNUNG, OB ICH DEN AUFTRAG ERLEDIGT HAB ODER NICHT ...

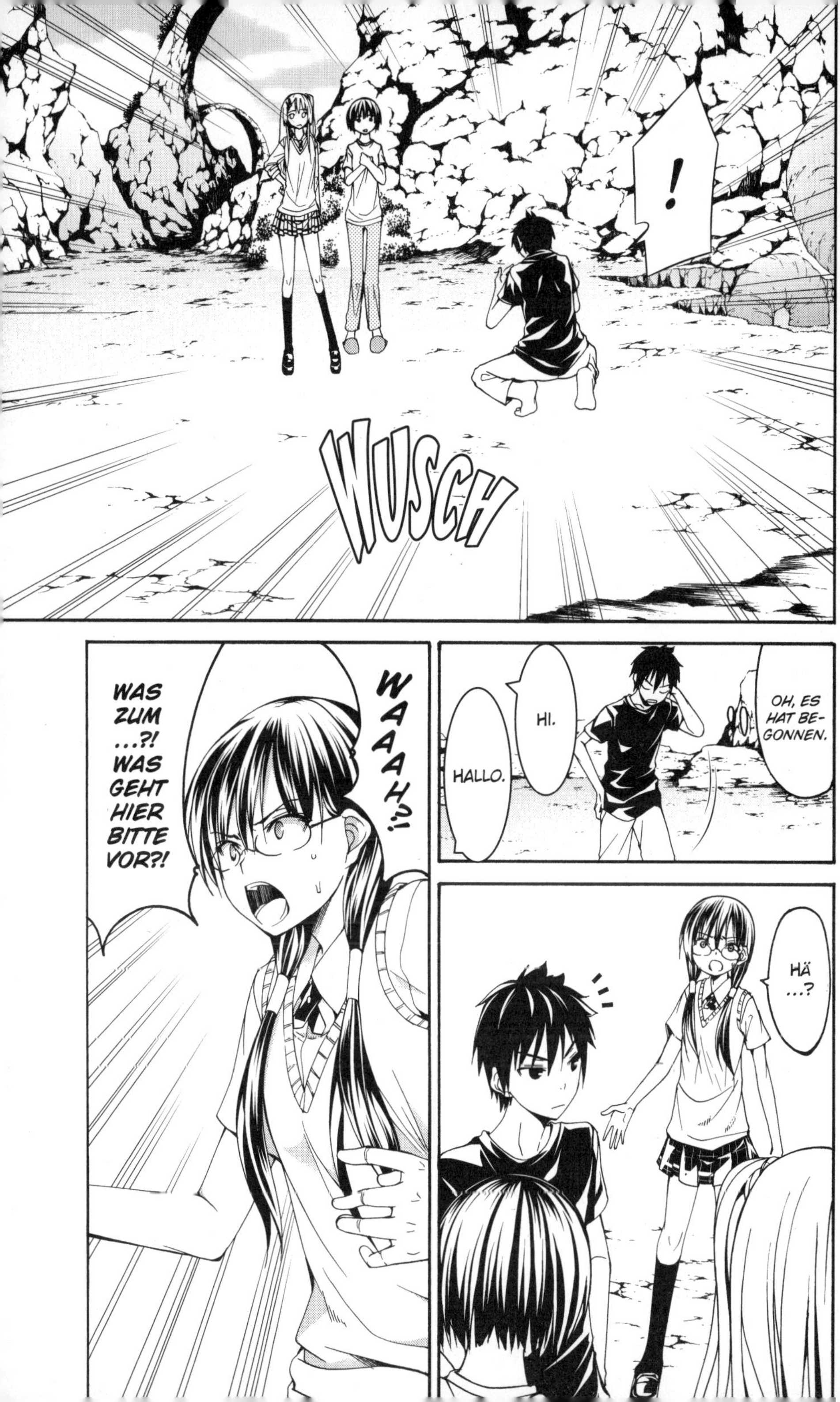
!
WUSCH
OH, ES HAT BEGONNEN.
HI.
HALLO.
HÄ ...?
WAAAAH?!
WAS ZUM ...?! WAS GEHT HIER BITTE VOR?!

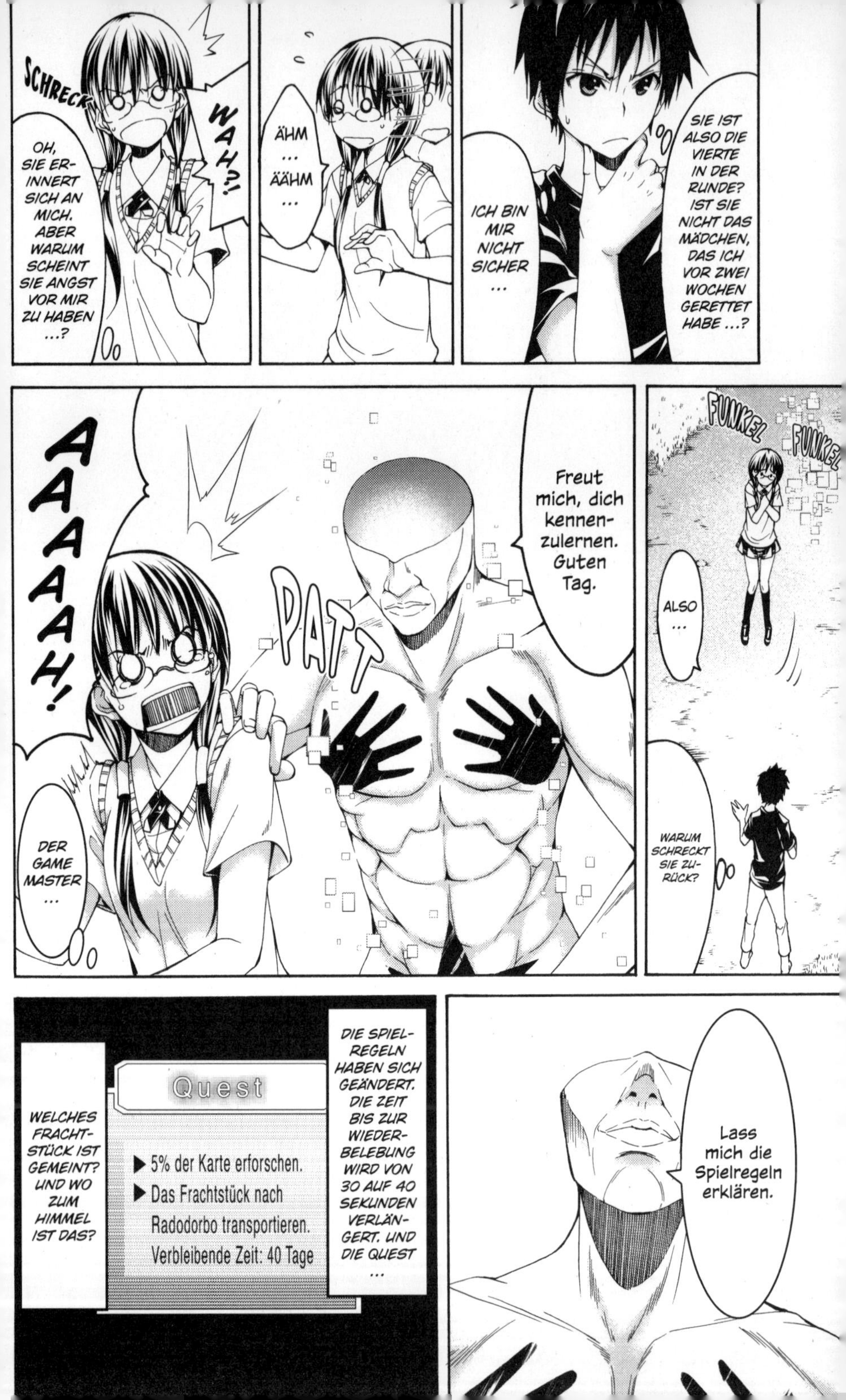
SIE IST ALSO DIE VIERTE IN DER RUNDE? IST SIE NICHT DAS MÄDCHEN, DAS ICH VOR ZWEI WOCHEN GERETTET HABE ...?
ICH BIN MIR NICHT SICHER ...
ÄHM ... ÄÄHM ...
SCHRECK
WAH?!
OH, SIE ERINNERT SICH AN MICH. ABER WARUM SCHEINT SIE ANGST VOR MIR ZU HABEN ...?
FUNKEL
FUNKEL
ALSO ...
WARUM SCHRECKT SIE ZURÜCK?
Freut mich, dich kennenzulernen. Guten Tag.
PATT
AAAAAAH!
DER GAME MASTER ...
Lass mich die Spielregeln erklären.
DIE SPIELREGELN HABEN SICH GEÄNDERT. DIE ZEIT BIS ZUR WIEDERBELEBUNG WIRD VON 30 AUF 40 SEKUNDEN VERLÄNGERT. UND DIE QUEST ...
Quest
▶ 5% der Karte erforschen.
▶ Das Frachtstück nach Radodorbo transportieren.
Verbleibende Zeit: 40 Tage
WELCHES FRACHTSTÜCK IST GEMEINT? UND WO ZUM HIMMEL IST DAS?

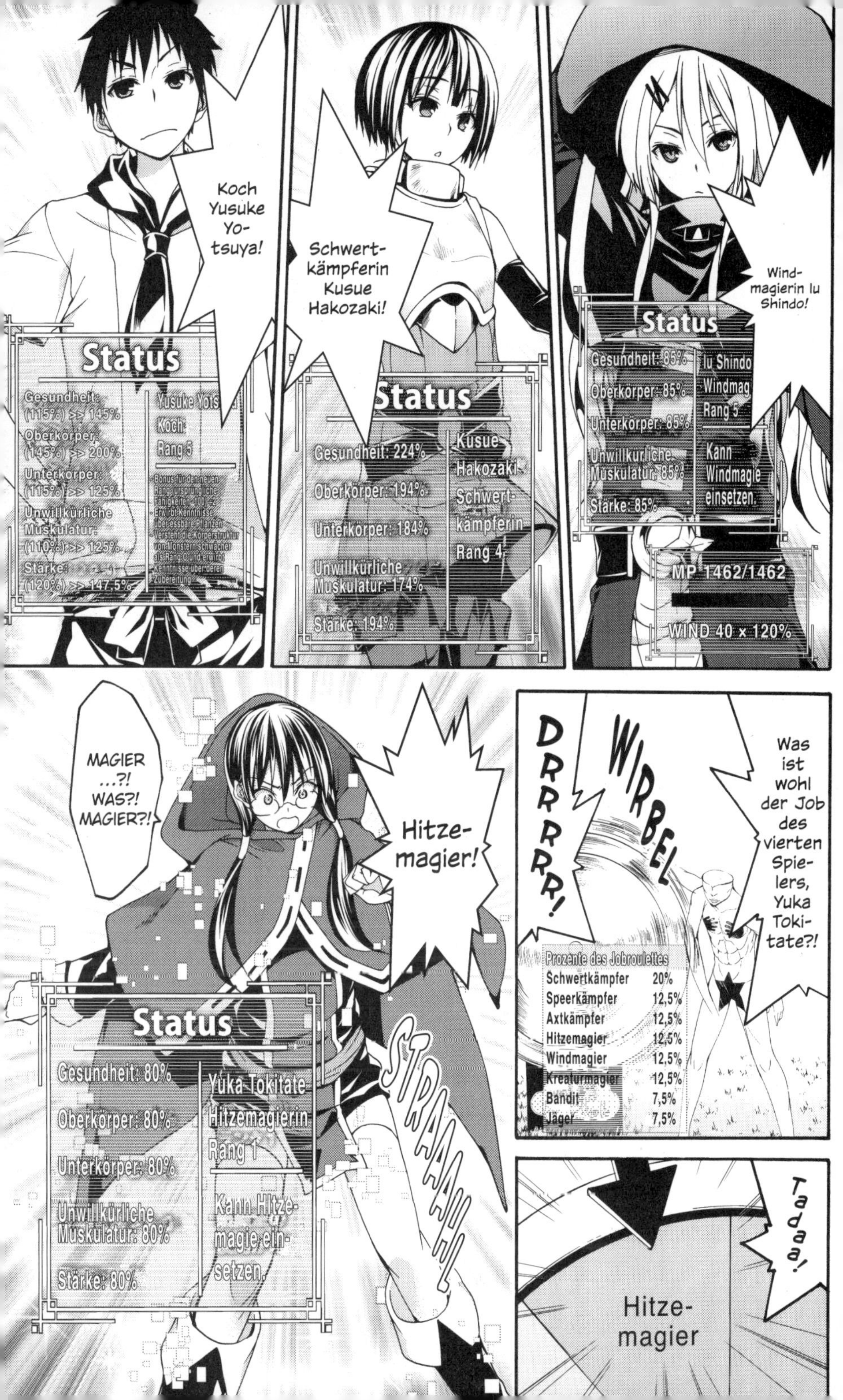
Wind-magierin Iu Shindo!
Status
Gesundheit: 85%
Oberkörper: 85%
Unterkörper: 85%
Unwillkürliche Muskulatur: 85%
Stärke: 85%
Iu Shindo
Windmag
Rang 5
Kann Windmagie einsetzen.
MP 1462/1462
WIND 40 x 120%
Schwert-kämpferin Kusue Hakozaki!
Status
Gesundheit: 224%
Oberkörper: 194%
Unterkörper: 184%
Unwillkürliche Muskulatur: 174%
Stärke: 194%
Kusue Hakozaki
Schwert-kämpferin
Rang 4
Koch Yusuke Yo-tsuya!
Status
Gesundheit: (115%) >> 145%
Oberkörper: (145%) >> 200%
Unterkörper: (115%) >> 125%
Unwillkürliche Muskulatur: (110%) >> 125%
Stärke: (120%) >> 147,5%
Yusuke Yots
Koch
Rang 5
Bonus für den neuen Rang (ursprüngliche Fähigkeiten -100) ÷2
Erwirbt Kenntnisse über essbare Pflanzen
Versteht die Körperstruktur von Monstern schwächer als Rang C und erwirbt Kenntnisse über deren Zubereitung
Was ist wohl der Job des vierten Spie-lers, Yuka Toki-tate?!
WIRBEL
DRRRRRR!
Prozente des Jobroulettes
Schwertkämpfer 20%
Speerkämpfer 12,5%
Axtkämpfer 12,5%
Hitzemagier 12,5%
Windmagier 12,5%
Kreaturmagier 12,5%
Bandit 7,5%
Jäger 7,5%
Tadaa!
Hitze-magier
Hitze-magier!
MAGIER …?! WAS?! MAGIER?!
STRAAAAH!
Status
Gesundheit: 80%
Oberkörper: 80%
Unterkörper: 80%
Unwillkürliche Muskulatur: 80%
Stärke: 80%
Yuka Tokitate
Hitzemagierin
Rang 1
Kann Hitze-magie ein-setzen.

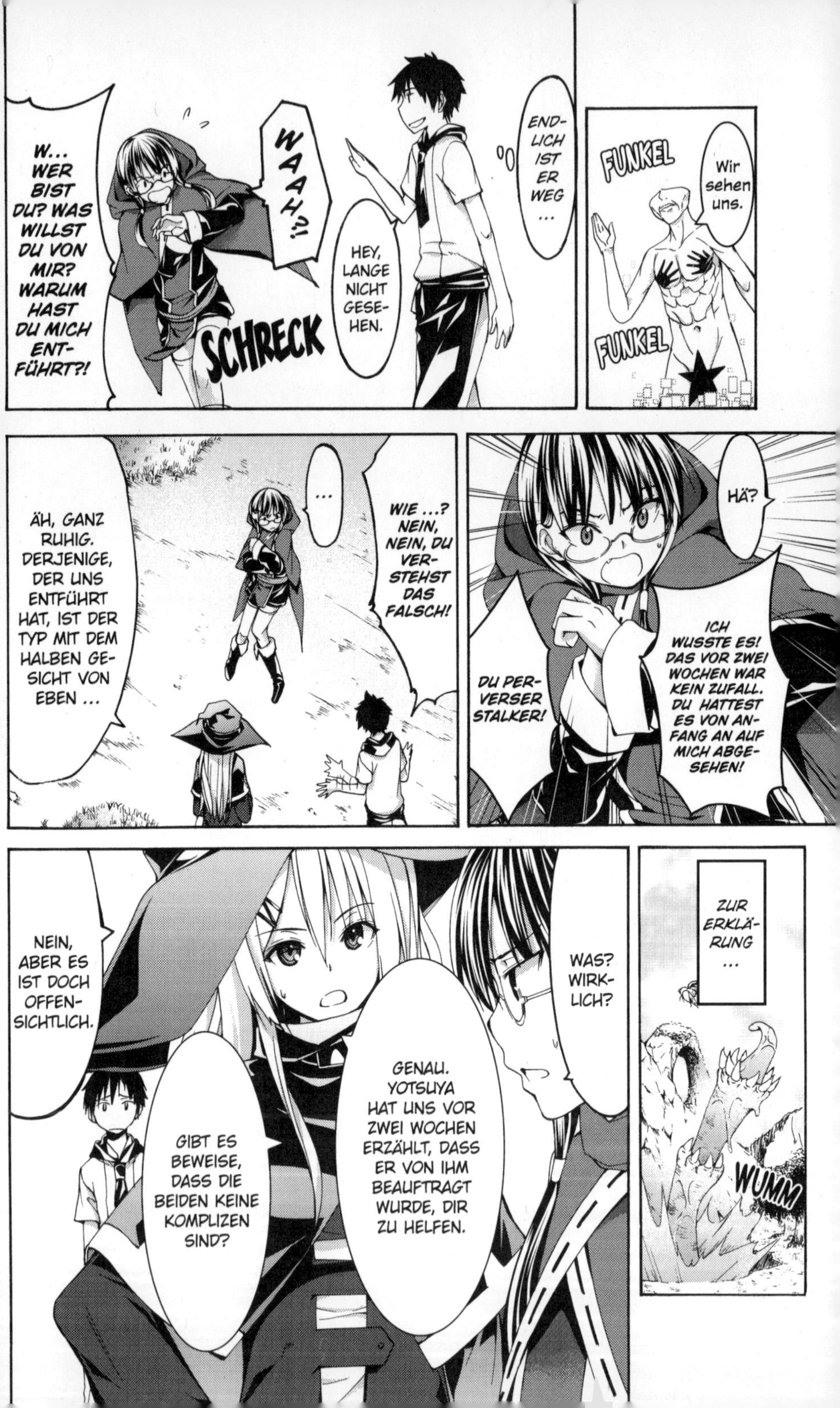
FUNKEL
Wir sehen uns.
FUNKEL
ENDLICH IST ER WEG …
HEY, LANGE NICHT GESEHEN.
WAAAH?!
SCHRECK
W… WER BIST DU? WAS WILLST DU VON MIR? WARUM HAST DU MICH ENTFÜHRT?!
HÄ?
ICH WUSSTE ES! DAS VOR ZWEI WOCHEN WAR KEIN ZUFALL. DU HATTEST ES VON ANFANG AN AUF MICH ABGESEHEN!
DU PERVERSER STALKER!
…
WIE …? NEIN, NEIN, DU VERSTEHST DAS FALSCH!
ÄH, GANZ RUHIG. DERJENIGE, DER UNS ENTFÜHRT HAT, IST DER TYP MIT DEM HALBEN GESICHT VON EBEN …
ZUR ERKLÄRUNG …
WUMM
WAS? WIRKLICH?
GENAU. YOTSUYA HAT UNS VOR ZWEI WOCHEN ERZÄHLT, DASS ER VON IHM BEAUFTRAGT WURDE, DIR ZU HELFEN.
GIBT ES BEWEISE, DASS DIE BEIDEN KEINE KOMPLIZEN SIND?
NEIN, ABER ES IST DOCH OFFENSICHTLICH.

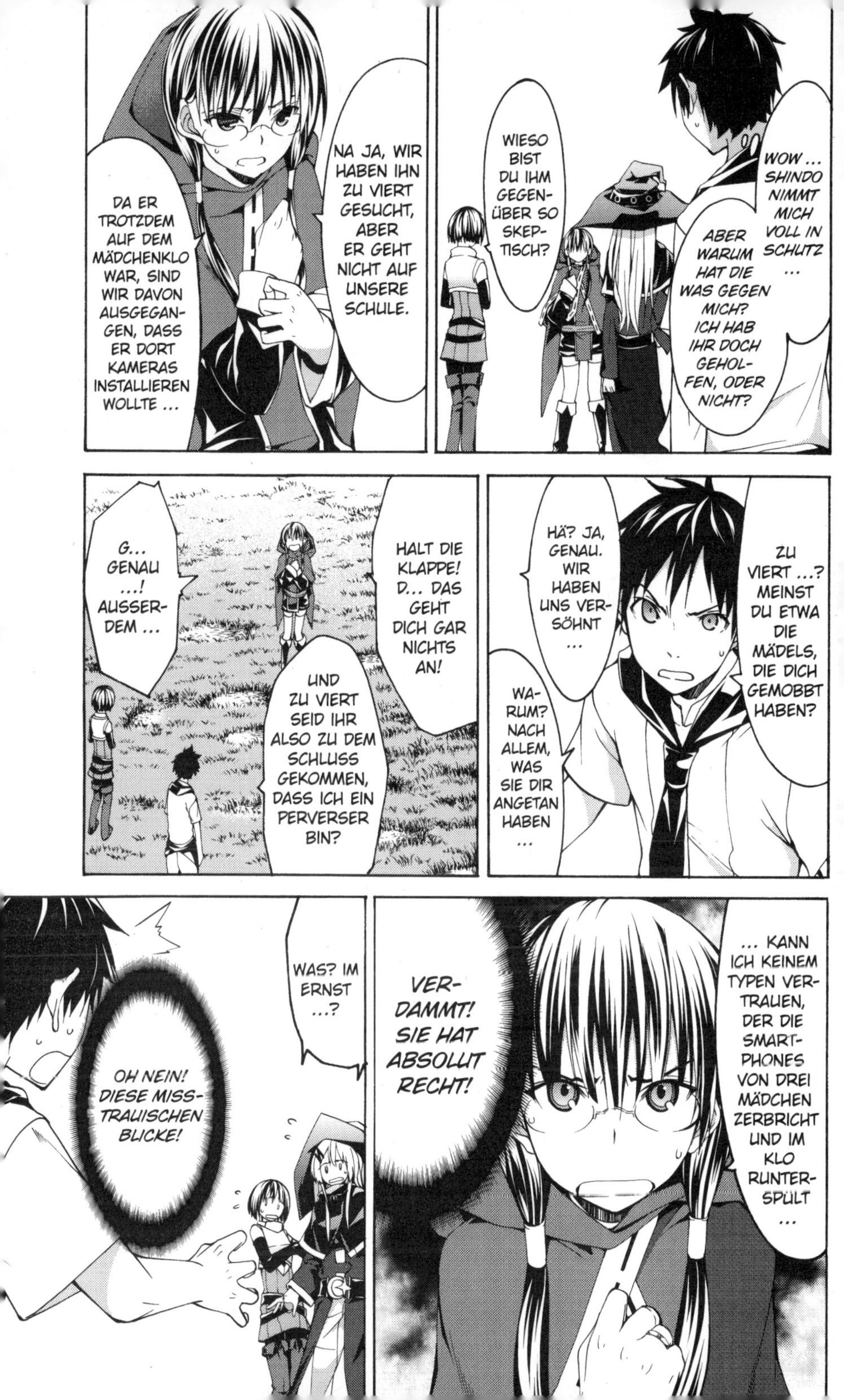
WOW ... SHINDO NIMMT MICH VOLL IN SCHUTZ ...
ABER WARUM HAT DIE WAS GEGEN MICH? ICH HAB IHR DOCH GEHOLFEN, ODER NICHT?
WIESO BIST DU IHM GEGENÜBER SO SKEPTISCH?
NA JA, WIR HABEN IHN ZU VIERT GESUCHT, ABER ER GEHT NICHT AUF UNSERE SCHULE.
DA ER TROTZDEM AUF DEM MÄDCHENKLO WAR, SIND WIR DAVON AUSGEGANGEN, DASS ER DORT KAMERAS INSTALLIEREN WOLLTE ...
ZU VIERT ...? MEINST DU ETWA DIE MÄDELS, DIE DICH GEMOBBT HABEN?
HÄ? JA, GENAU. WIR HABEN UNS VERSÖHNT ...
WARUM? NACH ALLEM, WAS SIE DIR ANGETAN HABEN ...
HALT DIE KLAPPE! D... DAS GEHT DICH GAR NICHTS AN!
G... GENAU ...! AUSSERDEM ...
UND ZU VIERT SEID IHR ALSO ZU DEM SCHLUSS GEKOMMEN, DASS ICH EIN PERVERSER BIN?
... KANN ICH KEINEM TYPEN VERTRAUEN, DER DIE SMARTPHONES VON DREI MÄDCHEN ZERBRICHT UND IM KLO RUNTERSPÜLT ...
VERDAMMT! SIE HAT ABSOLUT RECHT!
WAS? IM ERNST ...?
OH NEIN! DIESE MISSTRAUISCHEN BLICKE!

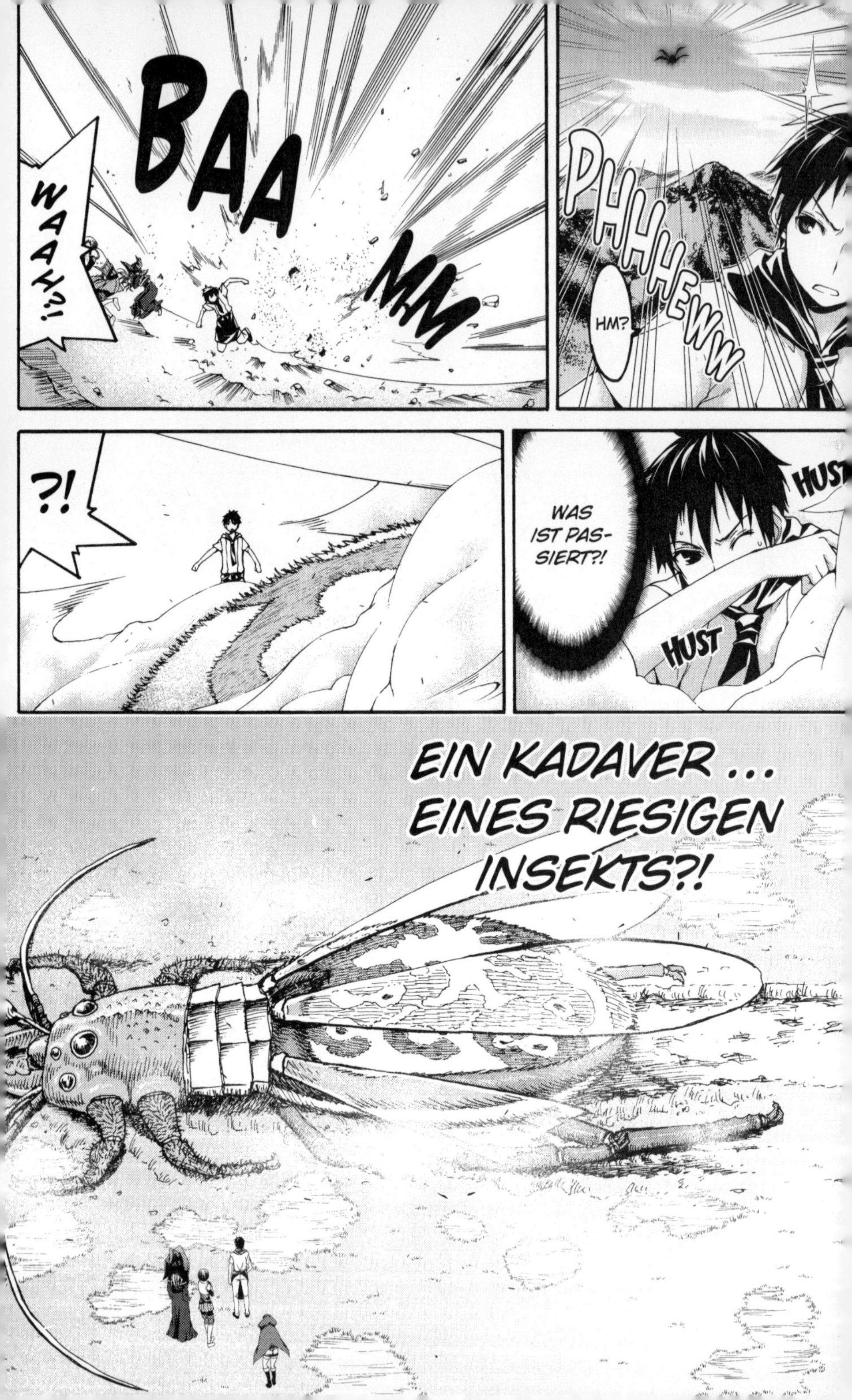

PHHHEWWW
HM?
BAAMM
WAAAH?!
WAS IST PAS-SIERT?!
HUST
HUST
?!
EIN KADAVER ... EINES RIESIGEN INSEKTS?!

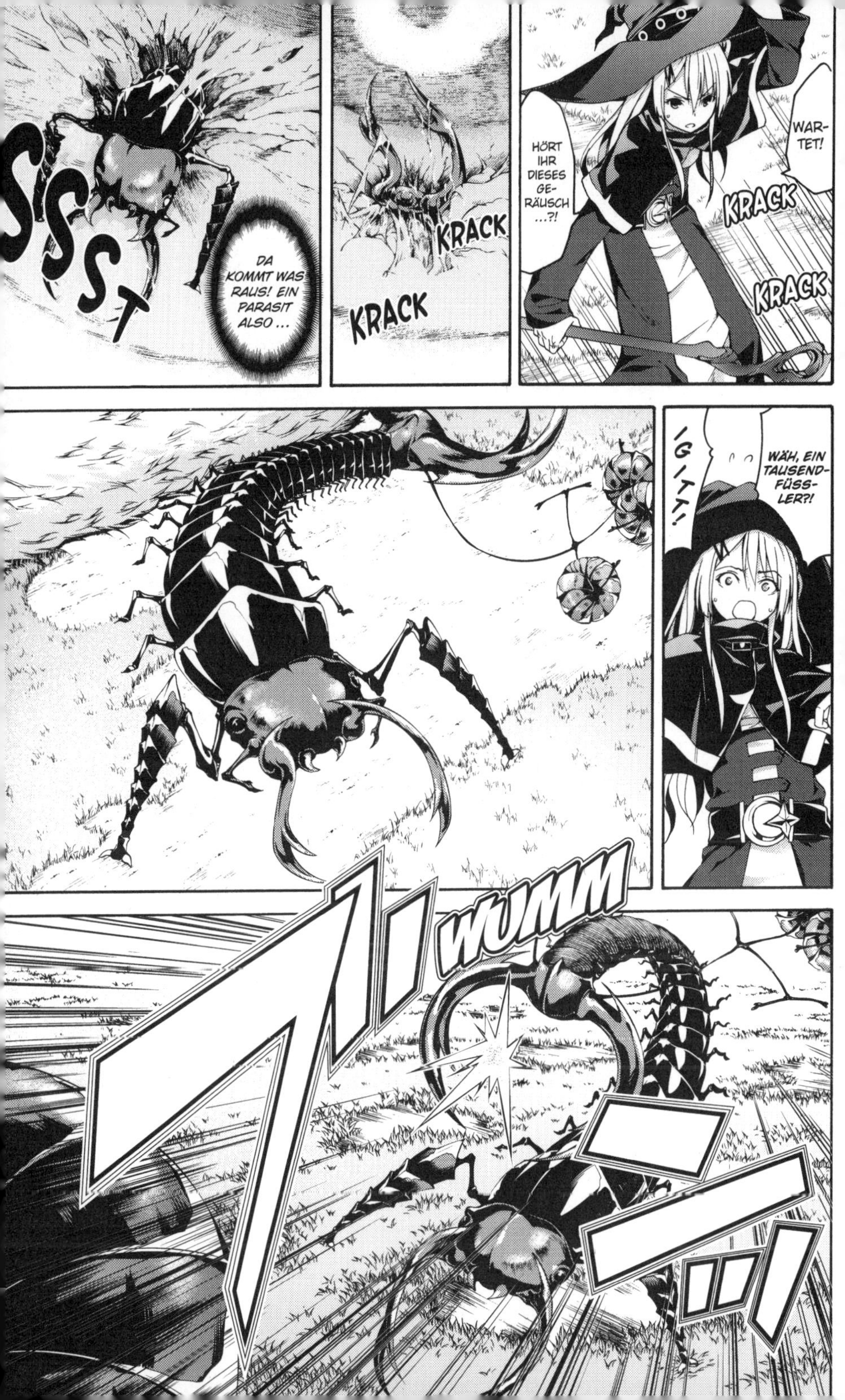
WAR-
TET!
HÖRT
IHR
DIESES
GE-
RÄUSCH
...?!
KRACK
KRACK
KRACK
KRACK
DA
KOMMT WAS
RAUS! EIN
PARASIT
ALSO ...
SSSST
WÄH, EIN
TAUSEND-
FÜSS-
LER?!
IGITT!
WUMM

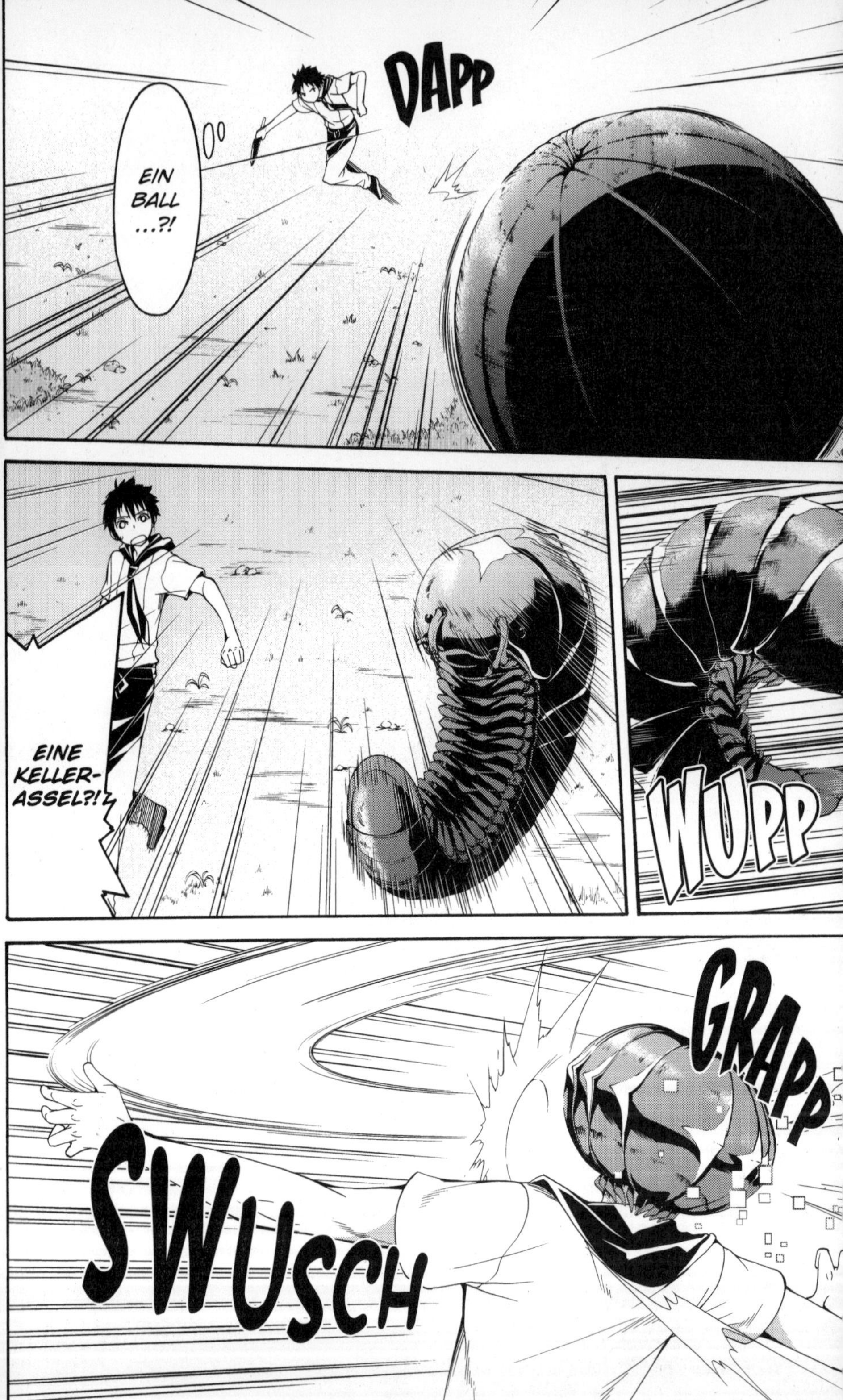
DAPP
EIN BALL ...?!
WUPP
EINE KELLER-ASSEL?!
GRAPP
SWUSCH

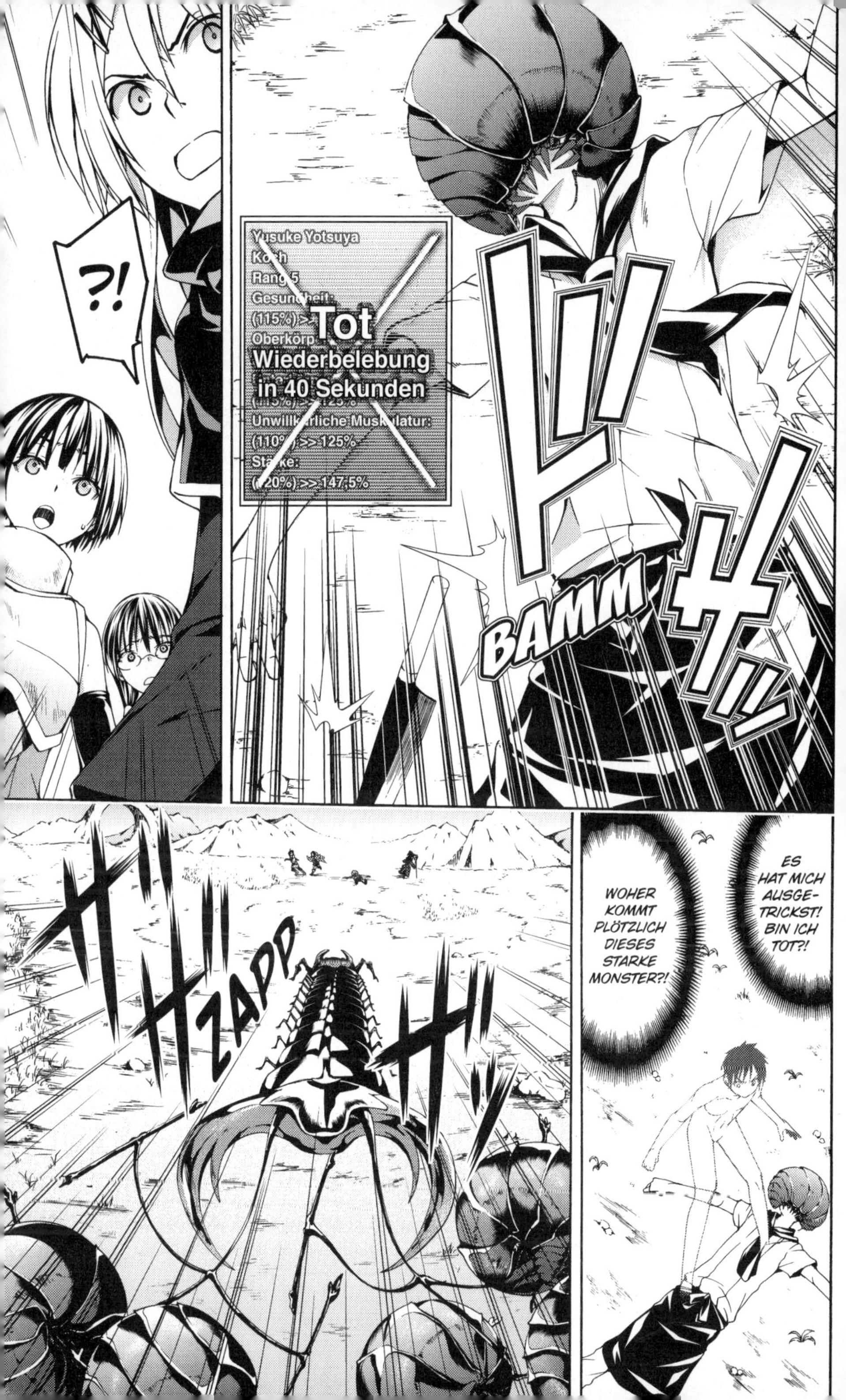
Yusuke Yotsuya
Rang 5
Tot
Wiederbelebung in 40 Sekunden
BAMM
?!
ZAPP
ES HAT MICH AUSGE-TRICKST! BIN ICH TOT?!
WOHER KOMMT PLÖTZLICH DIESES STARKE MONSTER?!

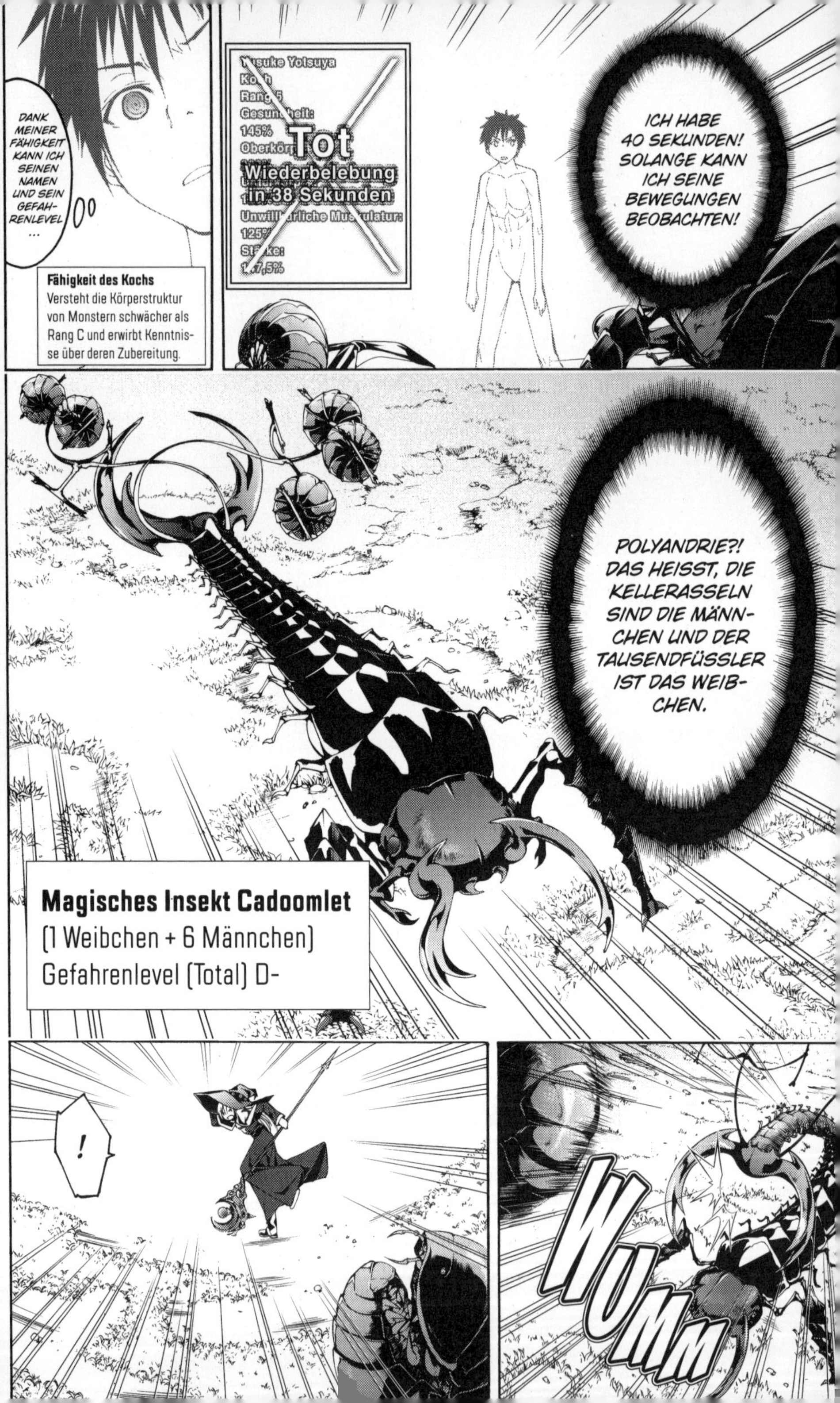

ICH HABE 40 SEKUNDEN! SOLANGE KANN ICH SEINE BEWEGUNGEN BEOBACHTEN!
145%
Tot
Wiederbelebung in 38 Sekunden
DANK MEINER FÄHIGKEIT KANN ICH SEINEN NAMEN UND SEIN GEFAHRENLEVEL …
Fähigkeit des Kochs
Versteht die Körperstruktur von Monstern schwächer als Rang C und erwirbt Kenntnisse über deren Zubereitung.
POLYANDRIE?! DAS HEISST, DIE KELLERASSELN SIND DIE MÄNNCHEN UND DER TAUSENDFÜSSLER IST DAS WEIBCHEN.
Magisches Insekt Cadoomlet
(1 Weibchen + 6 Männchen)
Gefahrenlevel (Total) D-
WUMM
!

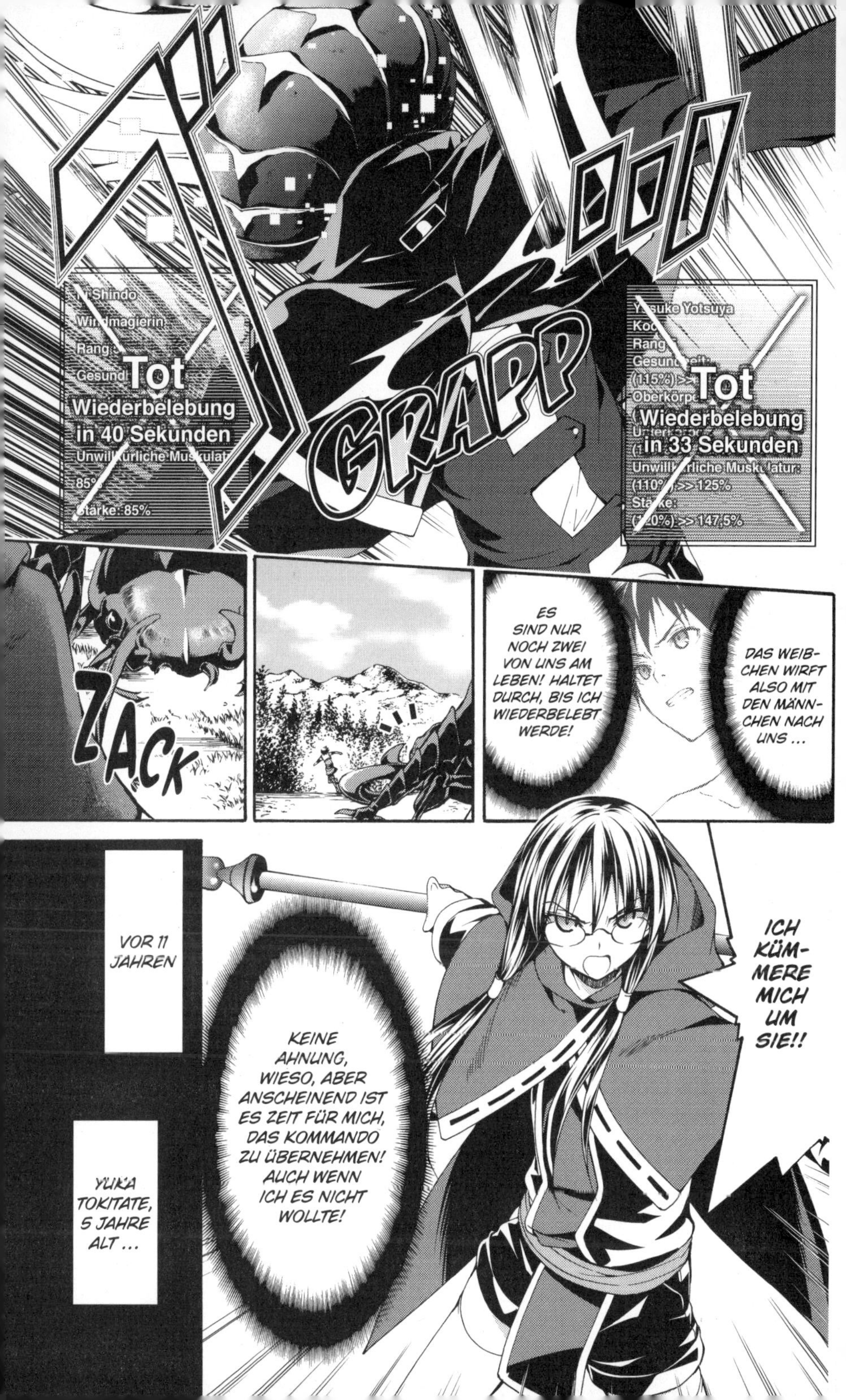
GRAPP
Tot
Wiederbelebung in 33 Sekunden
Unwillkürliche Muskulatur:
(110%) >> 125%
(120%) >> 147,5%
Tot
Wiederbelebung in 40 Sekunden
Stärke: 85%
DAS WEIBCHEN WIRFT ALSO MIT DEN MÄNNCHEN NACH UNS …
ES SIND NUR NOCH ZWEI VON UNS AM LEBEN! HALTET DURCH, BIS ICH WIEDERBELEBT WERDE!
ZACK
ICH KÜMMERE MICH UM SIE!!
KEINE AHNUNG, WIESO, ABER ANSCHEINEND IST ES ZEIT FÜR MICH, DAS KOMMANDO ZU ÜBERNEHMEN! AUCH WENN ICH ES NICHT WOLLTE!
VOR 11 JAHREN
YUKA TOKITATE, 5 JAHRE ALT …

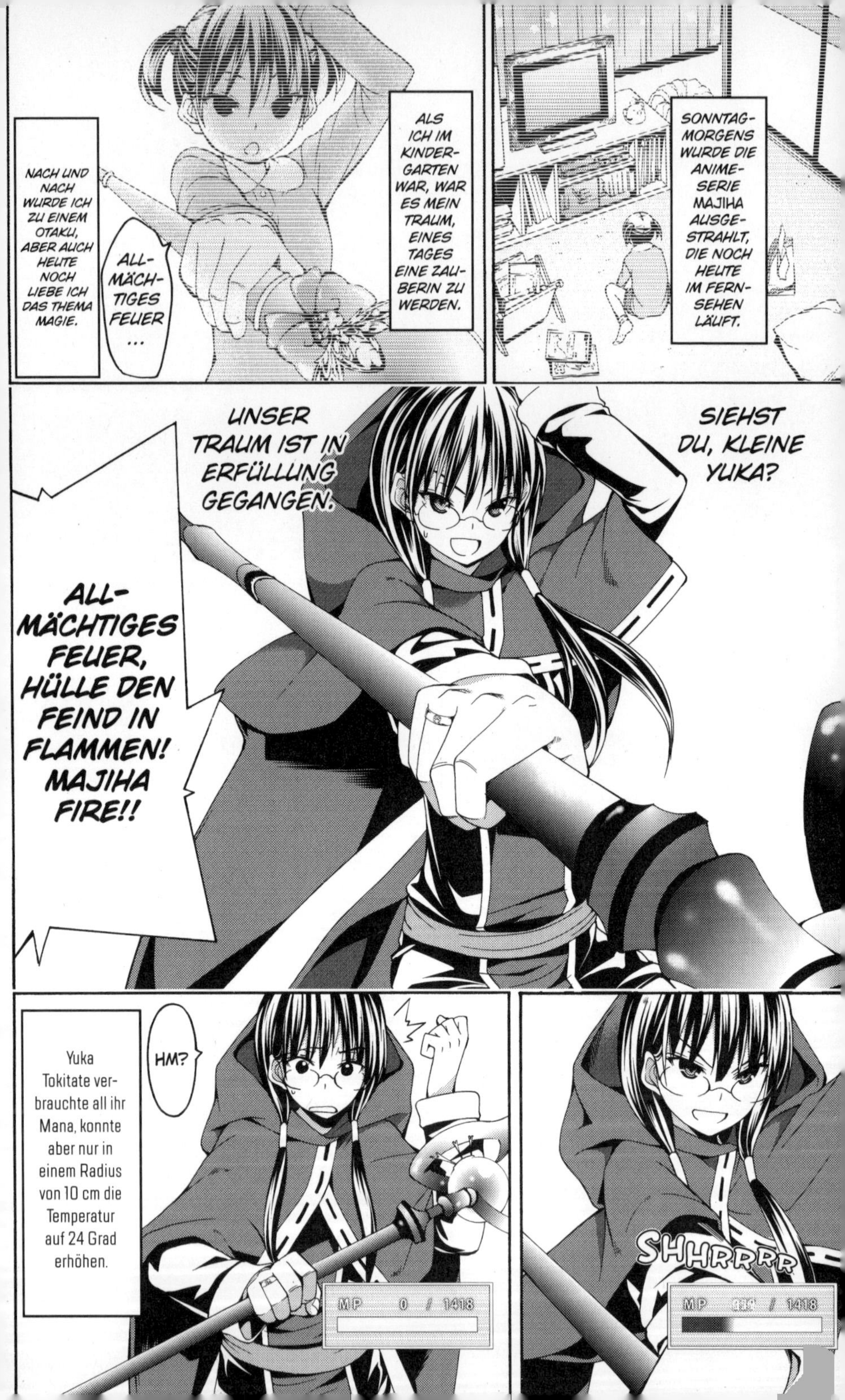
SONNTAGMORGENS WURDE DIE ANIME-SERIE MAJIHA AUSGESTRAHLT, DIE NOCH HEUTE IM FERNSEHEN LÄUFT.
ALS ICH IM KINDERGARTEN WAR, WAR ES MEIN TRAUM, EINES TAGES EINE ZAUBERIN ZU WERDEN.
ALL-MÄCHTIGES FEUER …
NACH UND NACH WURDE ICH ZU EINEM OTAKU, ABER AUCH HEUTE NOCH LIEBE ICH DAS THEMA MAGIE.
SIEHST DU, KLEINE YUKA?
UNSER TRAUM IST IN ERFÜLLUNG GEGANGEN.
ALL-MÄCHTIGES FEUER, HÜLLE DEN FEIND IN FLAMMEN! MAJIHA FIRE!!
SHHRRRR
HM?
MP 0 / 1418
Yuka Tokitate verbrauchte all ihr Mana, konnte aber nur in einem Radius von 10 cm die Temperatur auf 24 Grad erhöhen.

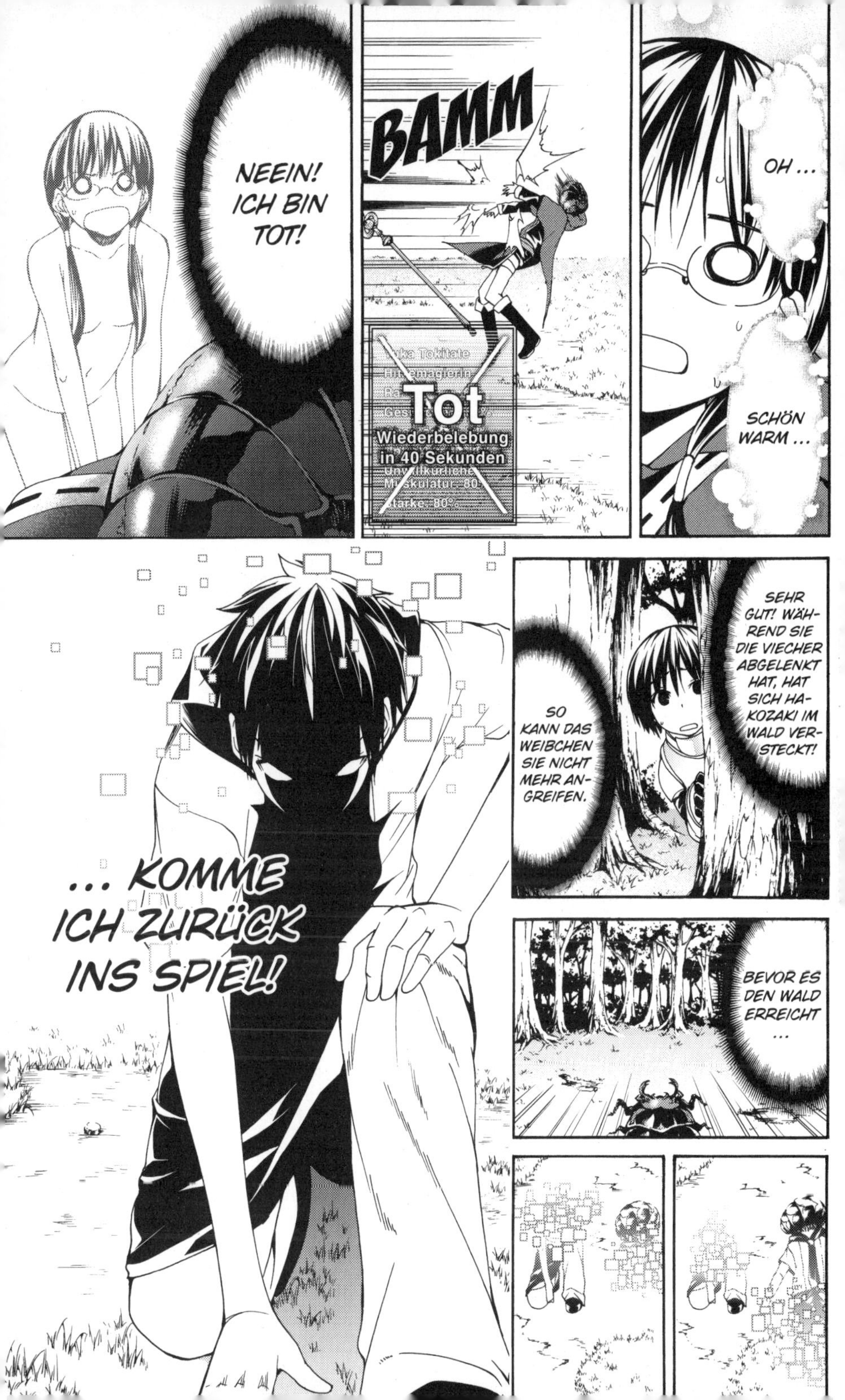
OH ...
SCHÖN WARM ...
BAMM
Tot
Wiederbelebung in 40 Sekunden
NEEIN! ICH BIN TOT!
SEHR GUT! WÄHREND SIE DIE VIECHER ABGELENKT HAT, HAT SICH HAKOZAKI IM WALD VERSTECKT!
SO KANN DAS WEIBCHEN SIE NICHT MEHR ANGREIFEN.
BEVOR ES DEN WALD ERREICHT ...
... KOMME ICH ZURÜCK INS SPIEL!

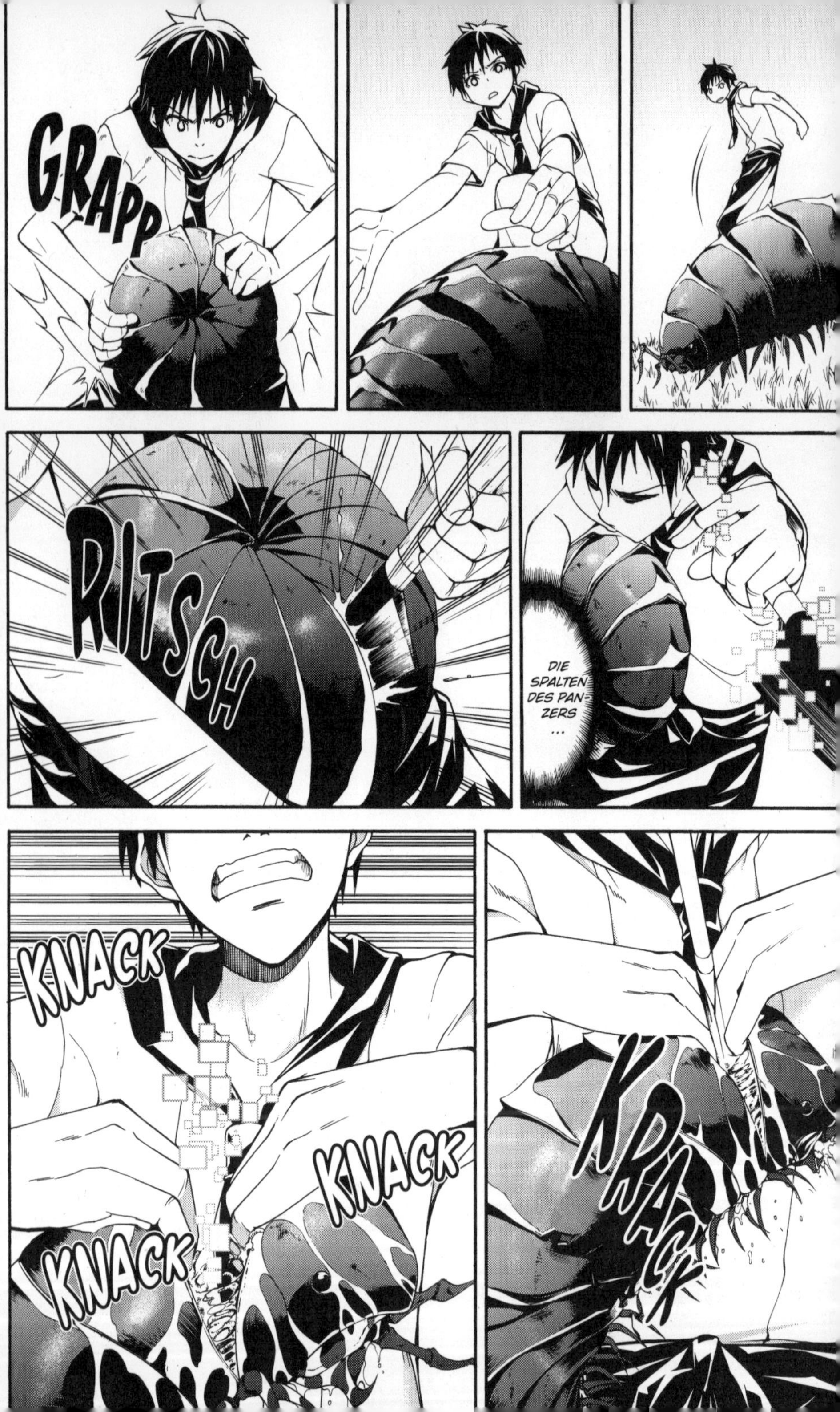
GRAPP
RITSCH
DIE SPALTEN DES PANZERS ...
KRACK
KNACK
KNACK
KNACK

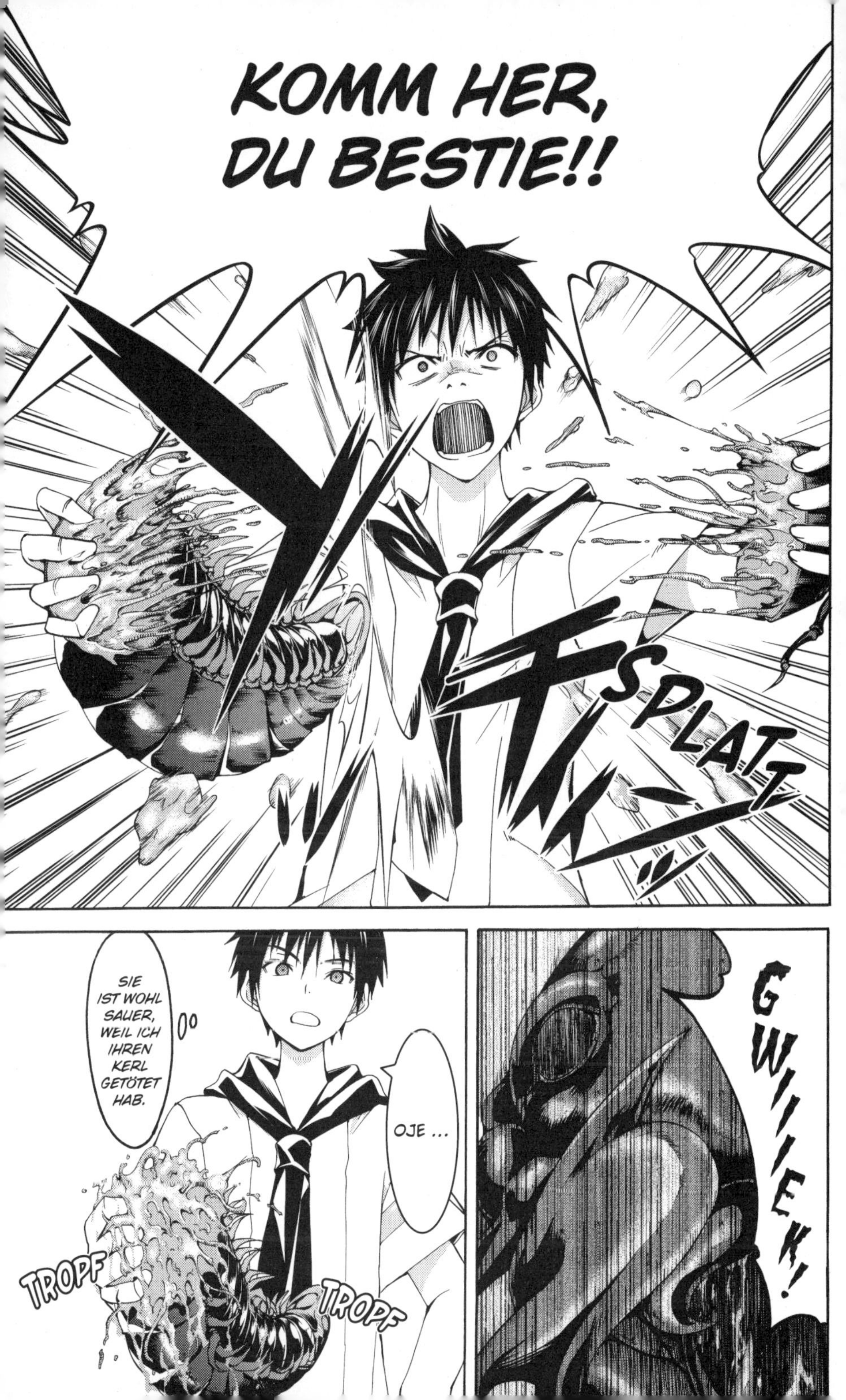
KOMM HER, DU BESTIE!!
SPLATT
GWIIIEK!
OJE …
SIE IST WOHL SAUER, WEIL ICH IHREN KERL GETÖTET HAB.
TROPF
TROPF

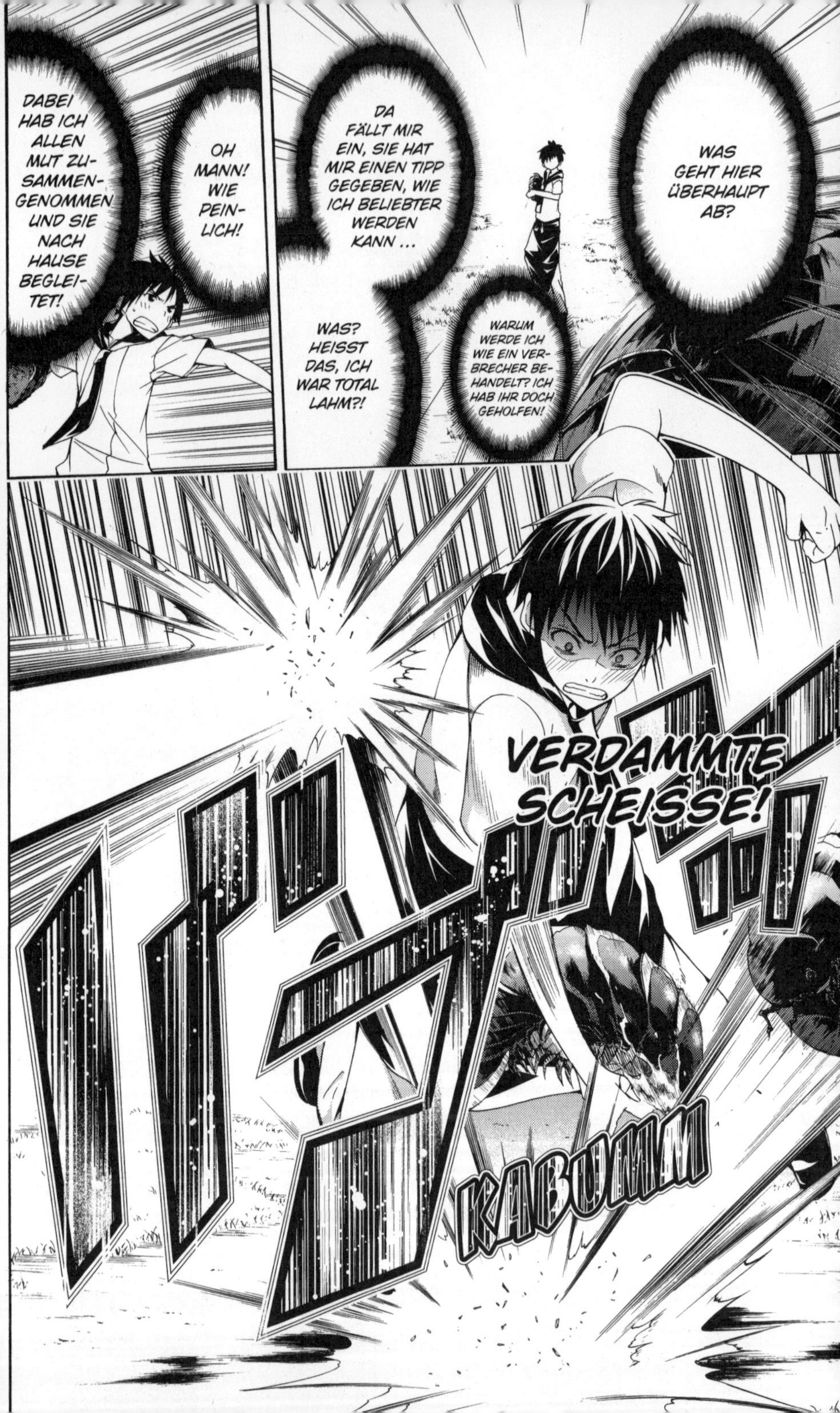
WAS GEHT HIER ÜBERHAUPT AB?
WARUM WERDE ICH WIE EIN VERBRECHER BEHANDELT? ICH HAB IHR DOCH GEHOLFEN!
DA FÄLLT MIR EIN, SIE HAT MIR EINEN TIPP GEGEBEN, WIE ICH BELIEBTER WERDEN KANN …
WAS? HEISST DAS, ICH WAR TOTAL LAHM?!
OH MANN! WIE PEINLICH!
DABEI HAB ICH ALLEN MUT ZUSAMMENGENOMMEN UND SIE NACH HAUSE BEGLEITET!
VERDAMMTE SCHEISSE!
KABUMM

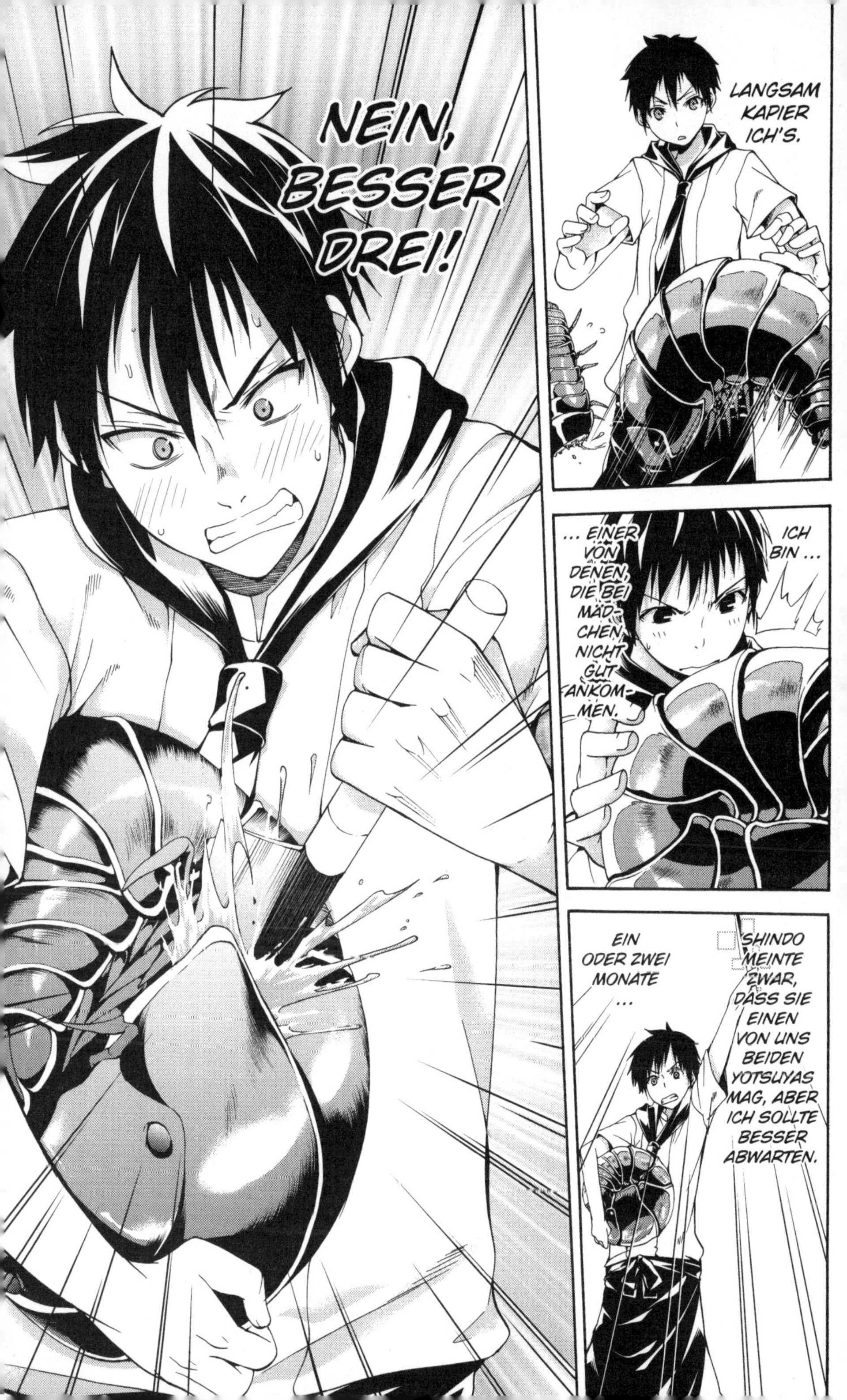

LANGSAM KAPIER ICH'S.
ICH BIN ...
... EINER VON DENEN, DIE BEI MÄDCHEN NICHT GUT ANKOMMEN.
SHINDO MEINTE ZWAR, DASS SIE EINEN VON UNS BEIDEN YOTSUYAS MAG, ABER ICH SOLLTE BESSER ABWARTEN.
EIN ODER ZWEI MONATE ...
NEIN, BESSER DREI!

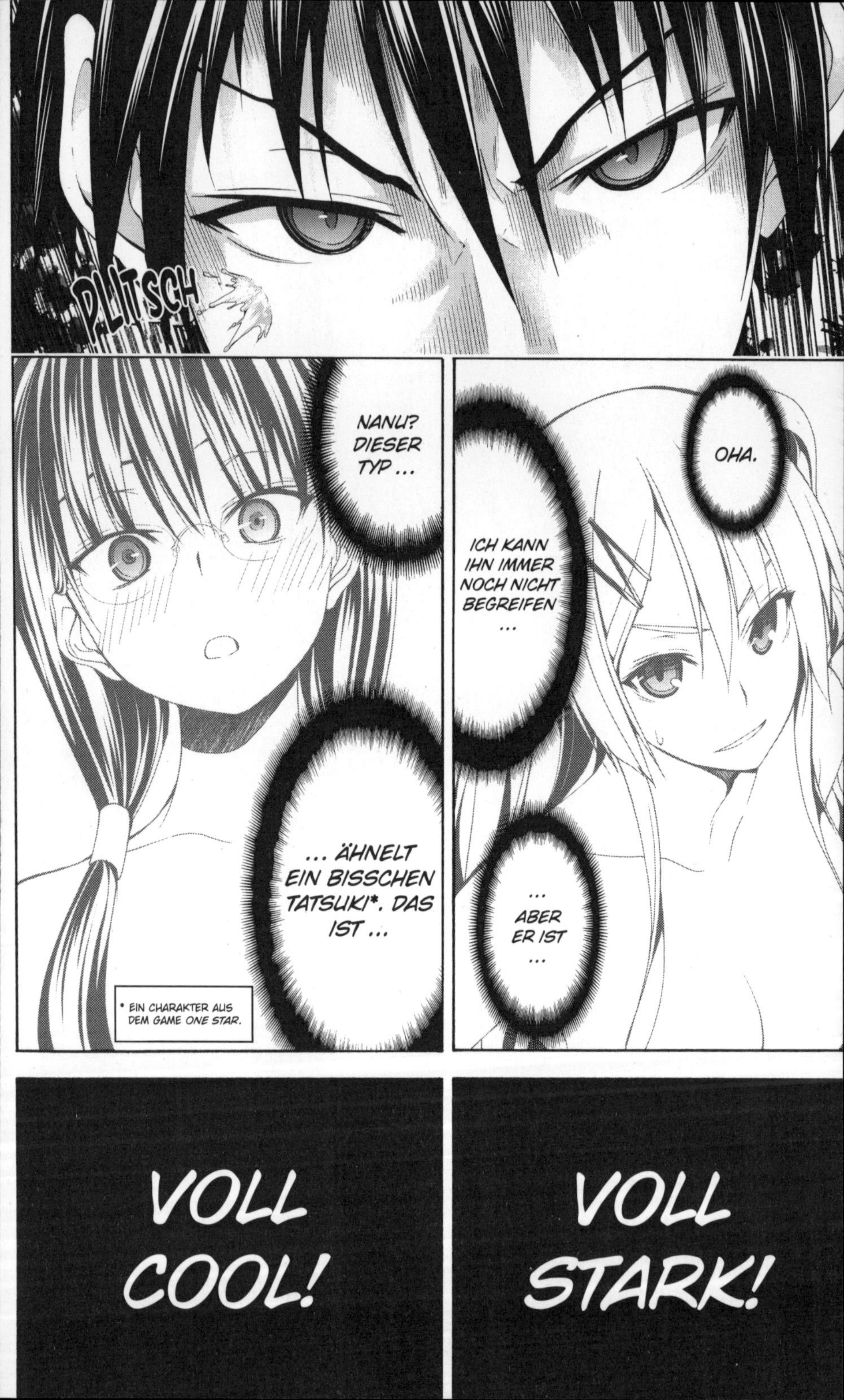
PLITSCH
OHA.
ICH KANN IHN IMMER NOCH NICHT BEGREIFEN …
… ABER ER IST …
NANU? DIESER TYP …
… ÄHNELT EIN BISSCHEN TATSUKI*. DAS IST …
* EIN CHARAKTER AUS DEM GAME ONE STAR.
VOLL STARK!
VOLL COOL!

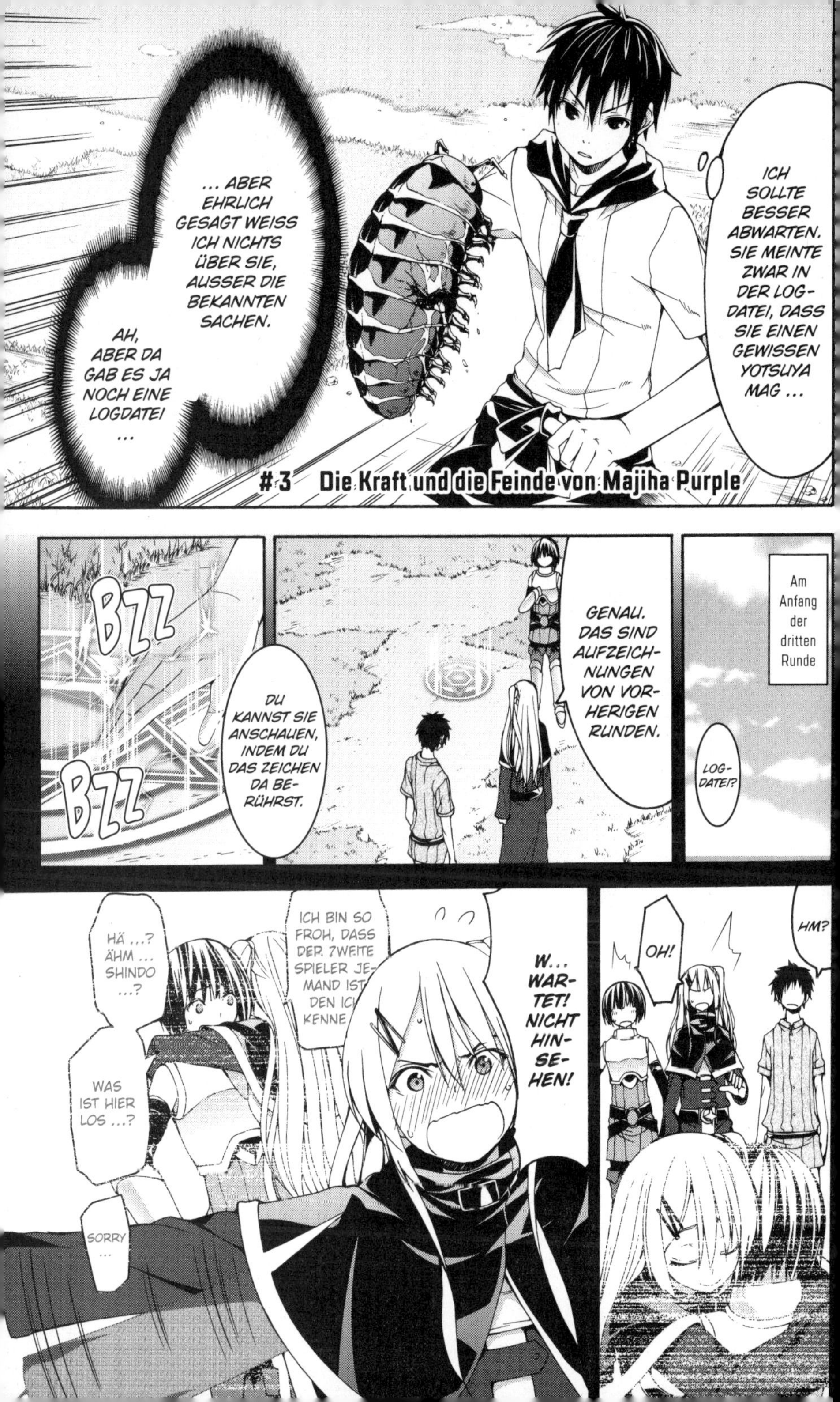
ICH SOLLTE BESSER ABWARTEN. SIE MEINTE ZWAR IN DER LOGDATEI, DASS SIE EINEN GEWISSEN YOTSUYA MAG ...
... ABER EHRLICH GESAGT WEISS ICH NICHTS ÜBER SIE, AUSSER DIE BEKANNTEN SACHEN.
AH, ABER DA GAB ES JA NOCH EINE LOGDATEI ...
3 Die Kraft und die Feinde von Majiha Purple
Am Anfang der dritten Runde
LOGDATEI?
GENAU. DAS SIND AUFZEICHNUNGEN VON VORHERIGEN RUNDEN.
DU KANNST SIE ANSCHAUEN, INDEM DU DAS ZEICHEN DA BERÜHRST.
BZZ
BZZ
HM?
OH!
W... WARTET! NICHT HINSEHEN!
ICH BIN SO FROH, DASS DER ZWEITE SPIELER JEMAND IST, DEN ICH KENNE ...
HÄ ...? ÄHM ... SHINDO ...?
WAS IST HIER LOS ...?
SORRY ...

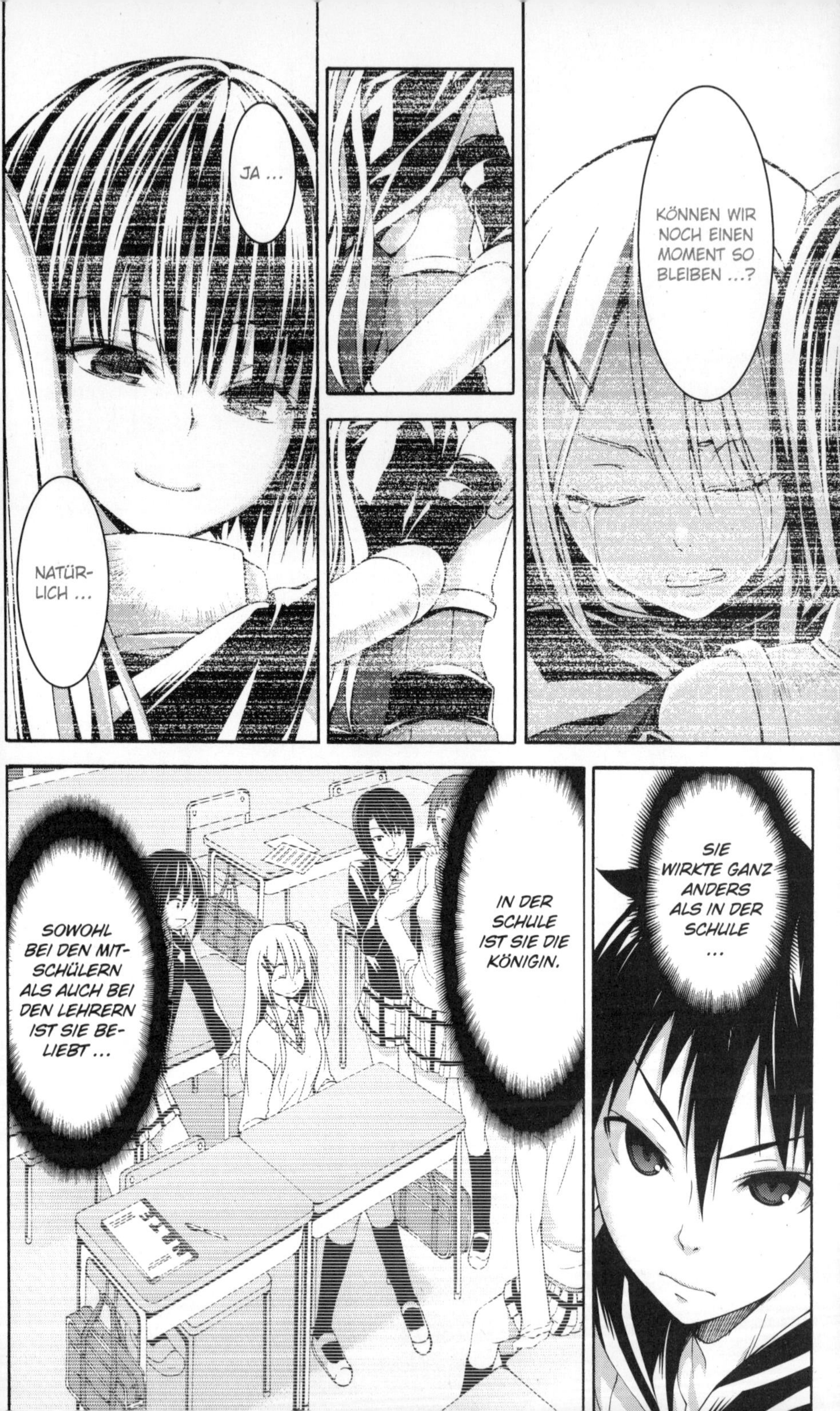
KÖNNEN WIR NOCH EINEN MOMENT SO BLEIBEN …?
JA …
NATÜR-LICH …
SIE WIRKTE GANZ ANDERS ALS IN DER SCHULE …
IN DER SCHULE IST SIE DIE KÖNIGIN.
SOWOHL BEI DEN MIT-SCHÜLERN ALS AUCH BEI DEN LEHRERN IST SIE BE-LIEBT …

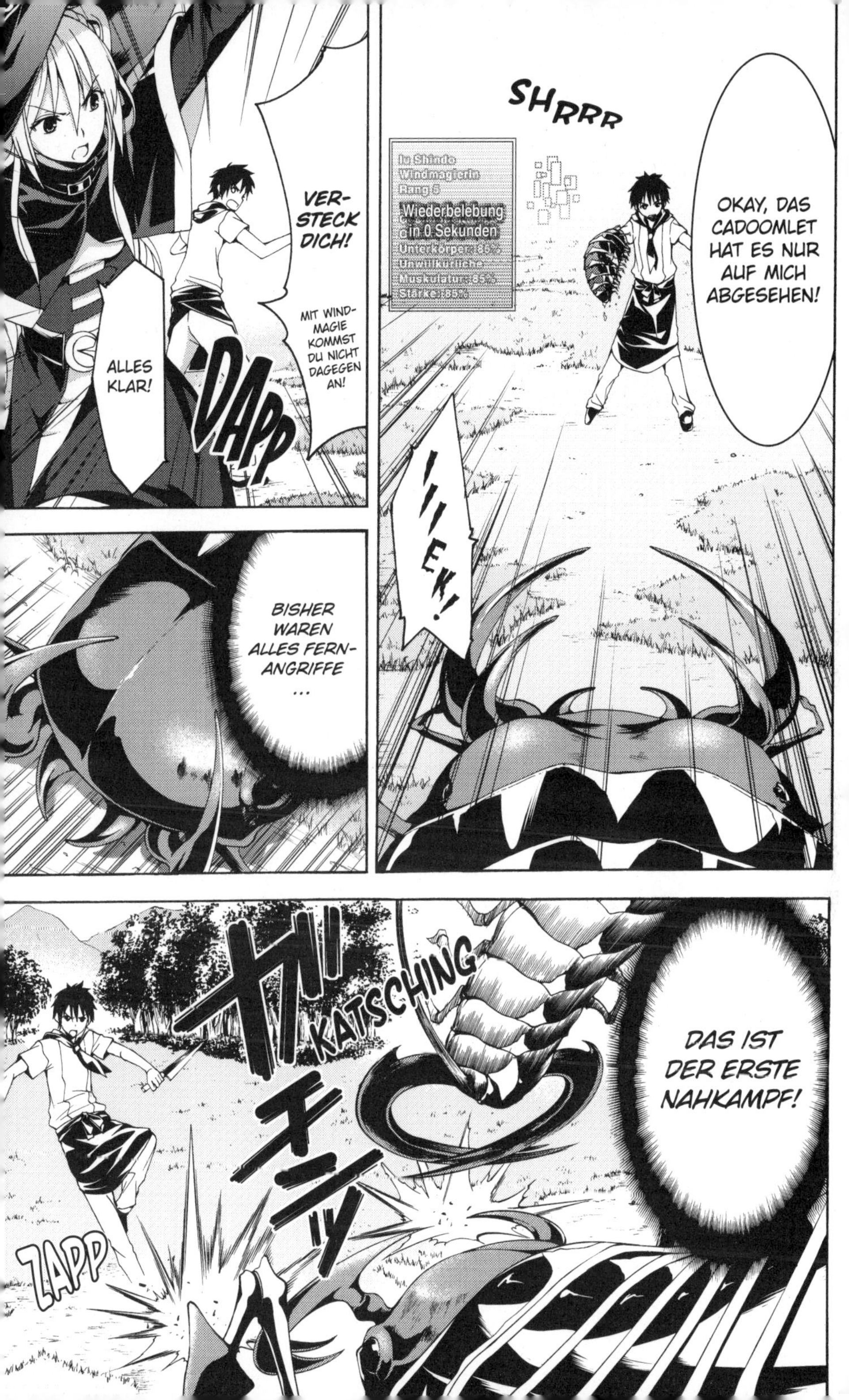
SHRRR
OKAY, DAS CADOOMLET HAT ES NUR AUF MICH ABGESEHEN!
Iu Shindo
Windmagierin
Rang 5
Wiederbelebung in 0 Sekunden
Unterkörper: 85%
Unwillkürliche Muskulatur: 85%
Stärke: 85%
IIIEK!
VER-STECK DICH!
MIT WIND-MAGIE KOMMST DU NICHT DAGEGEN AN!
ALLES KLAR!
DAPP
BISHER WAREN ALLES FERN-ANGRIFFE ...
DAS IST DER ERSTE NAHKAMPF!
KATSCHING
ZAPP

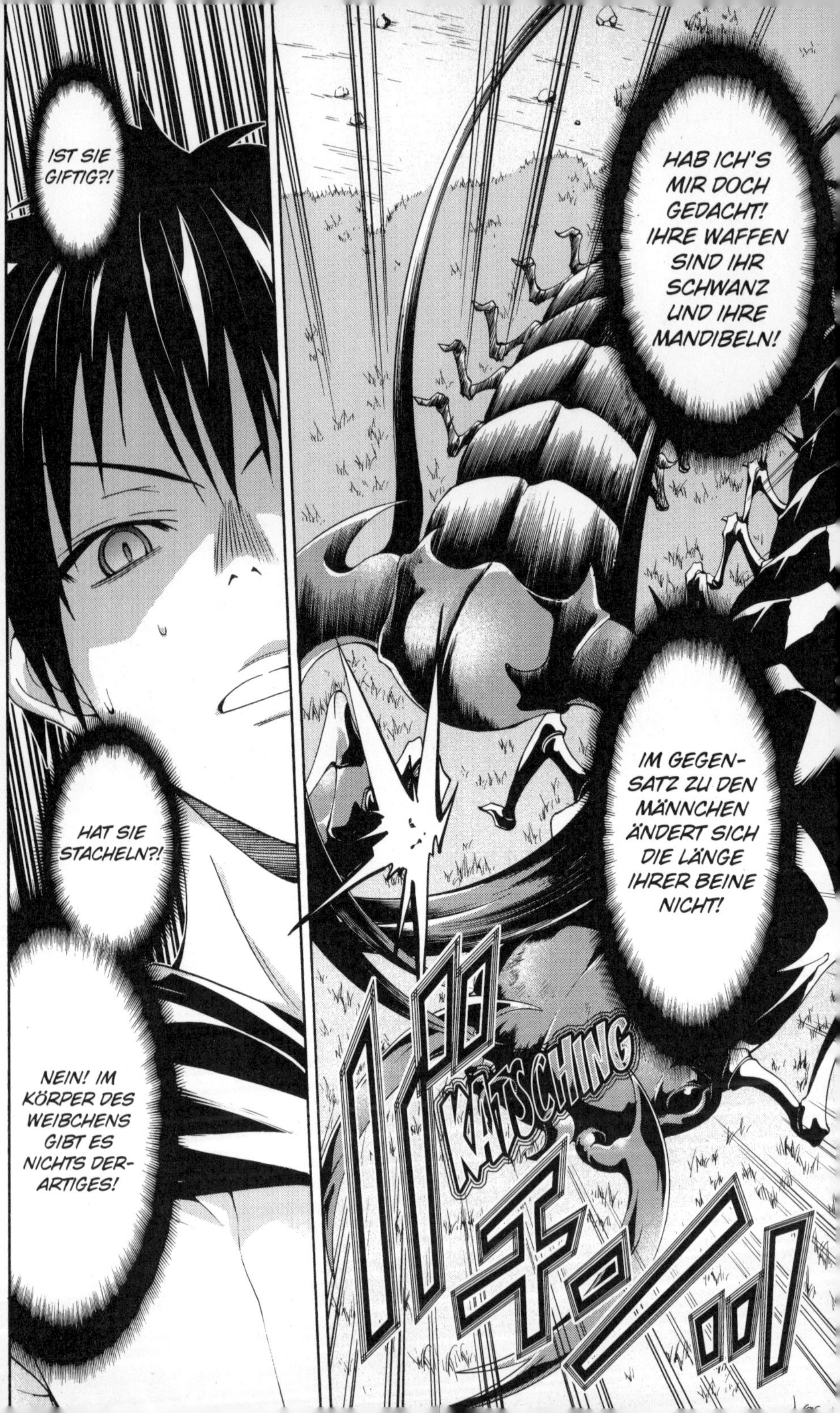
HAB ICH'S MIR DOCH GEDACHT! IHRE WAFFEN SIND IHR SCHWANZ UND IHRE MANDIBELN!
IM GEGENSATZ ZU DEN MÄNNCHEN ÄNDERT SICH DIE LÄNGE IHRER BEINE NICHT!
KATSCHING
IST SIE GIFTIG?!
HAT SIE STACHELN?!
NEIN! IM KÖRPER DES WEIBCHENS GIBT ES NICHTS DERARTIGES!

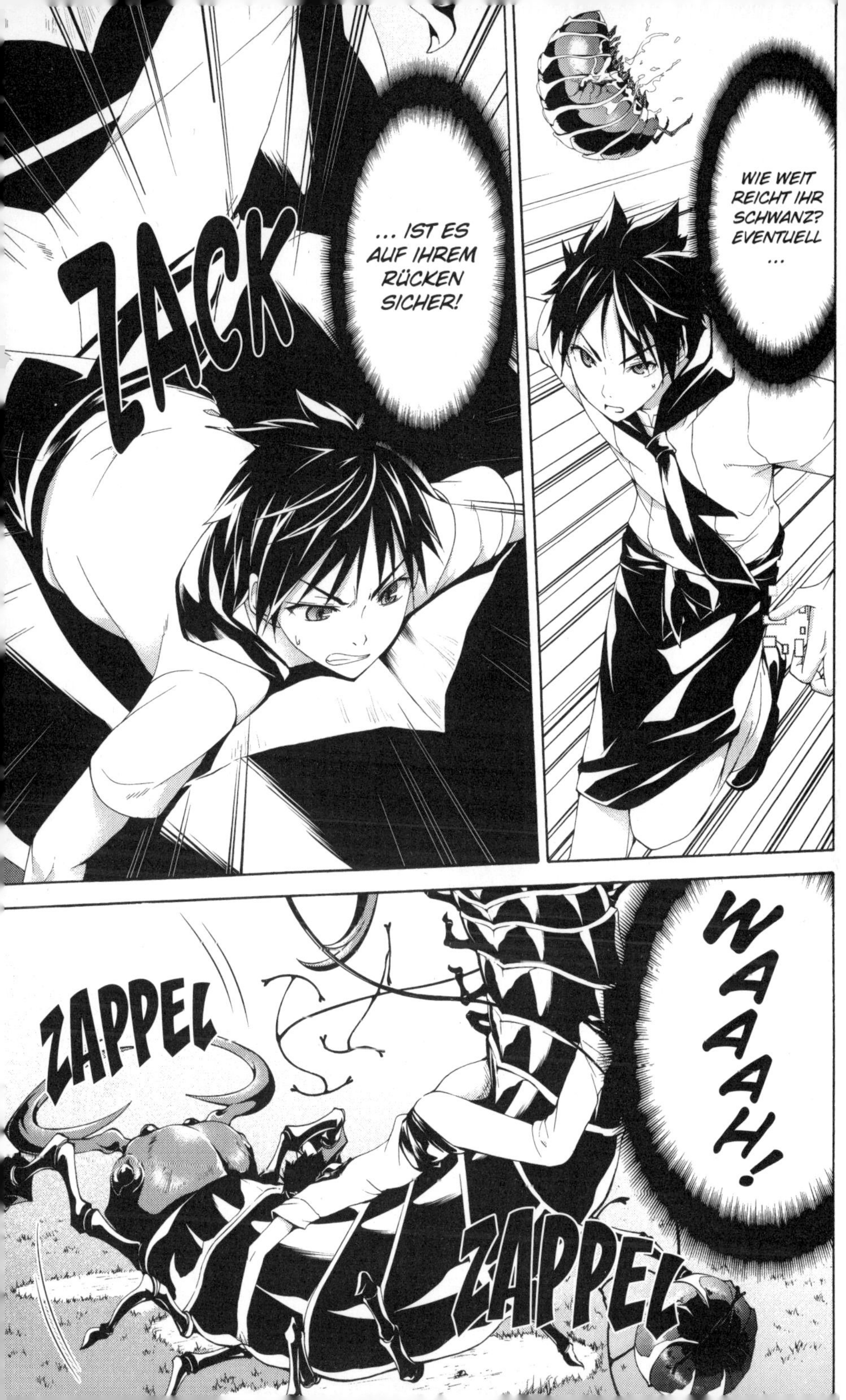
WIE WEIT REICHT IHR SCHWANZ? EVENTUELL …
ZACK
… IST ES AUF IHREM RÜCKEN SICHER!
WAAAH!
ZAPPEL
ZAPPEL

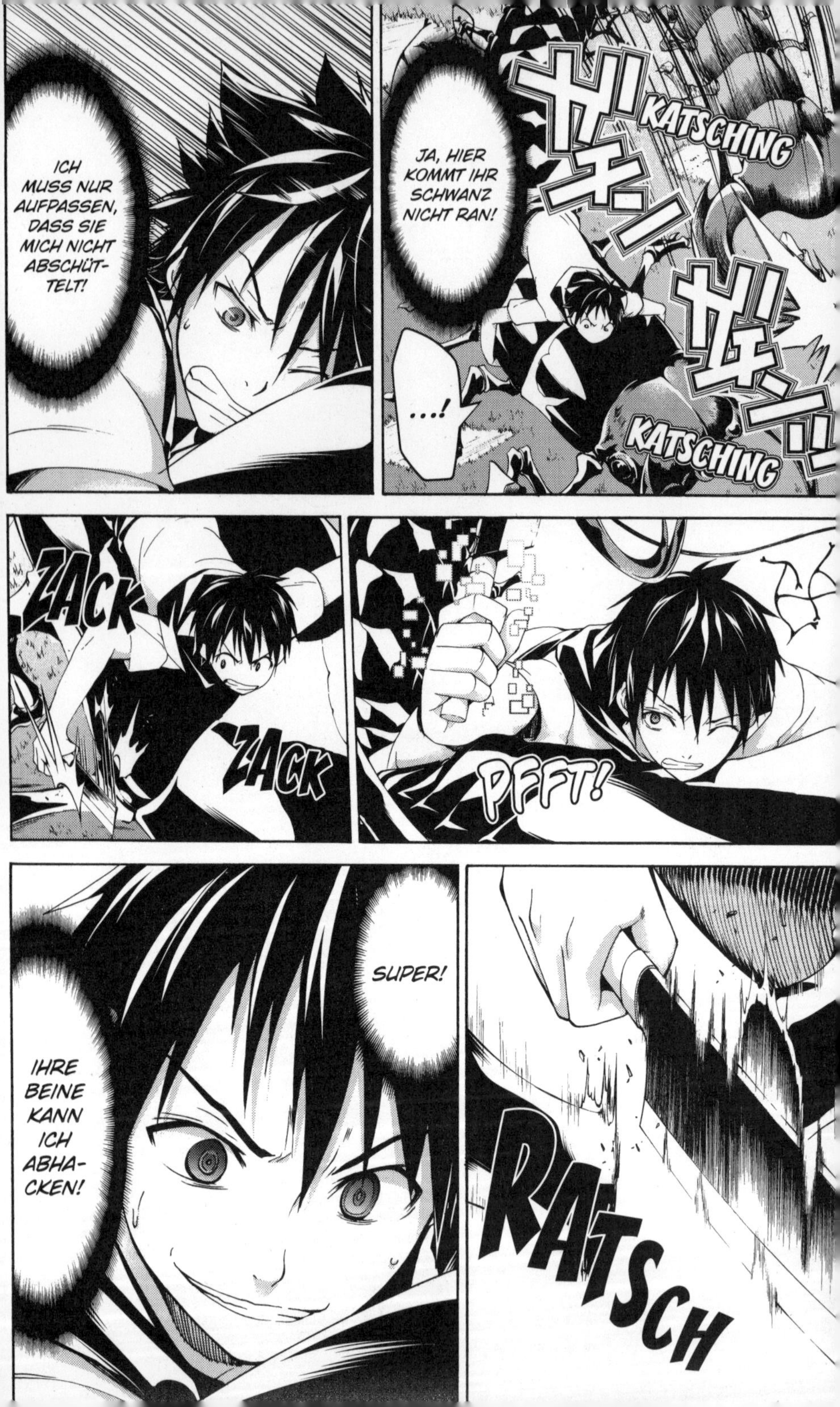
KATSCHING
KATSCHING
JA, HIER KOMMT IHR SCHWANZ NICHT RAN!
...!
ICH MUSS NUR AUFPASSEN, DASS SIE MICH NICHT ABSCHÜT-TELT!
PFFT!
ZACK
ZACK
RATSCH
SUPER!
IHRE BEINE KANN ICH ABHA-CKEN!

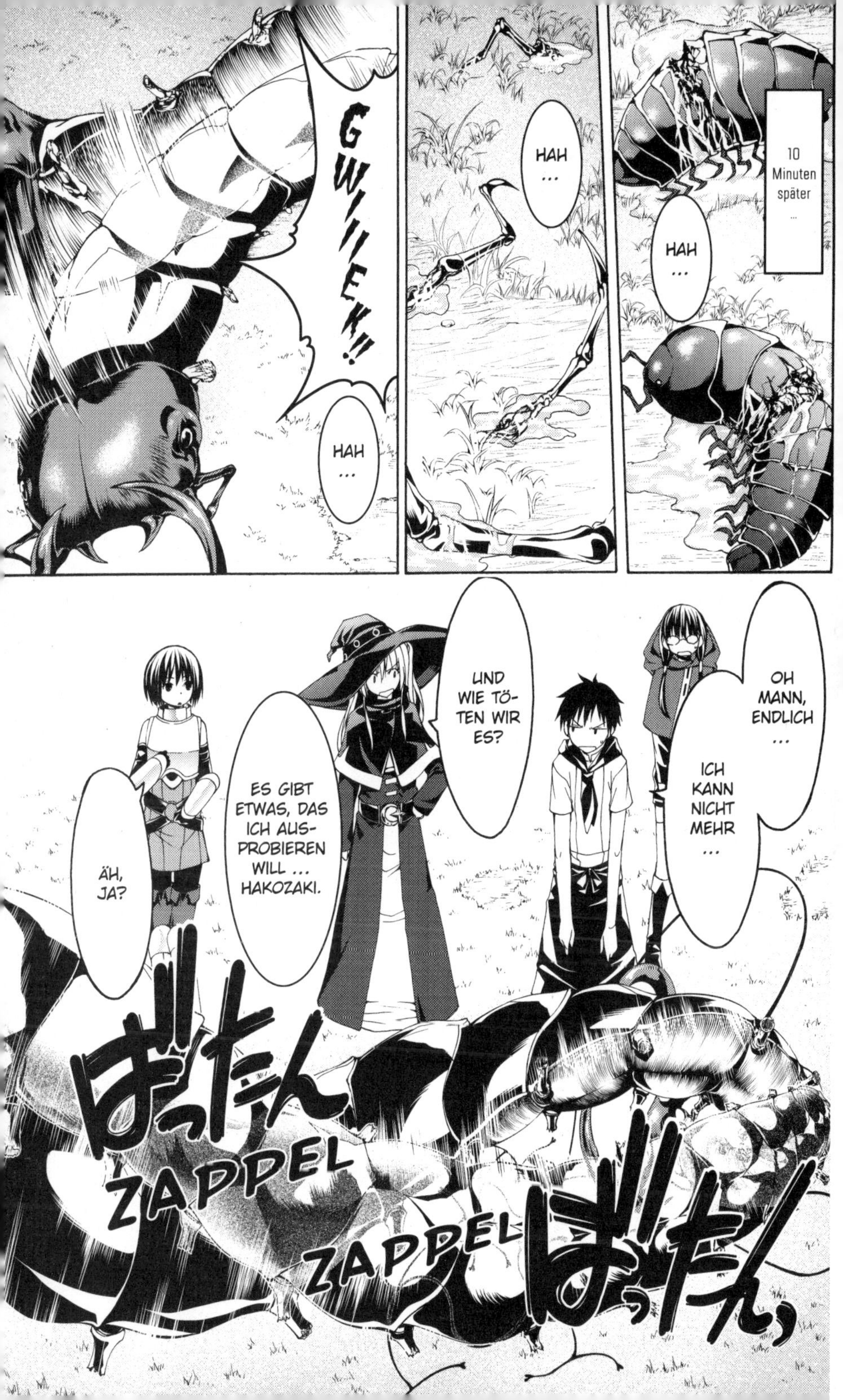
10 Minuten später …
HAH …
HAH …
GWIIIEK!!
HAH …
OH MANN, ENDLICH …
ICH KANN NICHT MEHR …
UND WIE TÖTEN WIR ES?
ES GIBT ETWAS, DAS ICH AUSPROBIEREN WILL … HAKOZAKI.
ÄH, JA?
ぱったん
ZAPPEL
ZAPPEL
ぱったん,

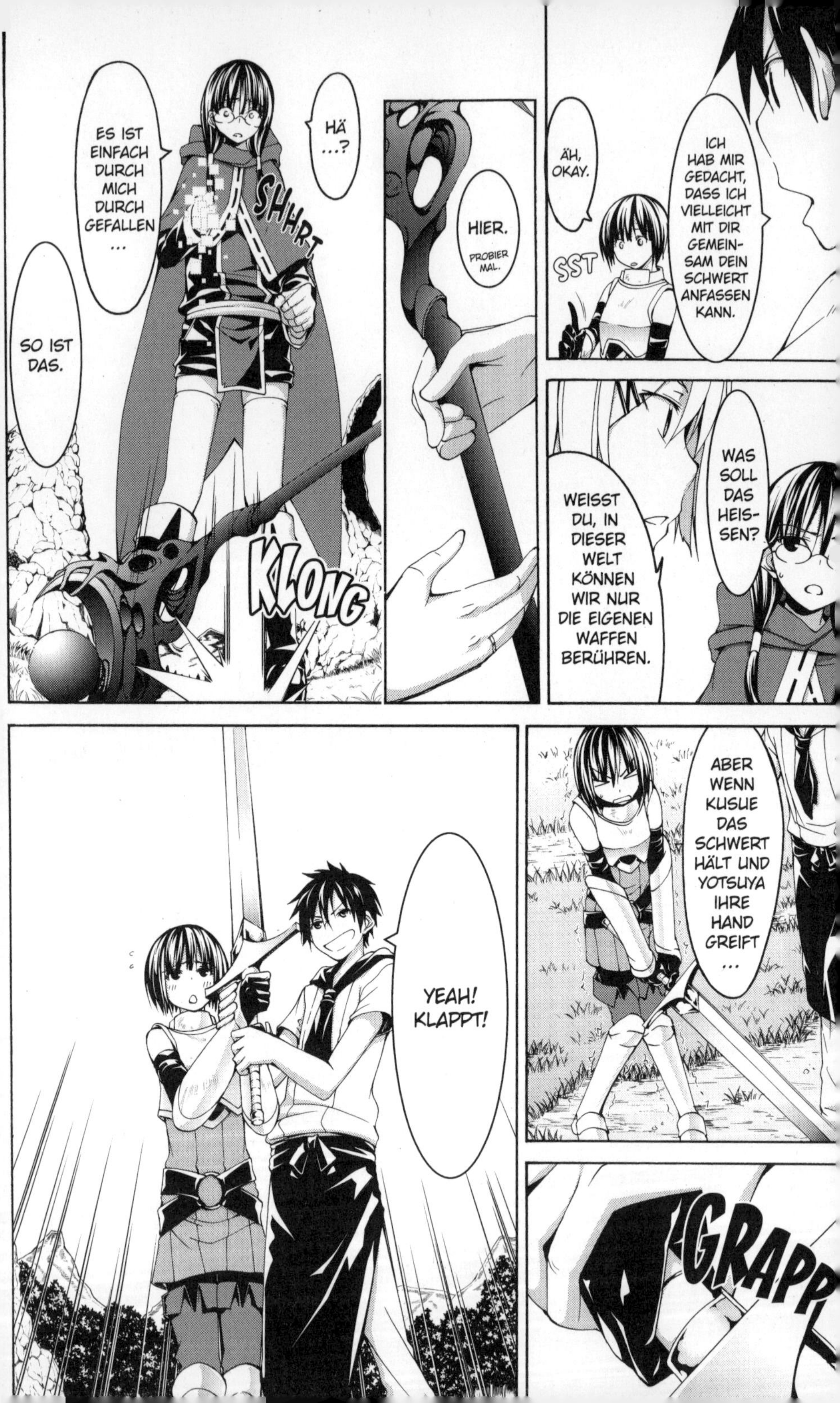
ICH HAB MIR GEDACHT, DASS ICH VIELLEICHT MIT DIR GEMEIN-SAM DEIN SCHWERT ANFASSEN KANN.
ÄH, OKAY.
SST
WAS SOLL DAS HEIS-SEN?
WEISST DU, IN DIESER WELT KÖNNEN WIR NUR DIE EIGENEN WAFFEN BERÜHREN.
HIER.
PROBIER MAL.
HÄ ...?
ES IST EINFACH DURCH MICH DURCH GEFALLEN ...
SHHRT
KLONG
SO IST DAS.
ABER WENN KUSUE DAS SCHWERT HÄLT UND YOTSUYA IHRE HAND GREIFT ...
GRAPP
YEAH! KLAPPT!

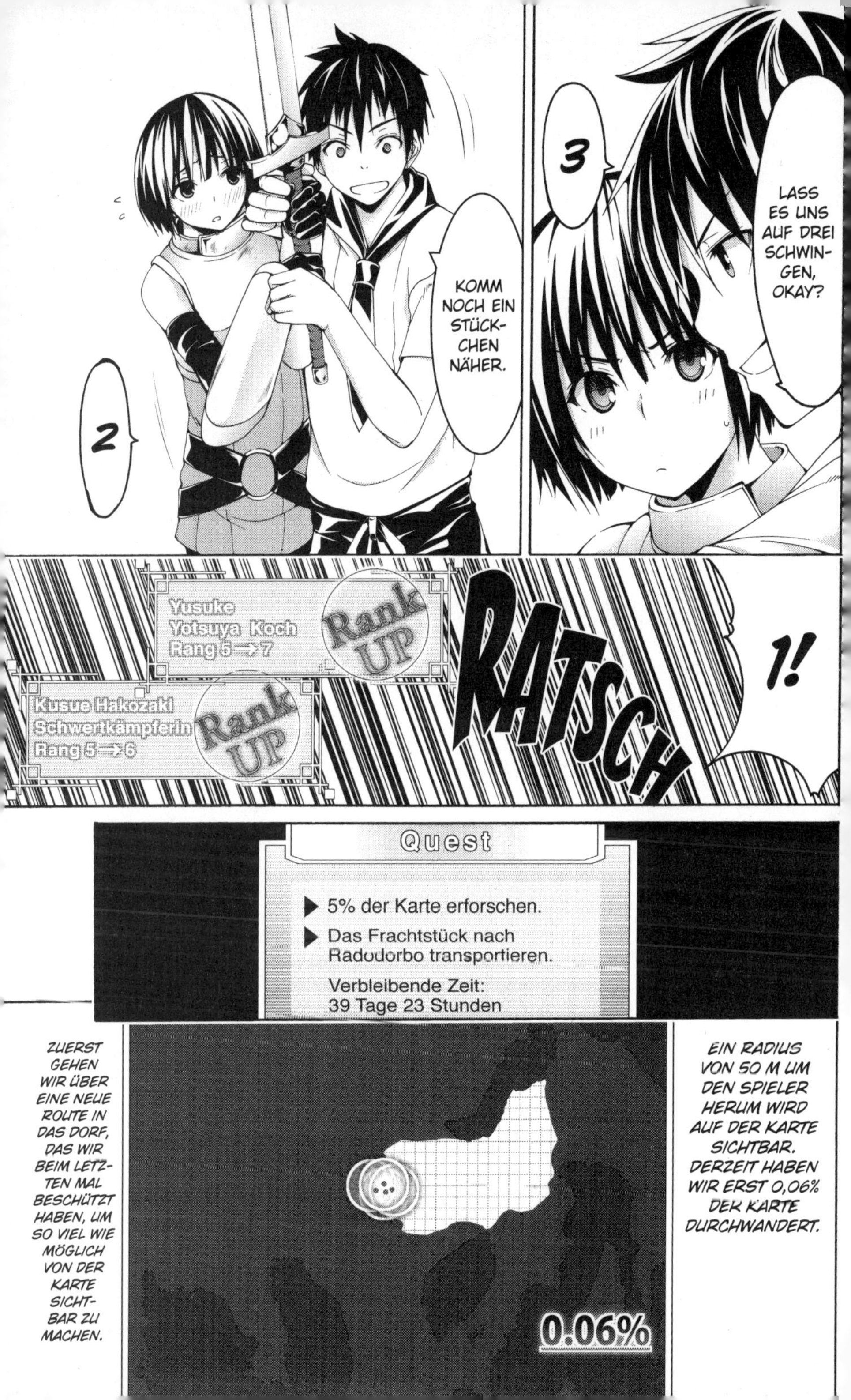
LASS ES UNS AUF DREI SCHWINGEN, OKAY?
3
KOMM NOCH EIN STÜCKCHEN NÄHER.
2
1!
RATSCH
Yusuke
Yotsuya Koch
Rang 5 → 7
Rank UP
Kusue Hakozaki
Schwertkämpferin
Rang 5 → 6
Rank UP
Quest
▶ 5% der Karte erforschen.
▶ Das Frachtstück nach Radodorbo transportieren.
Verbleibende Zeit:
39 Tage 23 Stunden
EIN RADIUS VON 50 M UM DEN SPIELER HERUM WIRD AUF DER KARTE SICHTBAR. DERZEIT HABEN WIR ERST 0,06% DER KARTE DURCHWANDERT.
0.06%
ZUERST GEHEN WIR ÜBER EINE NEUE ROUTE IN DAS DORF, DAS WIR BEIM LETZTEN MAL BESCHÜTZT HABEN, UM SO VIEL WIE MÖGLICH VON DER KARTE SICHTBAR ZU MACHEN.

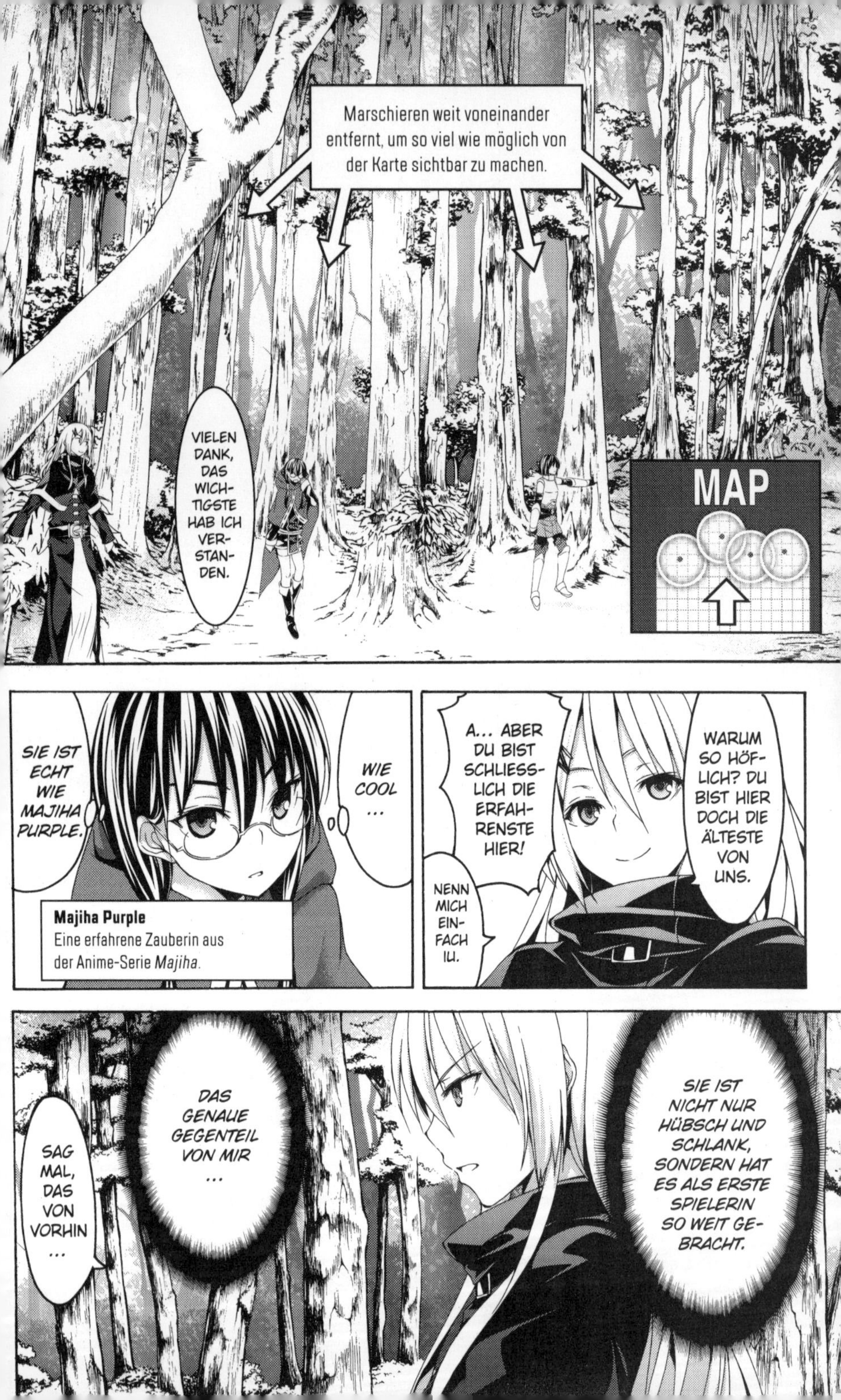

Marschieren weit voneinander entfernt, um so viel wie möglich von der Karte sichtbar zu machen.
MAP
VIELEN DANK, DAS WICHTIGSTE HAB ICH VERSTANDEN.
WARUM SO HÖFLICH? DU BIST HIER DOCH DIE ÄLTESTE VON UNS.
A… ABER DU BIST SCHLIESSLICH DIE ERFAHRENSTE HIER!
NENN MICH EINFACH IU.
WIE COOL …
SIE IST ECHT WIE MAJIHA PURPLE.
Majiha Purple
Eine erfahrene Zauberin aus der Anime-Serie Majiha.
SIE IST NICHT NUR HÜBSCH UND SCHLANK, SONDERN HAT ES ALS ERSTE SPIELERIN SO WEIT GEBRACHT.
DAS GENAUE GEGENTEIL VON MIR …
SAG MAL, DAS VON VORHIN …

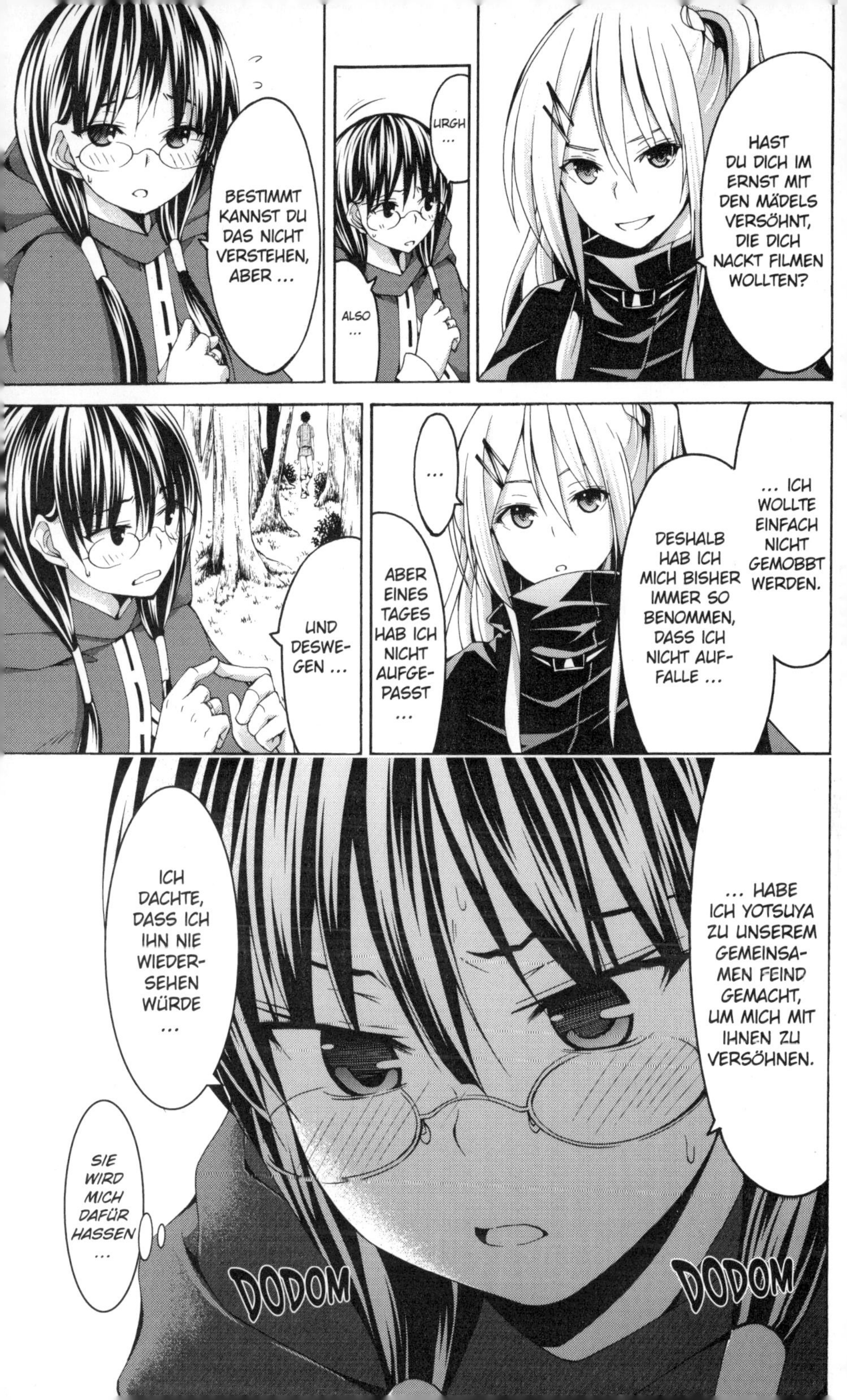
HAST DU DICH IM ERNST MIT DEN MÄDELS VERSÖHNT, DIE DICH NACKT FILMEN WOLLTEN?
URGH …
ALSO …
BESTIMMT KANNST DU DAS NICHT VERSTEHEN, ABER …
… ICH WOLLTE EINFACH NICHT GEMOBBT WERDEN.
DESHALB HAB ICH MICH BISHER IMMER SO BENOMMEN, DASS ICH NICHT AUF-FALLE …
…
ABER EINES TAGES HAB ICH NICHT AUFGE-PASST …
UND DESWE-GEN …
… HABE ICH YOTSUYA ZU UNSEREM GEMEINSA-MEN FEIND GEMACHT, UM MICH MIT IHNEN ZU VERSÖHNEN.
DODOM
ICH DACHTE, DASS ICH IHN NIE WIEDER-SEHEN WÜRDE …
SIE WIRD MICH DAFÜR HASSEN …
DODOM

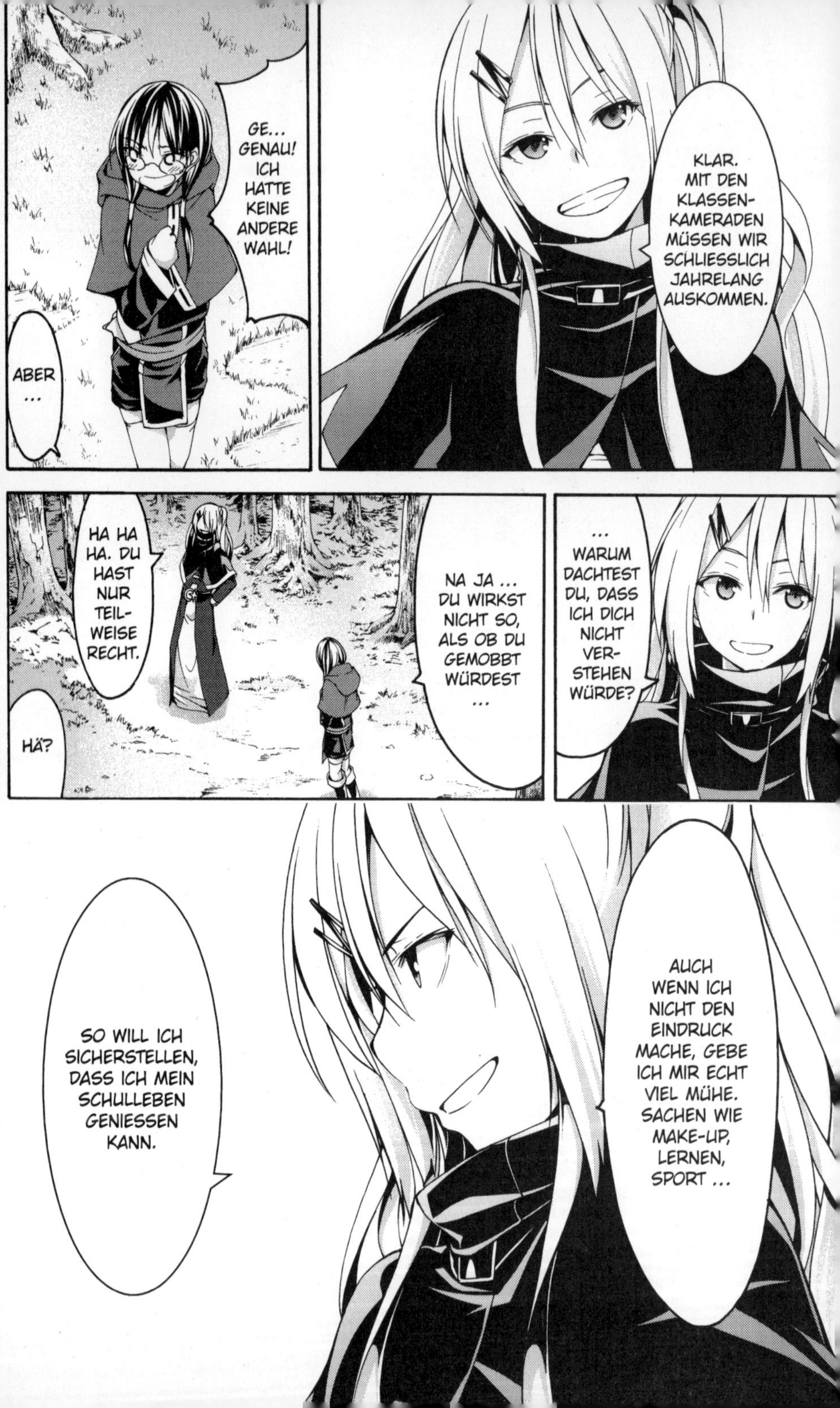
KLAR. MIT DEN KLASSEN-KAMERADEN MÜSSEN WIR SCHLIESSLICH JAHRELANG AUSKOMMEN.
GE... GENAU! ICH HATTE KEINE ANDERE WAHL!
ABER ...
... WARUM DACHTEST DU, DASS ICH DICH NICHT VER-STEHEN WÜRDE?
NA JA ... DU WIRKST NICHT SO, ALS OB DU GEMOBBT WÜRDEST ...
HA HA HA. DU HAST NUR TEIL-WEISE RECHT.
HÄ?
AUCH WENN ICH NICHT DEN EINDRUCK MACHE, GEBE ICH MIR ECHT VIEL MÜHE. SACHEN WIE MAKE-UP, LERNEN, SPORT ...
SO WILL ICH SICHERSTELLEN, DASS ICH MEIN SCHULLEBEN GENIESSEN KANN.

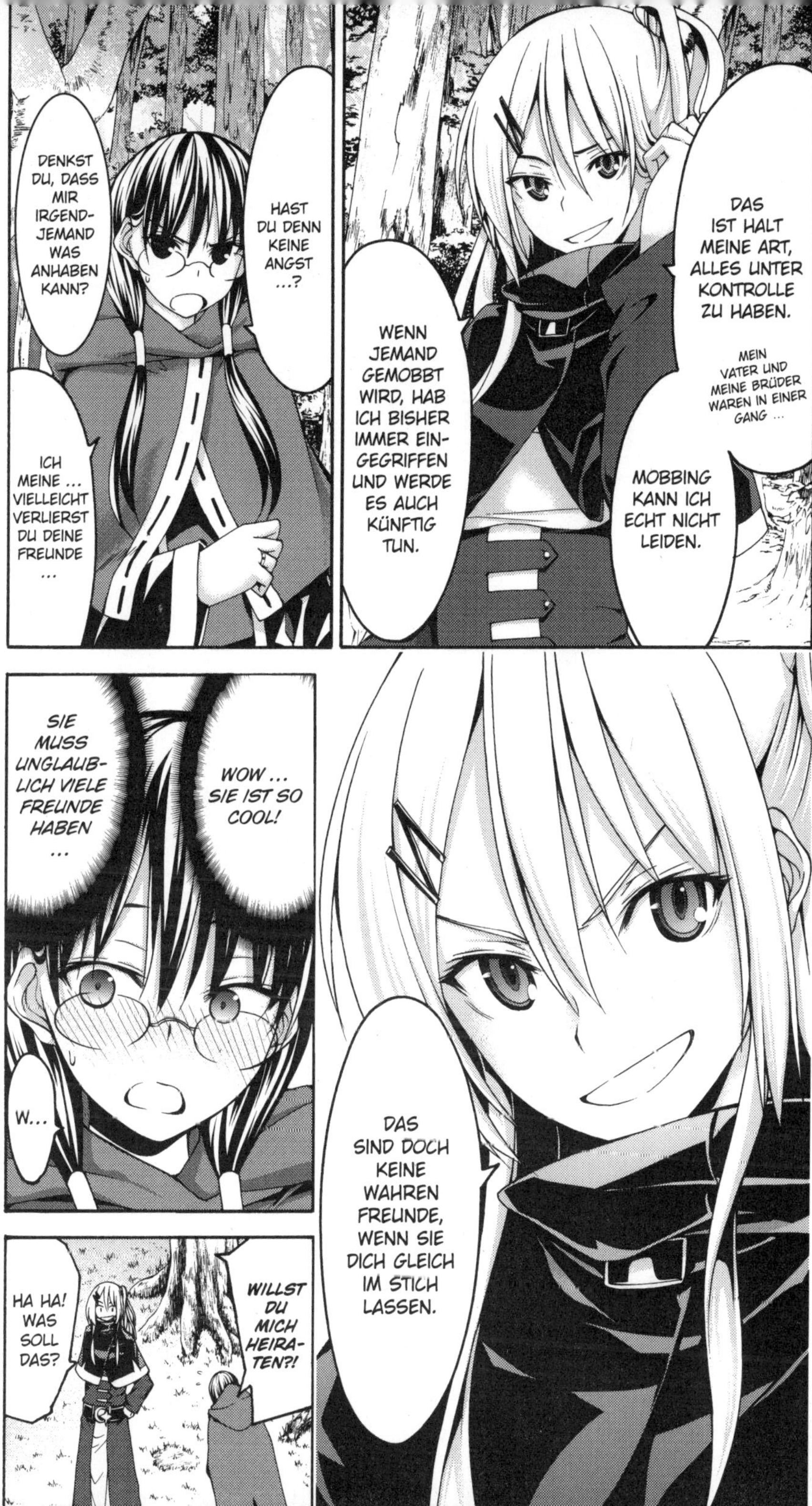
DAS IST HALT MEINE ART, ALLES UNTER KONTROLLE ZU HABEN.
MEIN VATER UND MEINE BRÜDER WAREN IN EINER GANG …
MOBBING KANN ICH ECHT NICHT LEIDEN.
WENN JEMAND GEMOBBT WIRD, HAB ICH BISHER IMMER EINGEGRIFFEN UND WERDE ES AUCH KÜNFTIG TUN.
HAST DU DENN KEINE ANGST …?
DENKST DU, DASS MIR IRGENDJEMAND WAS ANHABEN KANN?
ICH MEINE … VIELLEICHT VERLIERST DU DEINE FREUNDE …
DAS SIND DOCH KEINE WAHREN FREUNDE, WENN SIE DICH GLEICH IM STICH LASSEN.
WOW … SIE IST SO COOL!
SIE MUSS UNGLAUBLICH VIELE FREUNDE HABEN …
W…
WILLST DU MICH HEIRATEN?!
HA HA! WAS SOLL DAS?

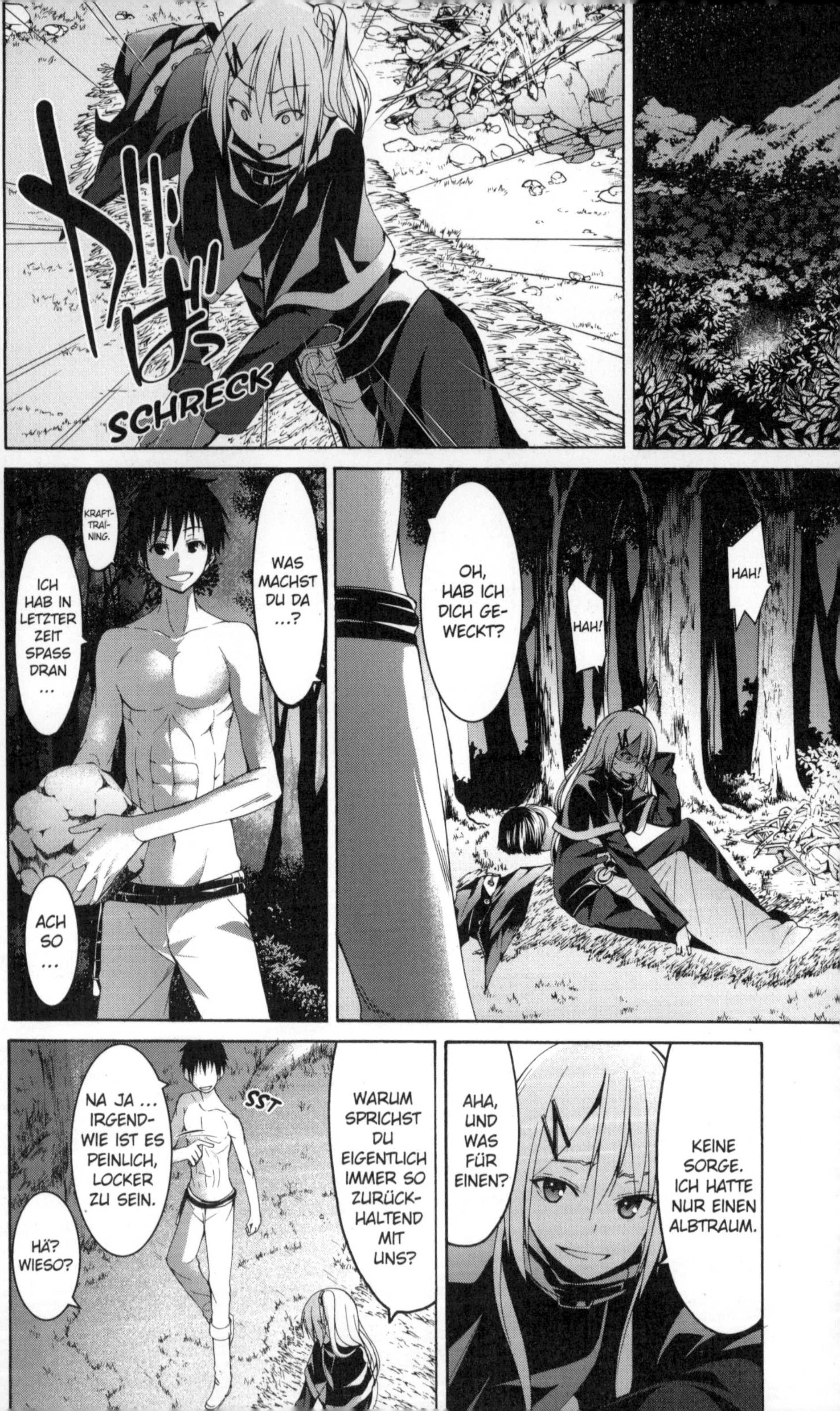
SCHRECK
HAH!
HAH!
OH, HAB ICH DICH GE-WECKT?
WAS MACHST DU DA ...?
KRAFT-TRAI-NING.
ICH HAB IN LETZTER ZEIT SPASS DRAN ...
ACH SO ...
KEINE SORGE. ICH HATTE NUR EINEN ALBTRAUM.
AHA, UND WAS FÜR EINEN?
WARUM SPRICHST DU EIGENTLICH IMMER SO ZURÜCK-HALTEND MIT UNS?
SST
HÄ? WIESO?
NA JA ... IRGEND-WIE IST ES PEINLICH, LOCKER ZU SEIN.

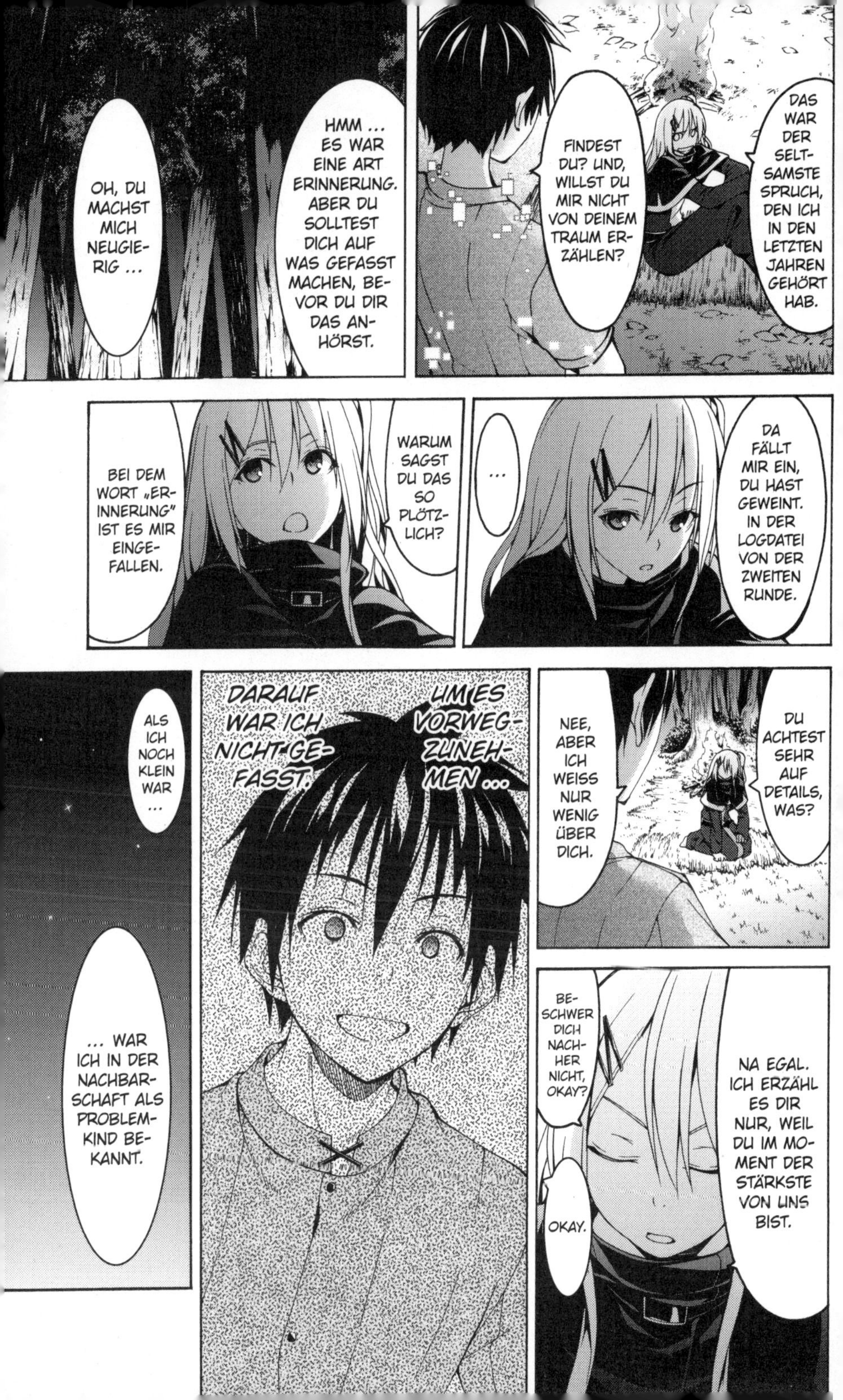
DAS WAR DER SELTSAMSTE SPRUCH, DEN ICH IN DEN LETZTEN JAHREN GEHÖRT HAB.
FINDEST DU? UND, WILLST DU MIR NICHT VON DEINEM TRAUM ERZÄHLEN?
HMM … ES WAR EINE ART ERINNERUNG. ABER DU SOLLTEST DICH AUF WAS GEFASST MACHEN, BEVOR DU DIR DAS ANHÖRST.
OH, DU MACHST MICH NEUGIERIG …
DA FÄLLT MIR EIN, DU HAST GEWEINT. IN DER LOGDATEI VON DER ZWEITEN RUNDE.
…
WARUM SAGST DU DAS SO PLÖTZLICH?
BEI DEM WORT „ERINNERUNG" IST ES MIR EINGEFALLEN.
DU ACHTEST SEHR AUF DETAILS, WAS?
NEE, ABER ICH WEISS NUR WENIG ÜBER DICH.
NA EGAL. ICH ERZÄHL ES DIR NUR, WEIL DU IM MOMENT DER STÄRKSTE VON UNS BIST.
BESCHWER DICH NACHHER NICHT, OKAY?
OKAY.
UM ES VORWEGZUNEHMEN …
DARAUF WAR ICH NICHT GEFASST.
ALS ICH NOCH KLEIN WAR …
… WAR ICH IN DER NACHBARSCHAFT ALS PROBLEMKIND BEKANNT.

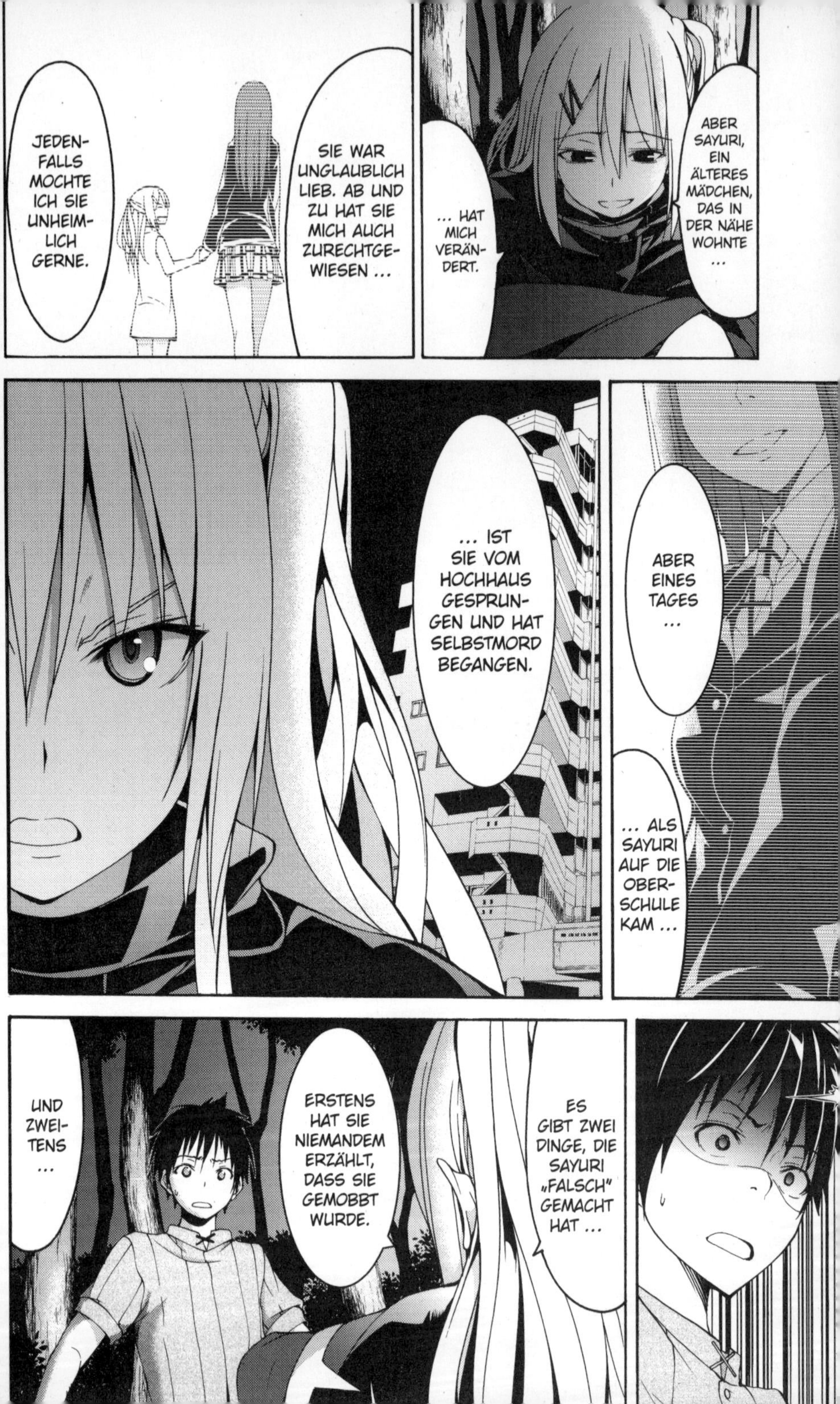
ABER SAYURI, EIN ÄLTERES MÄDCHEN, DAS IN DER NÄHE WOHNTE …
… HAT MICH VERÄNDERT.
SIE WAR UNGLAUBLICH LIEB. AB UND ZU HAT SIE MICH AUCH ZURECHTGEWIESEN …
JEDENFALLS MOCHTE ICH SIE UNHEIMLICH GERNE.
ABER EINES TAGES …
… ALS SAYURI AUF DIE OBERSCHULE KAM …
… IST SIE VOM HOCHHAUS GESPRUNGEN UND HAT SELBSTMORD BEGANGEN.
ES GIBT ZWEI DINGE, DIE SAYURI „FALSCH" GEMACHT HAT …
ERSTENS HAT SIE NIEMANDEM ERZÄHLT, DASS SIE GEMOBBT WURDE.
UND ZWEITENS …

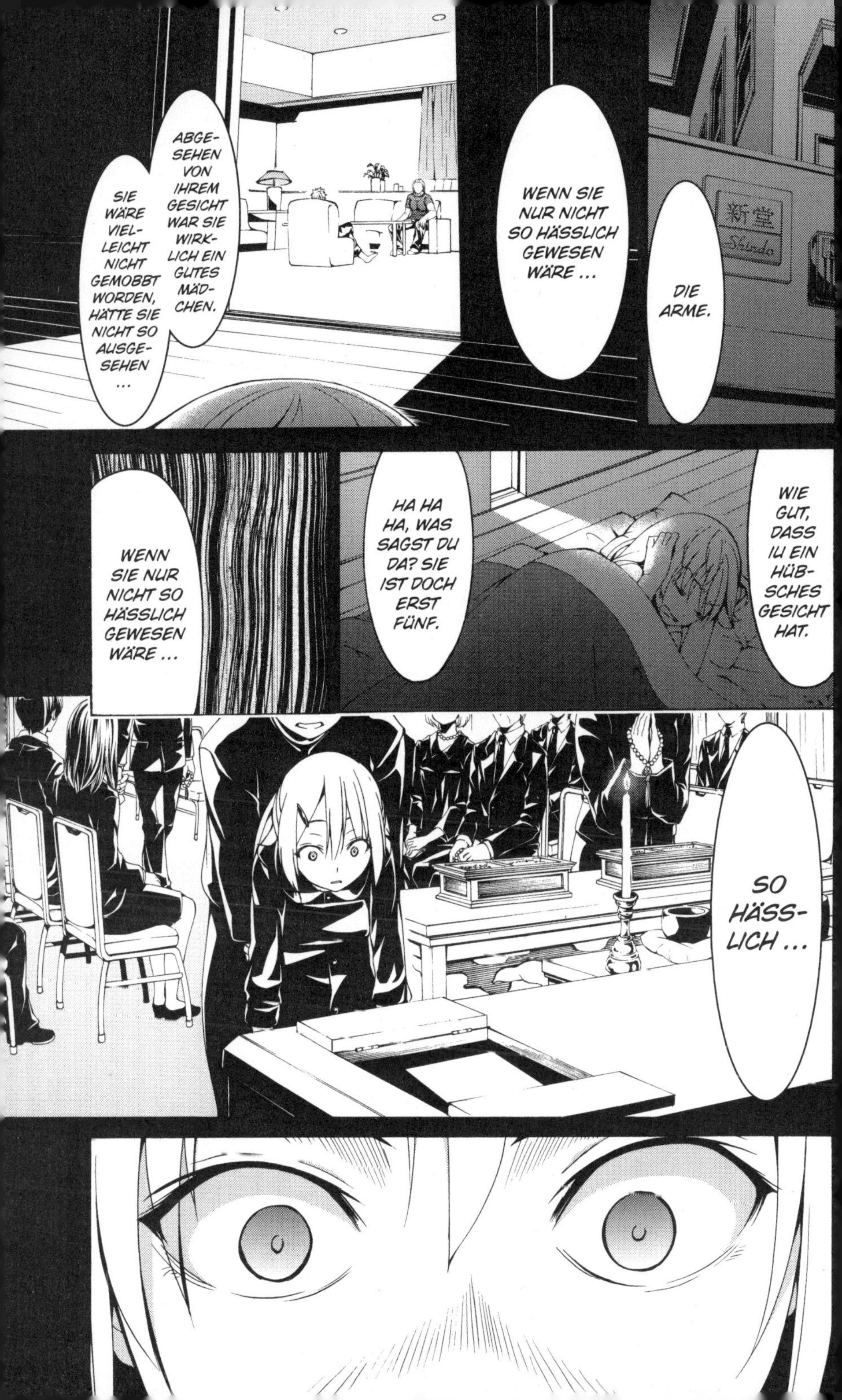

新堂
Shindo
DIE ARME.
WENN SIE NUR NICHT SO HÄSSLICH GEWESEN WÄRE …
ABGESEHEN VON IHREM GESICHT WAR SIE WIRKLICH EIN GUTES MÄDCHEN.
SIE WÄRE VIELLEICHT NICHT GEMOBBT WORDEN, HÄTTE SIE NICHT SO AUSGESEHEN …
WIE GUT, DASS IU EIN HÜBSCHES GESICHT HAT.
HA HA HA, WAS SAGST DU DA? SIE IST DOCH ERST FÜNF.
WENN SIE NUR NICHT SO HÄSSLICH GEWESEN WÄRE …
SO HÄSSLICH …

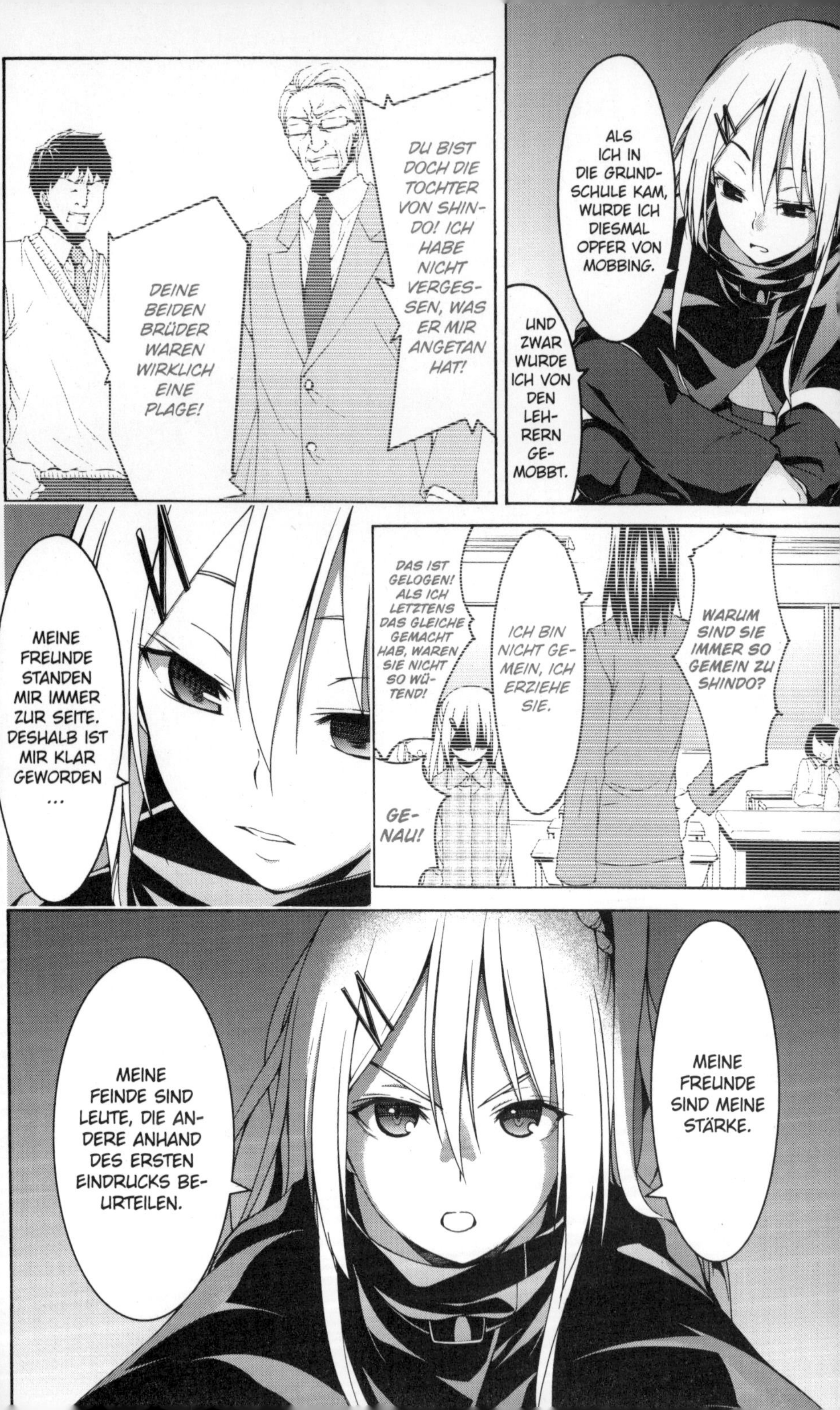
ALS ICH IN DIE GRUNDSCHULE KAM, WURDE ICH DIESMAL OPFER VON MOBBING.
UND ZWAR WURDE ICH VON DEN LEHRERN GEMOBBT.
DU BIST DOCH DIE TOCHTER VON SHINDO! ICH HABE NICHT VERGESSEN, WAS ER MIR ANGETAN HAT!
DEINE BEIDEN BRÜDER WAREN WIRKLICH EINE PLAGE!
WARUM SIND SIE IMMER SO GEMEIN ZU SHINDO?
ICH BIN NICHT GEMEIN, ICH ERZIEHE SIE.
DAS IST GELOGEN! ALS ICH LETZTENS DAS GLEICHE GEMACHT HAB, WAREN SIE NICHT SO WÜTEND!
GENAU!
MEINE FREUNDE STANDEN MIR IMMER ZUR SEITE. DESHALB IST MIR KLAR GEWORDEN ...
MEINE FREUNDE SIND MEINE STÄRKE.
MEINE FEINDE SIND LEUTE, DIE ANDERE ANHAND DES ERSTEN EINDRUCKS BEURTEILEN.

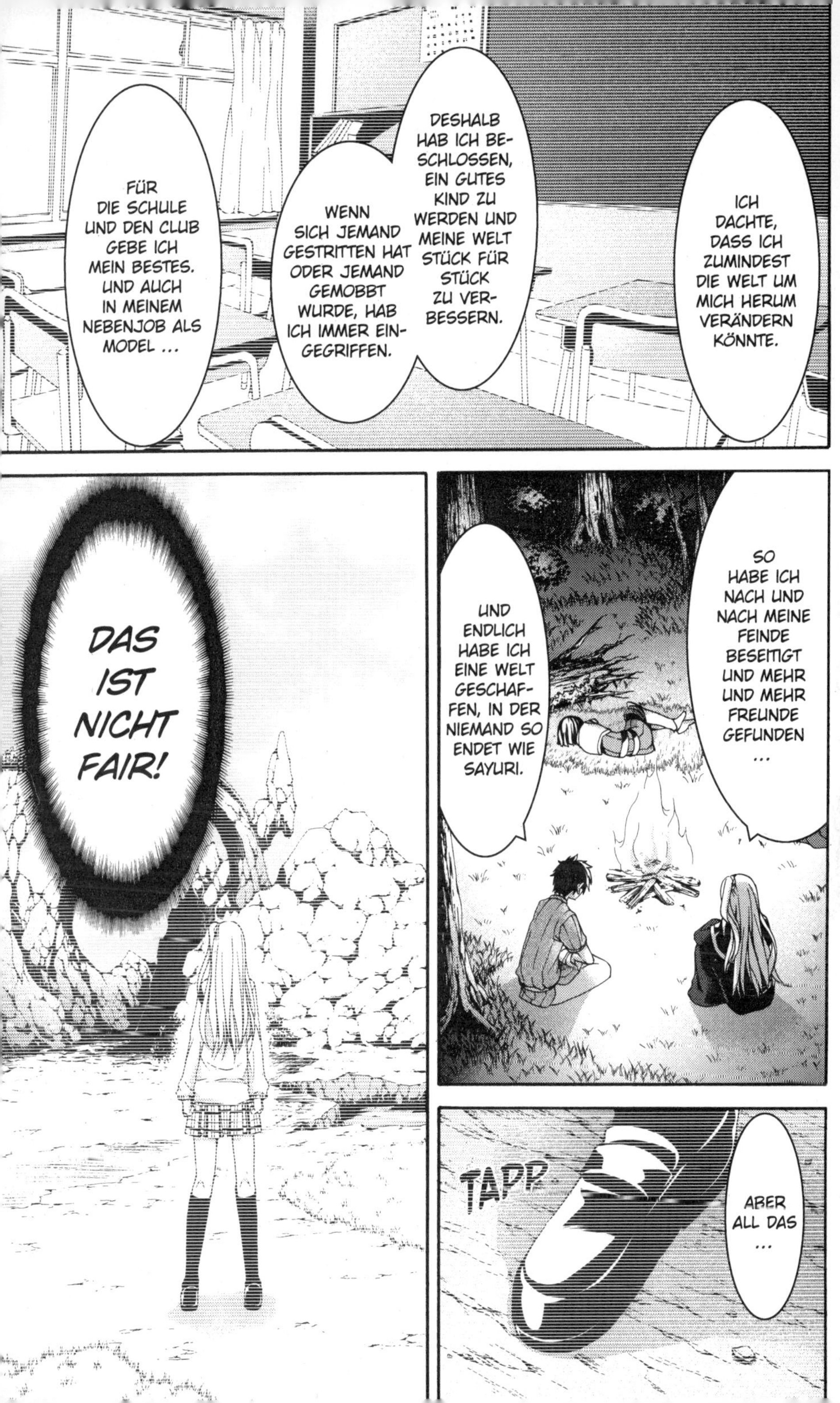
ICH DACHTE, DASS ICH ZUMINDEST DIE WELT UM MICH HERUM VERÄNDERN KÖNNTE.
DESHALB HAB ICH BESCHLOSSEN, EIN GUTES KIND ZU WERDEN UND MEINE WELT STÜCK FÜR STÜCK ZU VERBESSERN.
WENN SICH JEMAND GESTRITTEN HAT ODER JEMAND GEMOBBT WURDE, HAB ICH IMMER EINGEGRIFFEN.
FÜR DIE SCHULE UND DEN CLUB GEBE ICH MEIN BESTES. UND AUCH IN MEINEM NEBENJOB ALS MODEL …
SO HABE ICH NACH UND NACH MEINE FEINDE BESEITIGT UND MEHR UND MEHR FREUNDE GEFUNDEN …
UND ENDLICH HABE ICH EINE WELT GESCHAFFEN, IN DER NIEMAND SO ENDET WIE SAYURI.
TAPP
ABER ALL DAS …
DAS IST NICHT FAIR!

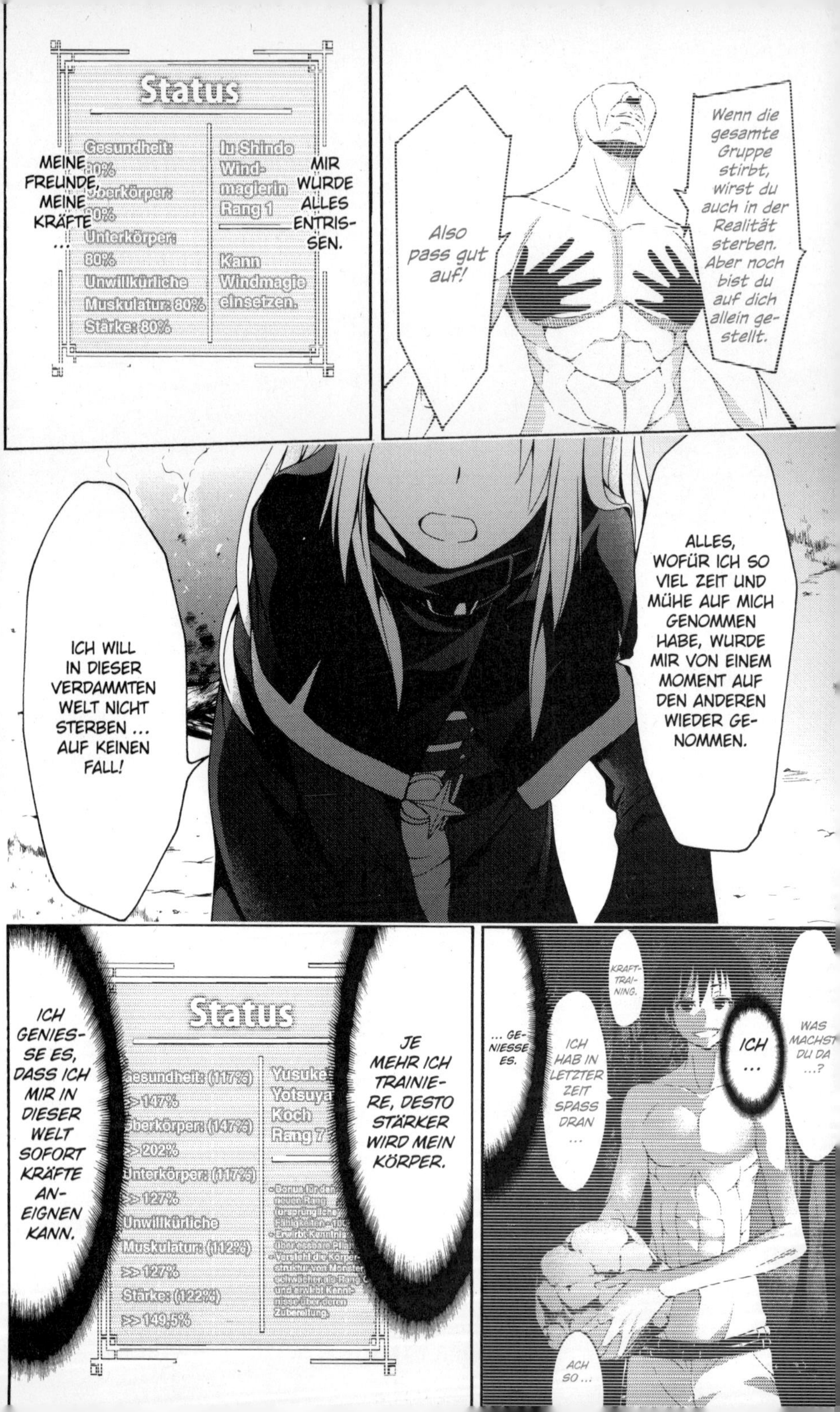
Wenn die gesamte Gruppe stirbt, wirst du auch in der Realität sterben. Aber noch bist du auf dich allein gestellt.
Also pass gut auf!
Status
Iu Shindo
Wind-
magierin
Rang 1
Kann Windmagie einsetzen.
Gesundheit:
Oberkörper:
Unterkörper:
80%
Unwillkürliche Muskulatur: 80%
Stärke: 80%
MEINE FREUNDE, MEINE KRÄFTE ...
MIR WÜRDE ALLES ENTRISSEN.
ALLES, WOFÜR ICH SO VIEL ZEIT UND MÜHE AUF MICH GENOMMEN HABE, WURDE MIR VON EINEM MOMENT AUF DEN ANDEREN WIEDER GENOMMEN.
ICH WILL IN DIESER VERDAMMTEN WELT NICHT STERBEN ... AUF KEINEN FALL!
WAS MACHST DU DA ...?
ICH ...
KRAFT-TRAINING.
ICH HAB IN LETZTER ZEIT SPASS DRAN ...
... GENIESSE ES.
ACH SO ...
JE MEHR ICH TRAINIERE, DESTO STÄRKER WIRD MEIN KÖRPER.
ICH GENIESSE ES, DASS ICH MIR IN DIESER WELT SOFORT KRÄFTE ANEIGNEN KANN.
Status
Yotsuya
Koch
>>147%
>>202%
>>127%
Unwillkürliche
>>127%
>>149,5%

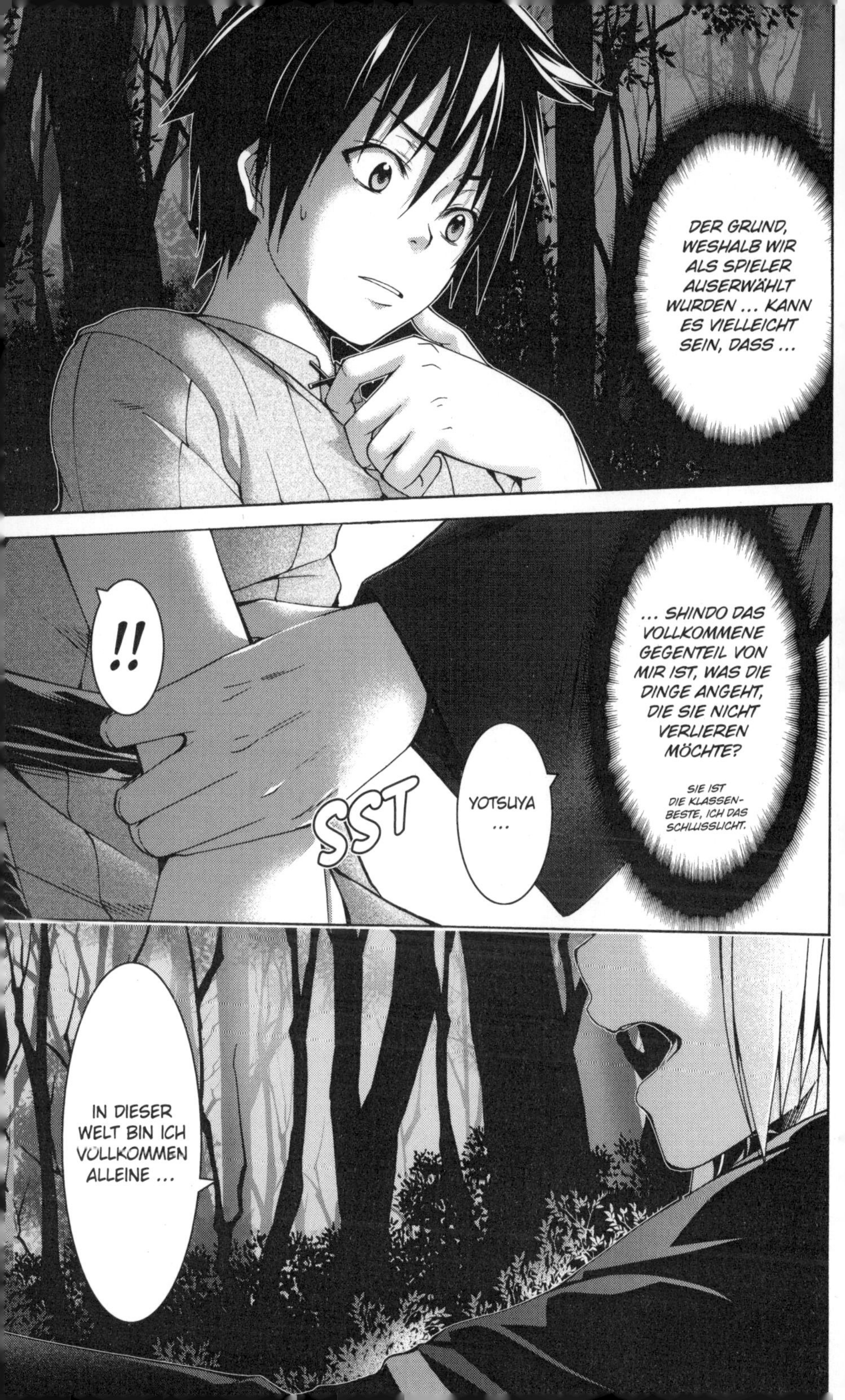

DER GRUND, WESHALB WIR ALS SPIELER AUSERWÄHLT WURDEN … KANN ES VIELLEICHT SEIN, DASS …
… SHINDO DAS VOLLKOMMENE GEGENTEIL VON MIR IST, WAS DIE DINGE ANGEHT, DIE SIE NICHT VERLIEREN MÖCHTE?
SIE IST DIE KLASSEN-BESTE, ICH DAS SCHLUSSLICHT.
YOTSUYA …
SST
!!
IN DIESER WELT BIN ICH VOLLKOMMEN ALLEINE …

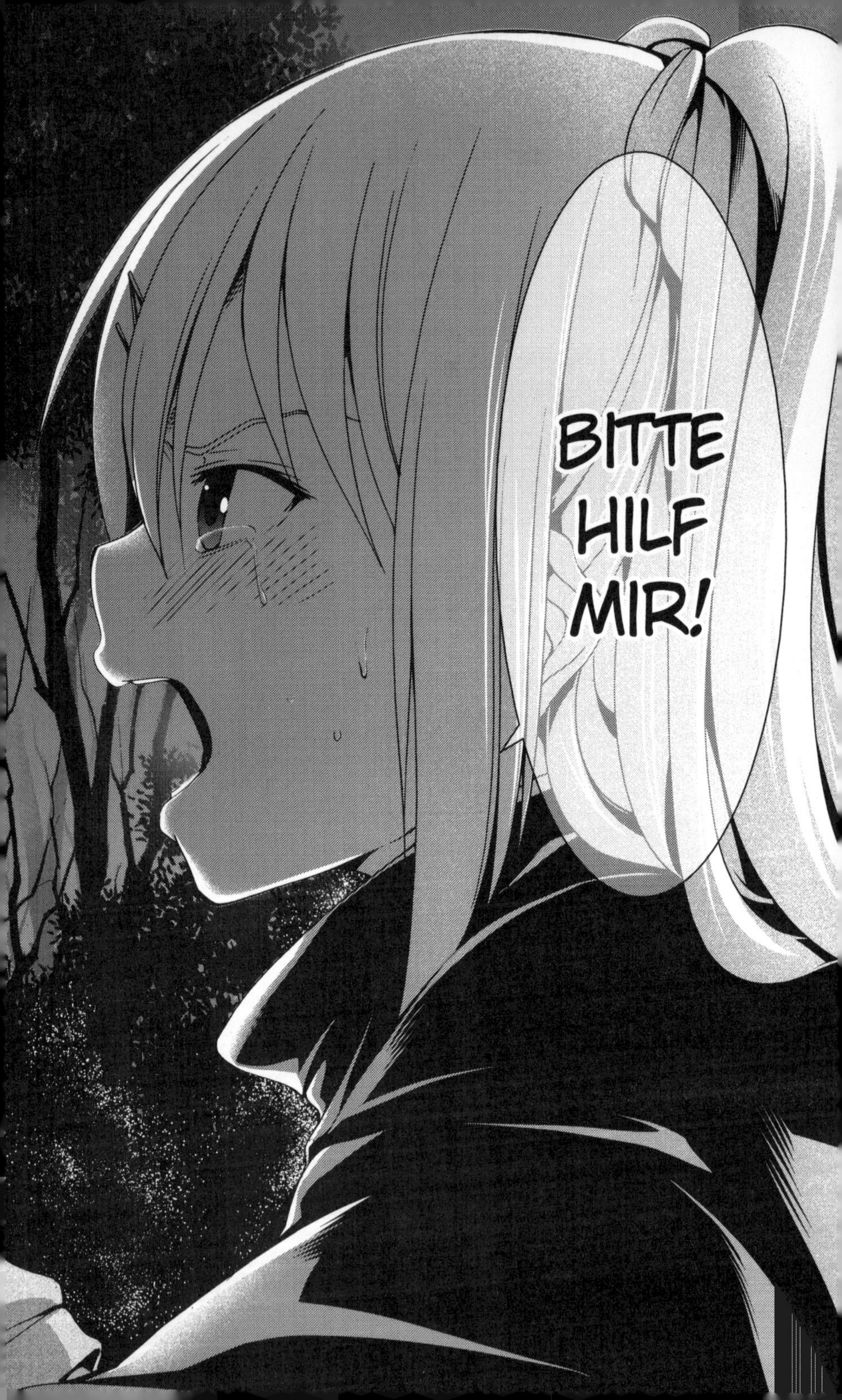
BITTE HILF MIR!

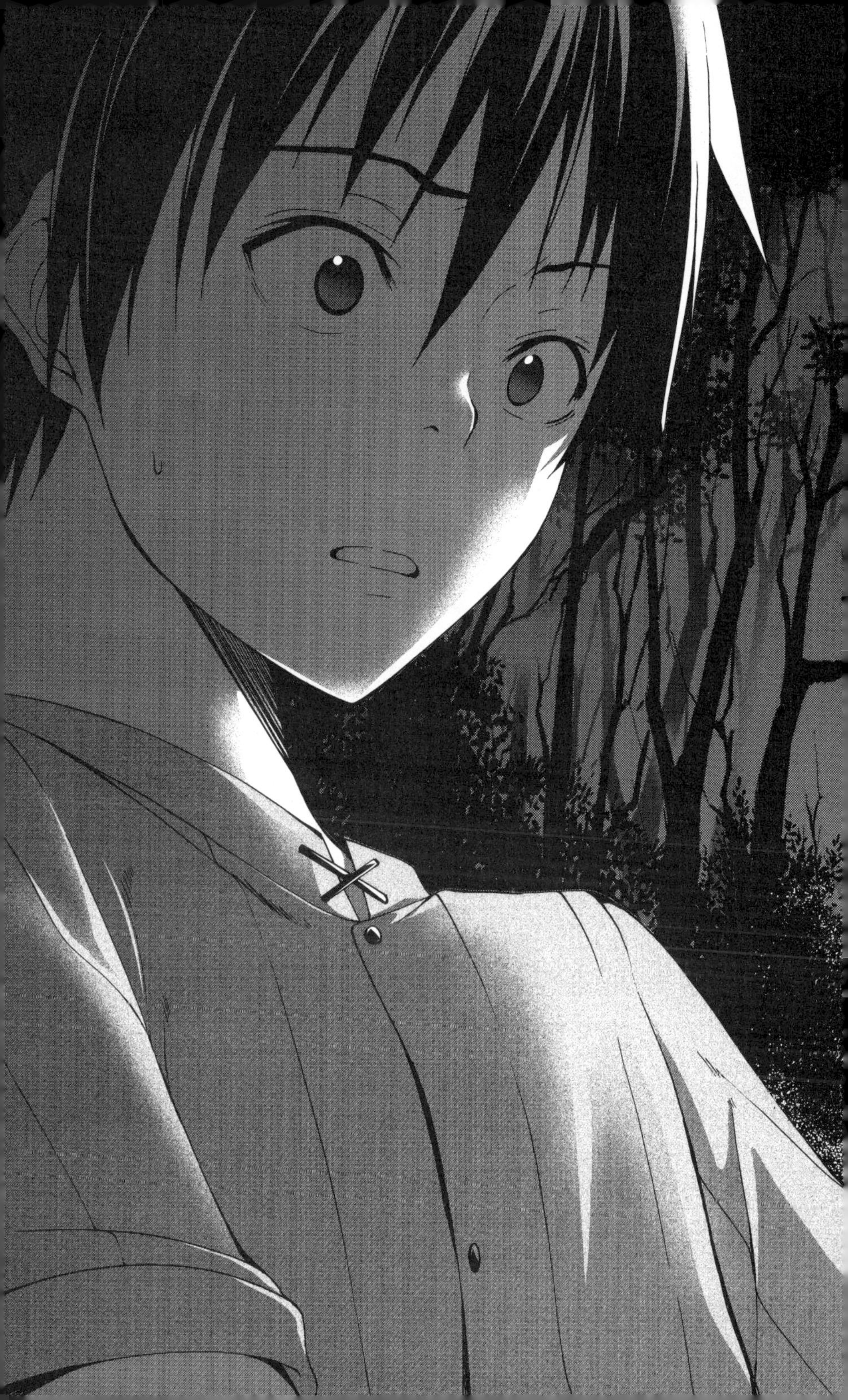

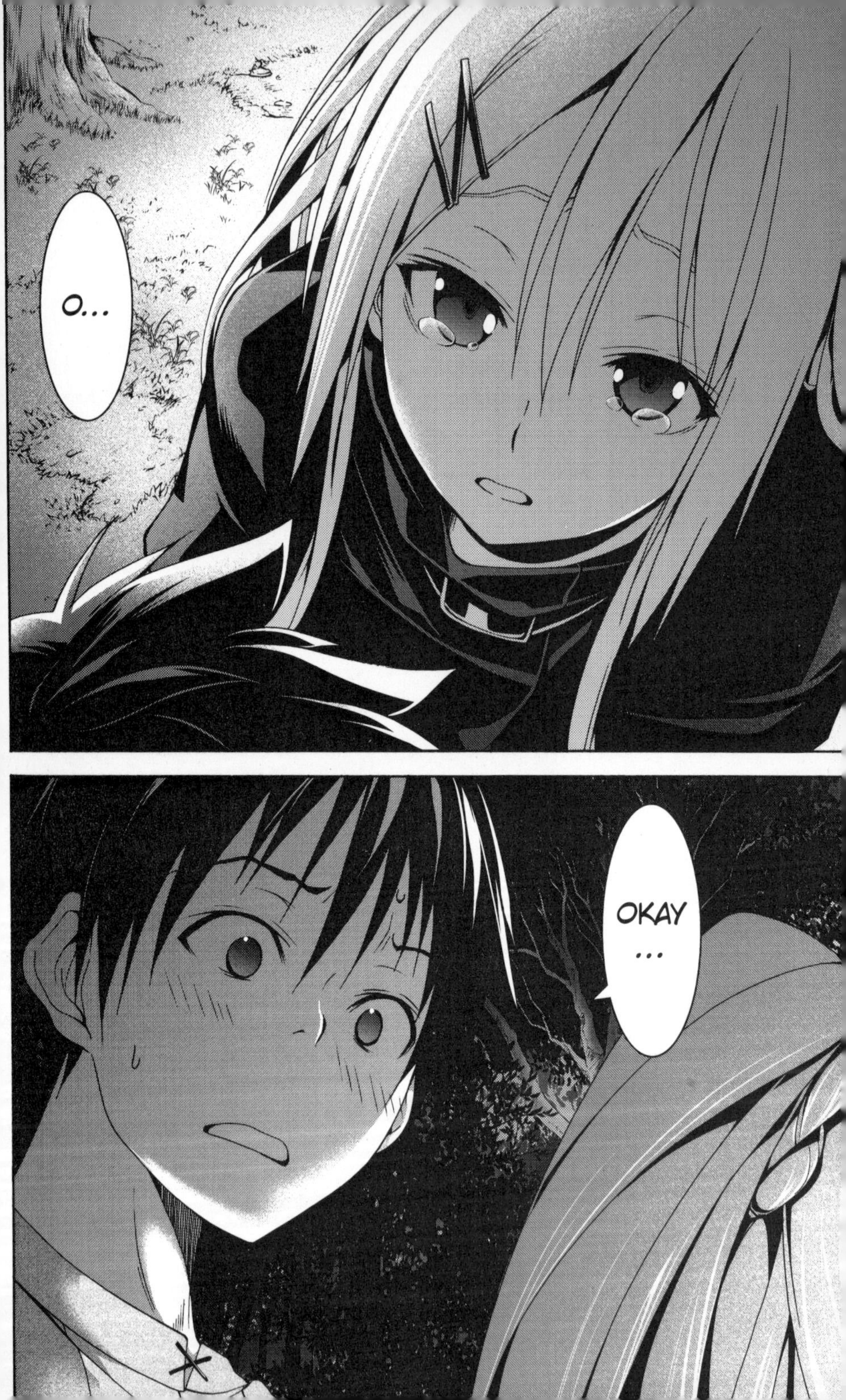
O...
OKAY ...

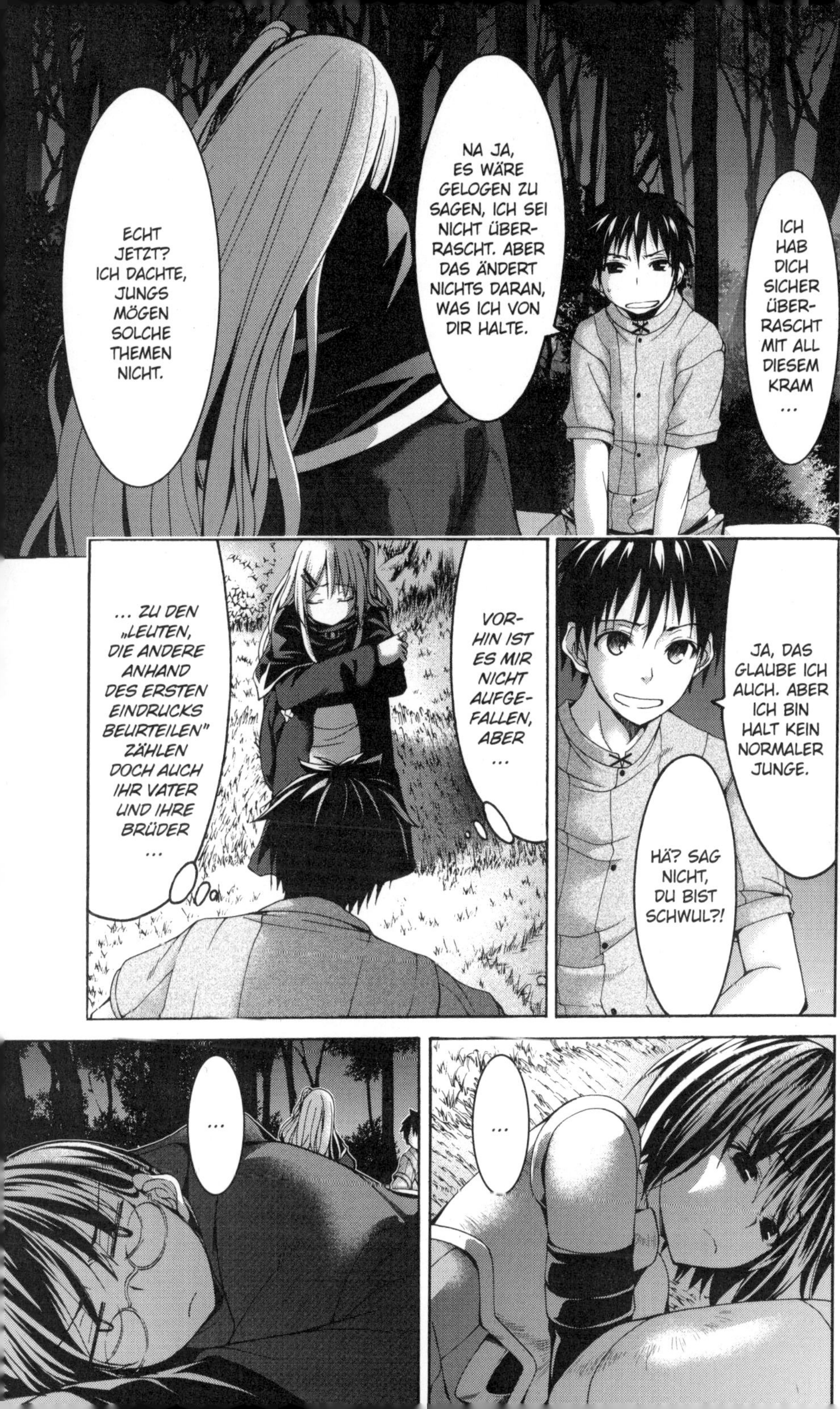

ICH HAB DICH SICHER ÜBERRASCHT MIT ALL DIESEM KRAM …
NA JA, ES WÄRE GELOGEN ZU SAGEN, ICH SEI NICHT ÜBERRASCHT. ABER DAS ÄNDERT NICHTS DARAN, WAS ICH VON DIR HALTE.
ECHT JETZT? ICH DACHTE, JUNGS MÖGEN SOLCHE THEMEN NICHT.
JA, DAS GLAUBE ICH AUCH. ABER ICH BIN HALT KEIN NORMALER JUNGE.
HÄ? SAG NICHT, DU BIST SCHWUL?!
VORHIN IST ES MIR NICHT AUFGEFALLEN, ABER …
… ZU DEN „LEUTEN, DIE ANDERE ANHAND DES ERSTEN EINDRUCKS BEURTEILEN" ZÄHLEN DOCH AUCH IHR VATER UND IHRE BRÜDER …
…
…

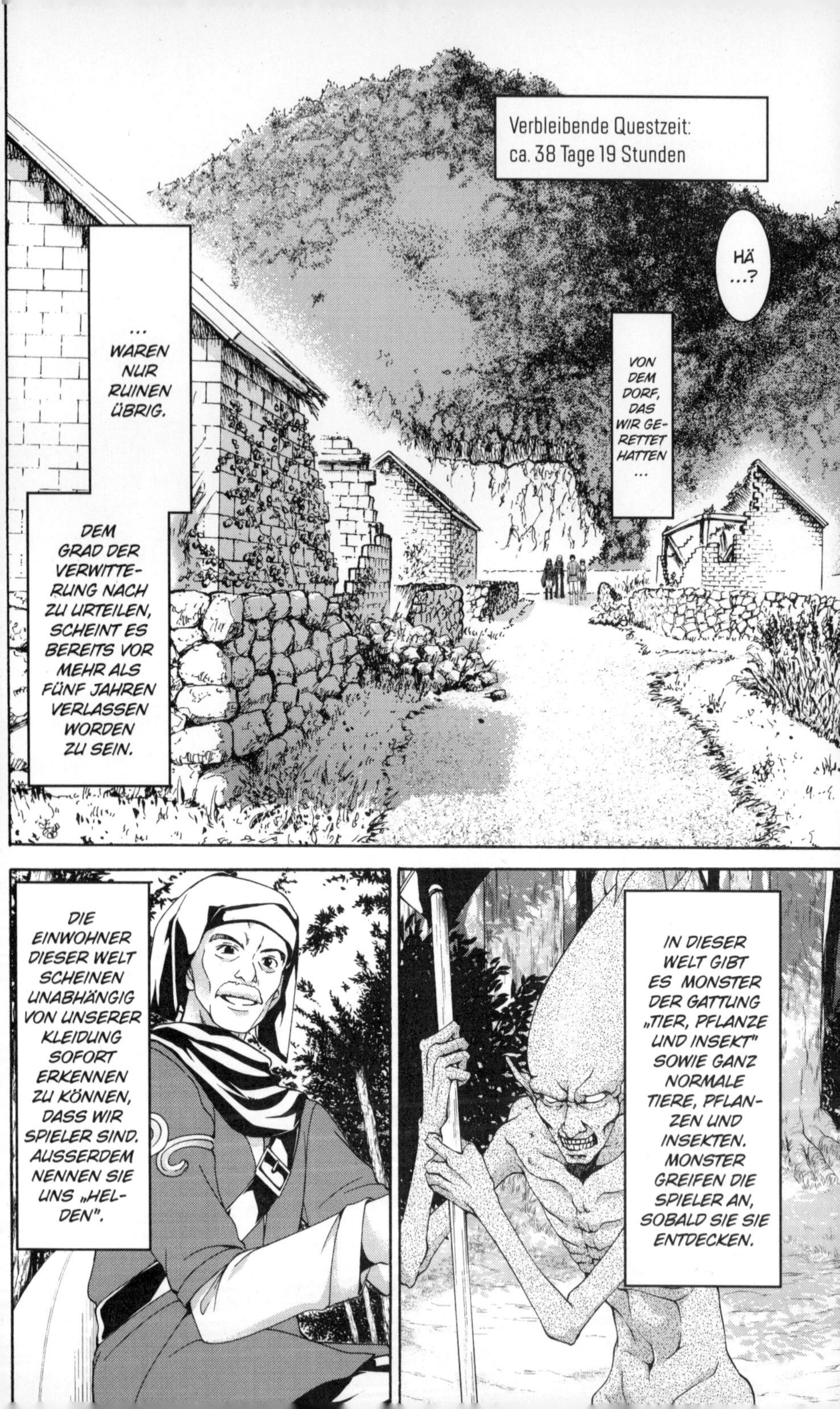

Verbleibende Questzeit: ca. 38 Tage 19 Stunden
HÄ ...?
VON DEM DORF, DAS WIR GERETTET HATTEN ...
... WAREN NUR RUINEN ÜBRIG.
DEM GRAD DER VERWITTERUNG NACH ZU URTEILEN, SCHEINT ES BEREITS VOR MEHR ALS FÜNF JAHREN VERLASSEN WORDEN ZU SEIN.
IN DIESER WELT GIBT ES MONSTER DER GATTUNG „TIER, PFLANZE UND INSEKT" SOWIE GANZ NORMALE TIERE, PFLANZEN UND INSEKTEN. MONSTER GREIFEN DIE SPIELER AN, SOBALD SIE SIE ENTDECKEN.
DIE EINWOHNER DIESER WELT SCHEINEN UNABHÄNGIG VON UNSERER KLEIDUNG SOFORT ERKENNEN ZU KÖNNEN, DASS WIR SPIELER SIND. AUSSERDEM NENNEN SIE UNS „HELDEN".

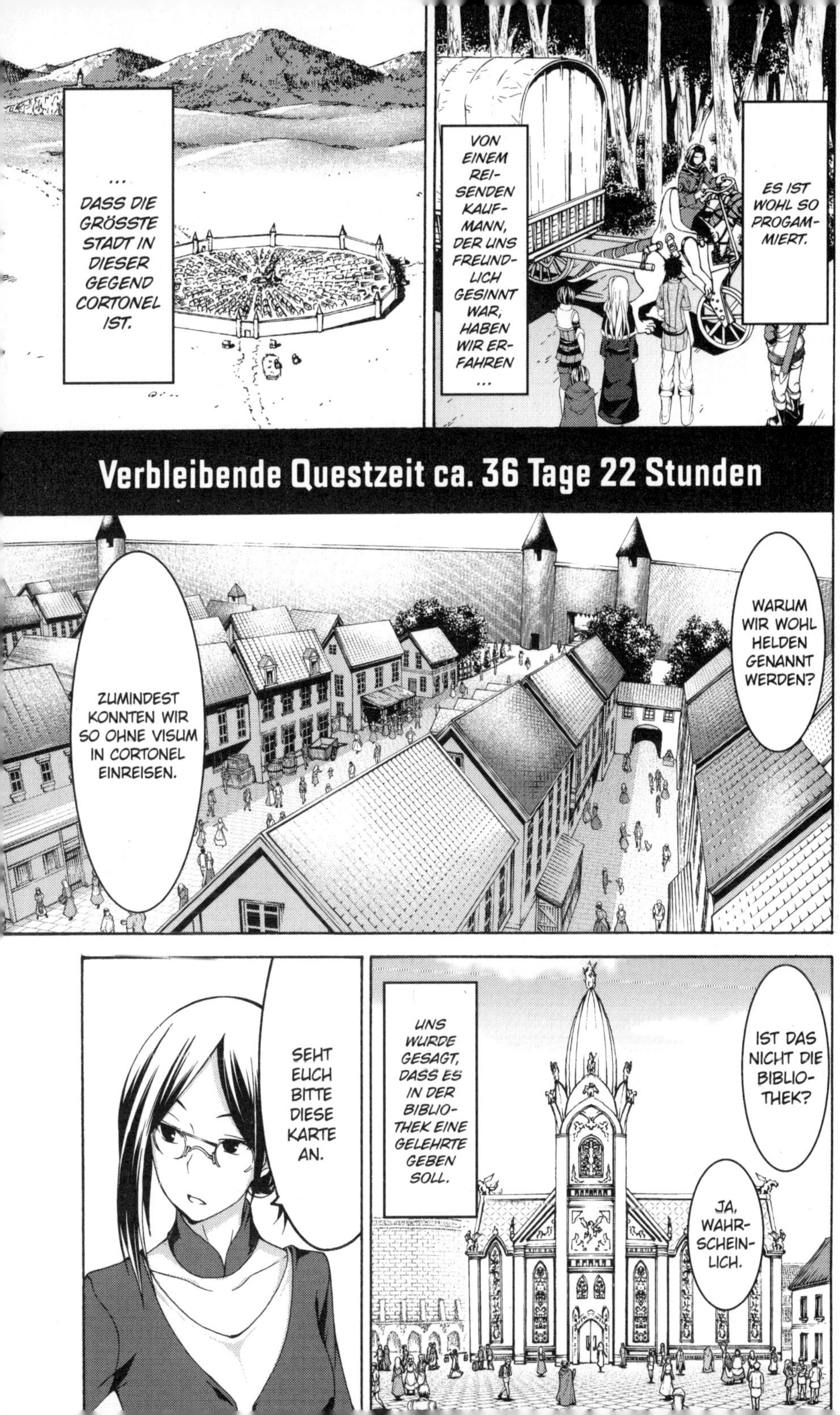
ES IST WOHL SO PROGAMMIERT.
VON EINEM REISENDEN KAUFMANN, DER UNS FREUNDLICH GESINNT WAR, HABEN WIR ERFAHREN …
… DASS DIE GRÖSSTE STADT IN DIESER GEGEND CORTONEL IST.
Verbleibende Questzeit ca. 36 Tage 22 Stunden
WARUM WIR WOHL HELDEN GENANNT WERDEN?
ZUMINDEST KONNTEN WIR SO OHNE VISUM IN CORTONEL EINREISEN.
IST DAS NICHT DIE BIBLIOTHEK?
JA, WAHRSCHEINLICH.
UNS WURDE GESAGT, DASS ES IN DER BIBLIOTHEK EINE GELEHRTE GEBEN SOLL.
SEHT EUCH BITTE DIESE KARTE AN.

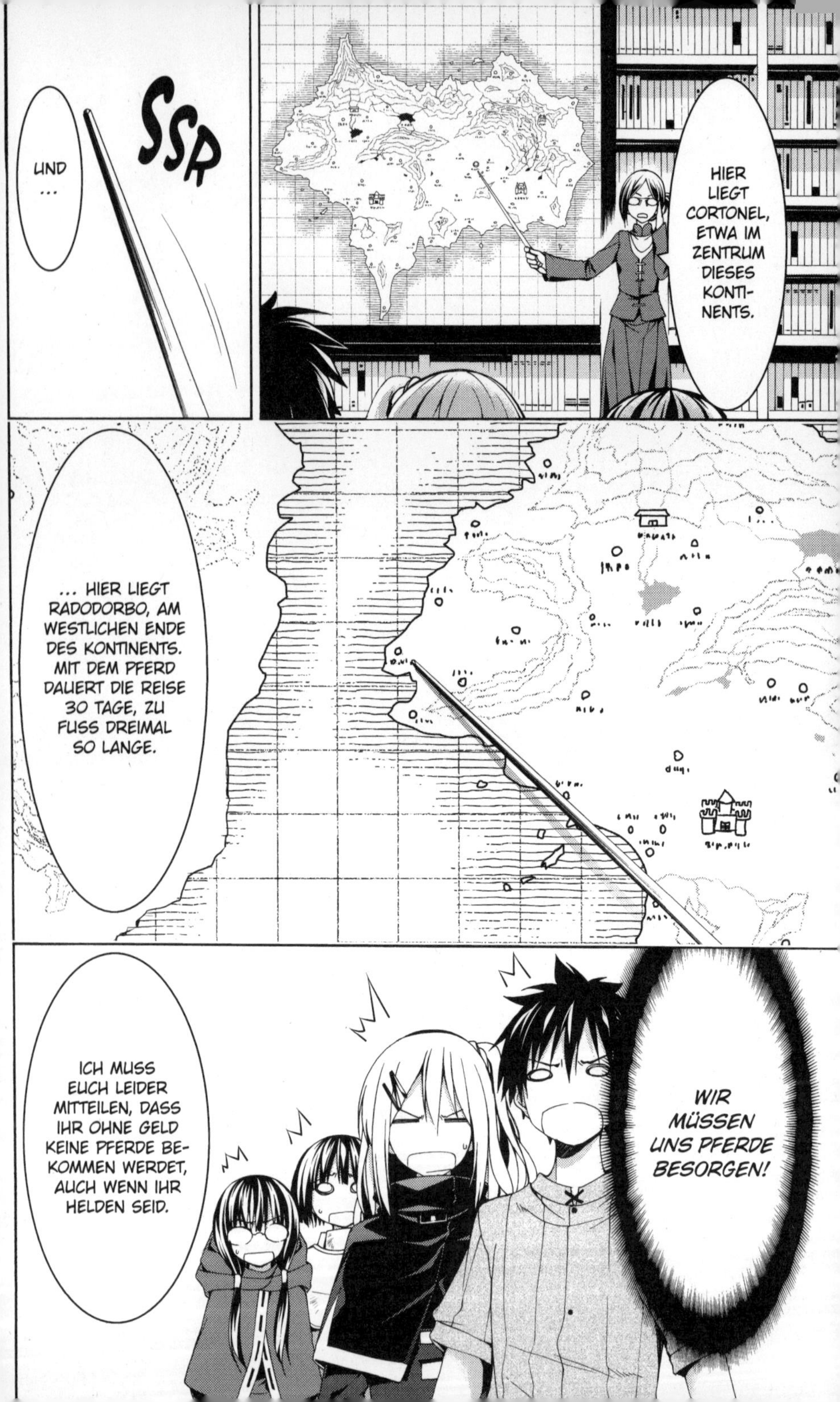
HIER LIEGT CORTONEL, ETWA IM ZENTRUM DIESES KONTI-NENTS.
SSR
UND ...
... HIER LIEGT RADODORBO, AM WESTLICHEN ENDE DES KONTINENTS. MIT DEM PFERD DAUERT DIE REISE 30 TAGE, ZU FUSS DREIMAL SO LANGE.
WIR MÜSSEN UNS PFERDE BESORGEN!
ICH MUSS EUCH LEIDER MITTEILEN, DASS IHR OHNE GELD KEINE PFERDE BE-KOMMEN WERDET, AUCH WENN IHR HELDEN SEID.

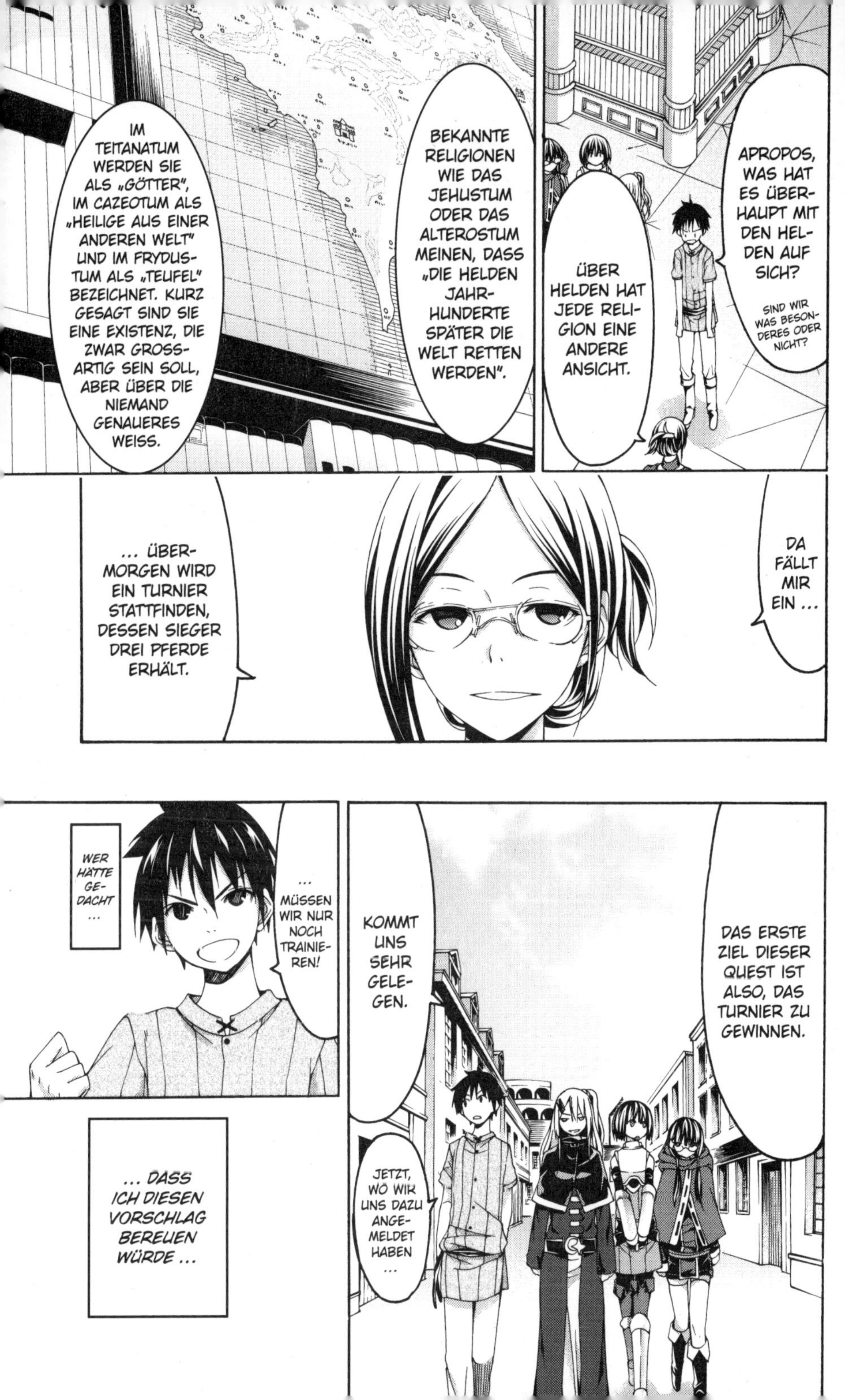

APROPOS, WAS HAT ES ÜBERHAUPT MIT DEN HELDEN AUF SICH?
SIND WIR WAS BESONDERES ODER NICHT?
ÜBER HELDEN HAT JEDE RELIGION EINE ANDERE ANSICHT.
BEKANNTE RELIGIONEN WIE DAS JEHUSTUM ODER DAS ALTEROSTUM MEINEN, DASS „DIE HELDEN JAHRHUNDERTE SPÄTER DIE WELT RETTEN WERDEN".
IM TEITANATUM WERDEN SIE ALS „GÖTTER", IM CAZEOTUM ALS „HEILIGE AUS EINER ANDEREN WELT" UND IM FRYDUSTUM ALS „TEUFEL" BEZEICHNET. KURZ GESAGT SIND SIE EINE EXISTENZ, DIE ZWAR GROSSARTIG SEIN SOLL, ABER ÜBER DIE NIEMAND GENAUERES WEISS.
DA FÄLLT MIR EIN …
… ÜBERMORGEN WIRD EIN TURNIER STATTFINDEN, DESSEN SIEGER DREI PFERDE ERHÄLT.
DAS ERSTE ZIEL DIESER QUEST IST ALSO, DAS TURNIER ZU GEWINNEN.
KOMMT UNS SEHR GELEGEN.
JETZT, WO WIR UNS DAZU ANGEMELDET HABEN …
… MÜSSEN WIR NUR NOCH TRAINIEREN!
WER HÄTTE GEDACHT …
… DASS ICH DIESEN VORSCHLAG BEREUEN WÜRDE …

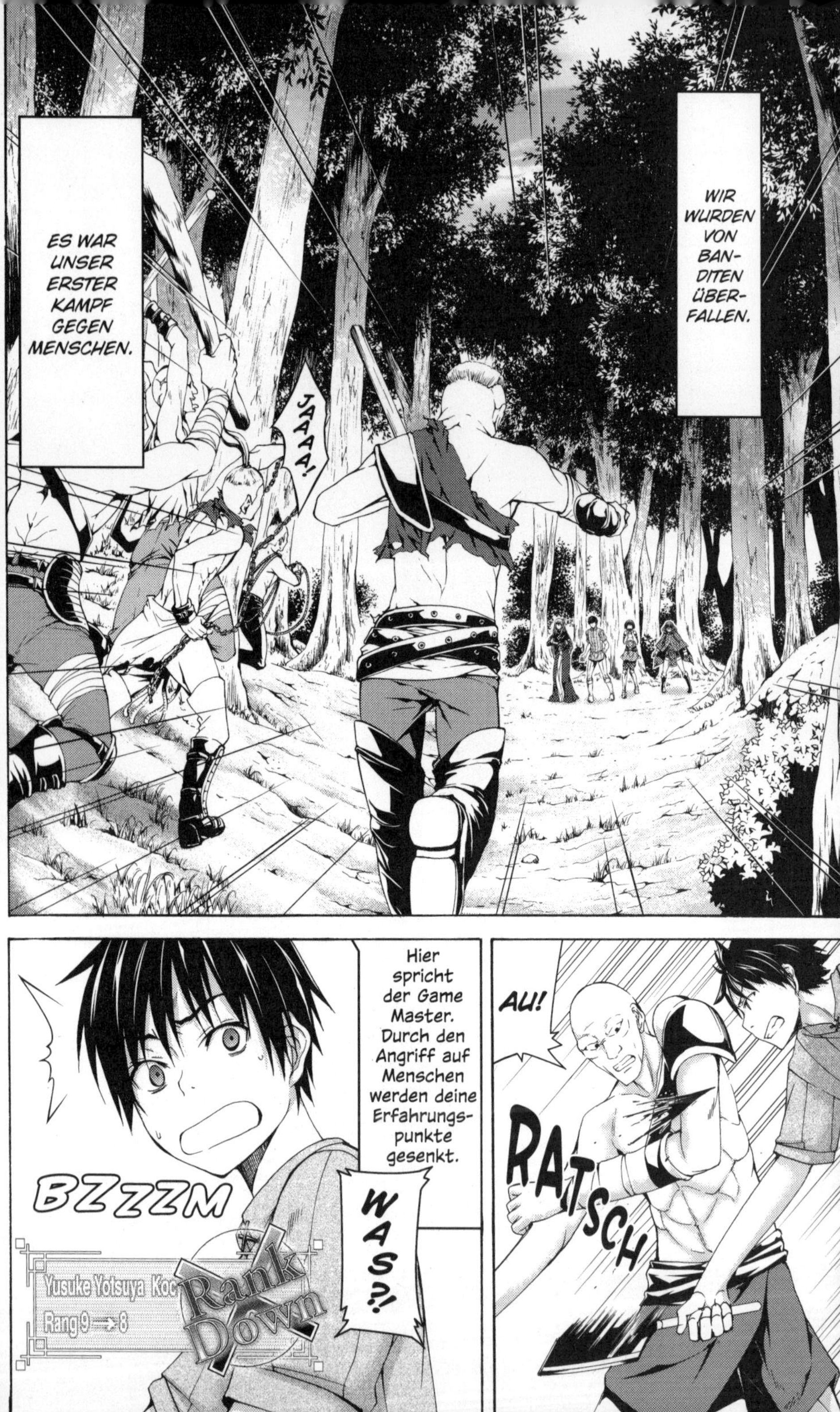
WIR WURDEN VON BANDITEN ÜBERFALLEN.
ES WAR UNSER ERSTER KAMPF GEGEN MENSCHEN.
JAAAAA!
AU!
RATSCH
Hier spricht der Game Master. Durch den Angriff auf Menschen werden deine Erfahrungspunkte gesenkt.
WAS?!
BZZZM
Yusuke Yotsuya Koc
Rang 9 → 8
Rank Down

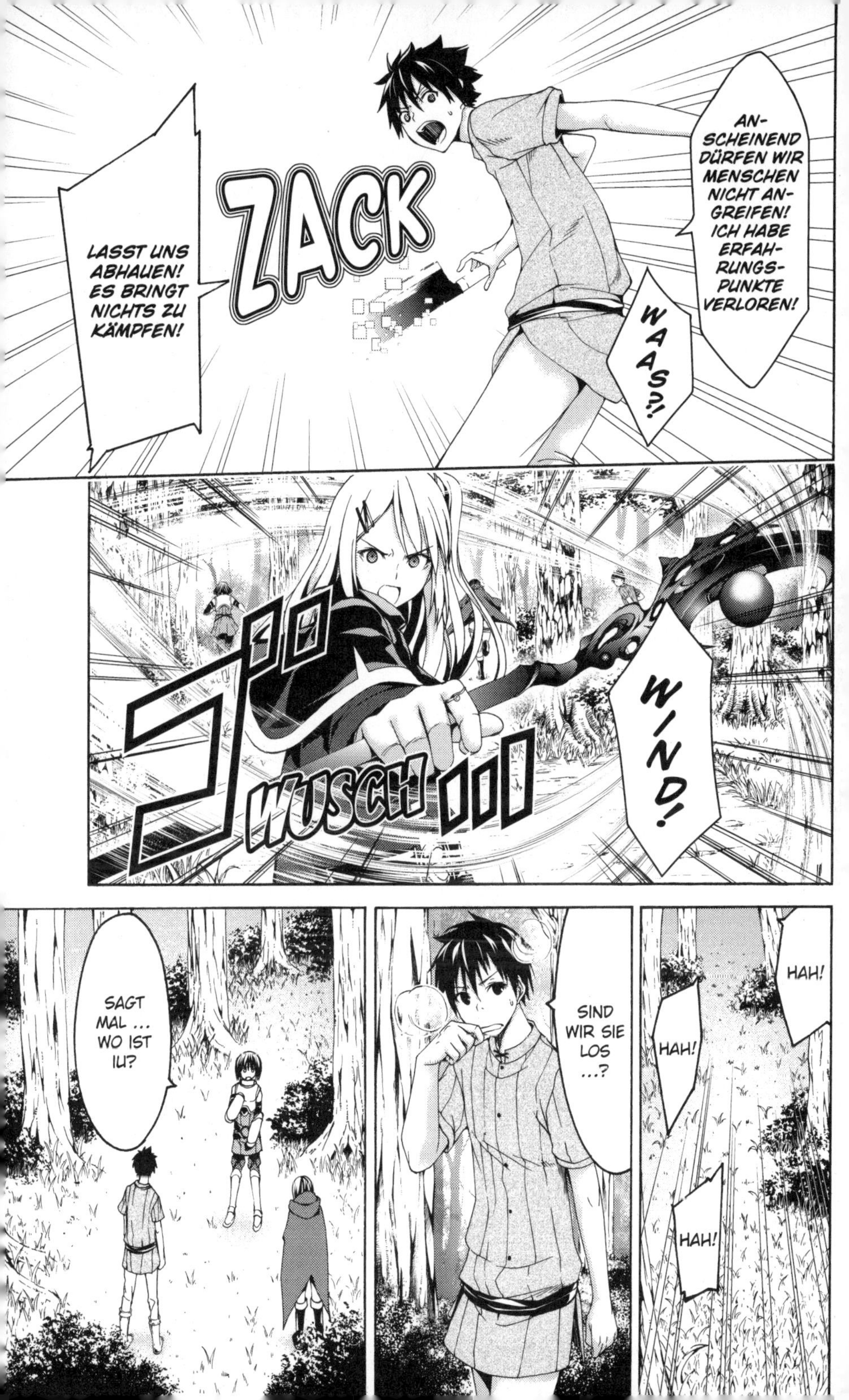
AN-
SCHEINEND
DÜRFEN WIR
MENSCHEN
NICHT AN-
GREIFEN!
ICH HABE
ERFAH-
RUNGS-
PUNKTE
VERLOREN!
WAAS?!
ZACK
LASST UNS
ABHAUEN!
ES BRINGT
NICHTS ZU
KÄMPFEN!
WIND!
WUSCH
HAH!
HAH!
HAH!
SIND
WIR SIE
LOS
…?
SAGT
MAL …
WO IST
IU?

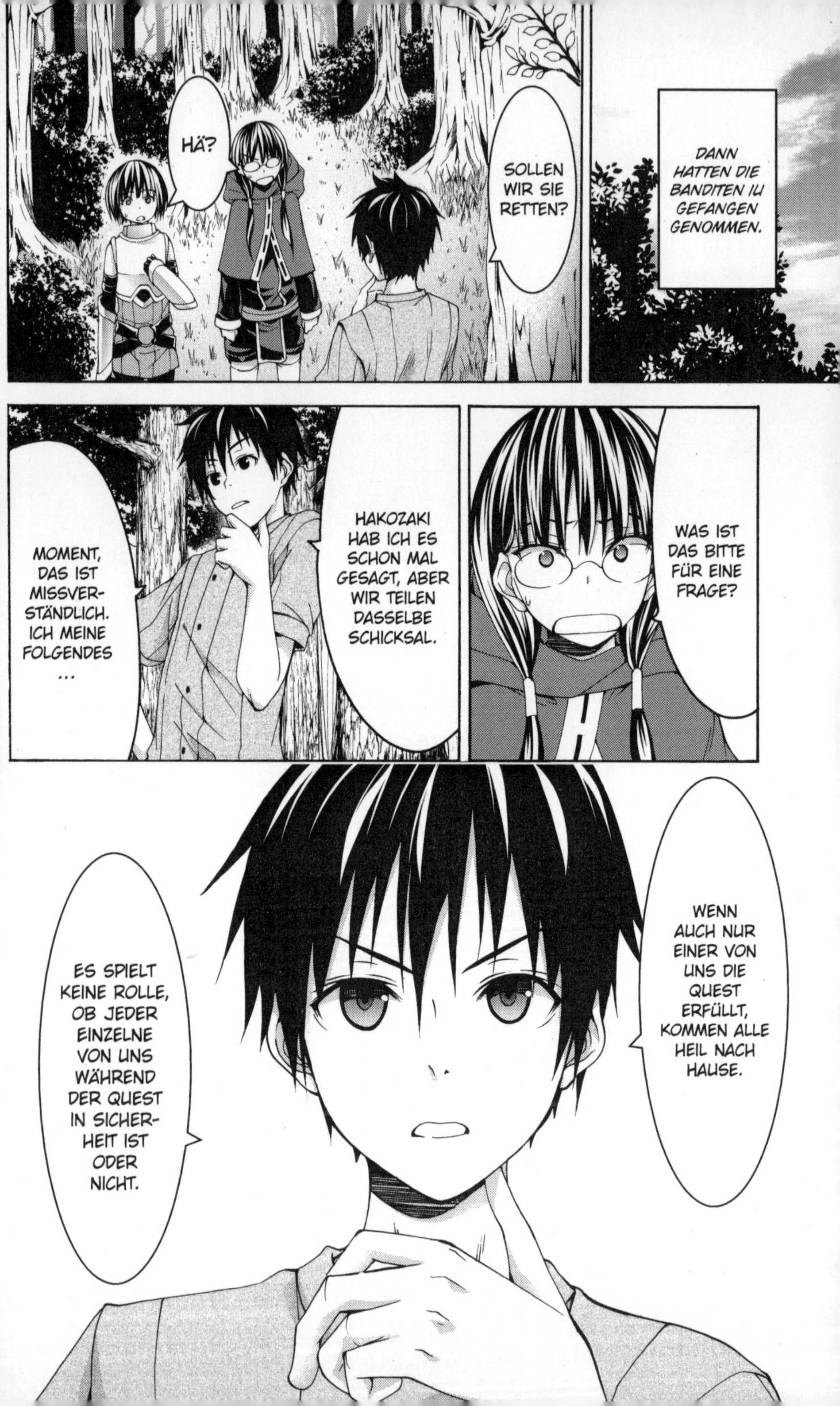
DANN HATTEN DIE BANDITEN IU GEFANGEN GENOMMEN.
SOLLEN WIR SIE RETTEN?
HÄ?
WAS IST DAS BITTE FÜR EINE FRAGE?
HAKOZAKI HAB ICH ES SCHON MAL GESAGT, ABER WIR TEILEN DASSELBE SCHICKSAL.
MOMENT, DAS IST MISSVERSTÄNDLICH. ICH MEINE FOLGENDES ...
WENN AUCH NUR EINER VON UNS DIE QUEST ERFÜLLT, KOMMEN ALLE HEIL NACH HAUSE.
ES SPIELT KEINE ROLLE, OB JEDER EINZELNE VON UNS WÄHREND DER QUEST IN SICHERHEIT IST ODER NICHT.

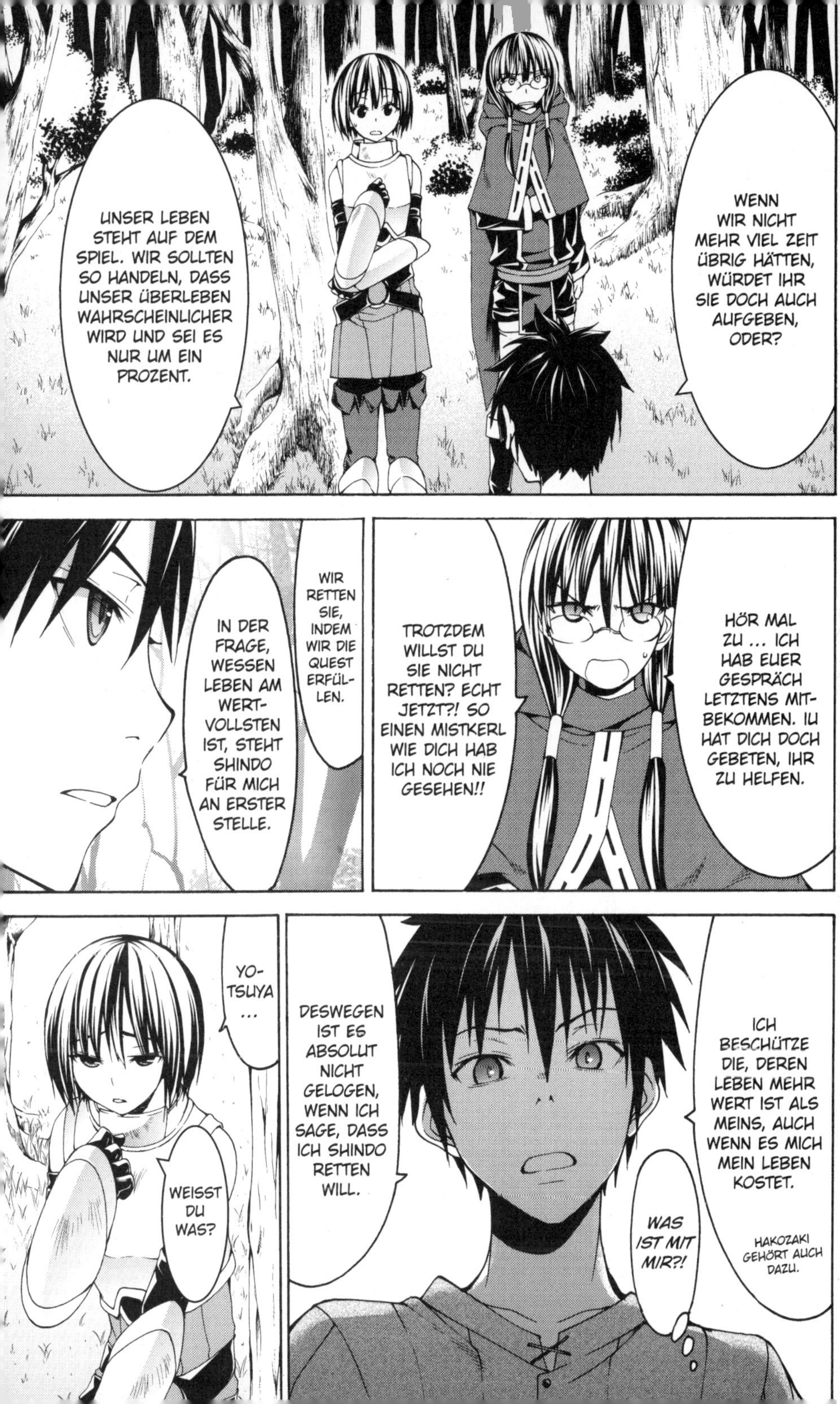
WENN WIR NICHT MEHR VIEL ZEIT ÜBRIG HÄTTEN, WÜRDET IHR SIE DOCH AUCH AUFGEBEN, ODER?
UNSER LEBEN STEHT AUF DEM SPIEL. WIR SOLLTEN SO HANDELN, DASS UNSER ÜBERLEBEN WAHRSCHEINLICHER WIRD UND SEI ES NUR UM EIN PROZENT.
HÖR MAL ZU … ICH HAB EUER GESPRÄCH LETZTENS MITBEKOMMEN. IU HAT DICH DOCH GEBETEN, IHR ZU HELFEN.
TROTZDEM WILLST DU SIE NICHT RETTEN? ECHT JETZT?! SO EINEN MISTKERL WIE DICH HAB ICH NOCH NIE GESEHEN!!
WIR RETTEN SIE, INDEM WIR DIE QUEST ERFÜLLEN.
IN DER FRAGE, WESSEN LEBEN AM WERTVOLLSTEN IST, STEHT SHINDO FÜR MICH AN ERSTER STELLE.
ICH BESCHÜTZE DIE, DEREN LEBEN MEHR WERT IST ALS MEINS, AUCH WENN ES MICH MEIN LEBEN KOSTET.
HAKOZAKI GEHÖRT AUCH DAZU.
WAS IST MIT MIR?!
DESWEGEN IST ES ABSOLUT NICHT GELOGEN, WENN ICH SAGE, DASS ICH SHINDO RETTEN WILL.
YOTSUYA …
WEISST DU WAS?

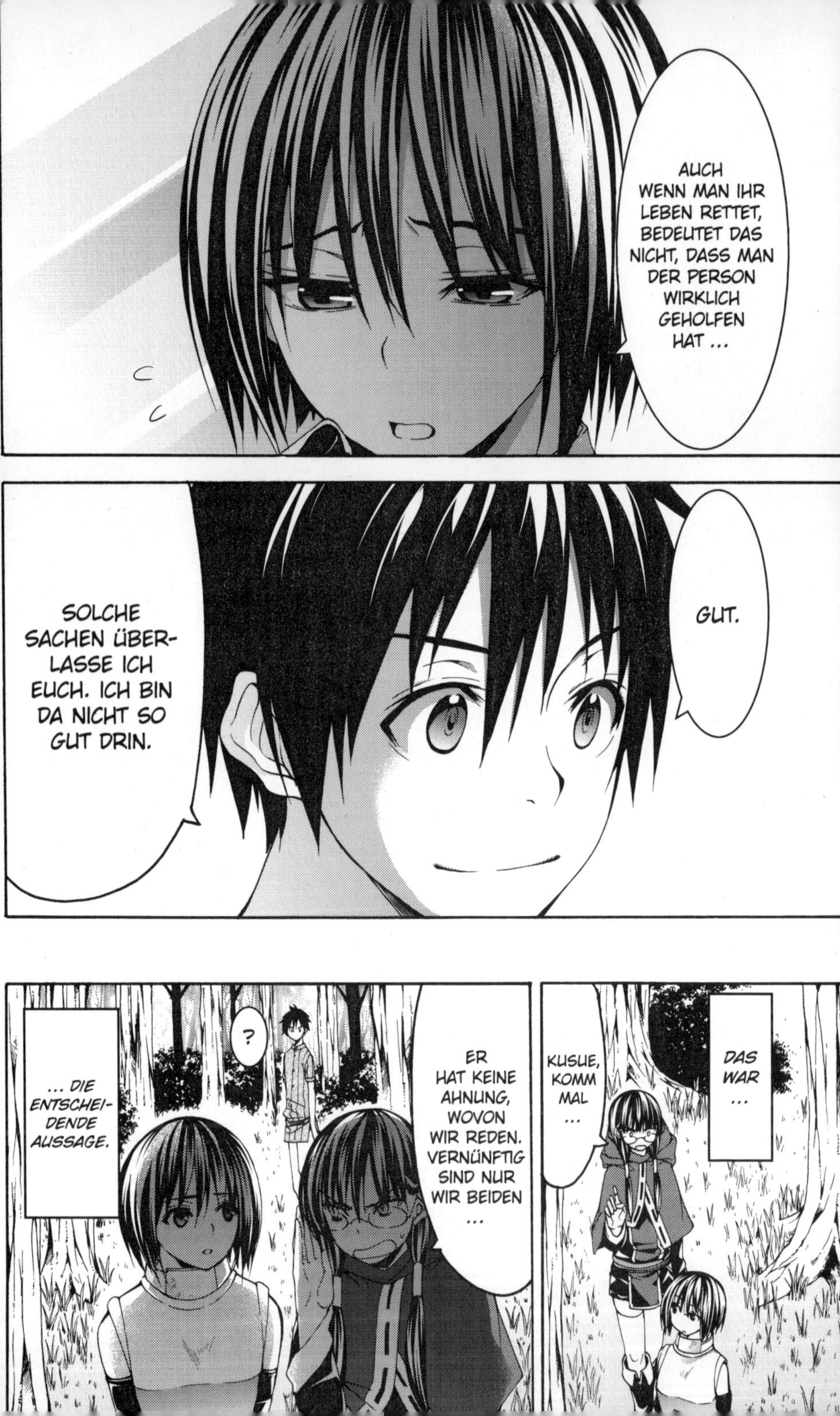
AUCH WENN MAN IHR LEBEN RETTET, BEDEUTET DAS NICHT, DASS MAN DER PERSON WIRKLICH GEHOLFEN HAT …
GUT.
SOLCHE SACHEN ÜBERLASSE ICH EUCH. ICH BIN DA NICHT SO GUT DRIN.
DAS WAR …
KUSUE, KOMM MAL …
ER HAT KEINE AHNUNG, WOVON WIR REDEN. VERNÜNFTIG SIND NUR WIR BEIDEN …
?
… DIE ENTSCHEIDENDE AUSSAGE.

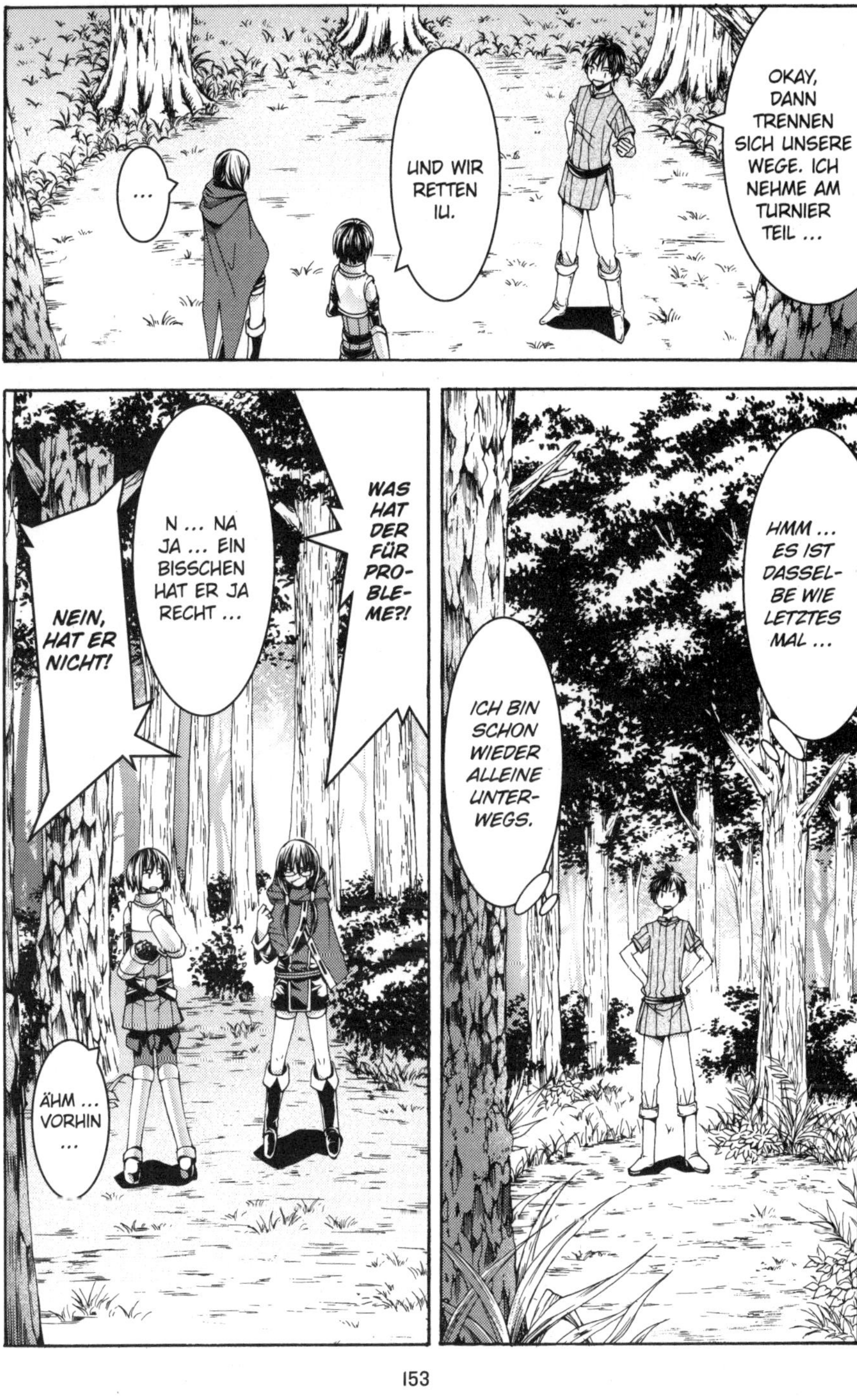
OKAY, DANN TRENNEN SICH UNSERE WEGE. ICH NEHME AM TURNIER TEIL …
UND WIR RETTEN IU.
…
HMM … ES IST DASSELBE WIE LETZTES MAL …
ICH BIN SCHON WIEDER ALLEINE UNTERWEGS.
WAS HAT DER FÜR PROBLEME?!
N … NA JA … EIN BISSCHEN HAT ER JA RECHT …
NEIN, HAT ER NICHT!
ÄHM … VORHIN …

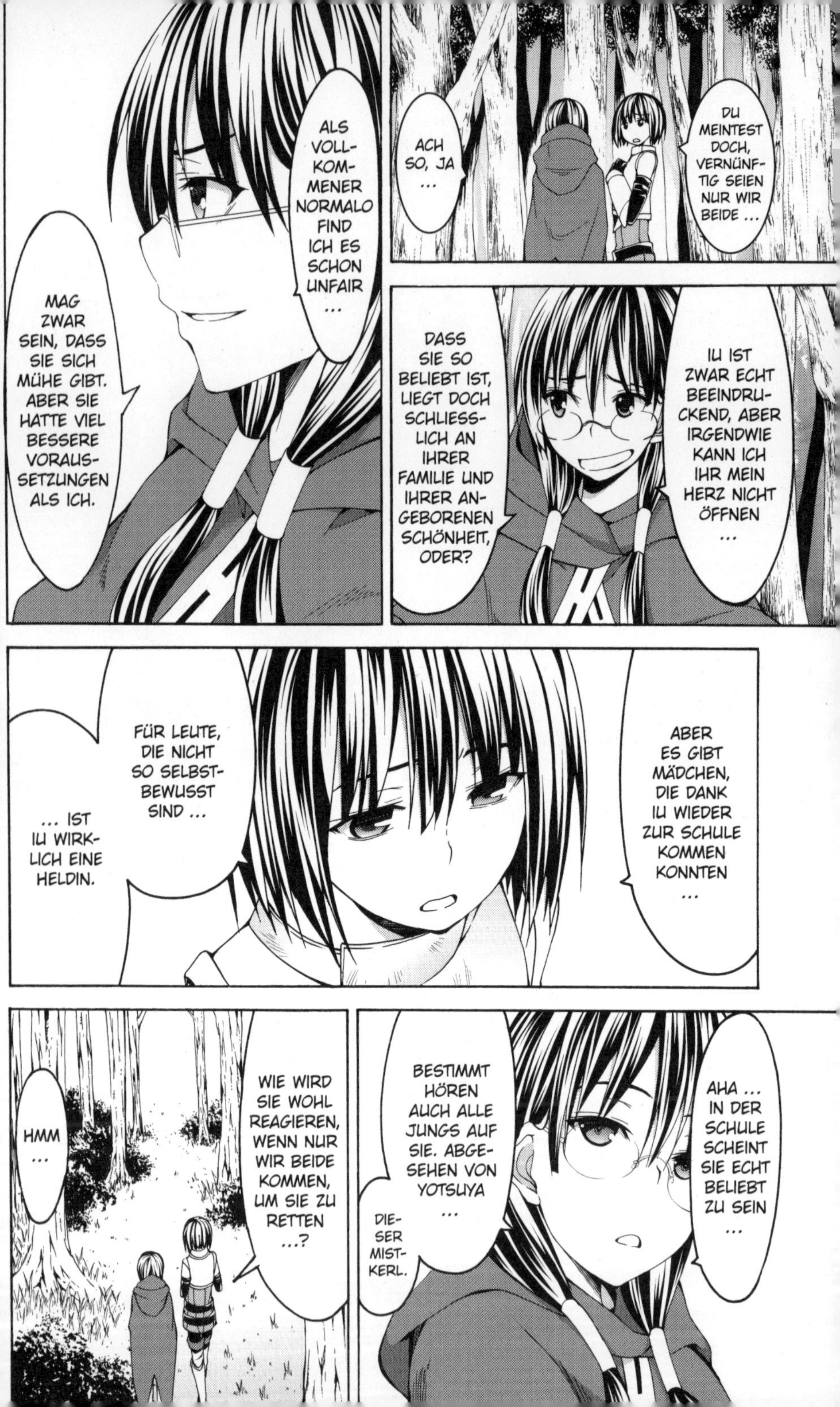
DU MEINTEST DOCH, VERNÜNFTIG SEIEN NUR WIR BEIDE …
ACH SO, JA …
IU IST ZWAR ECHT BEEINDRUCKEND, ABER IRGENDWIE KANN ICH IHR MEIN HERZ NICHT ÖFFNEN …
DASS SIE SO BELIEBT IST, LIEGT DOCH SCHLIESSLICH AN IHRER FAMILIE UND IHRER ANGEBORENEN SCHÖNHEIT, ODER?
ALS VOLLKOMMENER NORMALO FIND ICH ES SCHON UNFAIR …
MAG ZWAR SEIN, DASS SIE SICH MÜHE GIBT. ABER SIE HATTE VIEL BESSERE VORAUSSETZUNGEN ALS ICH.
ABER ES GIBT MÄDCHEN, DIE DANK IU WIEDER ZUR SCHULE KOMMEN KONNTEN …
FÜR LEUTE, DIE NICHT SO SELBSTBEWUSST SIND …
… IST IU WIRKLICH EINE HELDIN.
AHA … IN DER SCHULE SCHEINT SIE ECHT BELIEBT ZU SEIN …
BESTIMMT HÖREN AUCH ALLE JUNGS AUF SIE. ABGESEHEN VON YOTSUYA …
DIESER MISTKERL.
WIE WIRD SIE WOHL REAGIEREN, WENN NUR WIR BEIDE KOMMEN, UM SIE ZU RETTEN …?
HMM …

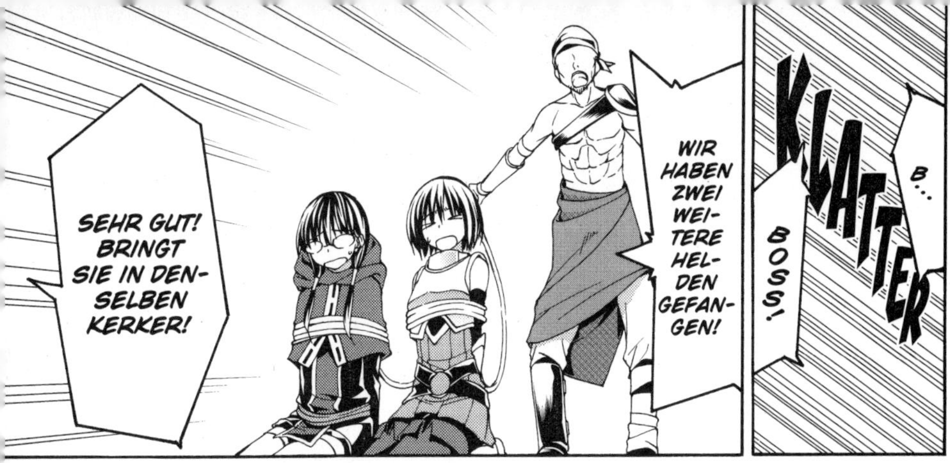

Verbleibende Questzeit: ca. 35 Tage 3 Stunden

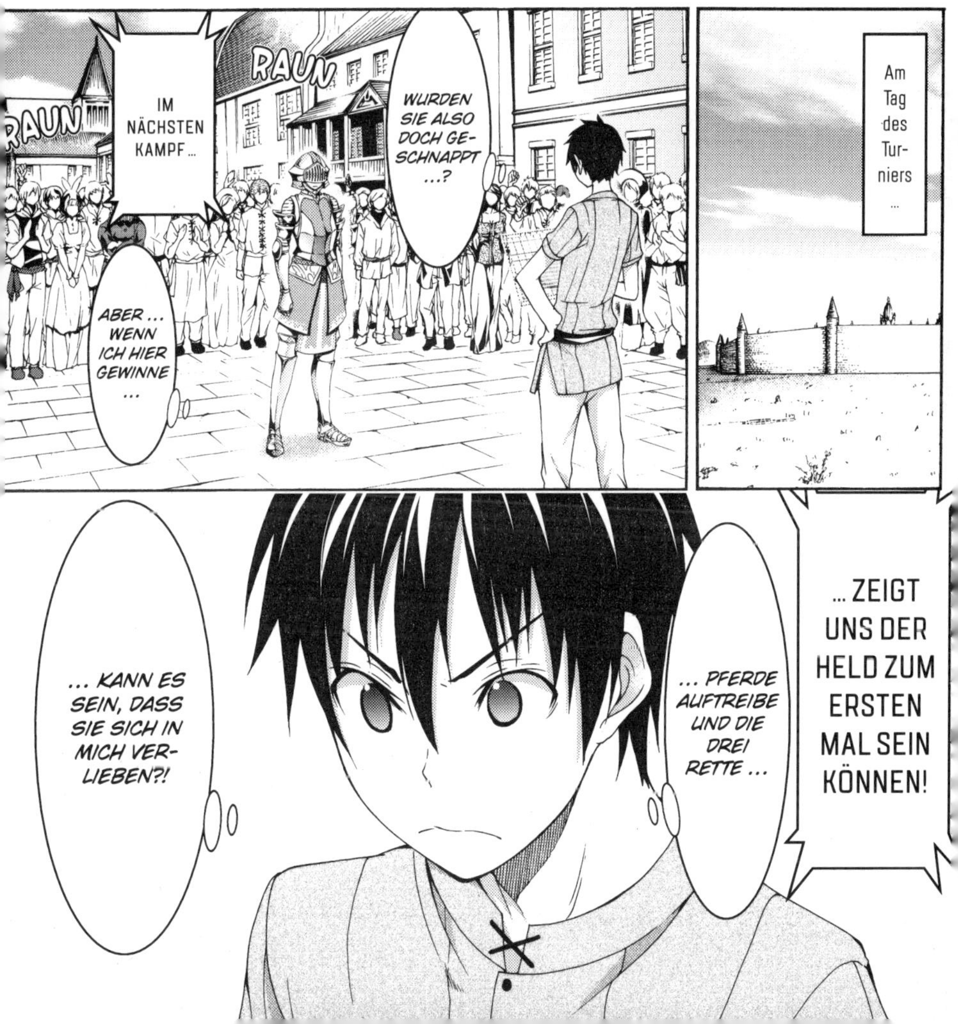

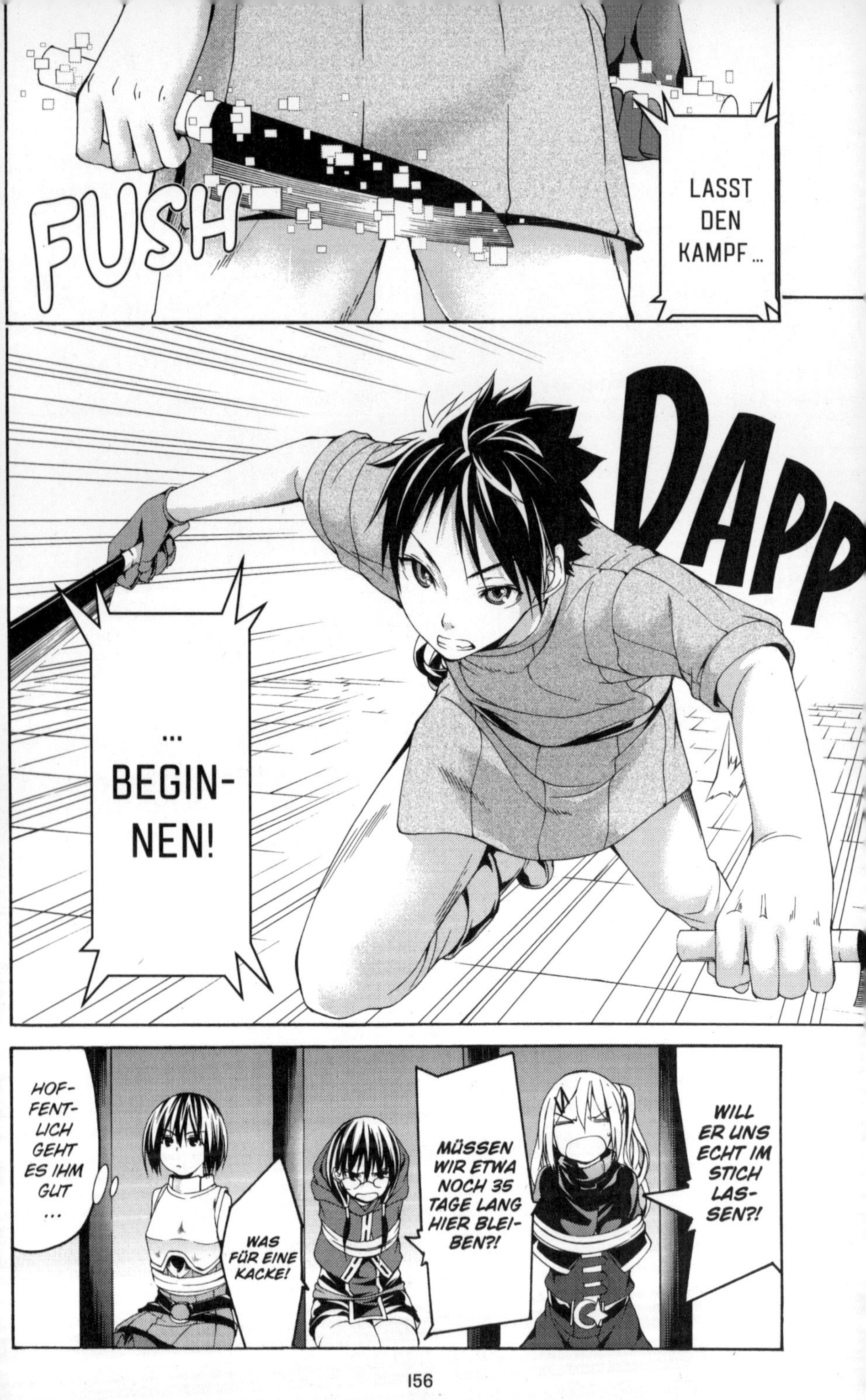
LASST DEN KAMPF ...
FUSH
DAPP
... BEGIN-NEN!
WILL ER UNS ECHT IM STICH LAS-SEN?!
MÜSSEN WIR ETWA NOCH 35 TAGE LANG HIER BLEI-BEN?!
WAS FÜR EINE KACKE!
HOF-FENT-LICH GEHT ES IHM GUT ...

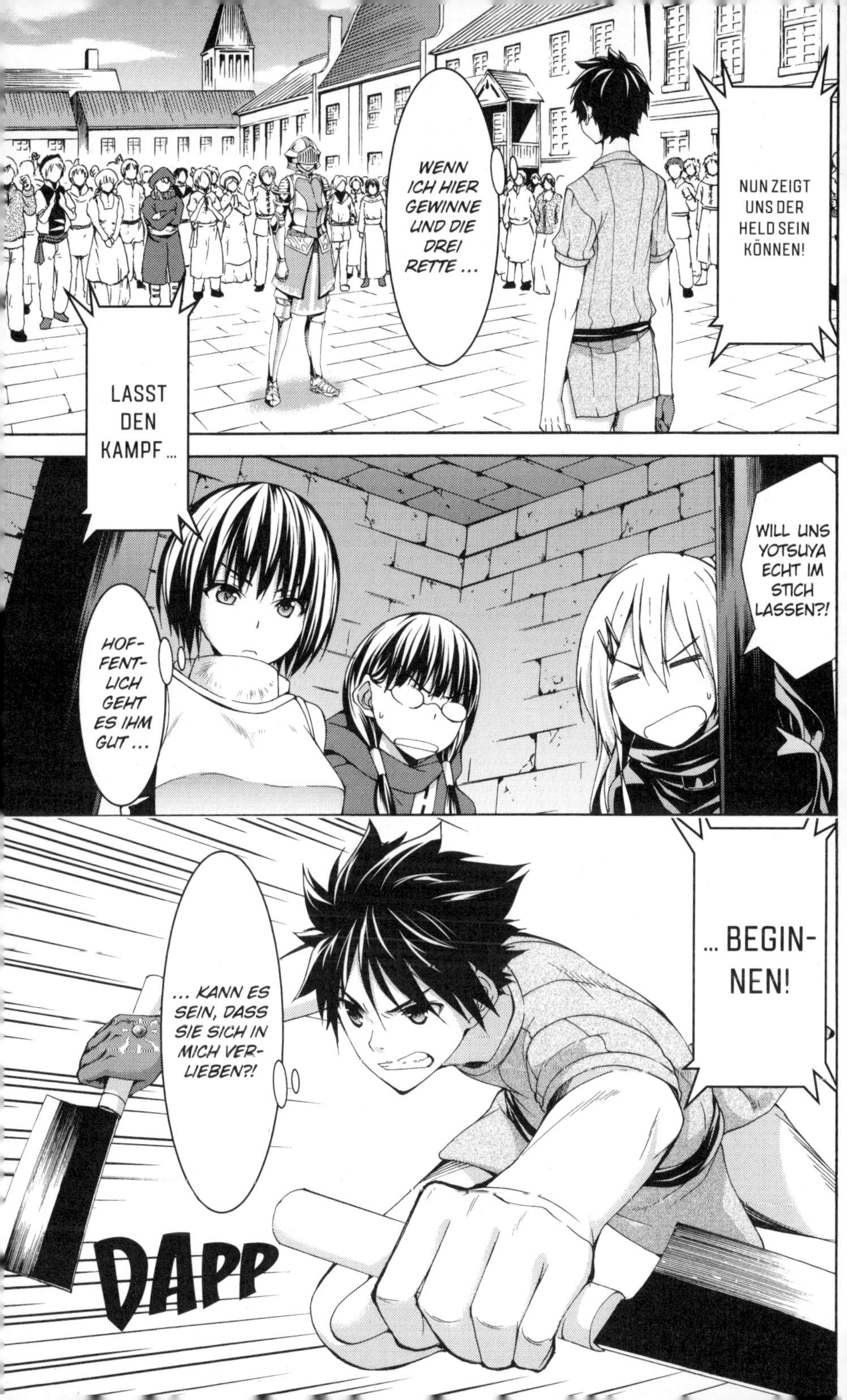
NUN ZEIGT UNS DER HELD SEIN KÖNNEN!
WENN ICH HIER GEWINNE UND DIE DREI RETTE …
LASST DEN KAMPF …
WILL UNS YOTSUYA ECHT IM STICH LASSEN?!
HOFFENTLICH GEHT ES IHM GUT …
… BEGINNEN!
… KANN ES SEIN, DASS SIE SICH IN MICH VERLIEBEN?!
DAPP

4 Ein Fleisch zerschneidendes Mädchen und das Rittertum

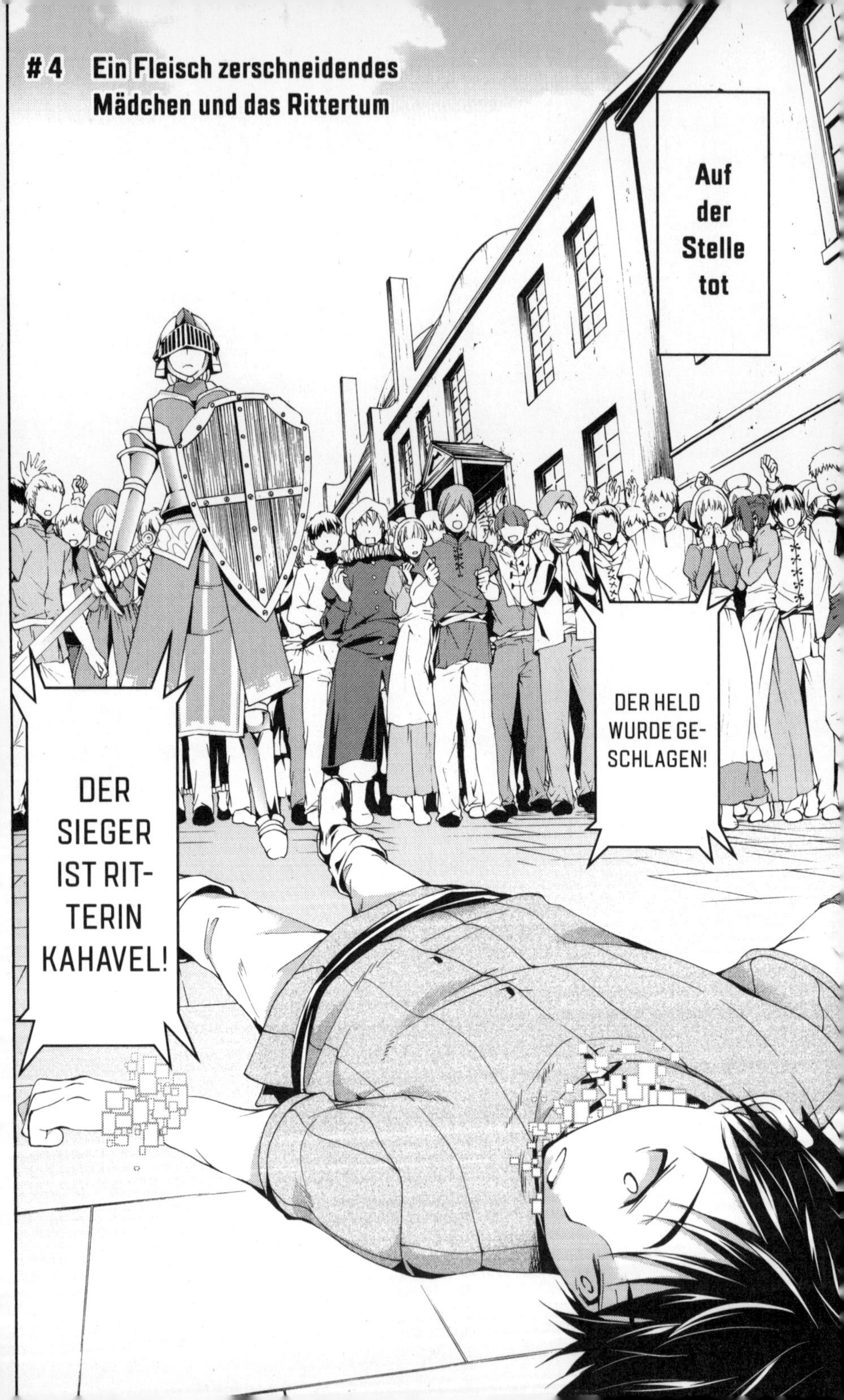

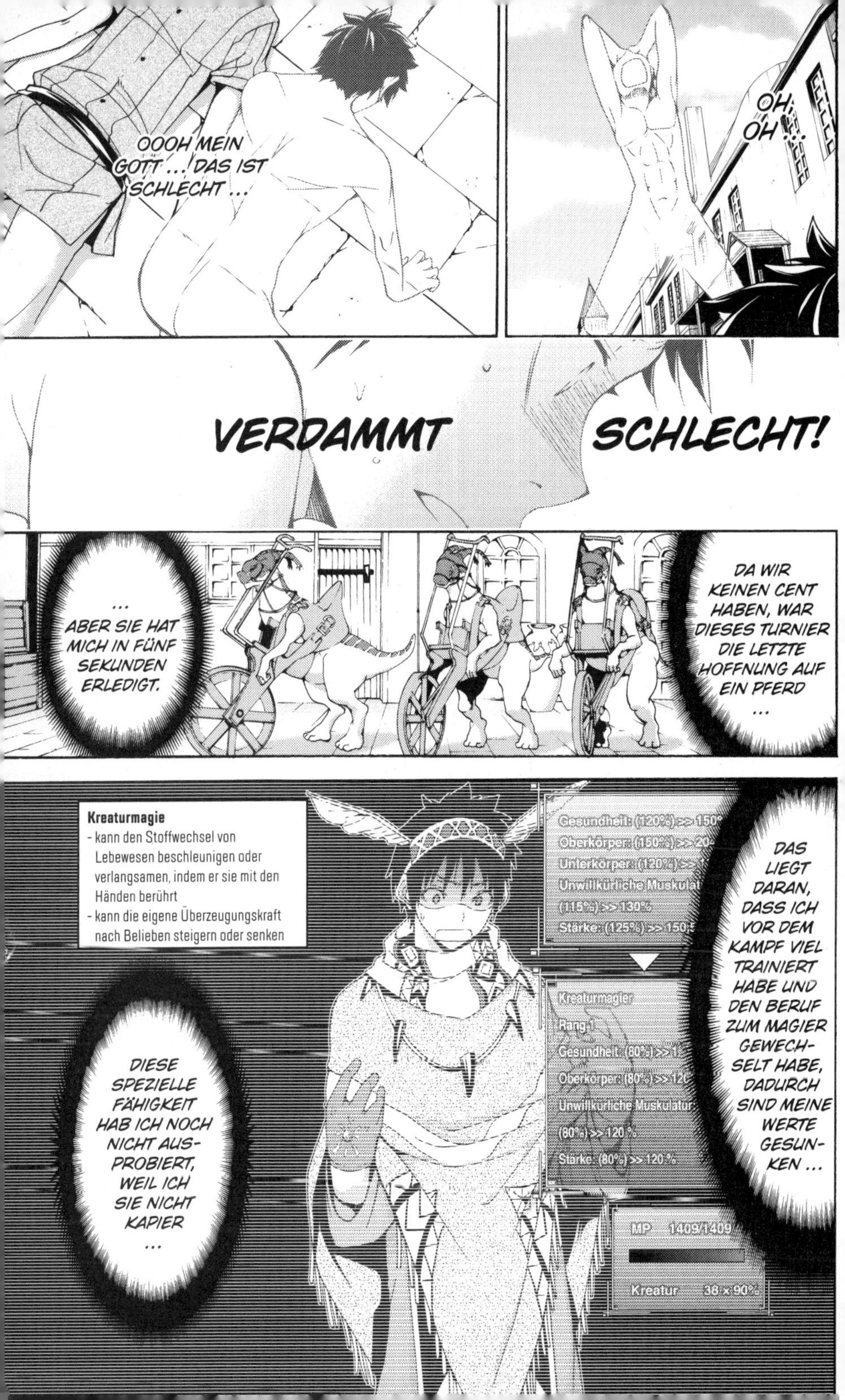
OH, OH ...
OOOH MEIN GOTT ... DAS IST SCHLECHT ...
VERDAMMT SCHLECHT!
DA WIR KEINEN CENT HABEN, WAR DIESES TURNIER DIE LETZTE HOFFNUNG AUF EIN PFERD ...
... ABER SIE HAT MICH IN FÜNF SEKUNDEN ERLEDIGT.
DAS LIEGT DARAN, DASS ICH VOR DEM KAMPF VIEL TRAINIERT HABE UND DEN BERUF ZUM MAGIER GEWECH-SELT HABE, DADURCH SIND MEINE WERTE GESUN-KEN ...
Gesundheit: (120%) >> 150
Oberkörper: (150%) >> 20
Unterkörper: (120%) >>
Unwillkürliche Muskulat
(115%) >> 130%
Stärke: (125%) >> 150,5
Kreaturmagier
Rang 1
Gesundheit: (80%) >> 1
Oberkörper: (80%) >> 120
Unwillkürliche Muskulatur
(80%) >> 120 %
Stärke: (80%) >> 120 %
MP 1409/1409
Kreatur 38 x 90%
Kreaturmagie
- kann den Stoffwechsel von Lebewesen beschleunigen oder verlangsamen, indem er sie mit den Händen berührt
- kann die eigene Überzeugungskraft nach Belieben steigern oder senken
DIESE SPEZIELLE FÄHIGKEIT HAB ICH NOCH NICHT AUS-PROBIERT, WEIL ICH SIE NICHT KAPIER ...

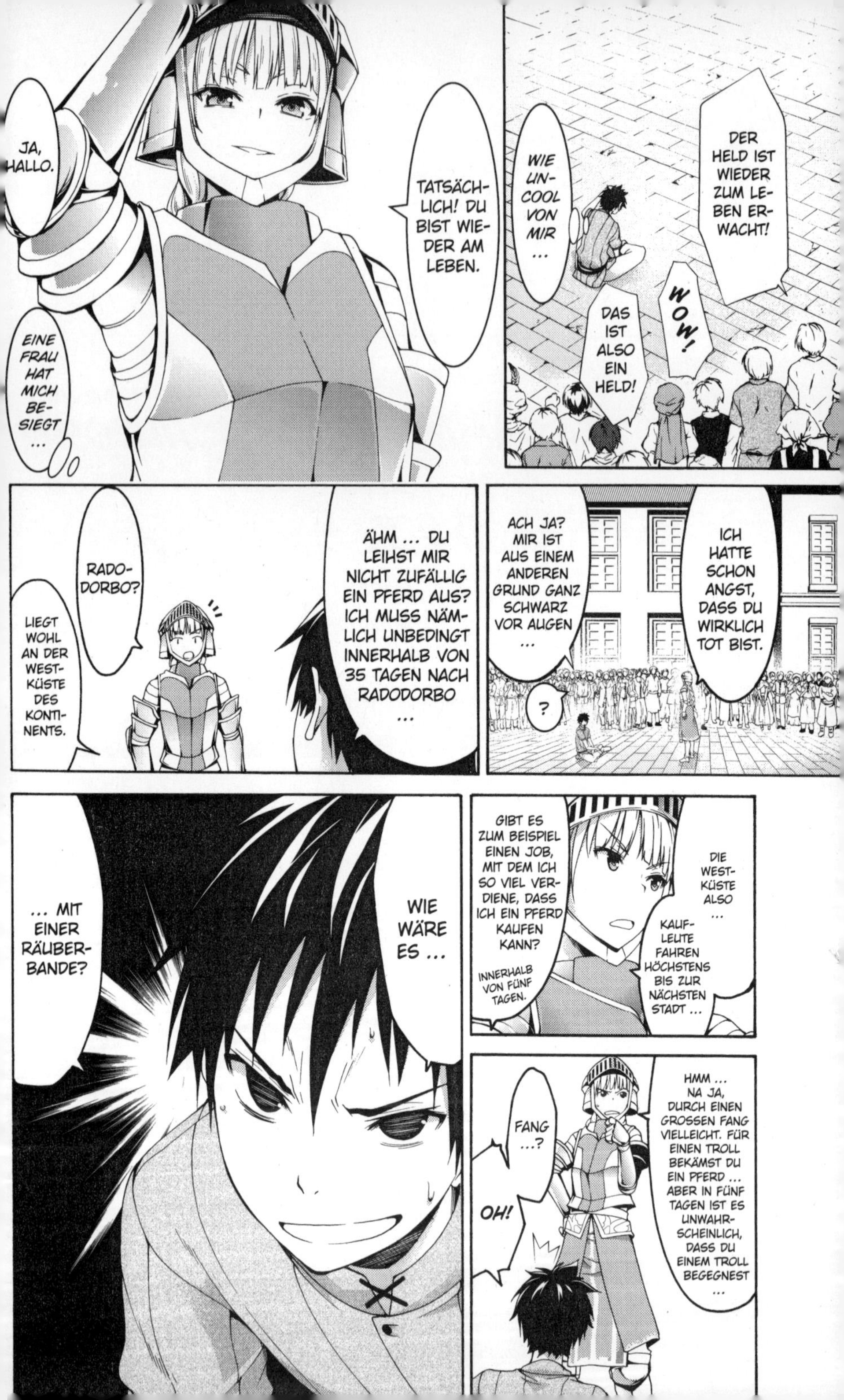

DER HELD IST WIEDER ZUM LEBEN ERWACHT!
WOW!
DAS IST ALSO EIN HELD!
WIE UNCOOL VON MIR …
TATSÄCHLICH! DU BIST WIEDER AM LEBEN.
JA, HALLO.
EINE FRAU HAT MICH BESIEGT …
ICH HATTE SCHON ANGST, DASS DU WIRKLICH TOT BIST.
ACH JA? MIR IST AUS EINEM ANDEREN GRUND GANZ SCHWARZ VOR AUGEN …
?
ÄHM … DU LEIHST MIR NICHT ZUFÄLLIG EIN PFERD AUS? ICH MUSS NÄMLICH UNBEDINGT INNERHALB VON 35 TAGEN NACH RADODORBO …
RADO-DORBO?
LIEGT WOHL AN DER WESTKÜSTE DES KONTINENTS.
DIE WESTKÜSTE ALSO …
KAUFLEUTE FAHREN HÖCHSTENS BIS ZUR NÄCHSTEN STADT …
GIBT ES ZUM BEISPIEL EINEN JOB, MIT DEM ICH SO VIEL VERDIENE, DASS ICH EIN PFERD KAUFEN KANN?
INNERHALB VON FÜNF TAGEN.
HMM … NA JA, DURCH EINEN GROSSEN FANG VIELLEICHT. FÜR EINEN TROLL BEKÄMST DU EIN PFERD … ABER IN FÜNF TAGEN IST ES UNWAHRSCHEINLICH, DASS DU EINEM TROLL BEGEGNEST …
FANG …?
OH!
WIE WÄRE ES …
… MIT EINER RÄUBERBANDE?

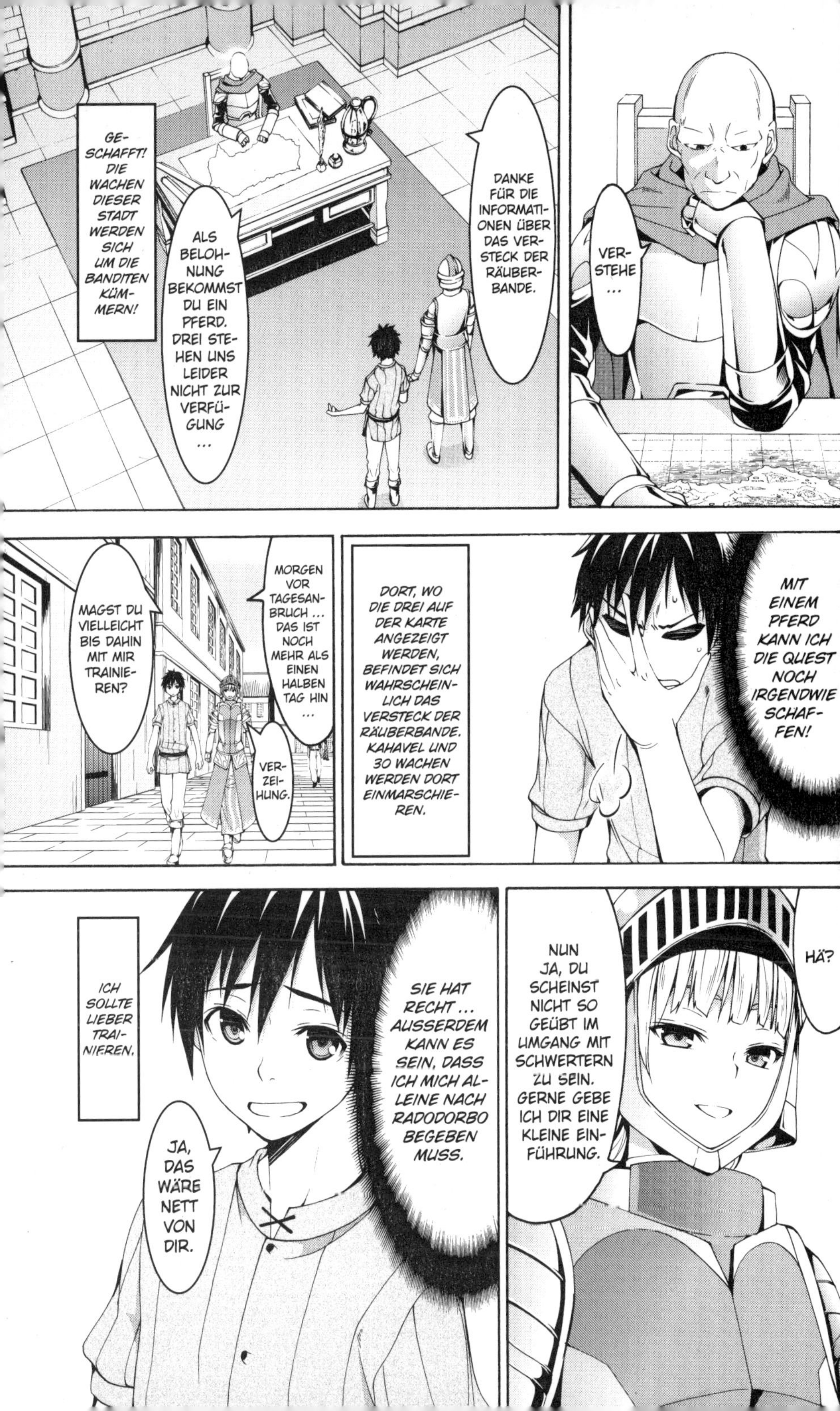
VERSTEHE …
DANKE FÜR DIE INFORMATIONEN ÜBER DAS VERSTECK DER RÄUBERBANDE.
ALS BELOHNUNG BEKOMMST DU EIN PFERD. DREI STEHEN UNS LEIDER NICHT ZUR VERFÜGUNG …
GESCHAFFT! DIE WACHEN DIESER STADT WERDEN SICH UM DIE BANDITEN KÜMMERN!
MIT EINEM PFERD KANN ICH DIE QUEST NOCH IRGENDWIE SCHAFFEN!
DORT, WO DIE DREI AUF DER KARTE ANGEZEIGT WERDEN, BEFINDET SICH WAHRSCHEINLICH DAS VERSTECK DER RÄUBERBANDE. KAHAVEL UND 30 WACHEN WERDEN DORT EINMARSCHIEREN.
MORGEN VOR TAGESANBRUCH … DAS IST NOCH MEHR ALS EINEN HALBEN TAG HIN …
VERZEIHUNG.
MAGST DU VIELLEICHT BIS DAHIN MIT MIR TRAINIEREN?
HÄ?
NUN JA, DU SCHEINST NICHT SO GEÜBT IM UMGANG MIT SCHWERTERN ZU SEIN. GERNE GEBE ICH DIR EINE KLEINE EINFÜHRUNG.
SIE HAT RECHT … AUSSERDEM KANN ES SEIN, DASS ICH MICH ALLEINE NACH RADODORBO BEGEBEN MUSS.
ICH SOLLTE LIEBER TRAINIEREN.
JA, DAS WÄRE NETT VON DIR.

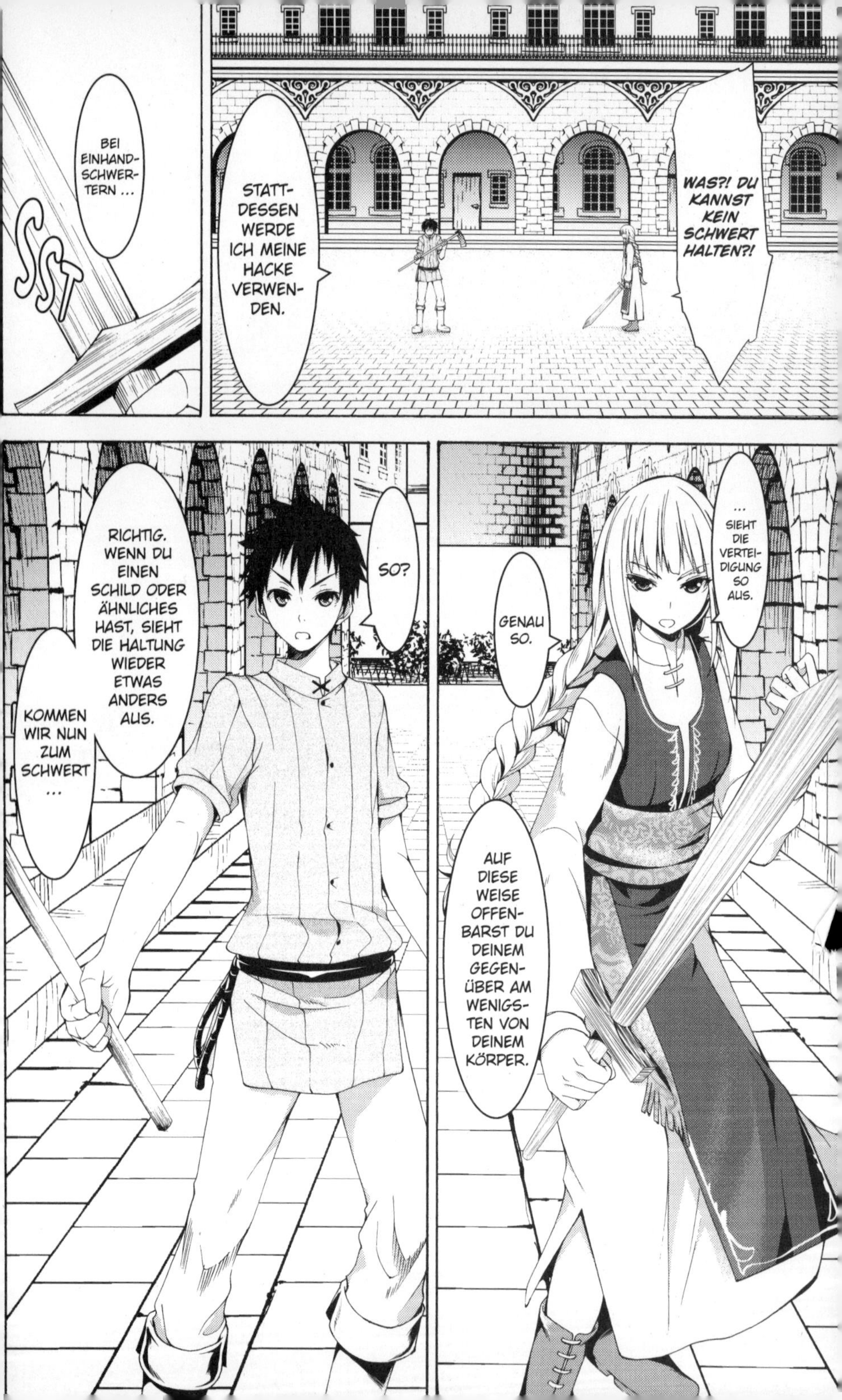
WAS?! DU KANNST KEIN SCHWERT HALTEN?!
STATT-DESSEN WERDE ICH MEINE HACKE VERWEN-DEN.
BEI EINHAND-SCHWER-TERN …
SST
… SIEHT DIE VERTEI-DIGUNG SO AUS.
GENAU SO.
AUF DIESE WEISE OFFEN-BARST DU DEINEM GEGEN-ÜBER AM WENIGS-TEN VON DEINEM KÖRPER.
SO?
RICHTIG. WENN DU EINEN SCHILD ODER ÄHNLICHES HAST, SIEHT DIE HALTUNG WIEDER ETWAS ANDERS AUS.
KOMMEN WIR NUN ZUM SCHWERT …

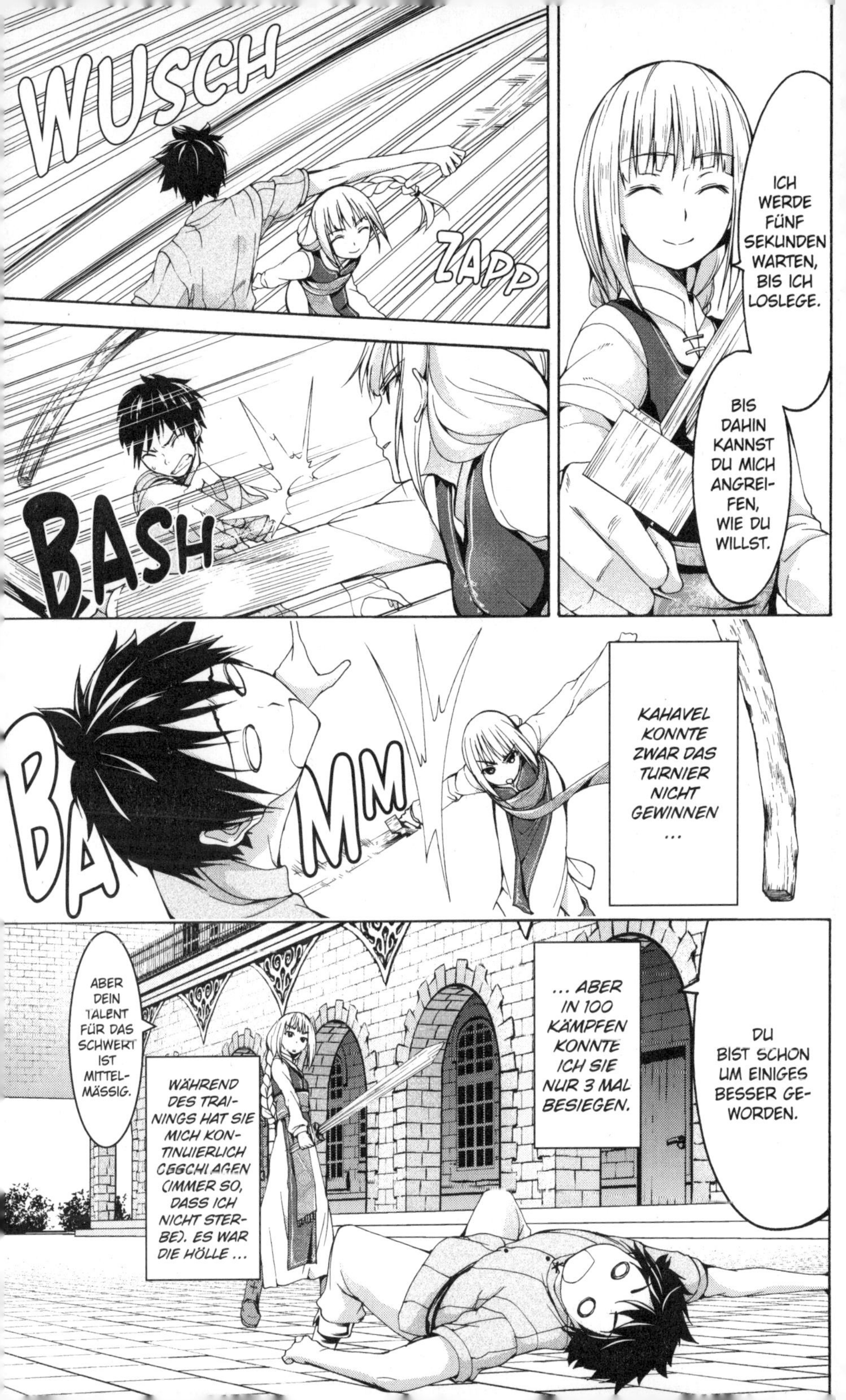
ICH WERDE FÜNF SEKUNDEN WARTEN, BIS ICH LOSLEGE.
BIS DAHIN KANNST DU MICH ANGREIFEN, WIE DU WILLST.
WUSCH
ZAPP
BASH
KAHAVEL KONNTE ZWAR DAS TURNIER NICHT GEWINNEN …
BAMM
DU BIST SCHON UM EINIGES BESSER GEWORDEN.
… ABER IN 100 KÄMPFEN KONNTE ICH SIE NUR 3 MAL BESIEGEN.
ABER DEIN TALENT FÜR DAS SCHWERT IST MITTELMÄSSIG.
WÄHREND DES TRAININGS HAT SIE MICH KONTINUIERLICH GESCHLAGEN (IMMER SO, DASS ICH NICHT STERBE). ES WAR DIE HÖLLE …

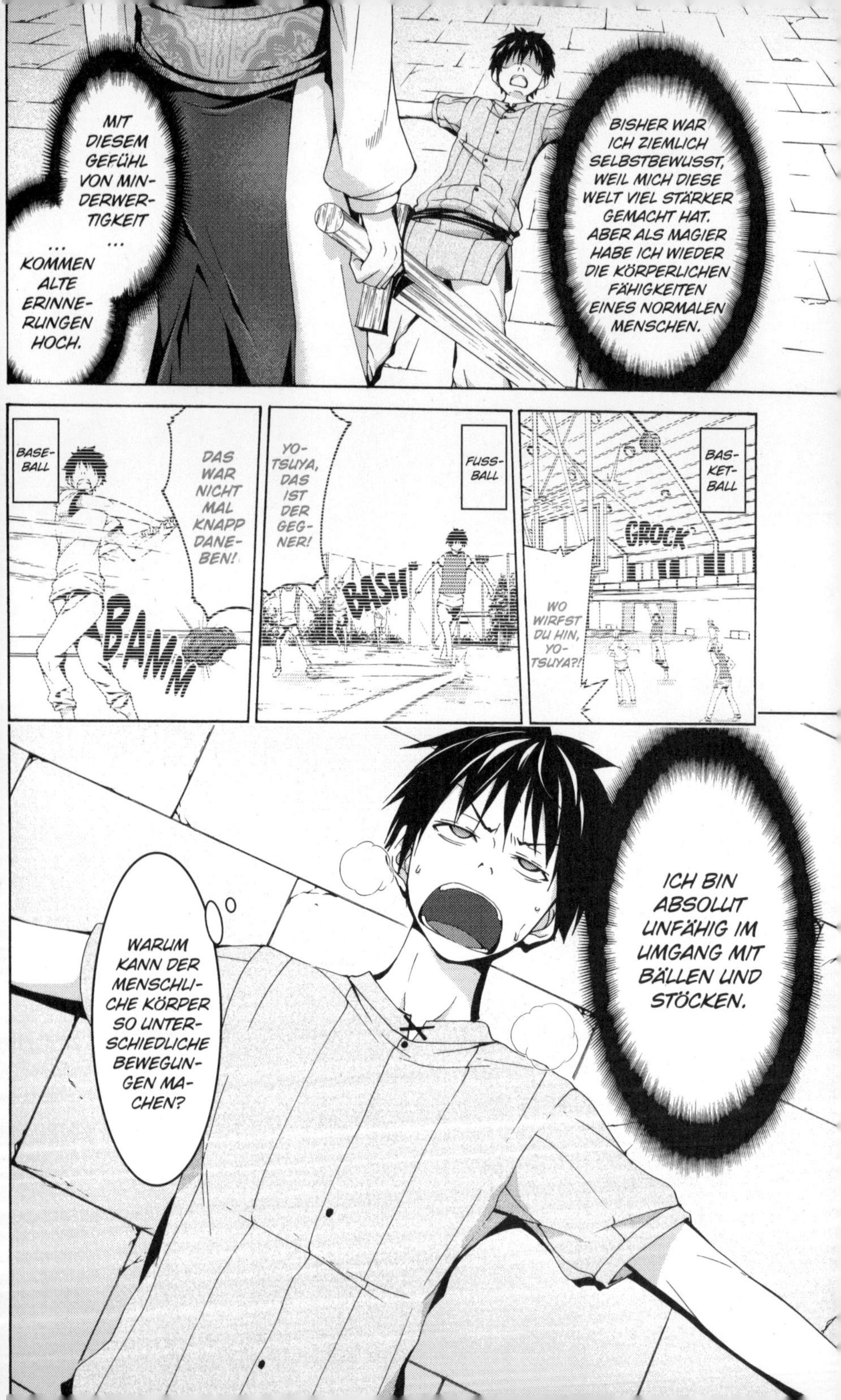

BISHER WAR ICH ZIEMLICH SELBSTBEWUSST, WEIL MICH DIESE WELT VIEL STÄRKER GEMACHT HAT. ABER ALS MAGIER HABE ICH WIEDER DIE KÖRPERLICHEN FÄHIGKEITEN EINES NORMALEN MENSCHEN.
MIT DIESEM GEFÜHL VON MINDERWERTIGKEIT ...
... KOMMEN ALTE ERINNERUNGEN HOCH.
BASKETBALL
GROCK
WO WIRFST DU HIN, YOTSUYA?!
FUSSBALL
BASH
YOTSUYA, DAS IST DER GEGNER!
BASEBALL
DAS WAR NICHT MAL KNAPP DANEBEN!
BAMM
ICH BIN ABSOLUT UNFÄHIG IM UMGANG MIT BÄLLEN UND STÖCKEN.
WARUM KANN DER MENSCHLICHE KÖRPER SO UNTERSCHIEDLICHE BEWEGUNGEN MACHEN?

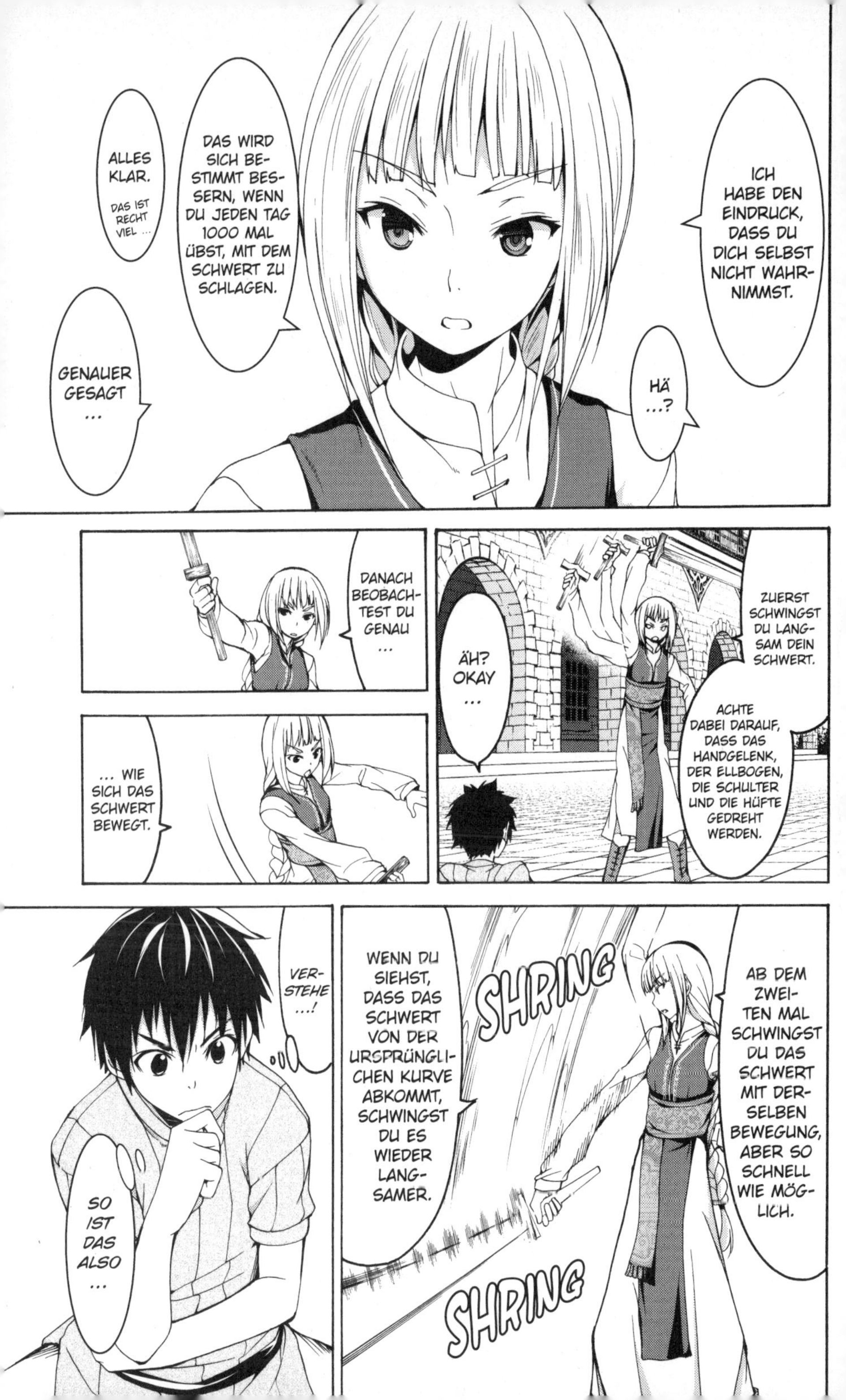

ICH HABE DEN EINDRUCK, DASS DU DICH SELBST NICHT WAHRNIMMST.
HÄ …?
DAS WIRD SICH BESTIMMT BESSERN, WENN DU JEDEN TAG 1000 MAL ÜBST, MIT DEM SCHWERT ZU SCHLAGEN.
ALLES KLAR.
DAS IST RECHT VIEL …
GENAUER GESAGT …
ZUERST SCHWINGST DU LANGSAM DEIN SCHWERT.
ACHTE DABEI DARAUF, DASS DAS HANDGELENK, DER ELLBOGEN, DIE SCHULTER UND DIE HÜFTE GEDREHT WERDEN.
ÄH? OKAY …
DANACH BEOBACHTEST DU GENAU …
… WIE SICH DAS SCHWERT BEWEGT.
AB DEM ZWEITEN MAL SCHWINGST DU DAS SCHWERT MIT DERSELBEN BEWEGUNG, ABER SO SCHNELL WIE MÖGLICH.
SHRING
WENN DU SIEHST, DASS DAS SCHWERT VON DER URSPRÜNGLICHEN KURVE ABKOMMT, SCHWINGST DU ES WIEDER LANGSAMER.
SHRING
VERSTEHE …!
SO IST DAS ALSO …

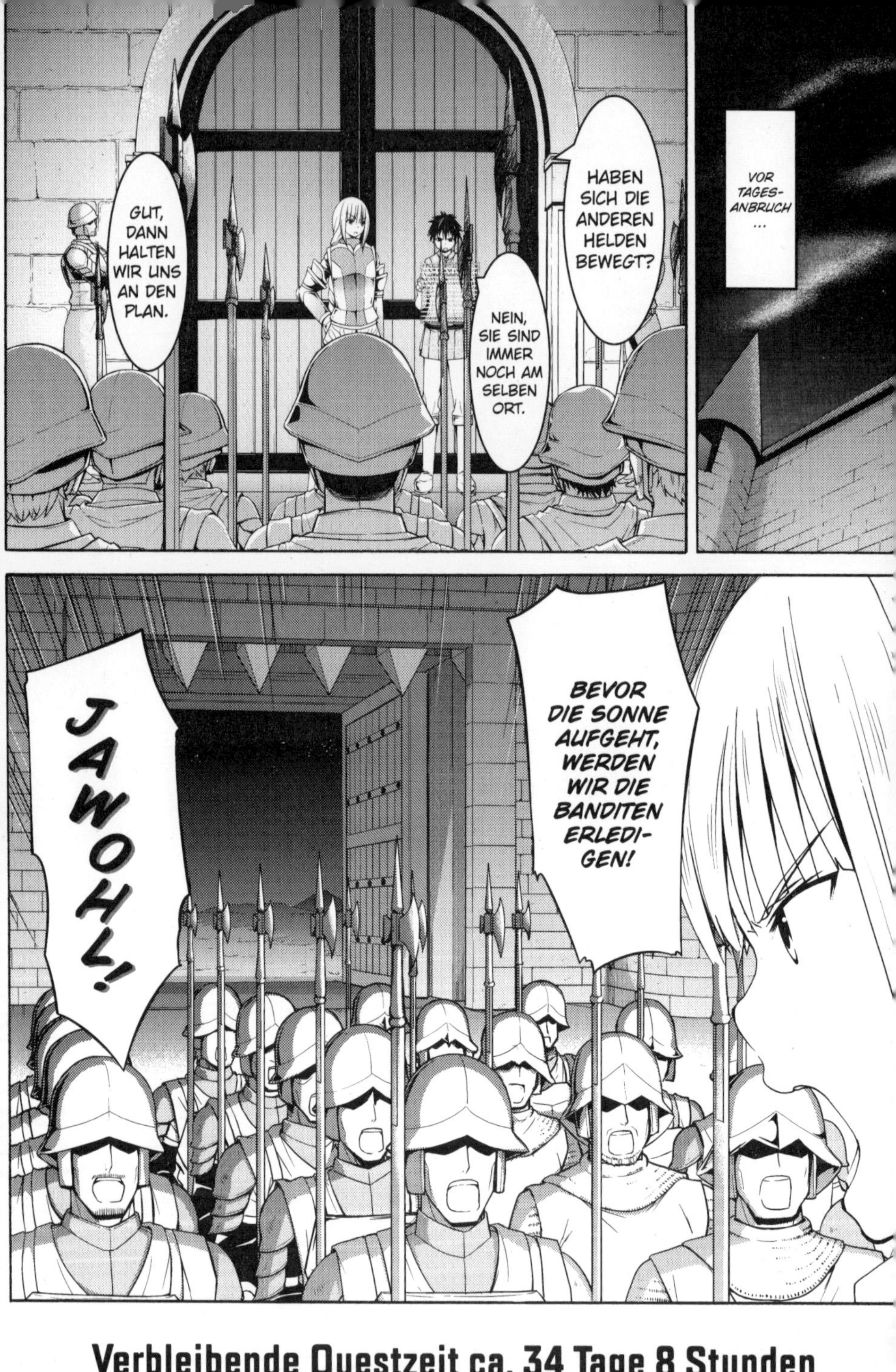

Verbleibende Questzeit ca. 34 Tage 8 Stunden

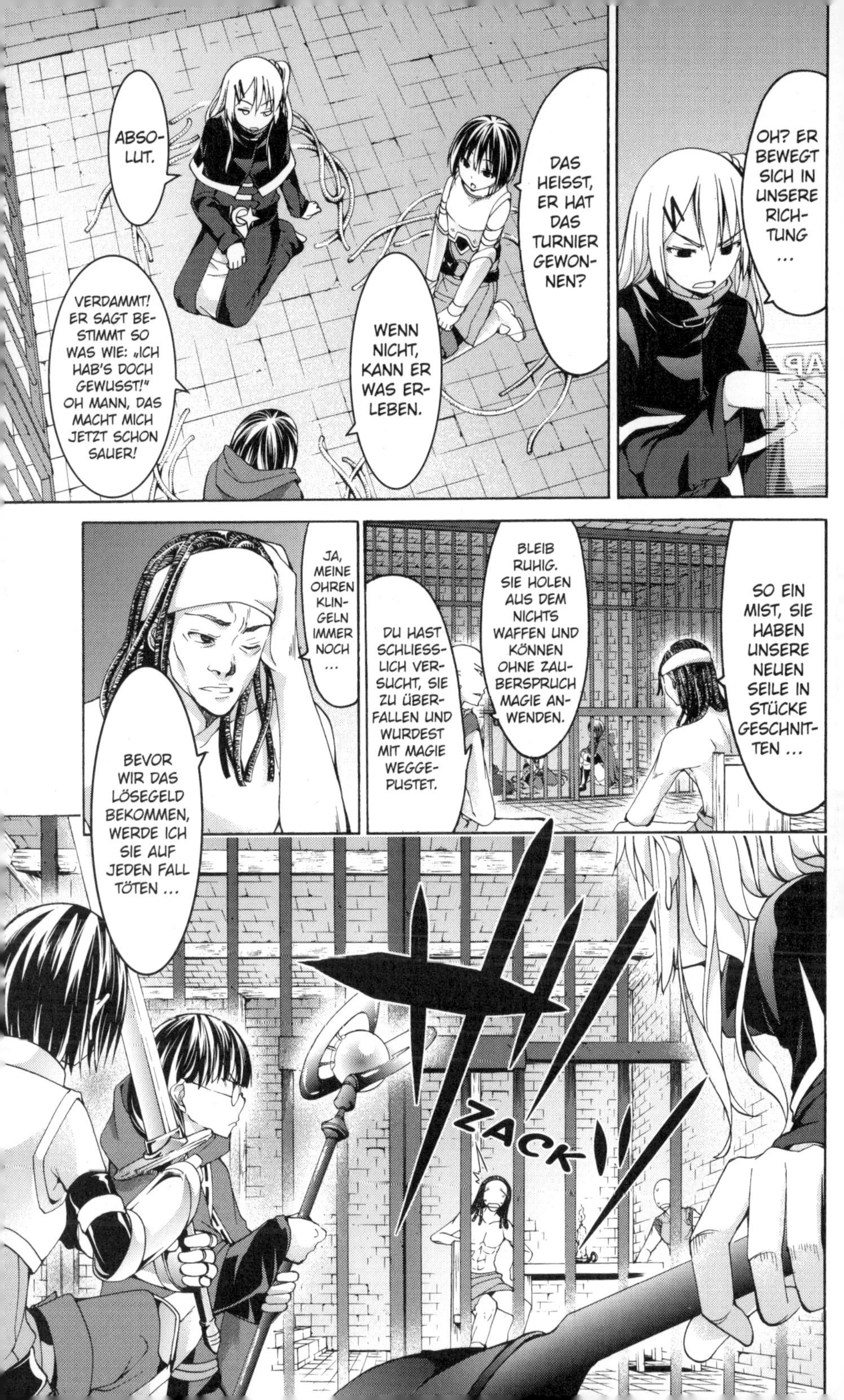
OH? ER BEWEGT SICH IN UNSERE RICHTUNG …
DAS HEISST, ER HAT DAS TURNIER GEWONNEN?
ABSOLUT.
WENN NICHT, KANN ER WAS ERLEBEN.
VERDAMMT! ER SAGT BESTIMMT SO WAS WIE: „ICH HAB'S DOCH GEWUSST!" OH MANN, DAS MACHT MICH JETZT SCHON SAUER!
SO EIN MIST, SIE HABEN UNSERE NEUEN SEILE IN STÜCKE GESCHNITTEN …
BLEIB RUHIG. SIE HOLEN AUS DEM NICHTS WAFFEN UND KÖNNEN OHNE ZAUBERSPRUCH MAGIE ANWENDEN.
DU HAST SCHLIESSLICH VERSUCHT, SIE ZU ÜBERFALLEN UND WURDEST MIT MAGIE WEGGEPUSTET.
JA, MEINE OHREN KLINGELN IMMER NOCH …
BEVOR WIR DAS LÖSEGELD BEKOMMEN, WERDE ICH SIE AUF JEDEN FALL TÖTEN …
ZACK

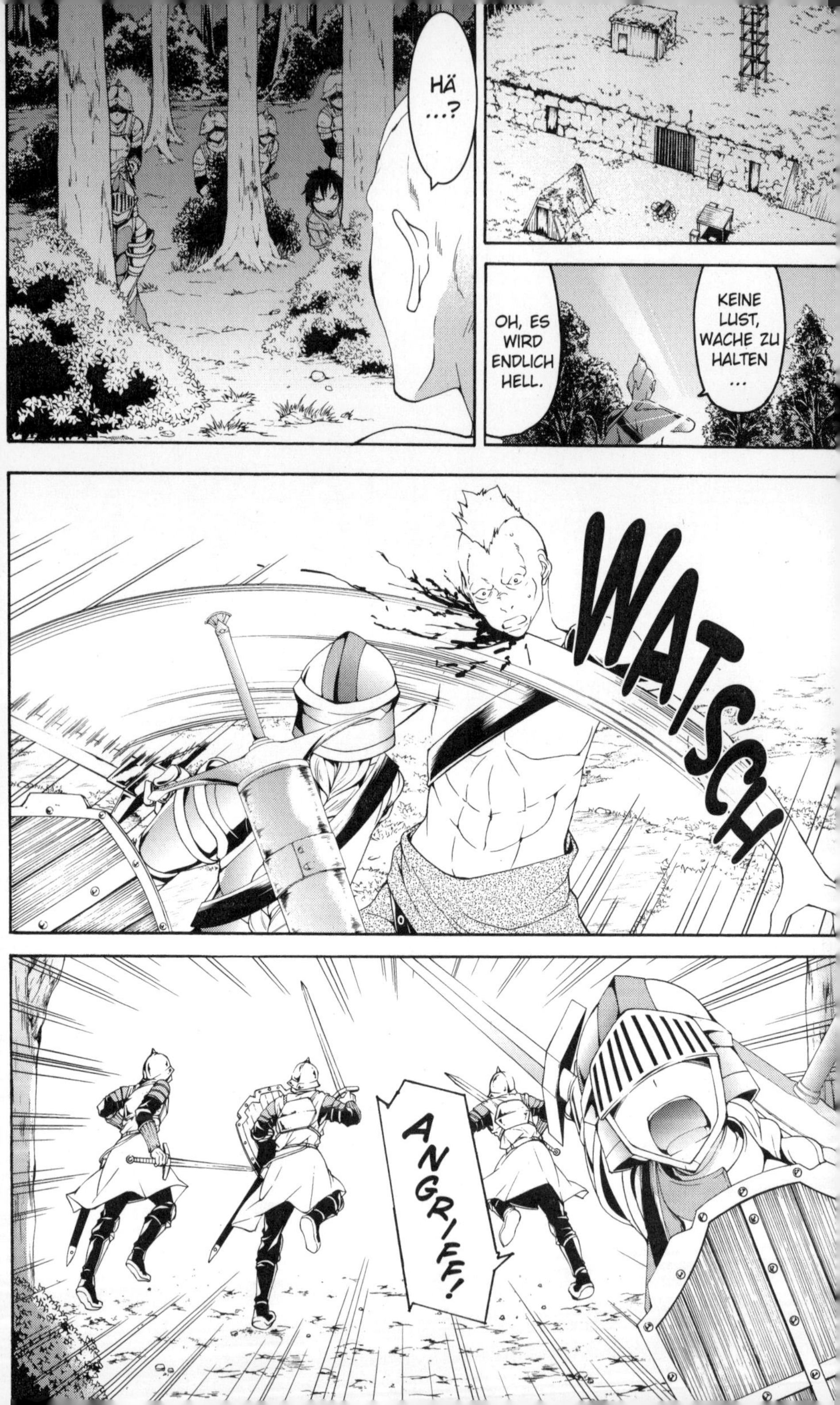

KEINE LUST, WACHE ZU HALTEN ...
OH, ES WIRD ENDLICH HELL.
HÄ ...?
WATSCH
ANGRIFF!

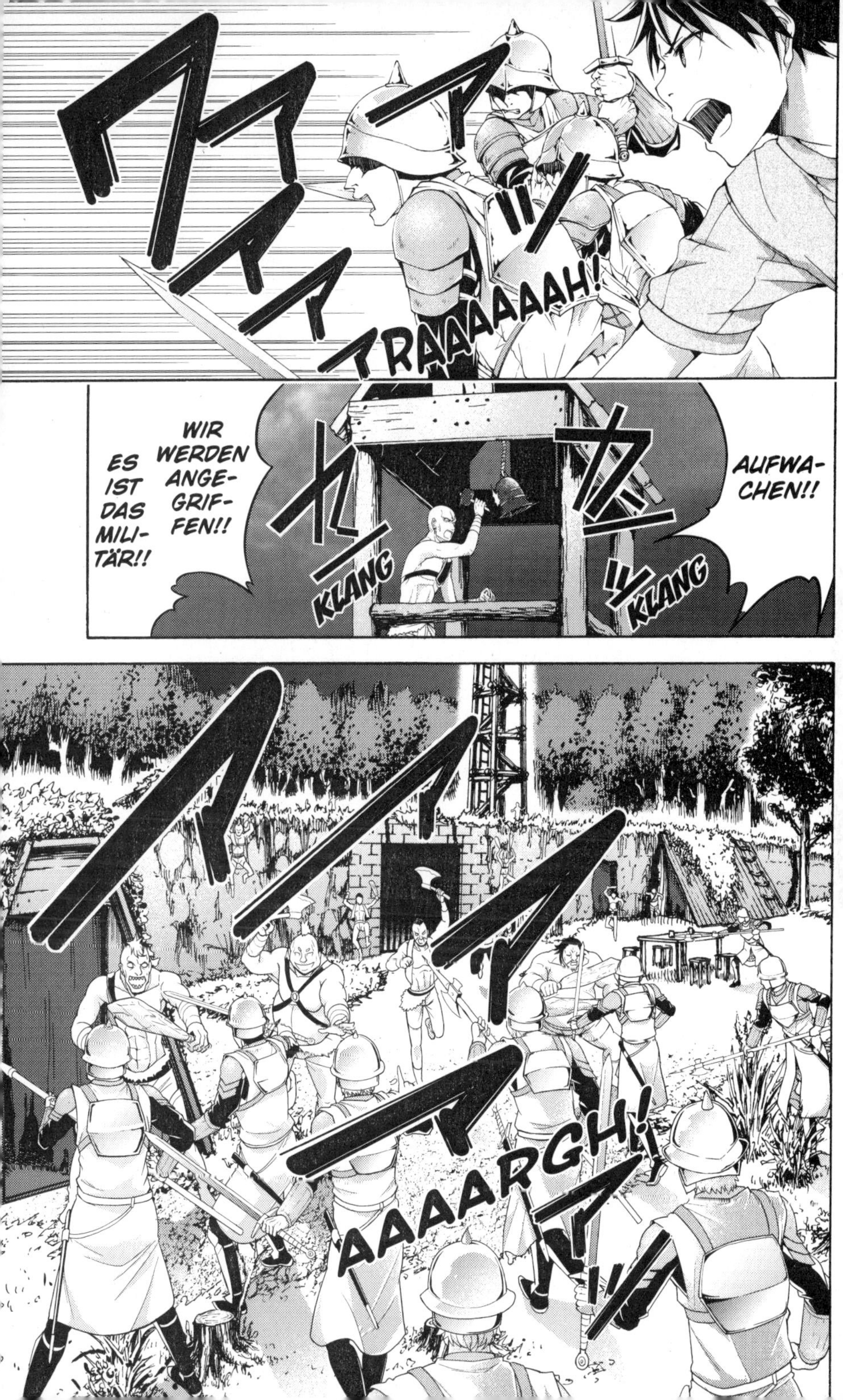
RAAAAAAH!
AUFWA-CHEN!!
KLANG
KLANG
WIR WERDEN ANGE-GRIF-FEN!!
ES IST DAS MILI-TÄR!!
AAAARGH!

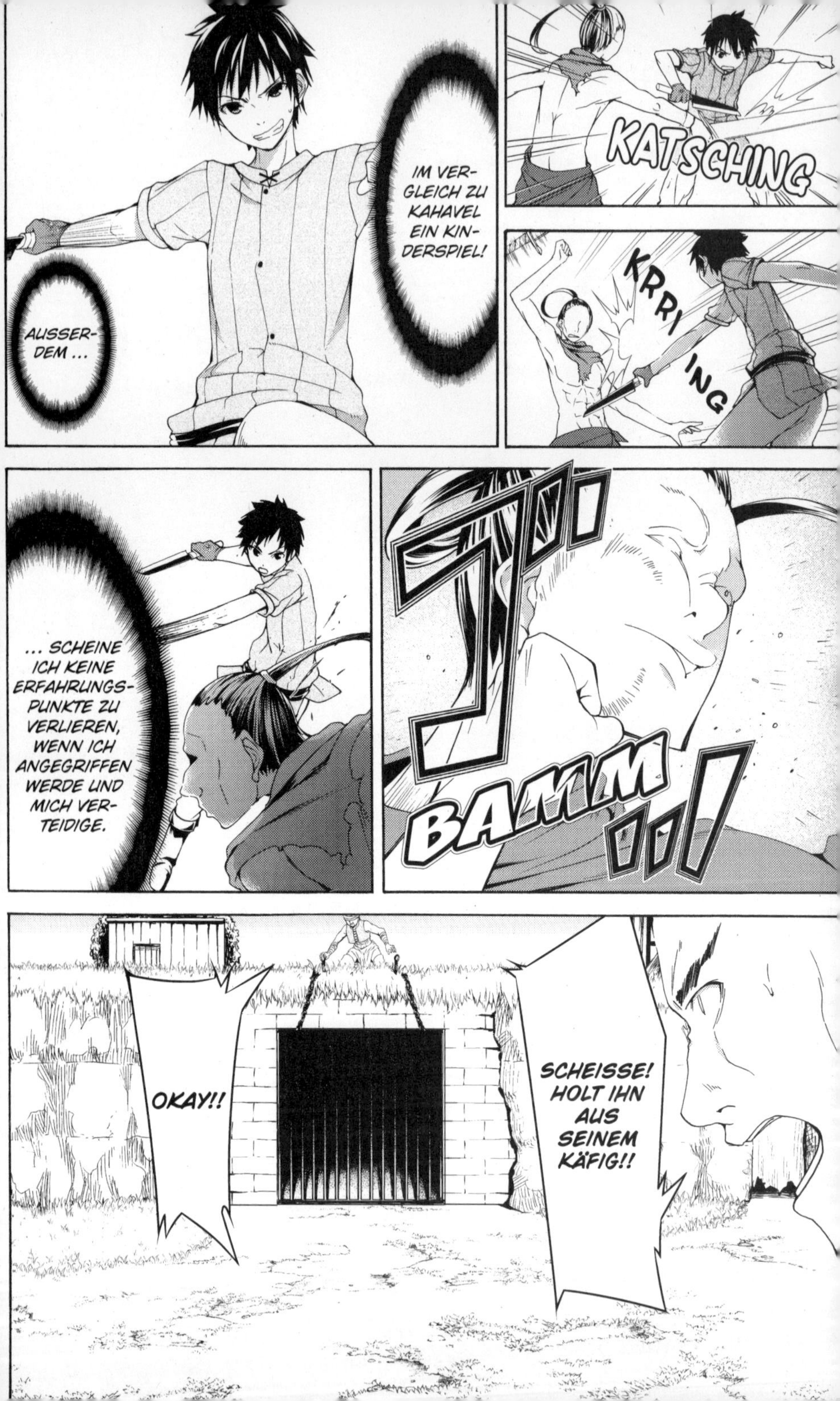
KATSCHING
KRRI ING
IM VERGLEICH ZU KAHAVEL EIN KINDERSPIEL!
AUSSERDEM …
BAMM!!
… SCHEINE ICH KEINE ERFAHRUNGSPUNKTE ZU VERLIEREN, WENN ICH ANGEGRIFFEN WERDE UND MICH VERTEIDIGE.
SCHEISSE! HOLT IHN AUS SEINEM KÄFIG!!
OKAY!!

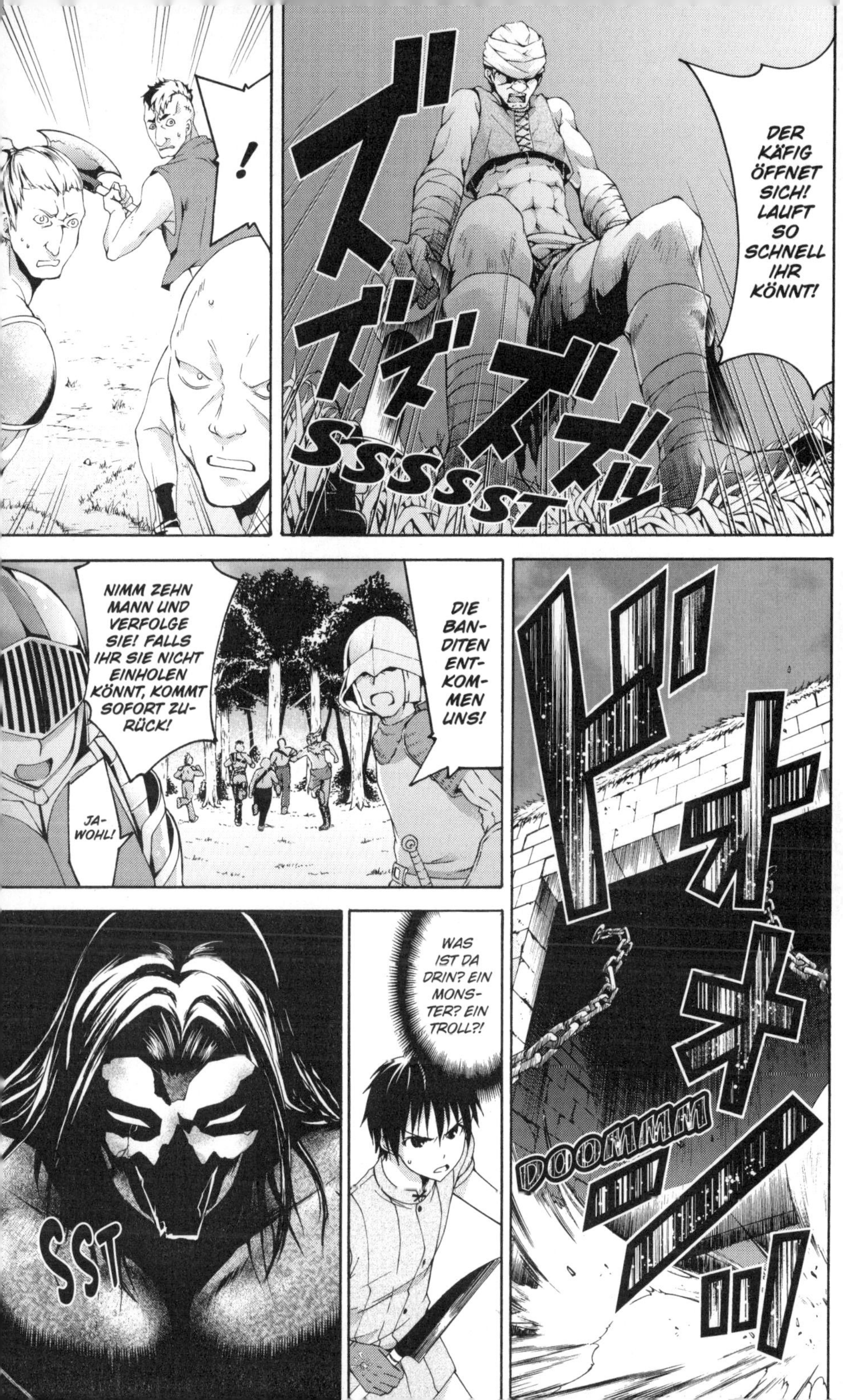
DER KÄFIG ÖFFNET SICH! LAUFT SO SCHNELL IHR KÖNNT!
SSSSST
!
DOOMMM
DIE BANDITEN ENTKOMMEN UNS!
NIMM ZEHN MANN UND VERFOLGE SIE! FALLS IHR SIE NICHT EINHOLEN KÖNNT, KOMMT SOFORT ZURÜCK!
JAWOHL!
WAS IST DA DRIN? EIN MONSTER? EIN TROLL?!
SST

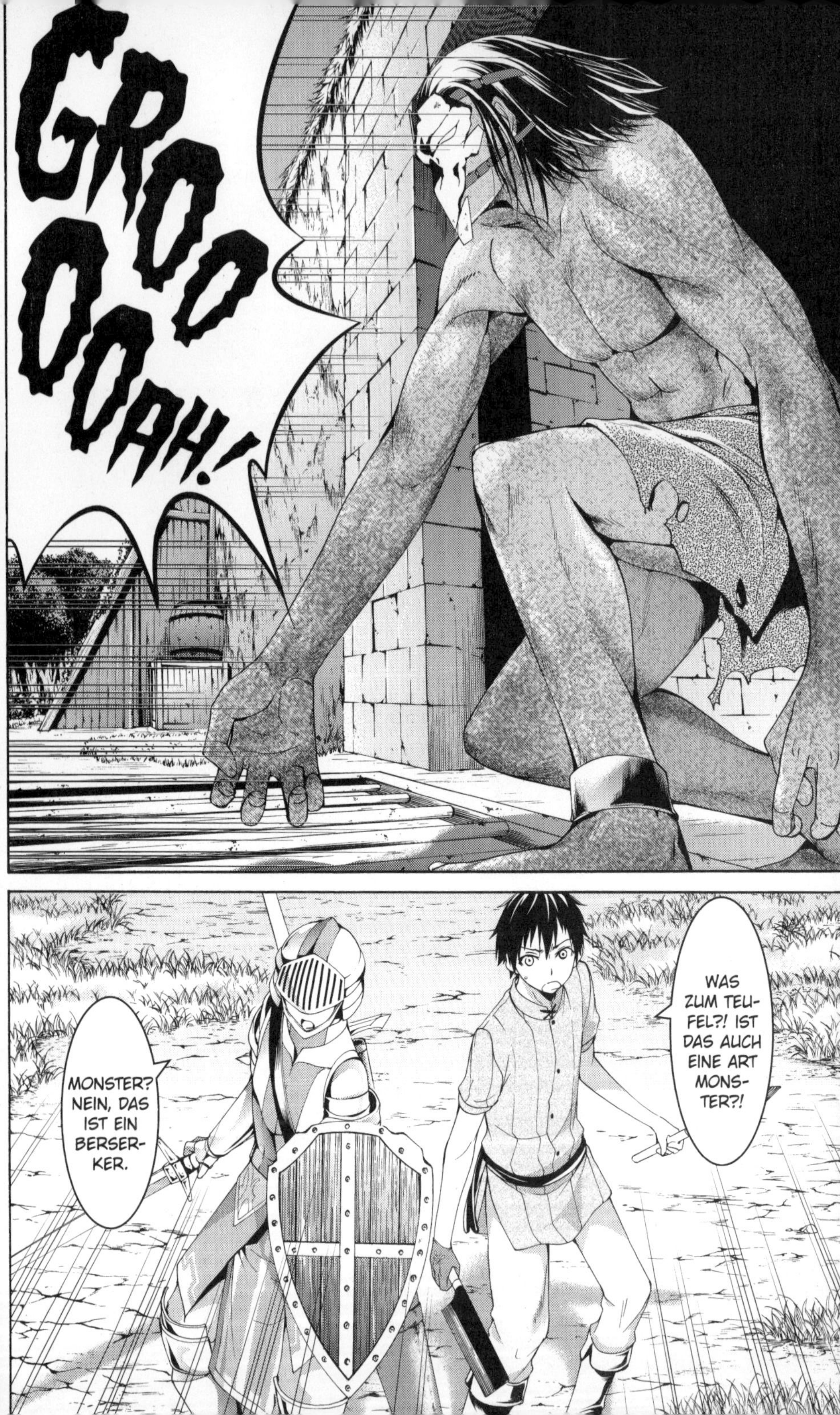
GROOOOOAH!
WAS ZUM TEUFEL?! IST DAS AUCH EINE ART MONSTER?!
MONSTER? NEIN, DAS IST EIN BERSERKER.

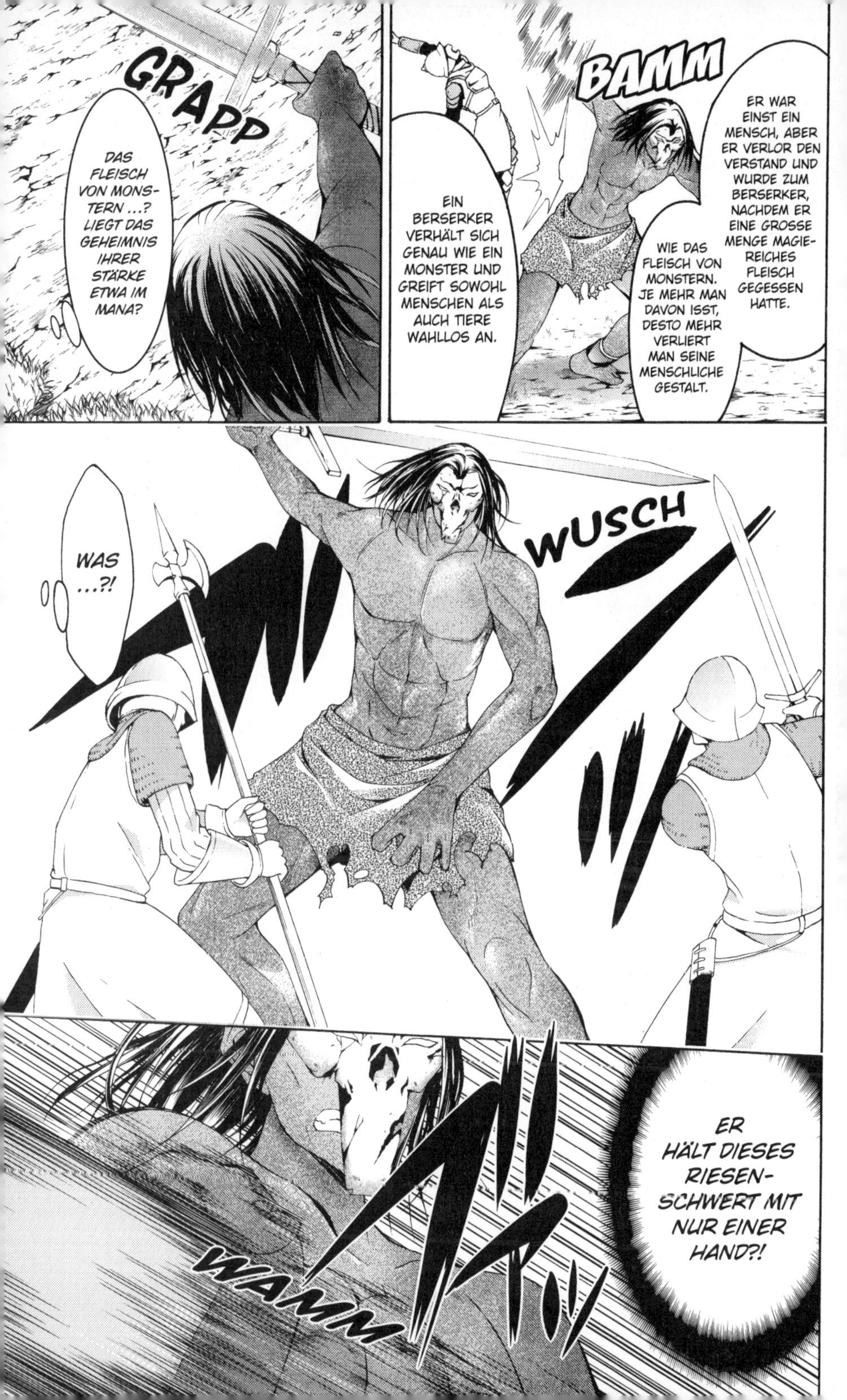
BAMM
ER WAR EINST EIN MENSCH, ABER ER VERLOR DEN VERSTAND UND WURDE ZUM BERSERKER, NACHDEM ER EINE GROSSE MENGE MAGIEREICHES FLEISCH GEGESSEN HATTE.
WIE DAS FLEISCH VON MONSTERN. JE MEHR MAN DAVON ISST, DESTO MEHR VERLIERT MAN SEINE MENSCHLICHE GESTALT.
EIN BERSERKER VERHÄLT SICH GENAU WIE EIN MONSTER UND GREIFT SOWOHL MENSCHEN ALS AUCH TIERE WAHLLOS AN.
GRAPP
DAS FLEISCH VON MONSTERN …? LIEGT DAS GEHEIMNIS IHRER STÄRKE ETWA IM MANA?
WUSCH
WAS …?!
ER HÄLT DIESES RIESENSCHWERT MIT NUR EINER HAND?!
WAMM

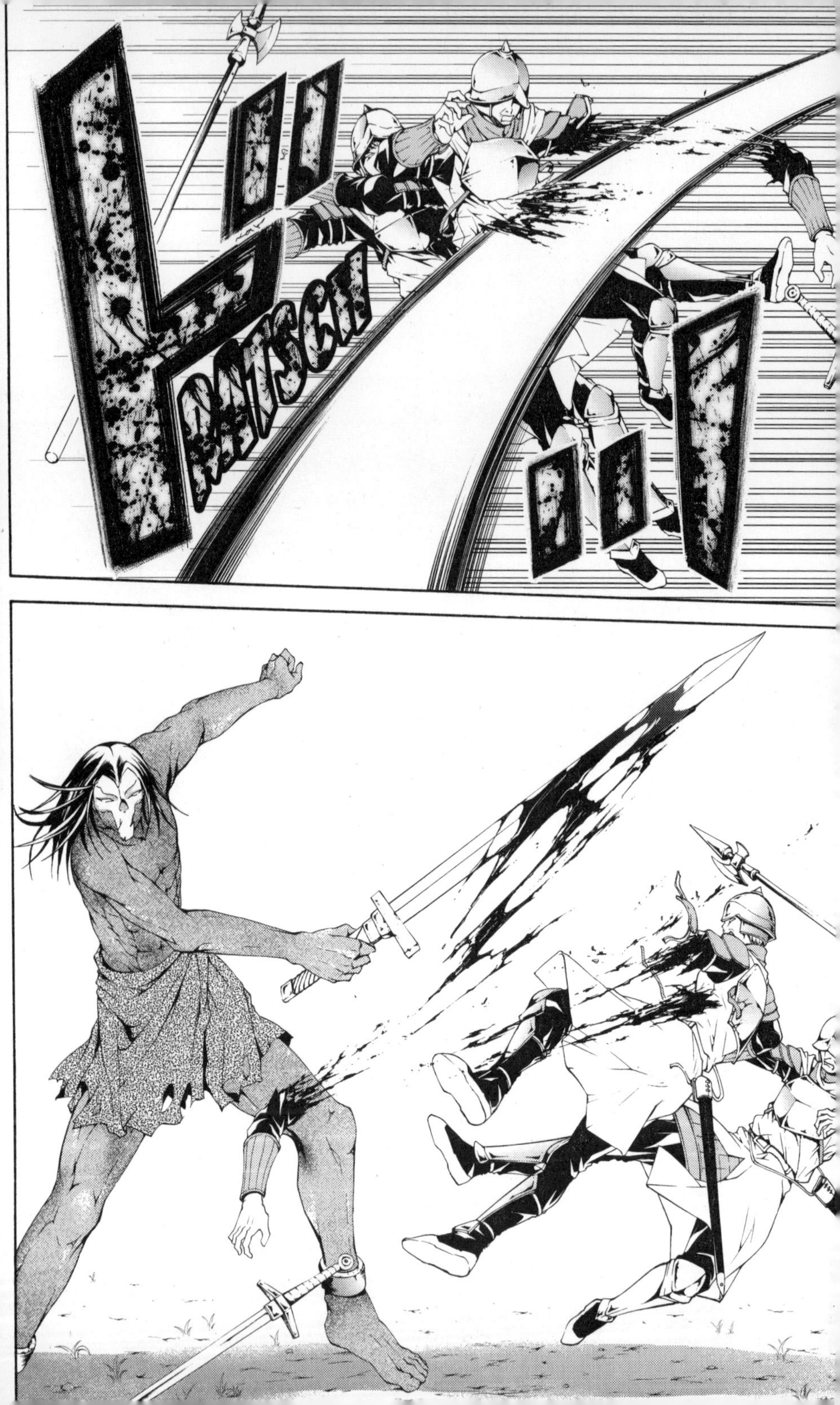
RATSCH

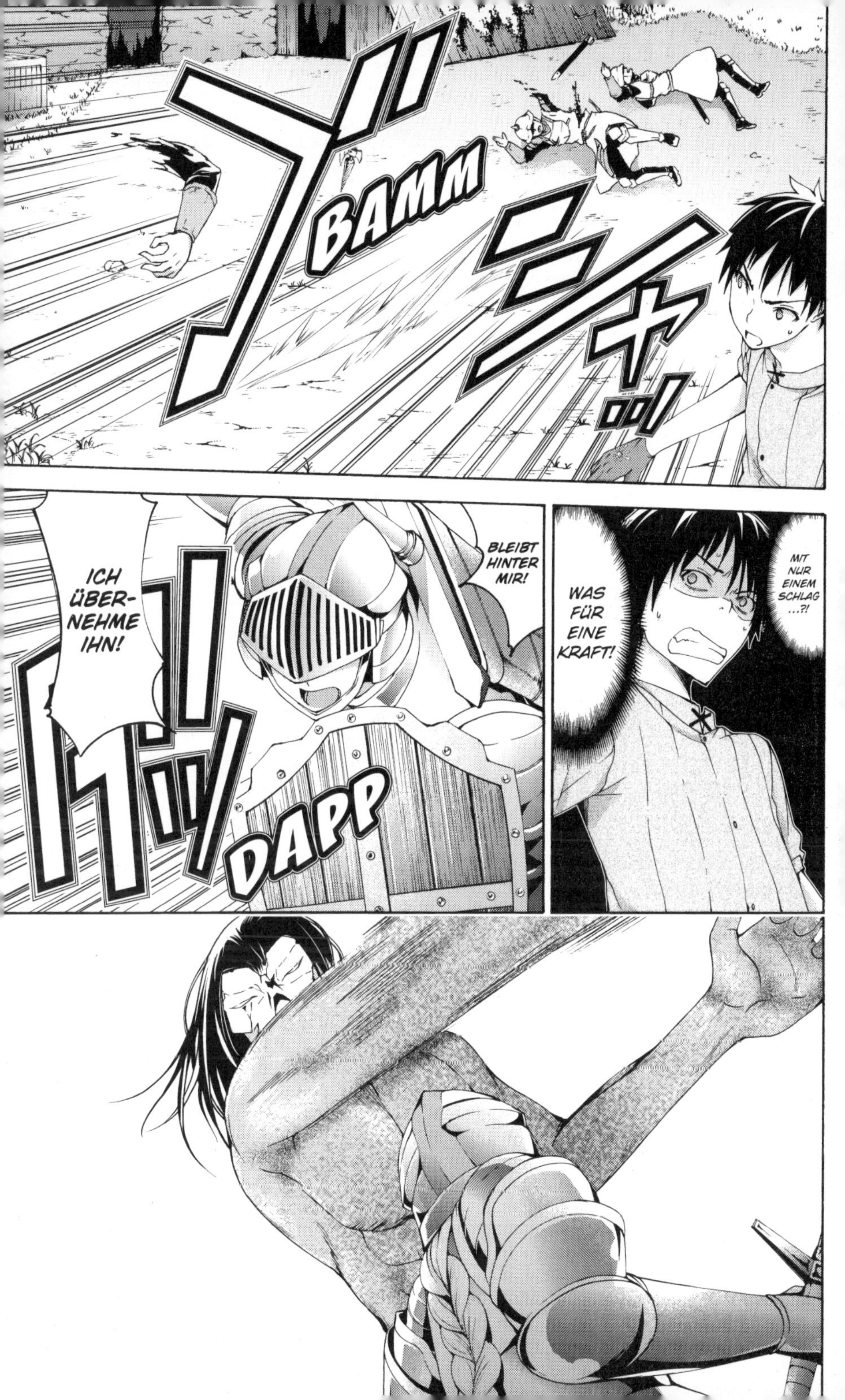

BAMM
BLEIBT HINTER MIR!
ICH ÜBERNEHME IHN!
DAPP
MIT NUR EINEM SCHLAG ...?!
WAS FÜR EINE KRAFT!

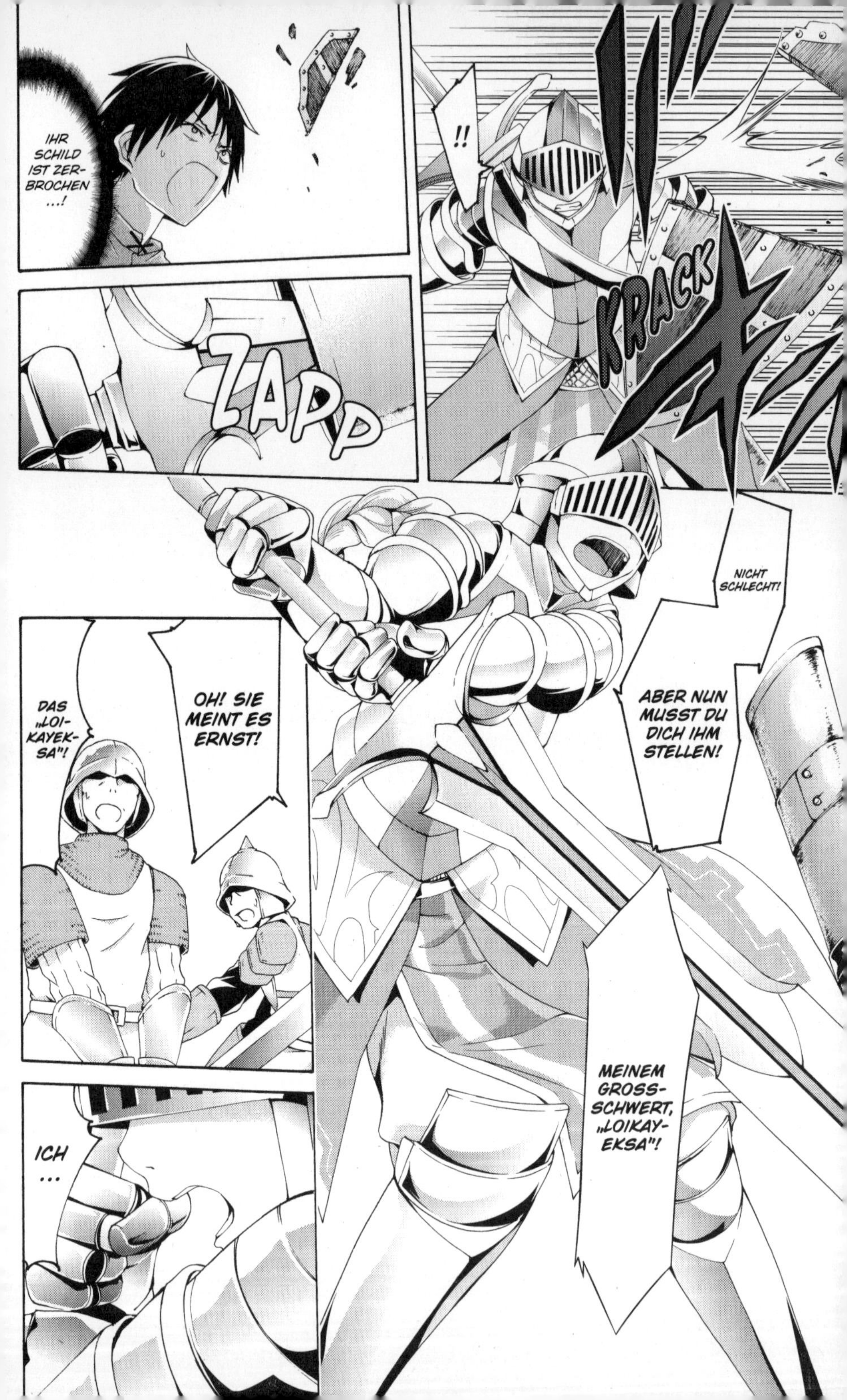
!!
KRACK
IHR SCHILD IST ZERBROCHEN ...!
ZAPP
NICHT SCHLECHT!
ABER NUN MUSST DU DICH IHM STELLEN!
MEINEM GROSS-SCHWERT, „LOIKAYEKSA"!
OH! SIE MEINT ES ERNST!
DAS „LOIKAYEKSA"!
ICH ...

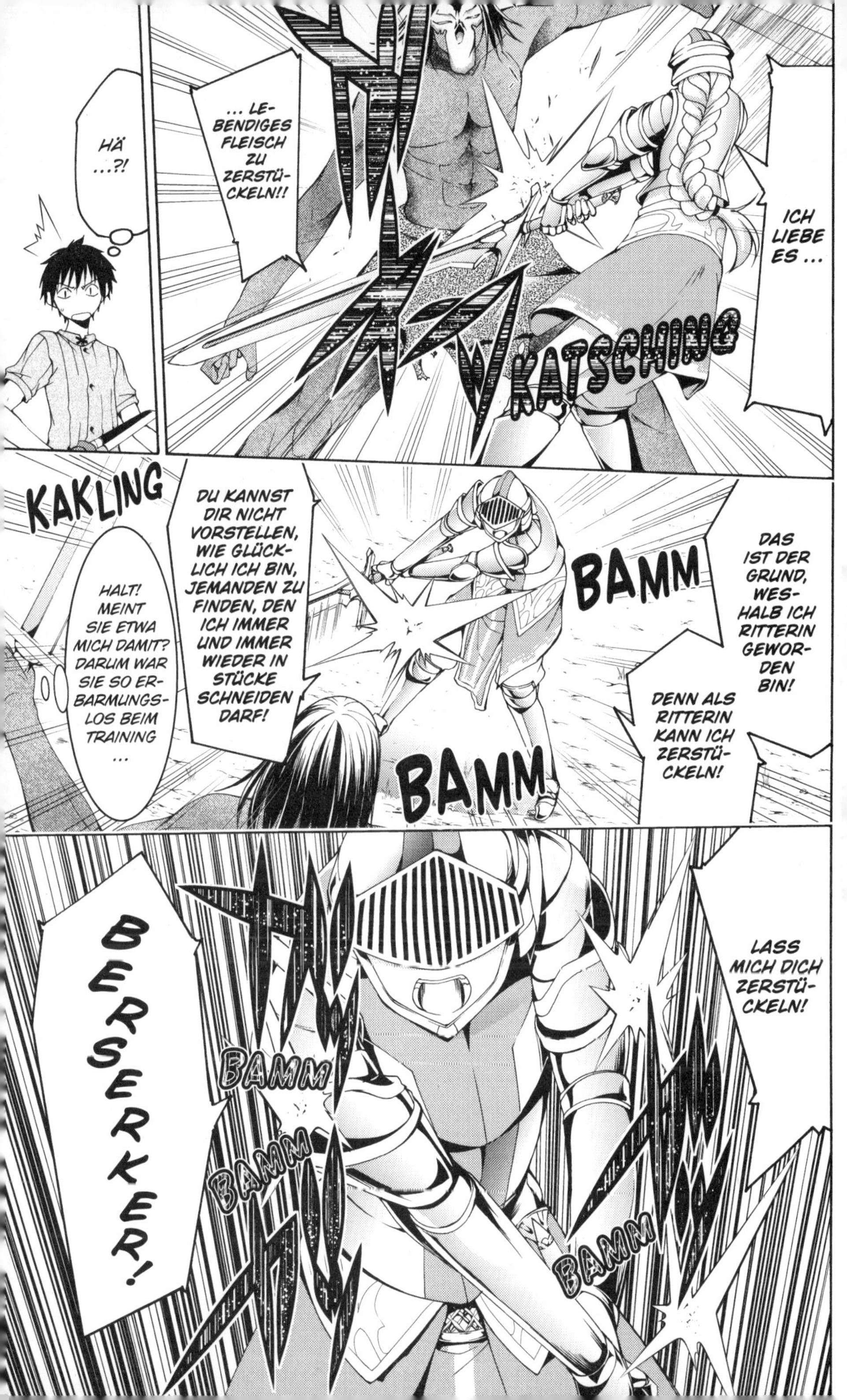
ICH LIEBE ES ...
... LEBENDIGES FLEISCH ZU ZERSTÜCKELN!!
KATSCHING
HÄ ...?!
DAS IST DER GRUND, WESHALB ICH RITTERIN GEWORDEN BIN!
DENN ALS RITTERIN KANN ICH ZERSTÜCKELN!
BAMM
DU KANNST DIR NICHT VORSTELLEN, WIE GLÜCKLICH ICH BIN, JEMANDEN ZU FINDEN, DEN ICH IMMER UND IMMER WIEDER IN STÜCKE SCHNEIDEN DARF!
BAMM
KAKLING
HALT! MEINT SIE ETWA MICH DAMIT? DARUM WAR SIE SO ERBARMUNGSLOS BEIM TRAINING ...
LASS MICH DICH ZERSTÜCKELN!
BAMM
BAMM
BAMM
BERSERKER!

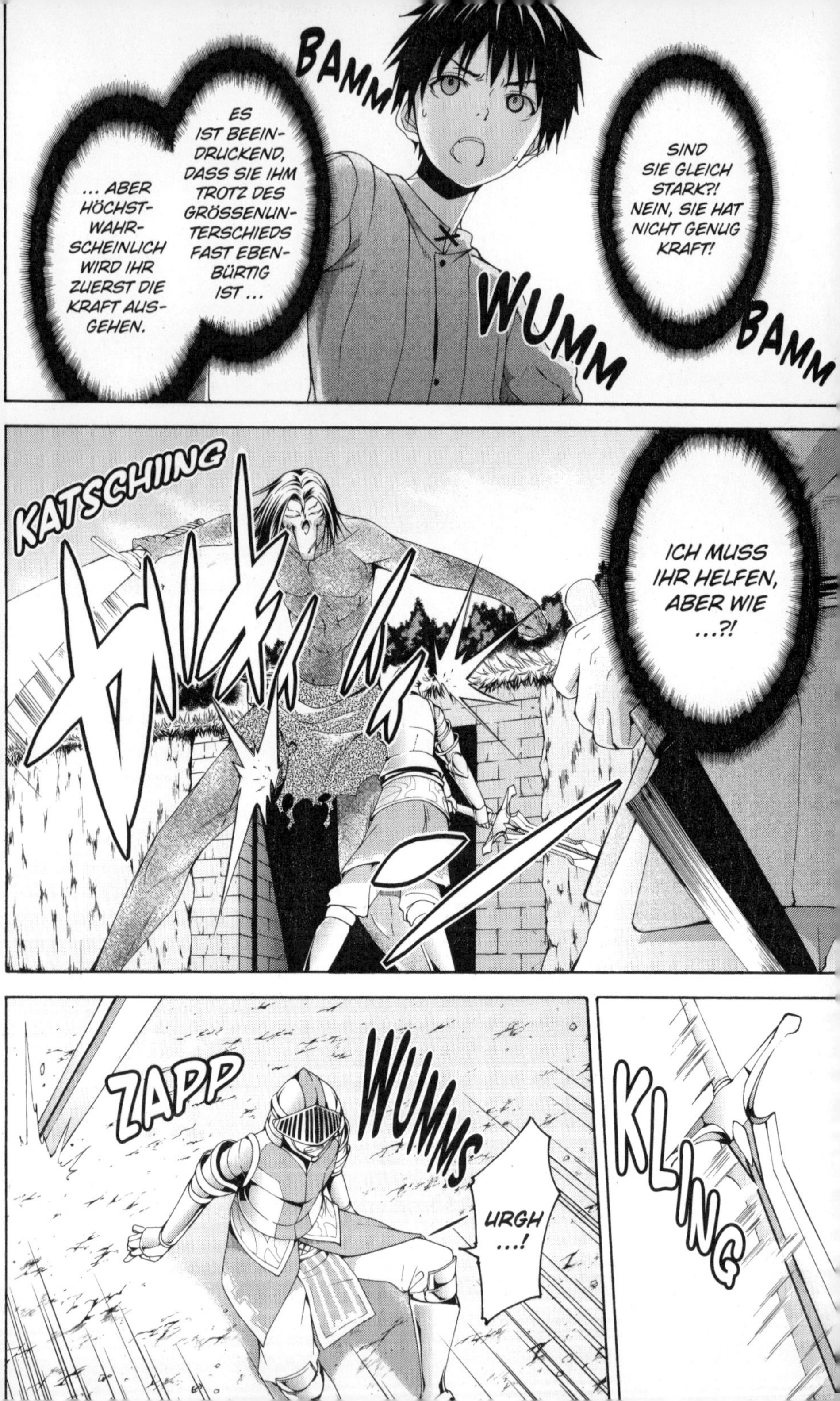
BAMM
SIND SIE GLEICH STARK?! NEIN, SIE HAT NICHT GENUG KRAFT!
ES IST BEEINDRUCKEND, DASS SIE IHM TROTZ DES GRÖSSENUNTERSCHIEDS FAST EBENBÜRTIG IST …
… ABER HÖCHSTWAHRSCHEINLICH WIRD IHR ZUERST DIE KRAFT AUSGEHEN.
WUMM
BAMM
ICH MUSS IHR HELFEN, ABER WIE …?!
KATSCHIIING
KLING
WUMMS
ZAPP
URGH …!

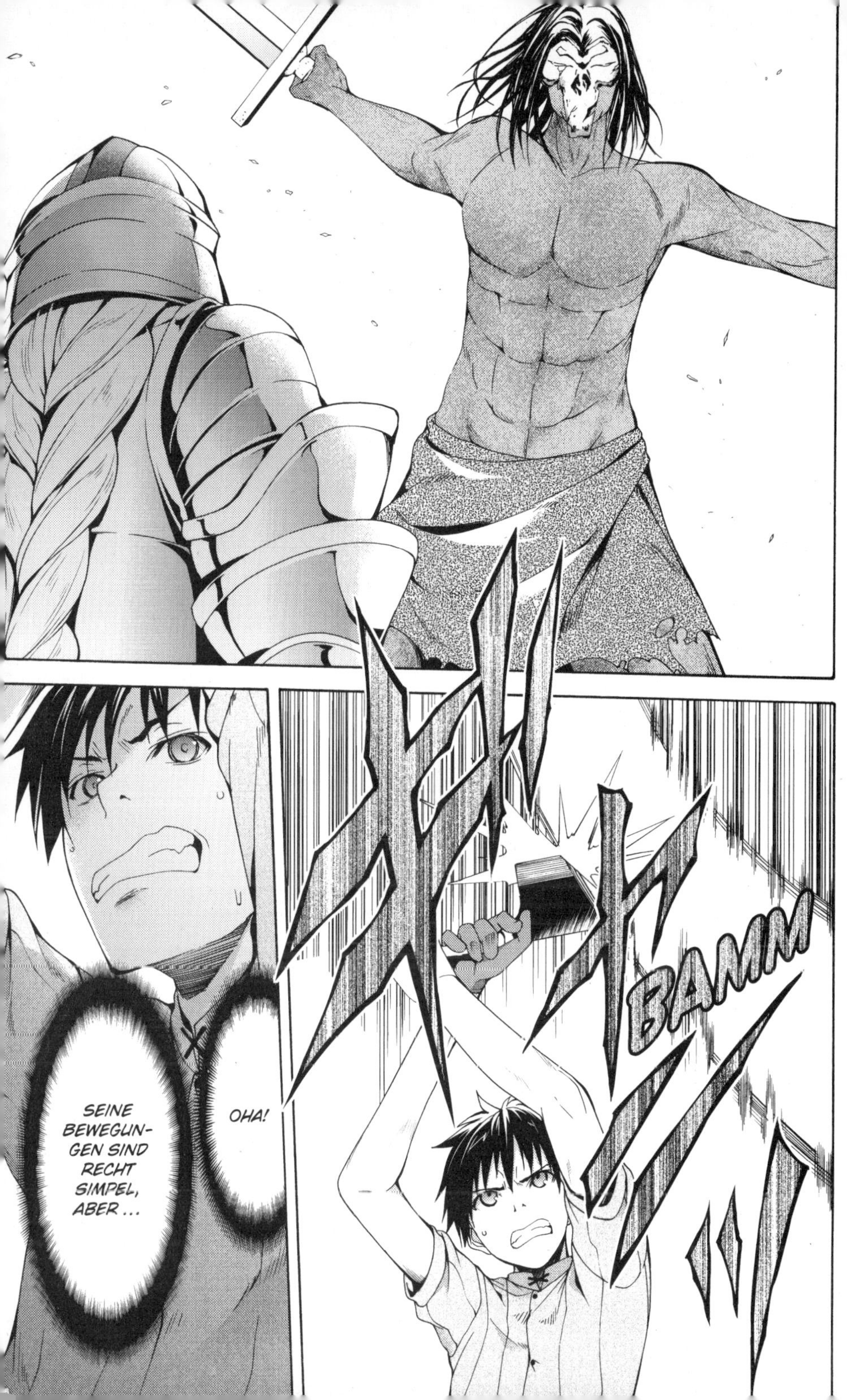
BAMM
OHA!
SEINE BEWEGUN-GEN SIND RECHT SIMPEL, ABER …

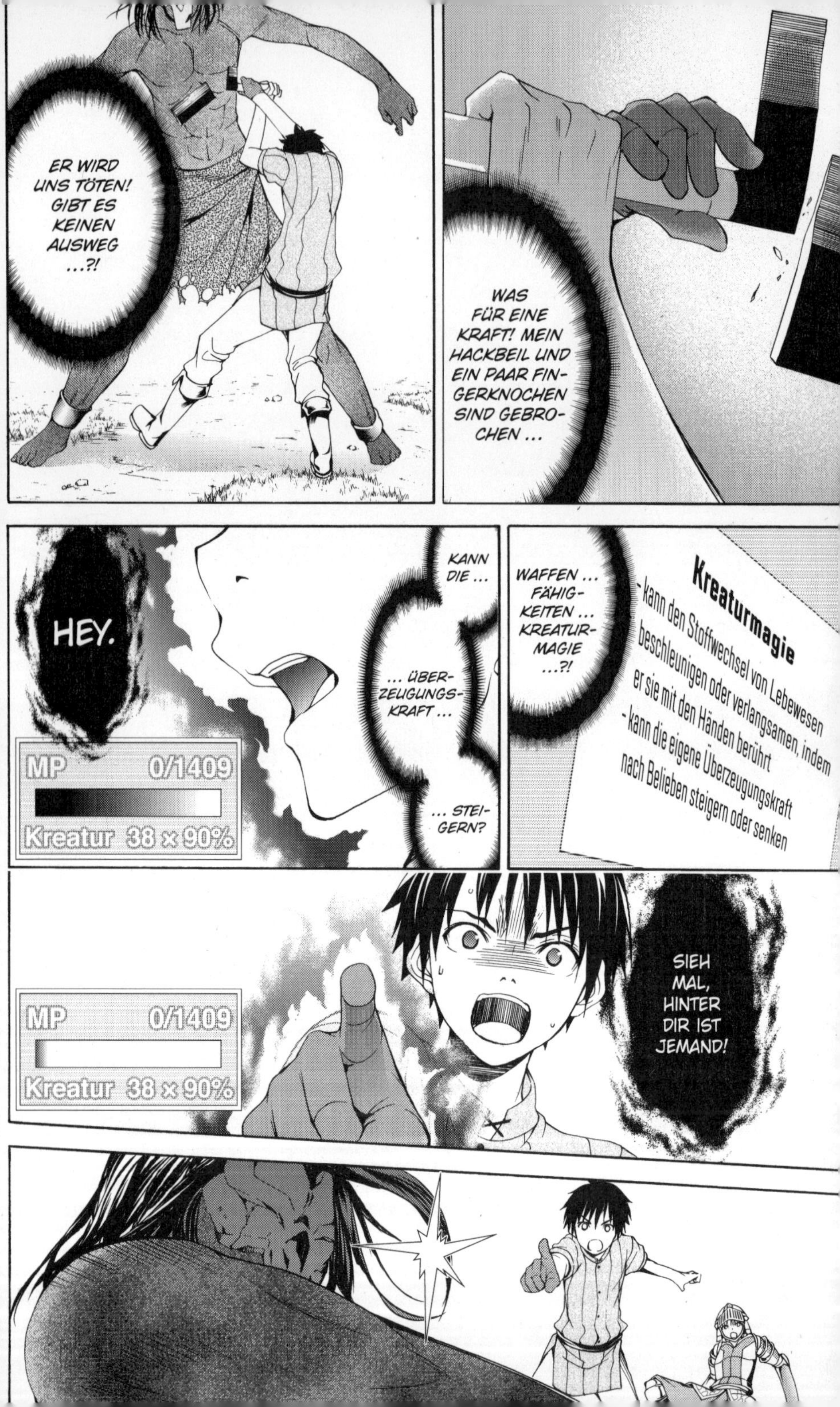
WAS FÜR EINE KRAFT! MEIN HACKBEIL UND EIN PAAR FINGERKNOCHEN SIND GEBROCHEN …
ER WIRD UNS TÖTEN! GIBT ES KEINEN AUSWEG …?!
Kreaturmagie
- kann den Stoffwechsel von Lebewesen beschleunigen oder verlangsamen, indem er sie mit den Händen berührt
- kann die eigene Überzeugungskraft nach Belieben steigern oder senken
WAFFEN … FÄHIGKEITEN … KREATURMAGIE …?!
KANN DIE …
… ÜBERZEUGUNGSKRAFT …
… STEIGERN?
HEY.
MP 0/1409
Kreatur 38 x 90%
SIEH MAL, HINTER DIR IST JEMAND!
MP 0/1409
Kreatur 38 x 90%

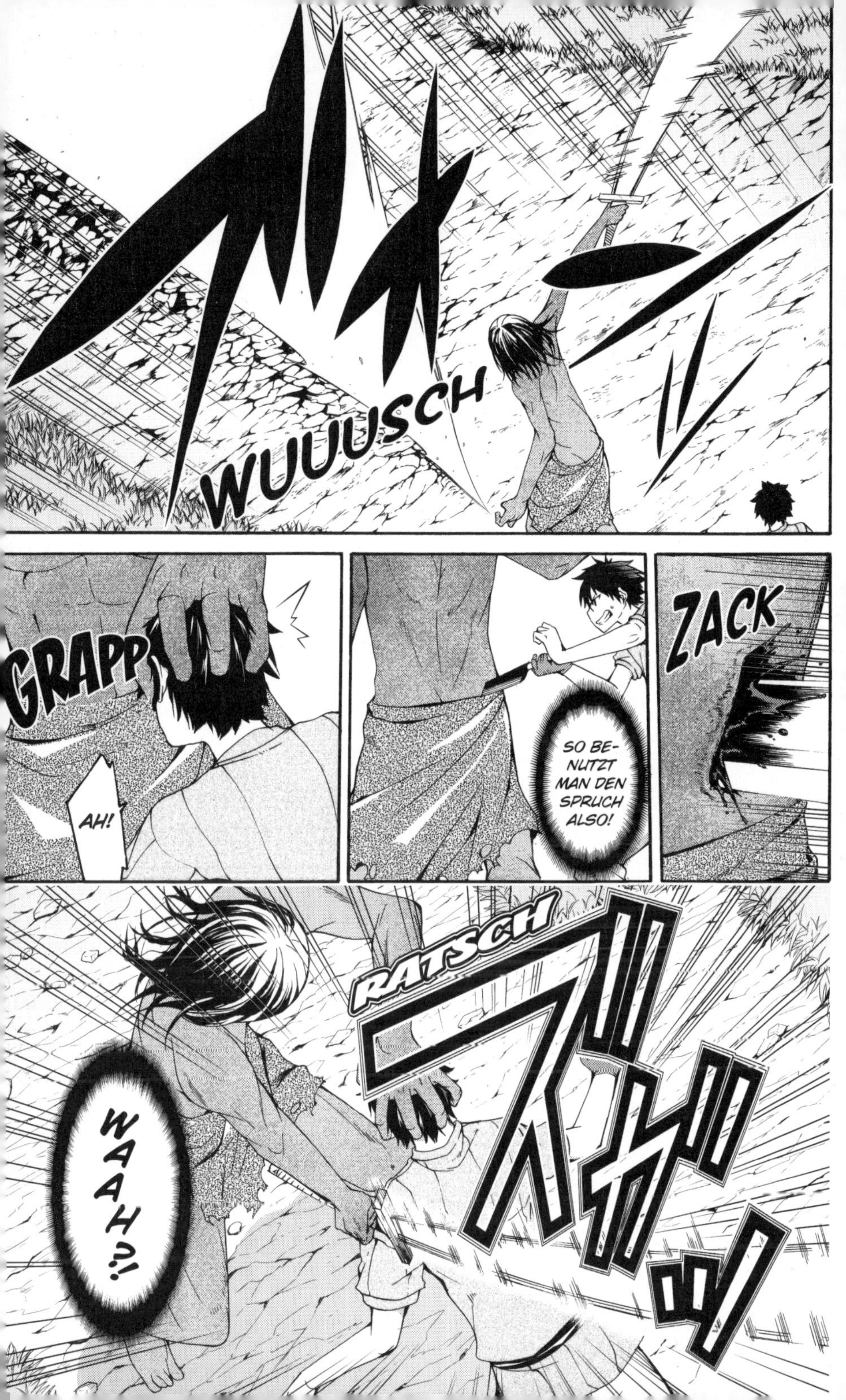
WUUUSCH
GRAPP
AH!
SO BE-
NUTZT
MAN DEN
SPRUCH
ALSO!
ZACK
RATSCH
WAAAH?!

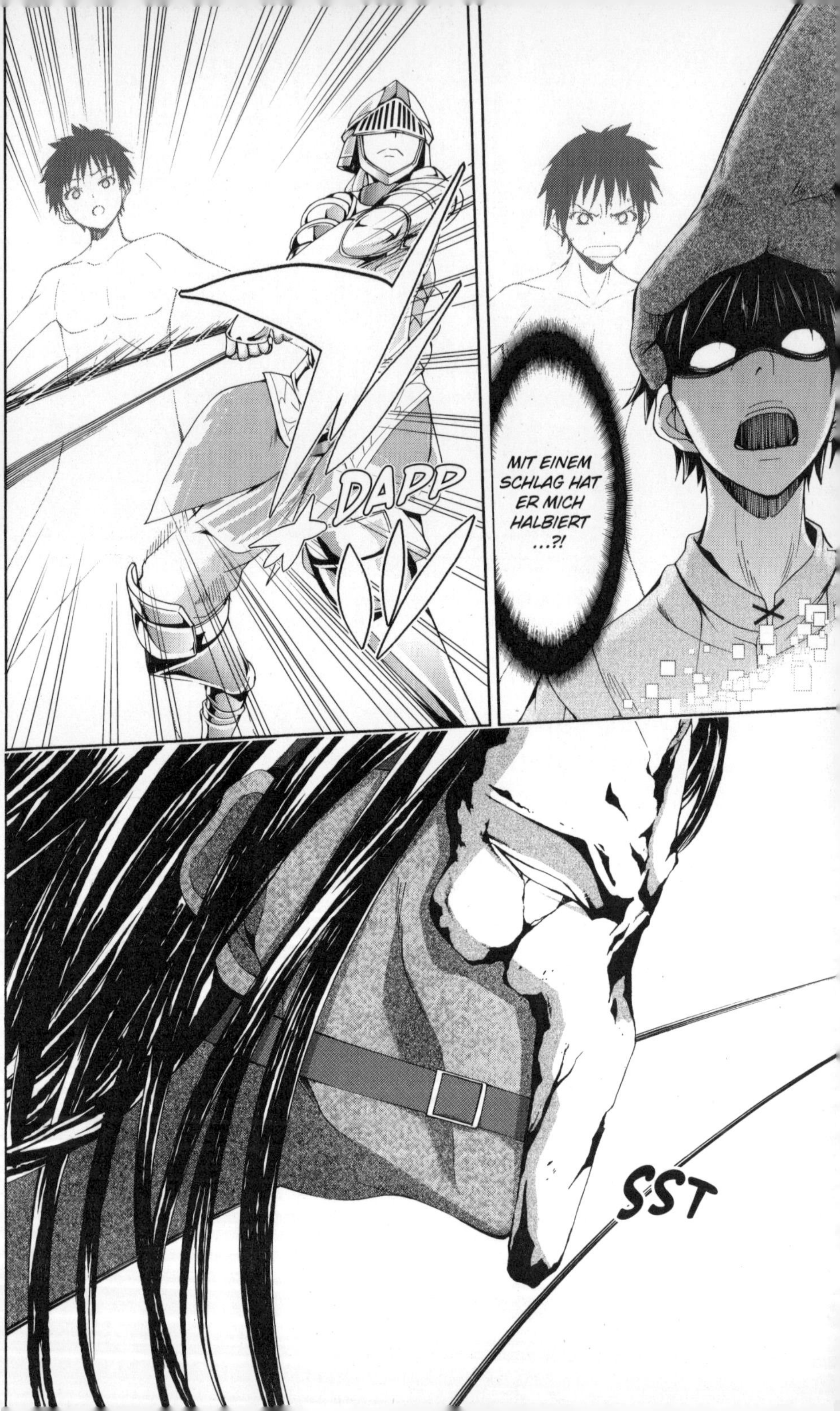
MIT EINEM SCHLAG HAT ER MICH HALBIERT ...?!
DAPP
SST

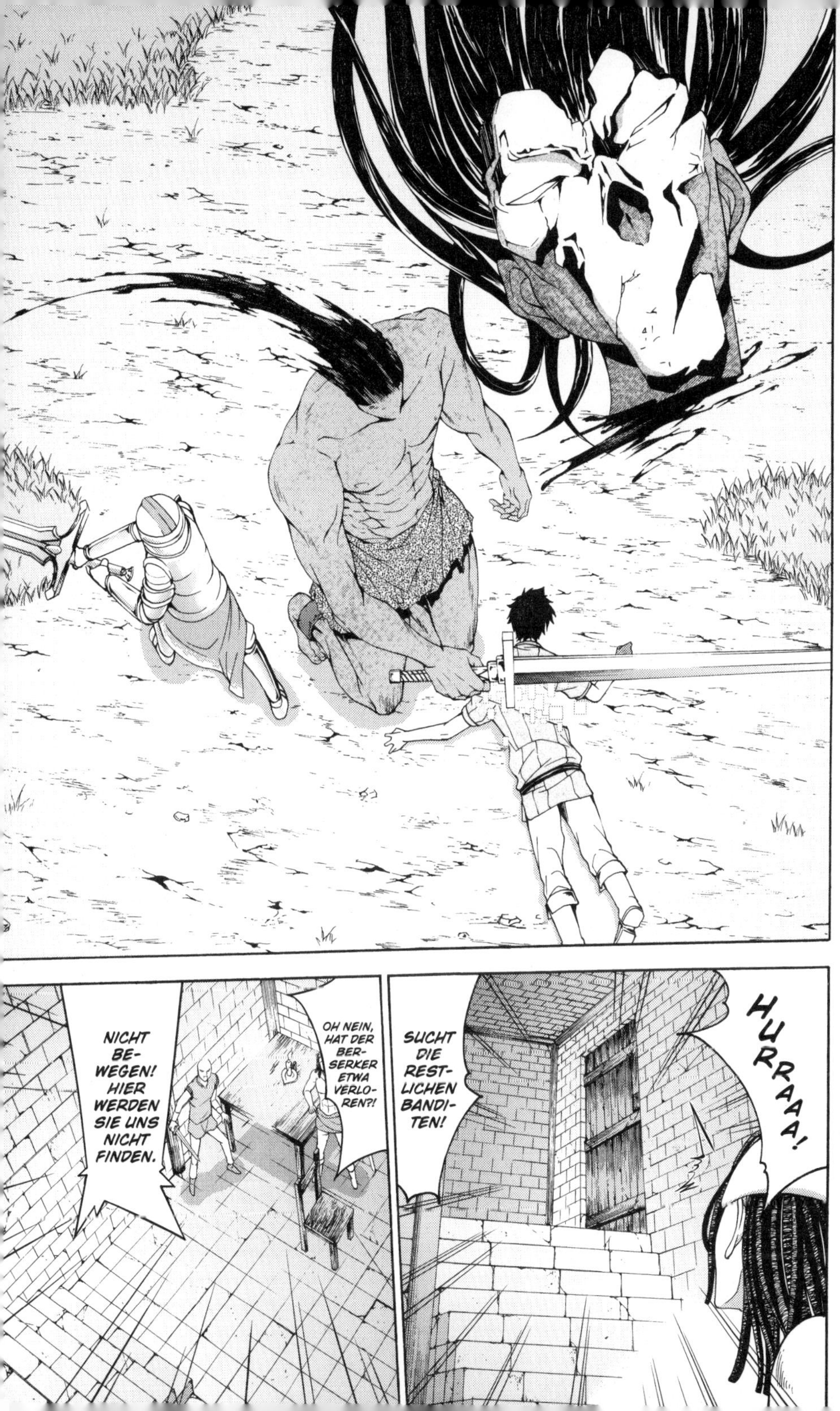
HURRAAA!
SUCHT DIE REST-LICHEN BANDI-TEN!
OH NEIN, HAT DER BER-SERKER ETWA VERLO-REN?!
NICHT BE-WEGEN! HIER WERDEN SIE UNS NICHT FINDEN.

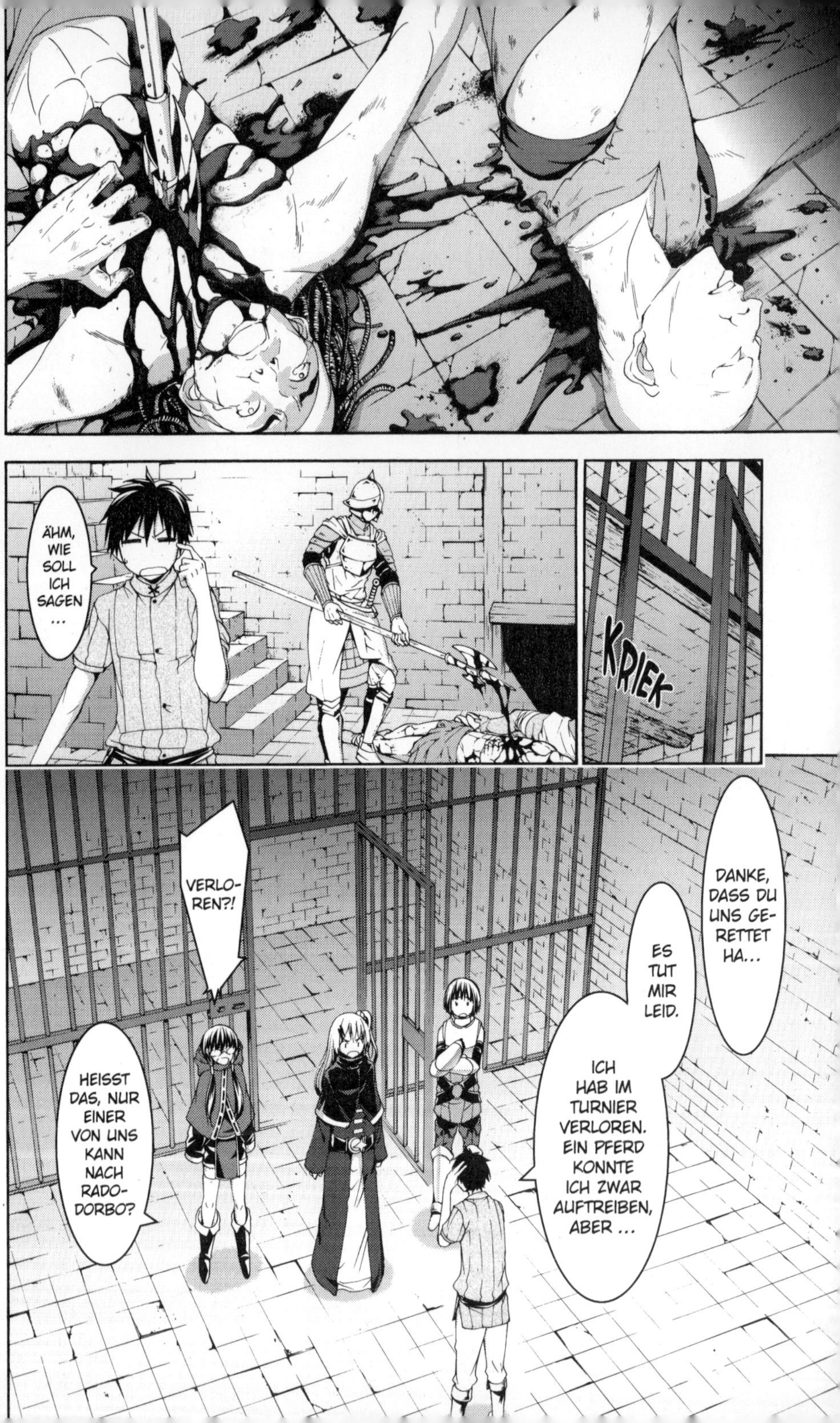
KRIEK
ÄHM, WIE SOLL ICH SAGEN …
DANKE, DASS DU UNS GERETTET HA…
ES TUT MIR LEID.
ICH HAB IM TURNIER VERLOREN. EIN PFERD KONNTE ICH ZWAR AUFTREIBEN, ABER …
VERLOREN?!
HEISST DAS, NUR EINER VON UNS KANN NACH RADODORBO?

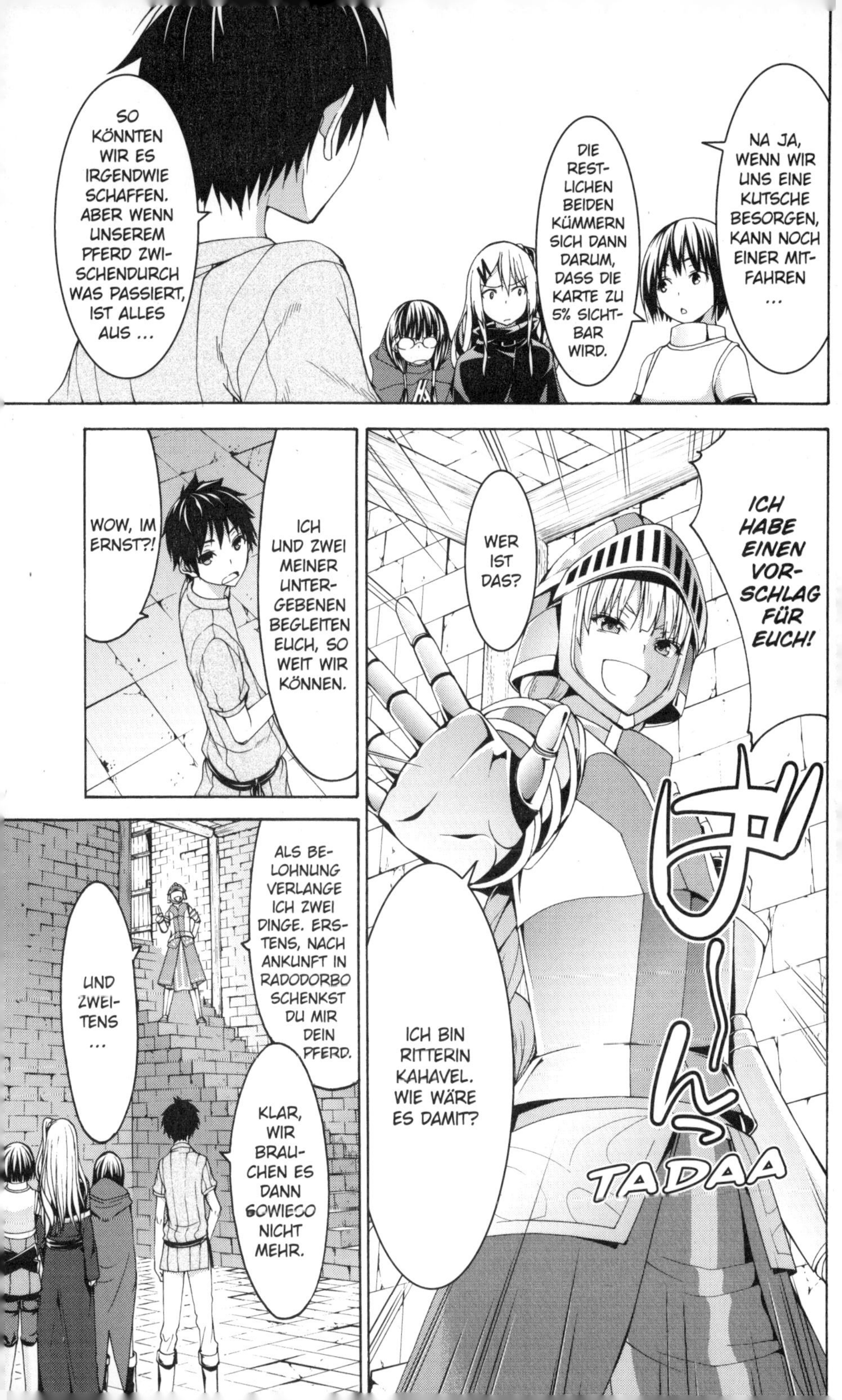
NA JA, WENN WIR UNS EINE KUTSCHE BESORGEN, KANN NOCH EINER MITFAHREN …
DIE RESTLICHEN BEIDEN KÜMMERN SICH DANN DARUM, DASS DIE KARTE ZU 5% SICHTBAR WIRD.
SO KÖNNTEN WIR ES IRGENDWIE SCHAFFEN. ABER WENN UNSEREM PFERD ZWISCHENDURCH WAS PASSIERT, IST ALLES AUS …
ICH HABE EINEN VORSCHLAG FÜR EUCH!
WER IST DAS?
ICH BIN RITTERIN KAHAVEL. WIE WÄRE ES DAMIT?
TADAA
ICH UND ZWEI MEINER UNTERGEBENEN BEGLEITEN EUCH, SO WEIT WIR KÖNNEN.
WOW, IM ERNST?!
ALS BELOHNUNG VERLANGE ICH ZWEI DINGE. ERSTENS, NACH ANKUNFT IN RADODORBO SCHENKST DU MIR DEIN PFERD.
KLAR, WIR BRAUCHEN ES DANN SOWIESO NICHT MEHR.
UND ZWEITENS …

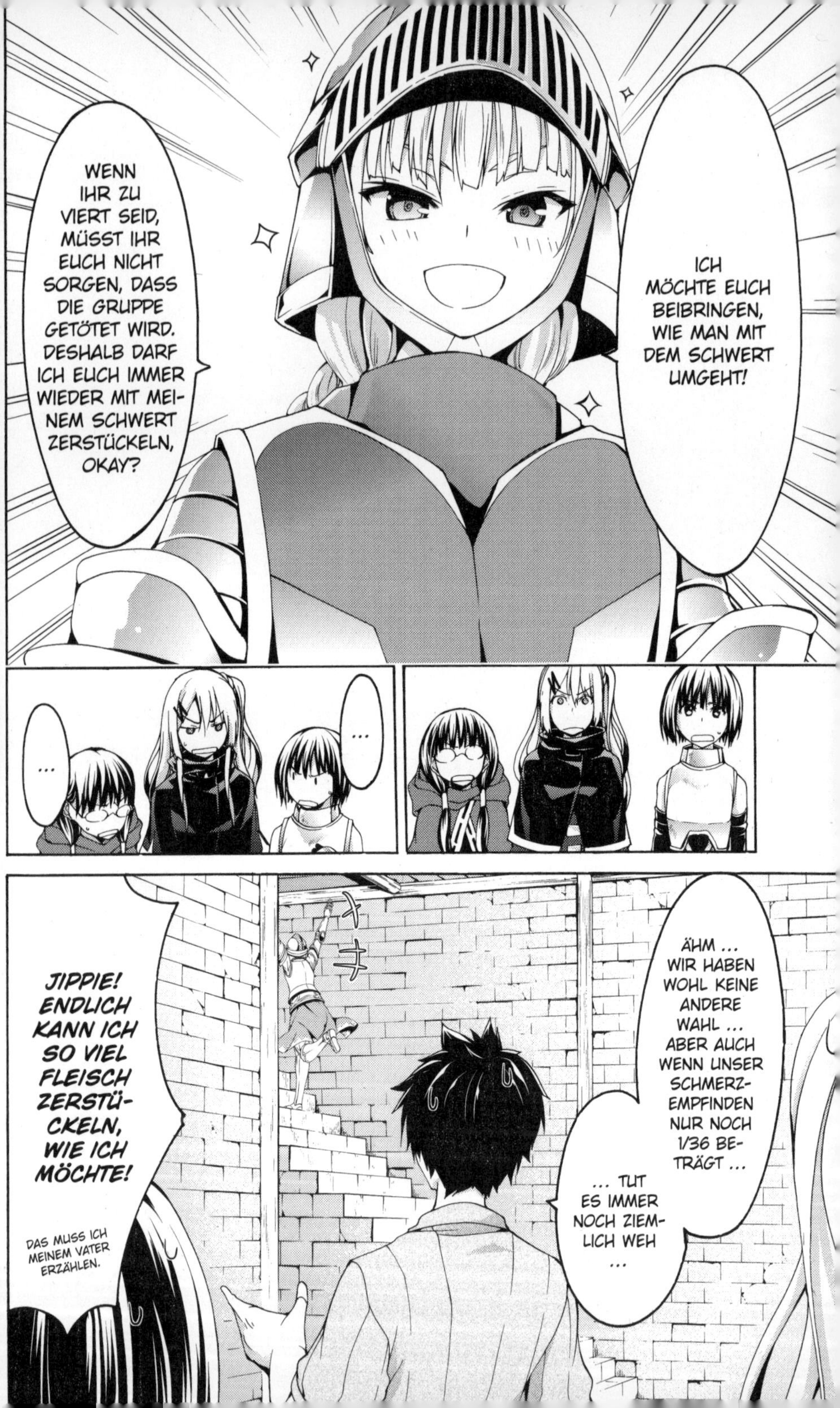
ICH MÖCHTE EUCH BEIBRINGEN, WIE MAN MIT DEM SCHWERT UMGEHT!
WENN IHR ZU VIERT SEID, MÜSST IHR EUCH NICHT SORGEN, DASS DIE GRUPPE GETÖTET WIRD. DESHALB DARF ICH EUCH IMMER WIEDER MIT MEINEM SCHWERT ZERSTÜCKELN, OKAY?
…
…
ÄHM … WIR HABEN WOHL KEINE ANDERE WAHL … ABER AUCH WENN UNSER SCHMERZEMPFINDEN NUR NOCH 1/36 BETRÄGT …
… TUT ES IMMER NOCH ZIEMLICH WEH …
JIPPIE! ENDLICH KANN ICH SO VIEL FLEISCH ZERSTÜCKELN, WIE ICH MÖCHTE!
DAS MUSS ICH MEINEM VATER ERZÄHLEN.

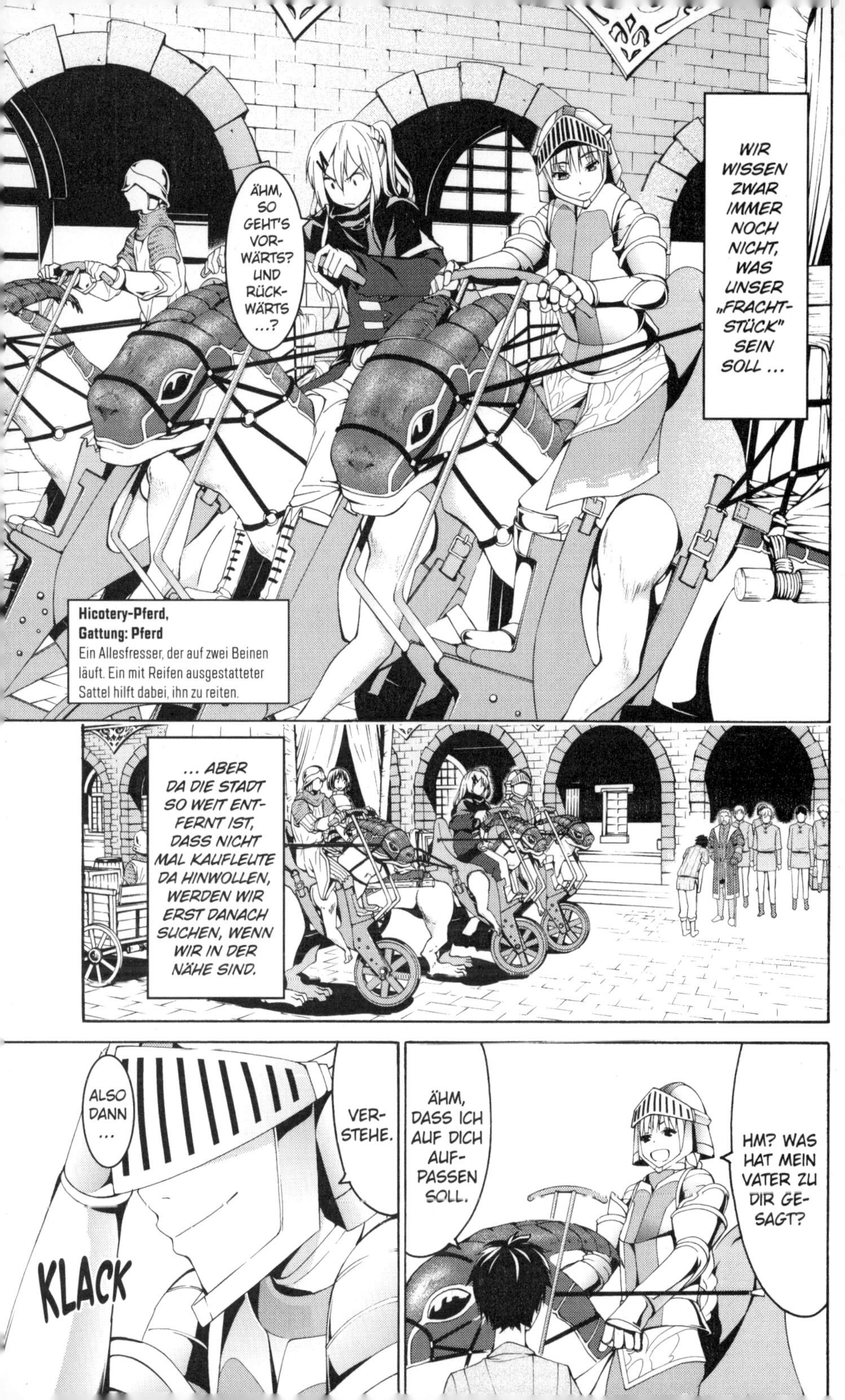
WIR WISSEN ZWAR IMMER NOCH NICHT, WAS UNSER „FRACHTSTÜCK" SEIN SOLL …
ÄHM, SO GEHT'S VORWÄRTS? UND RÜCKWÄRTS …?
Hicotery-Pferd, Gattung: Pferd
Ein Allesfresser, der auf zwei Beinen läuft. Ein mit Reifen ausgestatteter Sattel hilft dabei, ihn zu reiten.
… ABER DA DIE STADT SO WEIT ENTFERNT IST, DASS NICHT MAL KAUFLEUTE DA HINWOLLEN, WERDEN WIR ERST DANACH SUCHEN, WENN WIR IN DER NÄHE SIND.
HM? WAS HAT MEIN VATER ZU DIR GESAGT?
ÄHM, DASS ICH AUF DICH AUFPASSEN SOLL.
VERSTEHE.
ALSO DANN …
KLACK

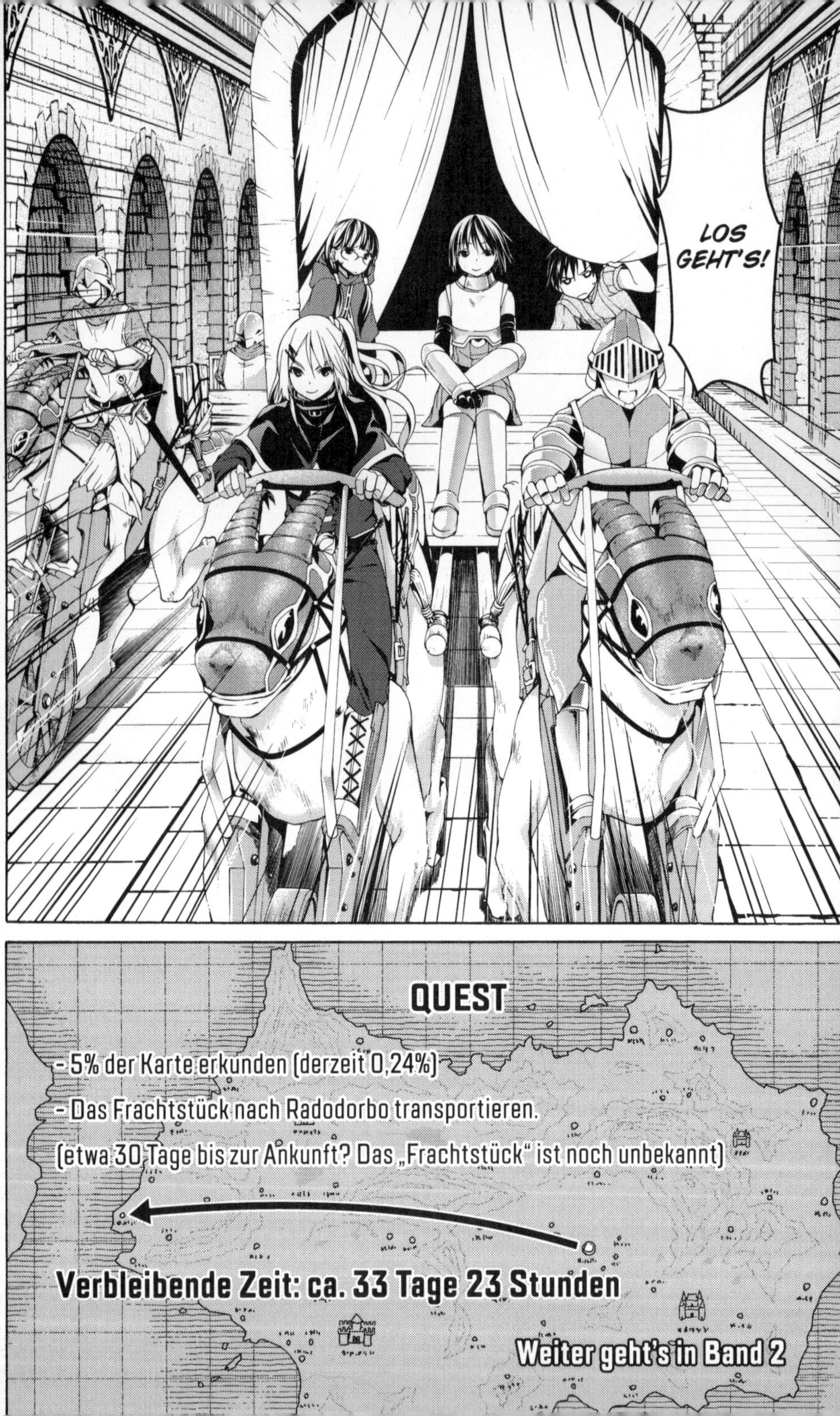
LOS GEHT'S!
QUEST
- 5% der Karte erkunden (derzeit 0,24%)
- Das Frachtstück nach Radodorbo transportieren.
(etwa 30 Tage bis zur Ankunft? Das „Frachtstück“ ist noch unbekannt)
Verbleibende Zeit: ca. 33 Tage 23 Stunden
Weiter geht's in Band 2

Freut mich, euch kennenzulernen. Ich heiße Yamakawa und bin für die Story verantwortlich. Dies ist meine erste veröffentlichte Serie.

In diesem Manga werde ich oft Themen aus der realen Welt aufgreifen, weshalb ich diesen Platz ab dem zweiten Band dazu nutzen werde, sie zu erklären. Na ja, vielleicht ist es eher ein Kommentar als eine Erklärung.

Manga behandeln sowohl universelle als auch aktuelle Themen. Beispiele für Werke, bei denen der Schwerpunkt auf ersterem liegt, sind *Phoenix*, *Doraemon*, *Shin-chan*, *Pokémon* und Science-Fiction-, Fantasy- sowie geschichtliche Werke, in denen keine Figuren aus der Gegenwart auftreten.

Hingegen zeichnen sich Manga mit aktuellen Themen durch zwei Elemente aus, nämlich die physischen und die psychischen.

Unter die physischen fallen jegliche modernen Erfindungen. Vielleicht habt ihr ja schon gehört, dass viele Romanzen durch die Erfindung von Mobiltelefonen nicht mehr funktionieren. Genauso führen Mobiltelefone, Smartphones, Computer, Internet, GPS, Überwachungskameras und schnelle Transportmittel dazu, dass viele Krimis zwar zum Zeitpunkt ihres Erscheinens universell waren, aber aufgrund neuer Erfindungen inzwischen zu den aktuellen Werken gezählt werden.

Die psychischen Elemente finden sich in Werken, die die Weltanschauung des modernen Menschen behandeln. Der Großteil der Storys, in denen Figuren aus der Gegenwart auftauchen, zählt dazu, aber fast alle diese Werke behandeln sowohl universelle als auch aktuelle Themen. Sie unterscheiden sich nur in ihrem Verhältnis.

In den oben genannten Manga ist nur das Verhältnis universeller Themen größer, aber es beträgt nicht 0 zu 100. Um ein Beispiel zu nennen, gibt es in *Astro Boy* keine Figuren aus der Gegenwart, aber es handelt sich hierbei um eine Zukunftsvision, die der Autor im Jahr 1952 gezeichnet hat. Deshalb kann ein moderner Mensch diese Zukunftsvision nicht vollkommen nachvollziehen. Auch wenn Astro Boy aus einer fiktiven Zukunft stammt, hatte Dr. Ochanomizu die geistige Einstellung, die 1952 in Japan üblich war. Wenn diese geistige Einstellung im Verlaufe der Zeit nicht mehr von den Lesern nachvollzogen werden kann, ist dieses Element zum Zeitpunkt des Entstehens aktuell. Hingegen sind die Motive, die auch im Laufe der Zeit von jedem begriffen werden können, universell.

Sagen wir, das Verhältnis von universell zu aktuell bei *Astro Boy* beträgt 7 zu 3 und bei *Phoenix* und *Doraemon* ist es etwa 9 zu 1.

Auch bei Storys, die heutzutage als zeitgenössisches Werk geschrieben werden, liegt das Verhältnis oft bei 5 zu 5. Einen großen Einfluss auf das Verhältnis hatte, im Jahr 2016, ob zum Beispiel die Naturkatastrophe vom 11. März 2011 aufgegriffen wird. Dabei ist es irrelevant, ob der Tsunami an sich beschrieben wird, es geht darum, ob die Figuren, die die Katastrophe erlebt haben, das Wissen, die Moral und die Furcht teilen.

Zum Beispiel dient im 2016 veröffentlichten Film *Shin Godzilla* das Monster als Metapher für die Katastrophe. Der Film simuliert, wie die Regierung in so einer Notsituation handeln sollte. Nehmen wir mal an, dass hier das Verhältnis bei 3 zu 7 liegt.

Wenn man im Kanto-Gebiet heute von einer „Katastrophe" spricht, meint man den 11. März. Das liegt daran, dass das Erdbeben in Kumamoto 2016 zu weit von Tokyo entfernt und die Zahl der Toten im Vergleich zum Tsunami zu gering war, sodass der Schock bei den Einwohnern in Kanto kleiner war als am 11. März 2011.

Aber 1923 hätten alle an das große Erdbeben desselben Jahres gedacht. Wahrscheinlich werden in Zukunft noch weitere Naturkatastrophen dazukommen. Die Tatsache, dass wir von einer „Katastrophe" sprechen können und die Leser sofort den 11. März assoziieren, zählt zu den aktuellen Elementen eines Werkes.

Lange Rede, kurzer Sinn: Ende. (lol)

Es gibt einen entscheidenden Unterschied zwischen Lesern universeller und aktueller Manga. Und zwar den, ob zukünftige Leser sowie Leser aus dem Ausland das Werk nachvollziehen können. Es geht also quasi um die Haltbarkeit eines Mangas.

Natürlich wird sie länger, je mehr universelle Themen aufgegriffen werden. Allerdings erzeugen aktuelle Themen eine starke Empathie bei den Lesern, weil die Figuren im selben Zeitalter wie sie leben. *Lucifer and the Biscuit Hammer*, den ich gelesen habe, als ich ungefähr 20 war, ist immer noch mein zweitliebster Manga.

Diesen möchte ich natürlich übertreffen, weshalb mein Fazit lautet:

„Das Verhältnis in diesem Manga wird etwa 3 zu 7 sein."

August 2016

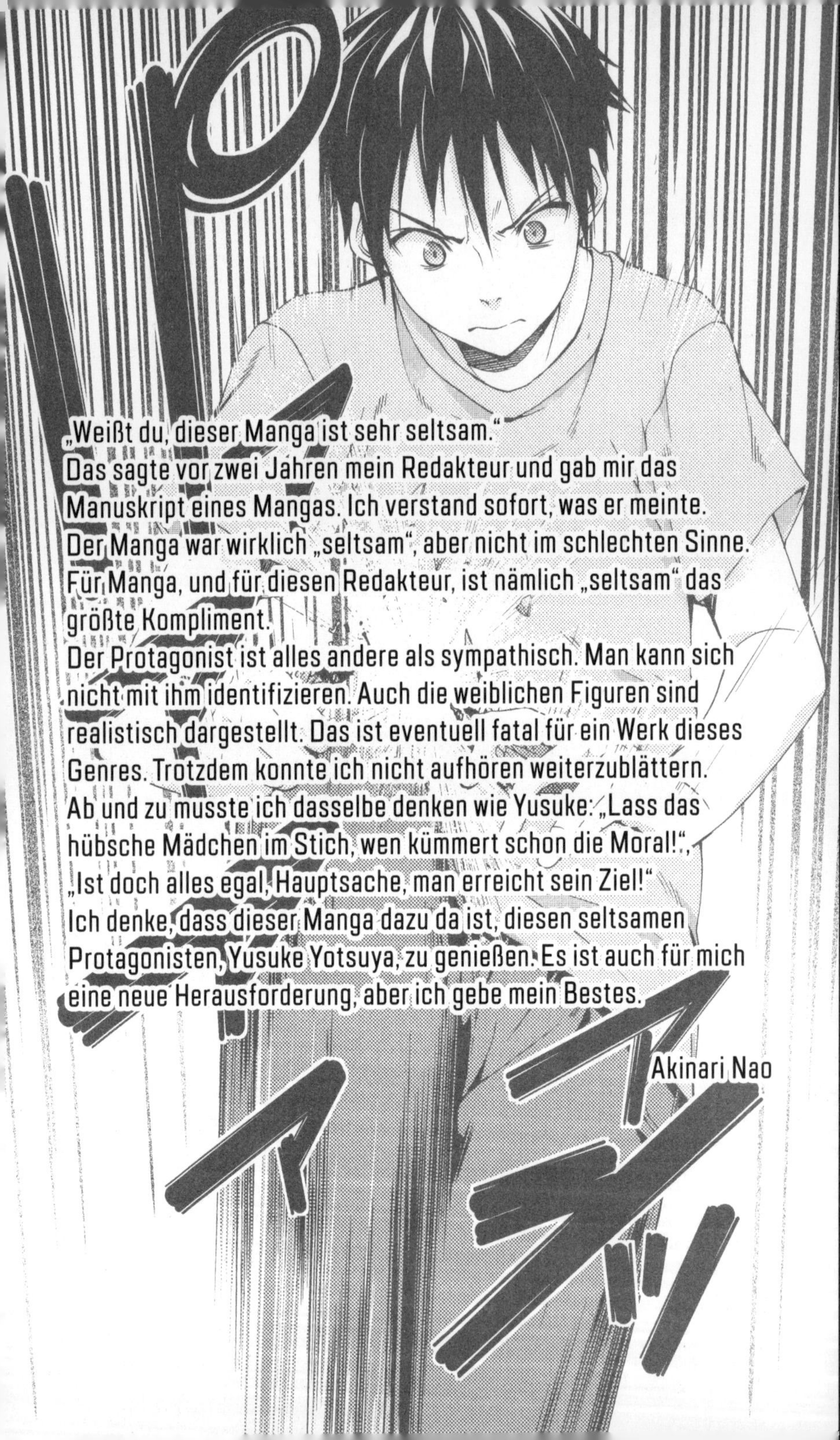

„Weißt du, dieser Manga ist sehr seltsam."
Das sagte vor zwei Jahren mein Redakteur und gab mir das Manuskript eines Mangas. Ich verstand sofort, was er meinte. Der Manga war wirklich „seltsam", aber nicht im schlechten Sinne. Für Manga, und für diesen Redakteur, ist nämlich „seltsam" das größte Kompliment.
Der Protagonist ist alles andere als sympathisch. Man kann sich nicht mit ihm identifizieren. Auch die weiblichen Figuren sind realistisch dargestellt. Das ist eventuell fatal für ein Werk dieses Genres. Trotzdem konnte ich nicht aufhören weiterzublättern.
Ab und zu musste ich dasselbe denken wie Yusuke: „Lass das hübsche Mädchen im Stich, wen kümmert schon die Moral!", „Ist doch alles egal, Hauptsache, man erreicht sein Ziel!"
Ich denke, dass dieser Manga dazu da ist, diesen seltsamen Protagonisten, Yusuke Yotsuya, zu genießen. Es ist auch für mich eine neue Herausforderung, aber ich gebe mein Bestes.

Akinari Nao